釋註 正法眼藏 講義

第3卷

韓普光 著

如來藏

序 文

　필자가 道元禪師의 『正法眼藏』을 만난 것은 1980년 초 일본으로 유학을 가서 부터이다. 그 뒤 동국대학교 불교대학 선학과 교수로 재직하면서 『정법안장』을 1993년 1학기부터 대학원 석사, 박사과정의 교재로 선정하여 번역과 주석, 강의를 하게 되었다. 초기에는 대단히 어려웠으나 점차 익숙해져서 학생들도 이 시간에 참여하기를 원하여 수강인원도 늘어났다. 그러나 연구실에서 모든 자료를 그때 그때 바로 찾아보아야 했으므로 10여 명 이상의 수강은 어려운 형편이었다. 당시는 교수회관 123호에서 아침 8시부터 12시까지 4시간 동안 진행되었다. 그래도 모자라면 방학 때 워크숍형식으로 합숙을 하면서 공부하였다.

　그러다가 학교의 여러 가지 보직과 국가인권위원회 비상임인권위원, 문화재청 문화재위원 등 다른 소임에 분주하였고, 2015년부터 동국대학교 제18대 총장직을 맡으므로 수업을 계속할 수 없었다. 그러나 2006년에 제1권, 2012년에 제2권까지는 출판하였지만, 제3권이 나오기를 기다리는 분들의 성화가 무성하였다. 이제 4년간의 총장직과 교수직도 정년퇴직을 하였고, 대학원 강의도 그만 두었으며, 각종 위원회 일도 모두 쉬고 다시 『정법안장』의 원고를 보고자 뜻을 내었다. 다행히 학교에서 전임총장의 예우차원에서 연구실을 4년간 사용할 수 있게 배려해 주어서 김호귀 교수를 비롯한 몇 분들이 매주 한 번씩 연구실에 모여들었다. 2019년 2학기부터 제18 「心不可得」권을 새로 읽고 수정하여 이제 때늦은 감이 있지만, 8년만인 2020년에 제3권과 제4권을 출판하게 되었다.

　이번에 출판에 박차를 가하게 된 것은 '역주정법안장 강의 편찬 위원회'를 구성하였다. 편찬위원회 구성은 저자 한보광, 위원장 김호귀, 총무 안승철, 색인 김륜선, 교정 서정원, 문혜진, 운문 최종선, 편집 최덕임, 출판 한제인으로 힘을 모았고, 인쇄 제본은 대명피엔피컴 오영심 사장과 대명출판총괄부장 권상복 선생이 담당하였으며, 발행처는 도서출판 여래장 임직원들의 수고에 감사드린다.

正法眼藏 解題

『正法眼藏』은 일본 조동종의 개조인 道元(1200-1253)의 대표적인 저술로, 본래의 명칭은 『永平 正法眼藏』이다. 이 책은 전 95권으로 구성되어 있으며, 일본불교가 낳은 가장 우수한 문헌 중의 하나로 일본 조동종의 宗典으로 받들어지고 있다. 또한 이 책은 순수한 한문이 아닌 일본 독자의 和文으로 조동선의 종지를 표현한 것이다.

'정법안장'이란 禪이 추구하는 불도의 바른 안목에 대한 깨달음, 또는 선의 생명 그 자체의 대명사, 또는 선종이 다른 종파와 다른 바르고 핵심적인 진리의 안목을 설한다는 자각을 표현하는 용어이기도 하다.

道元은 일본 조동종의 개산조이며, 심원한 종교적 사유와 실천으로 오늘날까지 일본을 대표하는 선사로 존경을 받고 있는 인물이다. 도원은 처음 천태계에 출가하여 천태학의 연구에 전념하였다. 그 후 1223년에 중국 송나라로 건너가 天童如淨선사 문하에서 參學하여 1225년 깨달음을 얻었다. 여정은 중국 조동종의 정맥을 전수받은 선승으로서 '身心脫落 只管打坐'의 선을 도원에게 전했다. 1227년 귀국하여 순수한 선의 종지를 거량하기 위해 각 곳에서 설법한 것을 모은 것이 『정법안장』이다.

도원 자신의 전 생애에 걸친 수행과 사색을 집대성한 『정법안장』은 선을 통한 불교의 종합적 체계를 확립하려는 그의 초인적인 노력으로 성립되었다. 도원은 송나라에서 귀국한지 4년 후인

1231년, 그의 나이 32세 되던 해부터 제1권「辨道話」를 쓰기 시작하여 1253년 54세의 나이로 입적하기까지 쓴 최후의 권으로 제95권「八大人覺」에 이르기까지 모두 22년의 세월을 이 책을 쓰는 데 바쳤다. 원래 전 100권의 대작으로 완성하려고 했으나 54세의 나이로 비교적 빨리 입적하게 되어 그 뜻을 이루지 못했다고 한다. 그러나 이 미완성의『정법안장』전 95권은 현재 일본 조동종의 성전으로 받들어지고 있으며, 일본인이 쓴 가장 심원한 사상체계를 지니고 있다고 평가받고 있다.

원래「정법안장」은 도원선사의 초고를 제자 懷奘이 淸書하고, 편찬되는 과정에서 권수와 체제가 다른 6종류의『정법안장』을 만들어냈지만, 현재 표준으로 사용되는『정법안장』은 전 95권 본이다.

또 일본인 독자의 사상으로서도 전후의 유례가 없는 탁월한 것이라 하여, 일본 사상의 최고봉을 차지한다고 평가하고 있다.

이번에 실린 각 권의 내용을 간략히 요약하면 다음과 같다. 더 자세한 것은 각 권의 해제를 참고하기 바란다.

18.「心不可得」은 두 번에 걸쳐 설하였으므로 따로「後心不可得」으로 구분하고 있다. 전자는 대중에게 보이기 위해 설한 것이고, 후자는 도원을 위한 것이라고 한다. 덕산선감이 용담숭신을 찾아가던 도중에 떡 파는 노파를 만나『금강경』의 심불가득 구절에서 답을 하지 못하여 망신을 당하였다는 이야기 이다. 대부분 노파는 도인이고 덕산은 미숙한 것으로 말하고 있지만, 도원은 노파도 도인이 아니라는 것이다. 또한 덕산이 용담의 문하에서 오랫동안 지도를 받았으면, 달라졌을 것인데 바로 나옴으로써 거칠어졌다고 한다.

19. 「後心不可得」은 덕산과 노파에 대한 이야기도 나오지만, 대증국사인 남양혜충과 大耳三藏과의 문답이다. 삼장은 타심통을 얻었다고 하지만 깨닫지는 못하였다고 하여 비판하고 있으나, 남양혜충은 높이 평가하고 있다.

20. 「古鏡」은 역시 『정법안장(正法眼藏)』 중에서도 명작이다. 거울을 소재로 하여 영원한 과거에서 현재에 이르도록 선각자의 세계가 전개되고 있다. 도원은 거울의 공덕에 대하여 여러 가지 방면에서 實參·實究하고 있다. 그래서 기왓장인 자기를 갈아서 거울이 되며 성불하는 것이다.

21. 「看經」이라고 하는 것은 경을 보는 것이며, 경을 읽는 것이다. 그런데 표제는 「간경」이라고 되어있지만, 그 내용은 선지식을 따르는 것이 주축으로 되어 있다. 바꾸어 말한다면 선지식 즉 불조를 따르지 않고는 간경을 이해할 수가 없다라고 하는 것이다. 또한 간경의식이나 선원에 대중공양이 들어올 경우 간경해주는 절차에 대해서도 자세히 설하고 있다.

22. 「佛性」은 『정법안장』에서 중요한 권 중의 하나이다. 도원은 '一切衆生悉有佛性'을 불성의 종자가 숨겨있다고 보는 것과 불성을 외도의 자아와 같은 개념으로 보는 견해, 업력이나 인연을 불성으로 보는 견해, 육조혜능의 불성에 대한 견해 등을 비판하고 있다. 도원은 '전 세계는 모두 主體界 그것이며, 對象物은 一物도 없다. 바로 第一因 뿐이다.' 도원의 佛性은 이 주체계의 결과물이 아니고 究盡해가는 이외에는 없다라고 한다.

23. 「行佛威儀」라고 하는 것은 실천하는 부처의 모습이고, 혹은 부처를 실천하는 모습이라고 이해할 수 있다. 결국 철두철미하게 부처를 실천하는 것이다.

24. 「佛敎」는 선에서는 일반적으로 敎外別傳이라고 말하고 있지만, 도원은 이 견해에 정면으로 반대하고 있다. 교외별전에서는 이심전심의 마음을 중요시하지만, 도원은 이것을 邪道라고 배척했다. 왜냐하면 석존은 불법 아닌 것을 가르쳤을 리가 없으므로 석존이 말한 것은 바로 正傳이라고 한다.

《 일러두기 》

1. 원전은 『大正新修大藏經』 82권 본 (pp.7~320)의 道元 撰 『正法眼藏』 95권 본을 사용하였으나, 현대어로 된 玉城康四郎의 現代語譯 『正法眼藏』(東京 大藏出版, 1994)의 해석과 번역 강의를 중심으로 하였고, 1993년에 나온 와이드판 岩波文庫의 水野彌穂子校注를 참고로 하였으며, 영문판으로는 Gudo Nishijima & Chido Cross 번역의 Master Dogen's 『SHOBOGENZO』(London, Tokyo Windbell Publications Ltd, 1996)를 참고로 하였음을 밝혀둠.
2. 각 권의 해제부분은 玉城康四郎 先生의 現代語譯 『正法眼藏』을 참고로 하였음.
3. 각 권 말미의 일본어 원문 www.shomonji.or.jp/soroku/genzu.htm 에서 다운받아 실은 것임.
4. 각 권의 단락은 독자들의 이해를 쉽게 하기 위해 문장의 내용을 중심으로 나눈 것임.
5. 題字는 心泉 韓永久 先生의 글씨.
6. 수업 참가자 명단

   대원스님, 덕산스님, 도광스님, 명선스님, 묘경스님, 묘적스님, 법명스님, 상원스님, 설안스님, 성원스님, 수경스님, 수인스님, 신공스님, 신원스님, 여연스님, 영석스님, 일문스님, 적멸스님, 정원스님, 제은스님, 종범스님, 지우스님, 지정스님, 지종스님, 천봉스님, 청무스님, 혜선스님, 혜정스님, 홍경스님,

   김경진, 박영희, 박지숙, 서재영, 오진호, 유미영, 유세영, 유현주, 이기섭, 이문성, 이범덕, 이원숙, 조동섭, 허재희, 황금연

目　次

18.

心不可得

18. 心不可得

【 해제 】

42세 하안거 때 이 「心不可得」 이외에 또 한 권의 「心不可得」이 설해졌다. 이 두 권을 구별하기 위하여 다음 한 권을 「後心不可得」이라고 이름하였다. 후기에 의하면 여기에 번역된 것은 대중에게 보이기 위한 것이며, 「後心不可得」은 도원 자기 자신을 위하여 쓴 것이다. 어느 것이 먼저 설해졌는가하는 것에 대해서는 설이 분분하다. 「後心不可得」이 먼저 쓰여 지고 뒤에 이 권이 나타났다고 보는 설과, 반대로 이 권이 먼저 쓰여 지고 뒤에 「후심불가득」이 쓰여 졌다고 하는 설이 있다. 두 권은 내용이 다르며 분량에 있어서도 뒤의 것이 배 이상이 된다.

이 권에서는 德山宣鑑과 노파와의 문답, 그리고 여기에 대한 도원의 비판이 중심 내용으로 되어 있다.

이러한 것은 「後心不可得」에서도 설해져 있다. 덕산은 龍潭 崇信을 參訪하기 전에는 金剛般若의 학자로서 알려져 있었다. 德山이 龍潭의 회좌에 가는 도중에 찻집의 노파를 만났다. 덕산이 노파에게 찻집의 떡을 주문하였을 때 노파는 "당신은 누구입니까?"라고 물었다. 덕산은 "나는 『金剛經』 학자입니다. 이 경에 대해서는 모르는 것이 없습니다."라고 대답했다. 그때 노파는 "금강경에 '過去心不可得 現在心不可得 未來心不可得'이라고 되어있는데, 당신

---

* 玉城康四郎 著, 『現代語譯 正法眼藏』卷2, (大藏出版, 1994, 1, 20) pp.73-75

은 어떤 마음으로 떡을 먹습니까?"라고 질문을 하자 덕산은 대답하지 못했다. 그리고 덕산은 용담의 문하에 들어가 깨달음을 얻을 수가 있었다고 한다. 이 이야기는 매우 널리 알려져 있다.

　여기에 대하여 도원은 다음과 같이 비판을 하였다. "덕산이 노파의 물음에 막힌 것은 단순히 문자의 학자였기 때문에 당연한 일이다. 그러나 덕산만이 그런 것이 아니고 노파도 이상하다고 한다. 노파는 단지 마음을 얻을 수 없다는 것만을 알고 있음에 지나지 않는다. 그렇기 때문에 덕산의 입만을 막았을 뿐이다. 만약 그 노파가 도를 깨달은 사람이었다면 덕산이 답을 못하고 있을 때 '내게 물어라. 내가 말하리라.'고 했을 것이다." 이처럼 도원은 이 두 사람을 대신해서 문답의 모범 답안을 보여주고 있다. 이 답안이 이 권에 자세히 설해져 있다.

　그러나 도원은 "덕산이 용담의 문하에서 깨달음을 얻은 후에도 그다지 개발되었다고는 생각하지 않는다."고 비판했다. 만약 덕산이 용담의 문하에서 오랫동안 수행했다고 한다면, 혹은 용담의 정법을 전해 받았을지도 모른다. 그러나 덕산은 용담의 문하를 빨리 떠났다.

　그리고 덕산의 행동거지는 난폭했던 것 같다고 도원은 말했다. 도원은 아마 덕산의 다음과 같은 태도를 가리켰을 것으로 생각된다. 덕산이 용담을 참방했을 때 덕산은 "용담의 이름을 오래 전부터 들어왔지만 실제로 와서 보니 못도 보이지 않고 용도 나타나지 않는구나."라고 말했다. 그 때 용담이 "그대는 친히 용담의 허락을 받고 오지 않았는가?"라고 물었을 때 덕산은 할 말이 궁했다고 한다. 스승의 질문에 대한 덕산의 대답으로써는 대단히 조잡했다고 생각된다.

다음에 도원은 덕산의 다음과 같은 점을 지적하고 있다. 덕산이 밤에 용담의 문하를 떠나려고 했을 때 용담은 덕산을 위하여 촛불을 건네주었다. 덕산이 손으로 받았을 때 용담은 '후'하고 그 촛불을 꺼버렸다. 그 때에 덕산은 깨달았다고 한다. 그러나 도원은 이 정도의 깨달음으로는 도저히 용담의 정법을 받을 수 없다고 평했다.

이 권은 이상과 같이 두 사람의 문답과 여기에 대한 도원의 評言으로 되어있으며 心不可得 그것에 대한 도원의 論究는 거의 전개되지 않고 있다. 그것은 다음의 「後心不可得」권에서 기대해야 할 것이다.

필자는 이 권을 읽으면서 생각을 바꾸었는데, 덕산이 만약 용담의 문하에서 오래도록 수행했다고 한다면 그는 용담의 법을 충분히 받지 않았을까라고 도원도 말하고 있다. 이와 반대로 이와 같은 상황을 도원에게 비추어 생각해보았다. 如淨은 머지않아 세상을 떠났기 때문에 실제로 불가능한 일이지만 만약 도원이 여정의 문하에서 충분한 시간을 가지고 정진했다고 한다면 정법안장의 전개는 충분히 바뀔 수 있었다고 생각하였다. 왜냐하면 도원의 깨달음이 충분히 안정성을 얻을 수 있었다고 기대되었기 때문이다. 그러나 실제는 그렇지 못했다. 그 때문에 도원은 여정의 세계와는 관계없이 일본불교가 저류에 흘러있었기 때문에 완전히 독자적이고 자유로운 論究를 수행할 수 있었다. 깨달음의 안전성으로 말하면 스승의 문하에서 오래도록 수행하는 것이 바람직한 일인지도 모르지만 어느 것이 옳고 어느 것이 그른가 하는 것은 시간의 양으로 얻을 수 있는 것은 아니다.

【 역주 】1

1. 석가모니 부처님께서 말씀하시기를, "과거심도 얻을 수 없고, 현재심도 얻을 수 없으며, 미래심도 얻을 수 없다(過去心不可得 現在心不可得 未來心不可得)."[1]라고 하셨다.

이것은 佛祖가 參究해 왔던 것이다. 不可得 속에 과거·현재·미래의 굴(窟籠)을 파왔다. 그렇지만 그것은 자기의 굴(窟籠)이다. 이른바 自己라고 하는 것은 心不可得이며, 지금의 思量分別도 心不可得이다. 하루 12시간 중에 움직이고 있는 이 몸뚱이(使得十二時渾身)[2]도 곧 心不可得이다.

---

1) 과거심불가득 현재심불가득 미래심불가득(過去心不可得 現在心不可得 未來心不可得):『金剛般若波羅蜜經』第18 「一體同觀分」(大正藏8，751，b)
"부처님께서 수보리에게 국토 중에 있는 모든 중생들의 갖가지의 마음을 여래께서는 모두 알고 계신다. 왜냐하면 여래께서는 모든 마음에 대해서 설했는데 이 모든 마음은 마음이 아닌데 이름을 마음이라고 했을 뿐이다. 그러므로 수보리야 과거의 마음도 얻을 수 없고, 현재의 마음도 얻을 수 없고, 미래의 마음도 얻을 수 없다"
그 밖의 心不可得에 대한 기록은 다음과 같다.
『金剛般若論』卷下 (大正藏25，777，c) "過去心不可得者 已滅故 未來者未有故 現在者第一義故"
『傳心法要』(大正藏48，382，a) "故菩薩心如虛空 一切俱捨 過去心不可得 是過去捨 現在心不可得 是現在捨 未來心不可得 是未來捨 所謂三世俱捨"
『宗鏡錄』卷25 (大正藏48，558，a) "經云 過去心不可得 現在心不可得 未來心不可得 悟三世之妄心不可得而有眞心 故曰悟心"

2) 사득십이시혼신(使得十二時渾身): 十二時는 이른바 子丑寅卯辰巳午未時… 등 과거의 하루 동안의 시각을 나타내는 것으로 오늘날의 二十四時를 의미한다. 使得은 스스로 적절히 잘 이용한다는 의미이고, 渾身은 全身 즉, 身體 全體를 의미한다.
『聯燈會要』卷6 「趙州觀音從諗禪師章」 (續藏經136，533，b) "問十二時中如何用心 師云汝被十二時使老僧使得十二時"
이른바 時分法에는 위에서 말한 十二時와 八時, 六時 등이 있다.

佛祖에 入室함으로 心不可得을 얻을 수 있다. 아직 佛祖에 入
室하지 못했다면 心不可得을 물을 수 없고, 말로 나타낼 수도
없고, 듣고 볼 수도 없다. 이것은 經師・論師・聲聞・緣覺의

특히 육시(六時)는 一晝夜를 六分해서 낮을 晨朝(平旦), 日中(日正中), 日沒(日
入)으로, 밤을 初夜(人定), 中夜(夜半), 後夜(鷄鳴)으로 나눈 것을 말하는 것이
다. 印度에서는 때의 가장 짧은 단위를 刹那(ksana)라 하고, 百二十刹那를 一
怛刹那(tat-ksana, 1시간의 2천2백5십 분의 1에 해당), 六十怛刹那를 一臘縛
(lava, 秒단위의 小部分에 해당), 三十臘縛을 一牟呼栗多(muhurta, 1주야의 30
분의 1에 해당), 五牟呼栗多를 一時, 六時를 一晝夜로 하였다. 晝夜 六時에 勤行
하는 것은 印度 이래 행하였고, 中國에서는 廬山의 慧遠(334-416)이 물시계
(蓮華漏)를 만들어서 六時에 行道했다고 전한다. 『阿彌陀經』에는 "淨土에서는
晝夜六時로 曼陀羅華가 비 오듯 한다."라고 서술되어 있다.
信行(540-594)은 晝夜六時 發願文을 만들고, 善導(613-681)는 淨土往生을 발
원하는 者가 晝夜六時로 부처님을 禮拜讚歎하는 往生禮讚(六時禮讚)을 지어서
각 六時에 예불하여 懺悔할 것을 설하였다. 六時를 알리는 종을 六時鍾, 六時
에 근행하는 것을 六時勤, 수행하는 집을 六時堂이라고 하였다.
또 六時 중에 처음의 세 개를 三時라고도 하여, 三時念佛(새벽・낮・저녁 등
하루 세 번 염불하는 것), 三時坐禪 등이 행하여졌다.
中國의 天台宗에서는 常行三昧를 六時에 행했다고 한다. 그밖에 인도에서는 하
루를 낮의 4와 밤의 4로 팔시(八時)로도 나누고 있다.
各 時의 經典的 根據는 다음과 같다.
① 六時
『阿彌陀經』(大正藏12, 347,a) "晝夜六時 雨天曼陀羅華"
『大方等大集經』卷23 (大正藏13, 163,b) "所謂梵天憐愍衆生 汝等應當晝夜六時淨自
洗浴 向於虛空至心禮拜求哀梵天"
『舍利弗悔過經』(大正藏24, 1090,a) "欲求佛道者 欲知去來之事 常以平旦日中日入
人定夜半鷄鳴時 澡漱整衣服"
『十住毘婆沙論』卷6 (大正藏26, 47,b) "中夜後夜皆亦如是 於日初分日中分日後分亦
如是 一日一夜合爲六時"
『廬山蓮宗寶鑑』卷2 (大正藏47, 312,b)
『大唐西域記』卷2 (大正藏51, 875,c) "時極短者 謂刹那也 百二十刹那爲一咀刹那
六十咀刹那爲一臘縛 三十臘縛爲一牟呼栗多 五牟呼栗多爲一時 六時合成一日一夜晝
三夜三 居俗日夜分爲八時"
『往生要集』卷中 (大正藏84, 58,a) "晝夜六時或三時二時 要具方法精勤修習"

무리들은 꿈에도 볼 수 없다. 그 증거는 가까이 있다.

【 강의 】 1

1. 이 「心不可得」권은 석가모니 부처님께서 『금강경』에서 말씀하신 "과거의 마음도 얻을 수 없고, 현재의 마음도 얻을 수 없으며, 미래의 마음도 얻을 수 없다."라고 한 '過去心不可得 現在心不可得 未來心不可得'의 말씀에 대한 덕산스님과 노파의 일화를 중심으로 설하고 있다. 도원은 이러한 일화가 화두가 되어 많은 사람들에게 참구의 대상이 되었음을 소개하면서 불교에 있어서 마음과 시간의 문제를 禪的인 입장에서 논하고 있다. 이것은 단순한 시제의 문제가 아니라 깨달음의 방법으로 삼은 것이다. 그래서 도원은 이를 중요시하였다.

모든 조사들은 이것을 參究하였는데, 不可得이라고 하는 말속에서 과거·현재·미래의 시간적인 문제를 각자의 굴을 파서 집을

---

② 八時

『大唐西域記』卷2 (大正藏51, 875,c) "居俗日夜分爲 八時(晝四夜四於一一時各有四分)"

③ 十二時

『摩訶止觀』卷8下 (大正藏46, 116,a)

『集諸經禮懺儀』卷下 (大正藏47, 474,a)

『雲門匡眞禪師廣錄』卷上 (大正藏47, 547,b) (大正藏47, 549,a) (大正藏47, 551,a)

『大慧普覺禪師書』卷26 (大正藏47, 921,c) (大正藏47, 926,a)

『密菴和尙語錄』 (大正藏47, 973,b) (大正藏47, 979,b) (大正藏47, 981,c)

『虛堂和尙語錄』卷2 (大正藏47, 995,b)

『宏智禪師廣錄』卷1 (大正藏48, 12,b) (大正藏48, 67,a)

『緇門警訓』卷2 (大正藏48, 1051,b)

『緇門警訓』卷9 (大正藏48, 1091,a)

짓고 있다. 이러한 집은 자기만의 집이지 다른 사람과 공유할 수 있는 것이 아니다. 그렇기 때문에 그 굴과 자기라고 하는 것은 바로 心不可得이며, 또 그 속에서 화두로 참구하고 있는 것도 思量分別心의 心不可得일 뿐만 아니라 스물 네 시간 동안 움직이고 있는 이 몸뚱이도 心不可得이다.

　이는 조사의 가문에 입실하여 禪을 한 사람만이 心不可得을 얻을 수 있다. 만약 아직까지 조사의 가문인 선에 들지 못했으면 心不可得에 대해서 물을 수도 없고, 말할 수도 없으며, 듣고 볼 수도 없다. 經에 해박한 교학자나 論에 박식한 논사들, 성문승이나 연각승과 같은 소승의 무리들은 꿈에도 볼 수 없는데, 여기에 대한 증거는 대단히 많다.

【 역주 】 2

　　2. 소위(덕산의 금강경 이야기)3) 德山宣鑑禪師4)는 그

---

3) 덕산의 금강경 이야기: 德山과 老婆의 일화를 가리키는 것으로, 雪竇重顯 (980-1052)의 100則頌을 圜悟克勤이 평석한 『碧巖錄』가운데 제4칙 評唱(大正藏48, 143,b)과 『禪苑蒙求』下 (續藏經148, 279,a)에 수록되어 있다.
　　“德山本是講僧 在西蜀講金剛經 因教中道 金剛喩定 後得智中 千劫學佛威儀 萬劫學佛細行 然後成佛 他南方魔子 便說卽心是佛 遂發憤 擔疏鈔行脚 直往南方 破這魔子輩 看他恁麽發憤 也是箇猛利底漢 初到澧州 路上見一婆子賣油米餈 遂放下疏鈔 且買點心契 婆云 我有一問 爾若答得 布施油米餈作點心 若答不得 別處買去 德山云但問 婆云 金剛經云 過去心不可得 現在心不可得 未來心不可得 上座欲點那箇心 山無語 婆遂指令去參龍潭”『碧巖錄』

4) 덕산선감(德山宣鑑: 782-865): 唐代에 활약한 선사로 靑原 문하의 법손이다. 덕산은 주석한 산명이며 劍南(蜀 : 四川) 출신으로 속성은 周씨이다. 20세에 출가하여 처음에는 경과 율을 공부하였으며, 『금강경』에 정통하여 주금강이라고 불렀다. 龍潭崇信을 만나 깨달음을 얻고 30년을 참학하며 그의 법을 이어 받았다. 덕산 古德禪院에 머물면서 분방호쾌한 선풍을 드날렸으며 그 당시 德山

당시 『금강반야경』의 이치를 깨달았다고 스스로 말하기도 하고, 혹은 자신을 周金剛王이라고 하였다. 그 중에서도 靑龍疏[5])에 대해서 잘 안다고 했다. 또한 12짐(十二擔)[6]) 정도의 서적을 지었으며 견줄만한 강사가 없었다. 그렇지만 文字法師의 말류(末流)에 속했다. 어느 날 남방에서 嫡嫡相承한 無上의 불법이 있다는 소리를 듣고, 이에 대해 분개하여 經疏를 짊어지고 山河를 건너갔다. 龍潭崇信禪師[7])의 회상으로 향하였다. 숭신선사

棒 臨濟喝이라고 할 정도로 대표적 선기를 이루었다. 뛰어난 제자로는 雪峰義存과 암두전활이 있으며 시호는 見性이다. 德山三世心不可得(碧嚴錄4), 德山托鉢(無門關13칙, 從容錄55칙, 禪門拈頌668칙), 德山挾複子(碧嚴錄4칙, 禪門拈頌666칙) 등의 선문답 일화가 『古則公案集』에 실려 전해오고 있다. 선사의 전기는 『景德傳燈錄』卷14 (大正藏51, 317,b); 『五燈會元』卷7 (續藏經138, 229,c); 『祖堂集』卷5 (高麗藏45, 268,c); 『宋高僧傳』卷12 (大正藏50, 778,b) 등에 전한다.

5) 청룡소(靑龍疏): 唐나라 玄宗의 命에 의하여 靑龍寺 道氤이 찬술한 『金剛經疏』 6卷을 말하며, 이외에 『唯識疏』6卷과 『法華經疏』6卷 등이 있다. 『宋高僧傳』卷5 (大正藏50, 734,b)

6) 십이담(十二擔): 擔은 보따리 짐이나 상자를 말하는데 중량으로는 一擔이 百斤의 무게이다.
이 十二擔의 해석을 玉城康四郞은 靑龍寺 道氤이 찬술한 唯識疏와 法華經疏 각각 6권씩을 합하여 12권의 경서일 것이라고 하였는데(現代語譯, 『正法眼藏』卷2, p.80), 이것은 德山의 찬술이라고 한 내용과 맞지 않다. 岸澤惟安의 강의서(『正法眼藏全講』卷6, pp.272-273, 大法輪閣, 1979)에는 덕산이 『금강경』의 『靑龍疏』를 제일로 생각하고 공부했지만 그에 만족치 않고 12函(상자)정도되는 저술을 했을 것이며, 그 속에는 『금강경』의 주석도 직접 찬술했을 것이다. 그런데 崇信禪師를 만난 뒤 그 앞에서 모두 불 태워버렸기 때문에 정확히 어떤 책들인지 모른다는 해석이다. 좀더 검토되어야 할 부분이다.

7) 용담숭신(龍潭崇信, 미상): 숭신선사는 唐代 靑原 門下 제3세 법손이다. 가업이 떡장수였으며 절 아래 살면서 天皇寺 道悟에게 매일 떡 공양을 올리고 그 인연으로 도오에게 귀의하여 출가하였다. 도오는 복과 선을 숭상하여 믿는 사람이라고 하여 숭신이라고 이름 지어 주었다고 한다. 心要의 가르침을 묻고 妙悟를 얻어 澧陽 龍潭禪院에 머물면서 교화를 폈다. 제자로는 德山宣鑑과 渤潭寶峰和尙 등이 있다. 선사의 전기는 『景德傳燈錄』卷14 (大正藏51, 313,b); 『祖堂

를 만나러 가는 도중 쉬게 되었는데, 그 때 한 노파가 다가
와서 길가에서 쉬었다.

宣鑑講師가 물었다. "그대는 무엇을 하는 사람입니까?"

노파가 말하기를, "저는 떡을 파는 늙은이입니다."라고 하
였다.

덕산이 말하기를, "나를 위해 떡을 팔 수 있겠습니까?"하니,

노파가 말하기를, "화상께서는 떡을 사서 무엇에 쓰려고 하
십니까?" 하였다.

덕산이 "떡을 사서 점심(點心)8)으로 하려고 합니다."하니,
노파가 "화상께서 가지고 있는 그 짐은 무엇입니까?"하고 물
었다.

덕산이 말하기를, "그대는 듣지 못했습니까? 내가 바로 周金
剛王이라는 사람입니다. 금강경에 대해서는 잘 알고 통달하지
못한 것이 없습니다. 내가 지금 들고 있는 것은 금강경을 해석
한 것입니다."라고 하였다.

이와 같은 말을 들은 노파가 말하기를, "늙은이가 한 가지
물을 터이니 화상께서는 여기에 대해서 답을 하실 수 있겠습
니까?"라고 하니,

덕산이 말하기를, "좋습니다. 그대는 마음대로 하십시오."라
고 하였다.

集』卷5 (高麗藏45, 264,b); 『五燈會元』卷7 (續藏經138, 229,a) 등에 전한다.

8) 점심(點心): 점심이란 원래 儒家에서 유래한 말로 군자의 낮 끼니는 마음에 점
   하나를 찍는 것으로 족하다는 儒林의 절제와 검약이 들어있는 단어이다. 보통
   정오 전에 공복을 메우기 위해 먹는 간식(齊前に點心をおこなふ: 『正法眼藏』看
   經, 岸澤惟安의 위의 책 p.213) 또는 정해진 시간 이외의 간식과 정오에 먹는
   식사 등을 말한다.

노파가 말하기를, "제가 금강경을 들은 적이 있었는데 거기에는 '過去心不可得 現在心不可得 未來心不可得'이라고 하였습니다. 지금 어떤 마음에 떡을 가지고 어떻게 점을 찍으려고 하십니까? 화상께서 만약 대답을 하시면 떡을 팔 것이요, 만약 대답을 못하시면 떡을 팔지 않을 것입니다."라고 하였다.

【 강의 】 2

2. 소위 덕산선감선사(德山宣鑑禪師; 782-865)는 당나라 시대에 있어서 『금강경』에 대해서 가장 밝은 사람이라고 자타가 인정하였다. 그래서 그는 스스로 周金剛王이라고까지 자칭하고 다녔다. 그런 중에서도 당나라의 靑龍寺 道氤禪師가 찬술한 『금강경』 六卷에 대해서는 가장 해박한 지식을 가지고 있었다. 그가 저술한 책만 하더라도 열두 짐 정도나 되었다고 한다. 이 정도로 『금강경』에 대하여 뛰어났기 때문에 어느 누구도 그와 견줄만한 사람이 없었다. 그렇지만 그는 강사였기 때문에 늘 말단의 취급을 받고 있었다. 이러한 풍속은 당나라에서는 禪이 유행하였으므로 경을 공부하는 사람이 크게 인정을 받지 못하고, 선을 하는 선사들은 높이 평가받을 때였기 때문이다. 당시에는 양쯔강 이남의 남방에서 慧能의 선이 유행하고 있었으며, 혜능이야 말로 불법의 正法眼藏을 계승하였다고 주장하고 있었다. 이러한 소리를 들은 덕산은 정법안장의 계승은 『금강경』에 통달한 자신이라고 생각하여 크게 분개하였다. 그래서 선종의 잘못된 생각을 깨뜨리기 위하여 경과 논소를 짊어지고 산하를 넘어 여행길에 올랐다. 그 때 마침 용담 숭신선사라는 스님이 있었는데 그 스님과 한바탕 법을 겨루기 위

하여 그 곳으로 향하였다. 숭신선사를 만나러 가는 도중에 갈증
이 나고 피곤하여 길거리에서 쉬고 있었는데, 마침 한 노파가 그
가 쉬고 있는 곳으로 다가왔다.

그 노파를 본 선감선사는 그에게 "그대는 무엇을 하는 사람입니
까?"라고 물었다.

노파가 말하기를, "저는 떡을 파는 늙은이입니다."라고 하였다.

덕산이 말하기를, "나에게 떡을 팔 수 있습니까?"라고 하니,

노파가 말하기를, "스님께서는 떡을 사서 무엇 하려고 하십니
까?"라고 하였다.

덕산이 "떡으로 점심요기나 하려고 합니다."라고 하니,

노파가 "스님께서 지금 가지고 있는 그 바랑 속에는 무엇이 들
어 있습니까?"라고 했다.

덕산이 말하기를, "그대는 아직 듣지 못했습니까? 내가 바로 그
유명한 주금강왕이라고 하는 사람입니다. 저는 금강경에 대해서
는 모든 것을 다 통달했습니다. 내 짐 속에 있는 것은 금강경을
해석한 것들입니다."라고 하였다.

이러한 말을 들은 노파가 말하기를, "이 늙은이가 한 가지 물을
터이니, 스님께서 답해주실 수 있습니까?"라고 하였다.

덕산이 말하기를, "좋습니다. 그대가 묻고 싶은 것을 마음대로
물으십시오."라고 하였다.

노파가 말하기를, "제가 그 전에 금강경에 대한 법문을 들은 적
이 있었는데 그 때 금강경에는 '과거심불가득 현재심불가득 미래
심불가득'이라고 하는 대목이 있었습니다. 지금 스님께서는 떡을
사서 점심요기를 하신다고 하셨는데, 과거심도 얻을 수 없고, 현
재심도 얻을 수 없으며, 미래심도 얻을 수 없는데 어떤 마음에

점을 찍기에 점심요기를 하신다고 하십니까? 만약 스님께서 저의 이 물음에 대하여 대답을 해주시면 저는 스님께 떡을 팔지만 만약 대답을 못하시면 저는 떡을 팔지 않을 것입니다."라고 하였다.

【 역주 】 3

3. 그때 덕산은 망연해져서 대답할 바를 생각해 내지 못했다. 바로 노파는 소매를 뿌리치고 가버렸다. 결국 덕산에게 떡을 팔지 않았다.

유감스럽게도 수백 권의 주석서를 썼고 수십 년 동안 강의를 한 사람이 고작 초라한 노파의 한 마디 질문을 받고 바로 패하여 대답을 하지 못한 것이다. 바른 스승을 만나고 바른 스승으로부터 사법하고 정법을 받는 것은 아직 정법을 듣지 못하고 바른 스승을 만나지도 못한 것과는 전혀 다름이 이와 같다. 이 때 덕산은 처음으로 말하기를, "그림의 떡은 굶주림을 그치게 하지는 못한다."라고 했다. 그래서 용담에게 법을 받았다고 했다.

【 강의 】 3

3. 노파의 不可得이라고 하는 질문을 받은 덕산은 망연자실해져서 어떻게 대답해야 할지를 몰랐다. 이러한 모습을 본 노파는 덕산이 떡을 팔 것을 부탁했지만, 그의 부탁을 뿌리치고 가버렸다. 결국 그 노파는 대답을 하지 못한 덕산에게 떡을 팔지 않았다.

대단히 유감스럽게도 그동안 『금강경』에 있어서는 최고의 권위

자로 자랑하며 주금강왕(周金剛王)이라고까지 불렸던 덕산은 수
백 권의 주석서를 썼을 뿐만 아니라 수 십년 동안『금강경』을 강
의한 사람이었다. 그런데도 길거리에서 초라한 모습으로 떡을 파
는 노파의 한 마디의 질문을 받고 대답을 못해 쩔쩔매는 꼴이 되
고 말았다. 만약 덕산이 올바른 선지식을 만나 사법을 하고 정법
을 들었다고 한다면 이러한 꼴이 되지 않았을 것이다. 그러므로
올바른 선지식을 만나 정법을 받는 것과 그렇지 못한 것은 전혀
다르다.

　이 때 덕산은 말하기를, "그림의 떡으로는 배고픔을 면하지 못
한다."라고 했다. 그래서 그는 지금까지 자만하던 모든 교만심을
버리고 용담의 문하에 가서 정법을 받게 된 것이다.

【 역주 】 4

　4. 이 노파와 덕산이 만나게 된 인연을 곰곰이 생각해 보면,
덕산이 과거에 깨닫지 못했음을 알 수 있다. 용담을 보고 난
뒤에도 노파를 두려워했을 것이다. 그는 참학에 있어서 늦은
사람으로서 증득한 古佛이라고 할 수 없다. 그 때 노파가 덕산
의 입을 다물게는 했지만 참된 사람이 되었다고는 아직까지
판단하기 어렵다. 그 이유는 心不可得이라고 하는 말만을 들은
것은 바로 마음은 얻을 수도 없고 마음은 있지도 않다고 하는
것만을 생각해서 노파는 이와 같이 물었을 것이다. 만약 덕산
이 대장부(大丈夫)9)였다고 한다면 노파를 간파했을 것이다. 이

---

9) 대장부(大丈夫):『大般涅槃經』「如來性品」(大正藏12, 374,b) "佛告迦葉 所言大
　　者其性廣博 猶如有人壽命無量名大丈夫 是人若能安住正法 名人中勝"

미 간파했다고 한다면 노파가 진실 된 사람인지 아닌지의 도
리를 명백히 했을 것이다. 아직까지 덕산도 덕산이지 못한 것
은 노파가 진실 된 사람인지 아닌지 밝혀지지 않은 것과 같다.

大宋國에 있는 운수납자들(雲衲霞袂)이 공연히 덕산이 대답
하지 못한 것을 비웃고 노파가 영리하다고 칭찬한 것은 지극
히 쓸데없고 어리석은 일이다. 그 이유는 지금 노파를 의심하
지 않기 때문이다. 그때 덕산이 대답을 못했을 때, 노파는 덕
산을 향해서 왜 이와 같은 말을 못했는가?

"화상은 지금 대답을 못하고 있습니다. 그러면 이 노파에게
물어보십시오. 그러면 노파는 화상을 위해서 대답할 것입니
다."라고 말하여, 덕산의 물음에 대답해야 했을 것이다. 덕산
의 질문을 받고 덕산을 향해서 한 대답이 도리에 맞았다고 한
다면 노파는 진실 된 사람이라고 말할 수가 있었을 것이다. 문
답이 있었다고 할지라도 아직까지 밝혀진 것은 없다. 그런데
예로부터 지금까지 한 마디도 묻지 않은 사람을 불도를 얻은
사람이라고 말할 수는 없다. 그러나 공연히 스스로 자신이 잘
났다고 시종 칭찬하는 사람들은 아무 이익이 없음을 당시의
덕산을 비추어 봤을 때 잘 알 수 있다. 또한 이러한 것은 한
마디도 묻지 못한 노파를 보더라도 잘 알 수 있을 것이다.

『大般涅槃經』「梵行品」(大正藏12, 711, c) "善男子 一切男女若具四法則名丈夫 何
等爲四 一善知識 二能聽法 三思惟義 四如說修行 若男若女具是四法則名丈夫 善男
子 若有男子無此四法 則不得名爲丈夫也"
『緇門』潙山大圓禪師警策. "古云, 彼旣丈夫라 我亦爾니 不應自輕而退屈이라 하시
니 若不如此면 徒在緇門하여 荏苒一生하여 殊無所益이니 伏望하노니 興決烈之志
하여 開特達之懷하라"

【 강의 】 4

4. 이 노파와 덕산의 문답을 곰곰이 생각해 보면 덕산이 이때까지 깨닫지 못했다는 것을 우리는 확실히 알 수 있다. 그런데 만약에 그가 용담의 문하에 참학을 하고 난 뒤에 노파를 다시 만났다고 하더라도 그는 노파에게 한번 당했기 때문에 여전히 두려움을 느끼고 있었을 것이다. 덕산은 용담을 만나서 참학하여 조금 늦게 증득한 사람 정도에 지나지 않을 뿐이지 참으로 육조혜능과 같은 古佛이라고는 말할 수 없다.

심불가득으로 인하여 노파는 덕산의 입을 다물게는 했지만, 그렇다고 하여 노파 또한 참으로 깨달은 사람이라고는 아직까지 판단하기 어렵다. 그 이유는 노파는 심불가득이라고 하는『금강경』의 법문을 많이 듣고 이 법문을 들었을 때, 법사들이 노파에게 '마음은 얻을 수도 없고 있지도 않다'라고 하는 말만을 과거에 들었던 기억을 가지고 덕산과의 만남에서 덕산에게 물었을지도 모르는 일이다. 만약 덕산이 도를 깨달은 대장부였다고 한다면 노파의 이러한 질문에 명쾌한 대답을 했을 것이다. 만약 덕산이 이렇게 하여 노파를 간파했다고 한다면 그 노파가 깨달은 사람인지 아닌지에 대해서는 명백하게 드러났을 것이다. 그런데 덕산 또한 깨닫지 못했기 때문에 노파의 말 한마디에 떨어져서 대답을 못하였으므로 노파의 도가 참된 것인지에 대해서는 아직까지도 밝혀지지 않았다. 이것을 못 밝힌 것은 바로 덕산의 도가 미치지 못했기 때문이다.

그런데 도원 당시의 송나라 운수납자들은 공연히 덕산이 대답하지 못한 것만 비웃으며 마치 노파를 도인처럼 칭찬하고 있는데 이것은 잘못된 판단이다. 왜냐하면 노파가 진정으로 도를 깨달았다고 한다면, 자신의 질문에 대답하지 못하는 덕산에게 떡을 팔지 않고 가버릴 것이 아니라 덕산의 우매함을 일깨워주어야 했을 것이다. 도원은 "만약 내가 노파였다라고 한다면 덕산을 향해서 이와 같은 질문을 했을 것이다. '화상은 지금 나의 물음에 대답을 못하고 있습니다. 화상께서 저에게 내가 한 질문과 같은 내용을 물어보십시오. 저는 화상을 위하여 대답해 드리겠습니다.'"라고 생각했다. 그리고 덕산의 물음에 대해서 명쾌하게 말해줌으로써 덕산이 깨우치도록 인도했을 것이다. 즉, 노파가 덕산의 질문에 대하여 명쾌한 대답을 했다라고 한다면 노파는 참된 깨달음을 얻은 사람이라고 말할 수 있을 것이다. 그런데 노파가 덕산에게 이와 같은 질문을 하게 하여 명쾌한 대답을 했는지 아닌지에 대해서는 아직까지 밝혀진 바가 없다. 그런데 어찌해서 예로부터 지금까지 한 마디도 묻지 않고 덕산의 잘못을 그대로 방치하고 떡만 가지고 도망간 노파를 두고 불도를 얻은 사람이라고 칭찬할 수 있겠는가? 이는 노파에 대한 후대 사람들의 과대평가이다. 공연히 자신이 잘났다고 시종일관 자찬만 하는 사람들은 아무런 이익도 얻을 수 없음을 알 수 있다. 당시의 덕산을 비추어 봤을 때 그는 「금강경」에 대하여 대단히 자만하고 있었으나 노파에게 당하고 말았다. 그리고 남의 잘못을 보고도 그것을 깨우치도록 말한 마디 해 주지 않고 가버린 노파를 보더라도 우리는 잘 알 수 있다.

【 역주 】5

5. 바꾸어 덕산의 입장에서 말한다면, 노파가 참으로 어떻게 묻든 간에, 덕산은 바로 노파에게 이와 같이 물어야 할 것이다.

"그렇다면 그대는 나에게 떡을 팔지 않아도 좋다."

만약 덕산이 이와 같이 말했다면, 영리한 參學者였을 것이다.

만약 덕산이 노파에게,

"현재심도 얻을 수 없고, 과거심도 얻을 수 없고, 미래심도 얻을 수 없는데, 지금 떡을 가지고 어느 마음에 점을 찍으려고 하십니까?"라고 한다면, 이와 같이 묻는 것에 대해 노파는 곧 덕산을 향해서 말하길,

"스님은 오직 떡이 마음을 점찍지 못하는 것만을 알뿐이지, 마음이 떡을 점찍는 것도 모르고, 마음이 마음을 점찍는 것도 모르십니다."

라고 했을 것이다.

이와 같이 했다면 분명히 덕산은 망설였을 것이다. 이러한 때를 당해서 떡 세 개를 집어서 덕산에게 건네주어야 한다. 덕산이 받으려고 할 때, 노파는 "과거심도 얻을 수 없고, 현재심도 얻을 수 없고, 미래심도 얻을 수 없다."

라고 말해야 한다. 만약 또 덕산이 손을 뻗어서 받으려고 생각하지 않는다면, 떡 한 개를 집어서 덕산에게 던지면서 말하기를,

"시체같이 정신없는 놈아, 멍청하게 있지 말라."고 해야 한다. 이와 같이 말하는 것에 대하여 덕산이 말할 것이 있다면 좋을 것이고, 말하지 못한다면 노파는 다시 덕산을 위해서 말

해야 한다. 그러나 노파가 소매를 뿌리치면서 가버렸지만 그 소매 안에 벌이 있었다는 것을 생각하지도 못했을 것이다. 덕산도

"나는 말을 못하겠소. 노파여, 나를 위해서 한 마디 일러 주시오."

라고 해야 했다. 그러나 말할 것을 말하지 않았고, 물을 것을 묻지 않았다. 노파와 덕산이 과거심과 미래심에 대하여 묻고 대답했는데, 미래심을 얻을 수 없다고 했을 뿐이다.

일반적으로 덕산은 그 이후로도 이렇다 할 깨달음이 있었다고는 보이지 않는다. 오직 과격한 행만 있을 뿐이다. 만약 오래도록 용담 문하에서 있었더라면, 머리의 뿔을 부러뜨렸을[頭角觸折] 것이다. 그리고 頷珠[10)를 正傳 받았을 것이다. 겨우 촛불을 불어 끈 상황[吹滅紙燭][11)만으로 본다면, 傳燈으로 보기에는 부족하다.

그러므로 參學하는 雲水는 반드시 부지런히 해야 하며, 쉽게

---

10) 함주(頷珠): 頷下之珠. 용의 턱밑에 있다는 구슬. 용이 잠든 틈을 타서 훔친다고 한다. '손에 넣기 어려운 귀중한 보물'을 비유로 이르는 말. 매우 얻기 어려운 것이기 때문에 진리의 상징으로 사용된다.
  『景德傳燈錄』卷14 「澧州龍潭崇信禪師」(大正藏51, 313,c) "德山問. 久嚮龍潭. 到來潭又不見龍亦不現. 師曰. 子親到龍潭. 德山卽休."
  여기에서 道元은 德山이 龍潭의 頷珠를 正傳할 수 없었다고 비판한 것이다.
  『法華經』卷5 「安樂行品」(大正藏9, 38,c) "文殊師利 譬如强力轉輪聖王 欲以威勢降伏諸國 而諸小王不順其命 時轉輪王 起種種兵而往討罰 王見兵衆戰有功者 卽大歡喜隨功賞賜 或與田宅聚落城邑 或與衣服嚴身之具 或與種種珍寶金銀琉璃車栗馬腦珊瑚琥珀象馬車乘奴婢人民 唯髻中明珠不以與之"

11) 취멸지촉(吹滅紙燭): 촛불을 불어 끄는 순간 德山은 깨달았다.
  『景德傳燈錄』卷15 「朗州德山宣鑒禪師」(大正藏51, 317,b) "龍潭留之 一夕於室外黙坐 龍問 何不歸來 師對曰黑 龍乃點燭與師 師擬接 龍便吹滅 師乃禮拜 龍曰 見什麼 曰從今向去不疑天下老和尙舌頭也"

하는 것은 옳지 않다. 부지런하게 참학하는 것이 佛祖가 되는 것이다. 무릇 心不可得이란 것은 한 장의 그림의 떡을 사서 한 입에 깨물어 먹어보는 것을 말한다.

【 강의 】 5

5. 지금까지 이야기한 것이 노파에 대해서였다면, 이제는 이야기를 바꾸어 덕산에 대해서 말하겠다. 덕산이 노파가 어떻게 묻든 간에 그 물음에 대해서 덕산은 노파에게 한 마디 했어야 했다.

노파가 떡을 팔지 않고 가는 것을 보고 덕산은, "그렇다면 노파여, 그대는 나에게 떡을 팔지 않아도 좋습니다."라고 해야 했을 것이다. 만약에 덕산이 떡을 팔지 않고 가는 노파에게 이와 같이 물었다면 덕산은 깨닫지는 못했지만 머리가 뛰어난 수행자라고 할 수 있었을 것이다. 만약 덕산이 노파가 한 말을 받아서, "현재심도 얻을 수 없고, 과거심도 얻을 수 없고, 미래심도 얻을 수 없는데, 지금 떡을 가지고 노파는 어느 마음에 점을 찍으려고 하십니까?"라고 물었을 때, 이러한 물음에 대해서 노파가 진정으로 깨달았다고 한다면 덕산을 향해서 말하기를, "스님은 오직 떡이 마음을 점찍지 못하는 것만 알뿐이지, 마음이 떡을 점찍는 것도 모르고, 마음이 마음을 점찍는 것도 모르십니다."라고 했을 것이다.

이와 같이 노파가 덕산에게 말했다고 한다면 분명히 덕산은 또 망설였을 것이다. 이러한 모습을 보고 노파는 떡을 가지고 도망갈 것이 아니라 오히려 떡 세 개를 집어서 덕산에게 주었어야 했다. 대답도 못하는 멍청이 같은 덕산에게 노파가 오히려 떡을 주었을 때, 만약 덕산이 떡을 받으려고 한다면 노파는 다시 "과거심도 얻을 수 없고, 현재심도 얻을 수 없고, 미래심도 얻을 수 없다.”라고 말해야 한다.

도원은 그 후의 상황에 대해서, ‘노파가 덕산에게 떡 세 개를 주었다는 소리도 없고, 주지 말라는 이야기도 없지만, 문장 전체의 흐름으로 보았을 때 대답은 못하고 떡만 받아먹으려고 하는 덕산에게 떡 세 개를 주려고 했을 것이다.’라고 추측하고 있다. 그리고 만약 덕산이 노파가 떡을 주었지만 받으려고 손을 내밀지 않는다면 노파는 떡을 하나 집어서 덕산의 얼굴을 향해 집어던지면서 말하기를, “야, 시체같이 정신없는 놈아, 멍청하게 있지만 말고 이 떡이나 먹어라.”라고 말해야 한다. 만약 노파가 이렇게 말하면서 떡을 집어 던졌을 때, 덕산이 할 말이 있었다면 좋을 것이고, 말하지 못했다면 다시 노파는 덕산을 향해 말했어야 할 것이다.

그렇지만 덕산도 말 한마디 못하고 노파도 말 한마디 못하고 단지 떡을 달라는 소매를 뿌리치면서 가버렸는데, 사실 그 소매 안에 일침을 놓을 수 있는 벌 한 마리가 있었다는 것을 노파는 생각하지 못했다. 이 벌이라고 하는 것은 바로 도원이 지금 노파가 자신의 깨달음을 증명하지 못하고 가버린데 대해서 일침을 가하는 것을 말하고 있다. 그리고 덕산이 참된 구도자였다고 한다면, “나는 말을 못하겠소. 노파여!, 이 어리석은 나를 위하여 한마디 일러 주시오.”라고 하면서 간절히 깨달음을 구해야 했을 것이다. 그러나 노파는 말할 것을 말하지 않았고, 덕산은 물을 것을 묻지 않았다. 그러면서 노파와 덕산은 단지 과거심과 현재심과 미래심에 대하여 얻을 수 없다고만 묻고 대답했을 뿐이다.

일반적으로 덕산은 그 이후로도 큰 깨달음을 얻어서 정법안장을 계승했다고는 보이지 않는다. 그의 행적은 오직 누구에게나 몽둥이 30방을 때리는 과격한 행만을 했다고 알려져 있을 뿐이다. 만약 그가 용담의 문하에서 하루저녁만 있지 않고 오래도록 수행하였더라면 머리에 뿔 달린 것처럼 누구에게나 방을 하는 과격하고 괴각적인 행동을 하지 않고 머리에 뿔을 부러뜨리는 참다운 선지식이 되었을 것이다.

그리고 이렇게 되었더라면 용담의 여의주를 정전 받는 정법안장의 계승자가 되었을 것이다. 그러나 덕산은 노파에게 떡을 얻어먹지 못하고 당한 후 그날 저녁 용담을 찾아갔는데, 용담에게 "이곳은 용도 없고, 못도 없으니, 나는 돌아갑니다."라고 했을 때, 용담은 날이 어두우므로 길을 밝히기 위한 촛불 하나를 주었다. 덕산이 그것을 받으려고 하자 용담은 확 불어서 촛불을 꺼버렸다. 이때 덕산은 깨달음을 얻었는데 이를 두고 취멸지촉(吹滅紙燭)이라고 한다. 그러한 깨달음을 얻은 덕산은 그 날 저녁에 용담의 곁을 떠나고 말았다. 그러므로 덕산의 이 정도의 깨달음을 가지고 용담의 정법안장을 전등받았다고 보기에는 부족한 점이 대단히 많다.

그러므로 참학 수행하는 운수납자들은 부지런히 정진하여야 하며, 덕산처럼 쉽게 깨달음을 얻으려고 해서는 안 된다. 부지런하고 끊임없이 정진했을 때에 불조가 될 수 있다. 지금까지 말한 노파와 덕산의 심불가득이라고 하는 것은 참으로 먹을 수 있는 진짜 떡이 아니라 한 장의 그림의 떡에 불과하다. 이것은 마치 그림의 떡을 사서 씹어 먹으면서 떡 맛을 보려고 하는 것과 같으니 참으로 어리석은 일이 아닐 수 없다.

18. 心不可得

1. 釈迦牟尼仏言、過去心不可得、現在心不可得、未来心不可得。

　これ仏祖の参究なり。不可得裏に過去現在未来の窟籠を剗来せり。しかれども、自家の宿籠をもちゐきたれり。いはゆる自家といふは、心不可得なり。而今の思量分別は、心不可得なり。使得十二時の渾身、これ心不可得なり。仏祖の入室よりこのかた、心不可得を会取す。いまだ仏祖の入室あらざれば、心不可得の問取なし、道著なし、見聞せざるなり。経師論師のやから、声聞縁覚のたぐひ、夢也未見在なり。

　その験ちかきにあり、

2. いはゆる徳山宣鑑禅師、そのかみ金剛般若経をあきらめたりと自称す、あるいは周金剛王と自称す。ことに青竜疏をよくせりと称ず。さらに十二担の書籍を撰集せり、斉肩の講者なきがごとし。しかあれども、文字法師の末流なり。あるとき、南方に嫡嫡相承の無上仏法あることをききて、いきどほりにたへず、経疏をたづさへて山川をわたりゆく。ちなみに竜潭の信禅師の会にあへり。かの会に投ぜんとおもむく、中路に歇息せり。ときに老婆子きたりあひて、路側に歇息せり。

　ときに鑑講師とふ。なんぢはこれなに人ぞ。

　婆子いはく、われは買餅の老婆子なり。

　徳山いはく、わがためにもちひをうるべし。

　婆子いはく、和尚もちひをかうてなにかせん。

　徳山いはく、もちひをかうて点心にすべし。

　婆子いはく、和尚のそこばくたづさへてあるは、それなにものぞ。

徳山いはく、なんぢきかずや、われはこれ周金剛王なり。金剛経に長ぜり、通達せずといふところなし。わがいまたづさへたるは、金剛経の解釈なり。

かくいふをききて、婆子いはく、老婆に一問あり、和尚これをゆるすやいなや。

徳山いはく、われいまゆるす。なんぢ、こころにまかせてとふべし。

婆子いはく、われかつて金剛経をきくにいはく、過去心不可得、現在心不可得、未来心不可得。いまいづれの心をか、もちひをしていかに点ぜんとかする。和尚もし道得ならんには、もちひをうるべし。和尚もし道不得ならんには、もちひをうるべからず。

3.　徳山ときに茫然として祇対すべきところをおぼえざりき。婆子すなはち払袖していでぬ。つひにもちひを徳山にうらず。

うらむべし、数百軸の釈主、数十年の講者、わづかに弊婆の一問をうるに、たちまちに負処に堕して、祇対におよばざること。正師をみると正師に師承せると、正法をきけると、いまだ正法をきかず正法をみざると、はるかにこのなるによりて、かくのごとし。

徳山このときはじめていはく、畫にかけるもちひ、うゑをやむるにあたはずと。

いまは竜潭に嗣法すと称ず。

4.　つらつらこの婆子と徳山と相見する因縁をおもへば、徳山のむかしあきらめざることは、いまきこゆるところなり。竜潭をみしよりのちも、なほ婆子を怕却しつべし。なほこれ参学の晩進なり、超証の古仏にあらず。婆子そのとき徳山を杜口せしむとも、実にその人なること、いまださだめがたし。そのゆゑは、心不可得のことばをききては、心、うべからず、心、あるべからずとのみおもひて、かくのごとくとふ。徳山もし丈夫なりせば、婆子を勘破するちからあらまし。すでに勘破せましかば、婆子まことにその人なる道理もあらはるべし。

徳山いまだ徳山ならざれば、婆子その人なることもいまだあらはれず。

　現在大宋国にある雲衲霞袂、いたづらに徳山の対不得をわらひ、婆子が霊利なることをほむるは、いとはかなかるべし、おろかなるなり。そのゆゑは、婆子を疑著する、ゆゑなきにあらず。いはゆるそのちなみ、徳山道不得ならんに、婆子なんぞ徳山にむかうていはざる、和尚いま道不得なり、さらに老婆にとふべし、老婆かへりて和尚のためにいふべし。

　かくのごとくいひて、徳山の問をえて、徳山にむかうていふこと道是ならば、婆子まことにその人なりといふことあらはるべし。問著たとひありとも、いまだ道処あらず。むかしよりいまだ一語をも道著せざるをその人といふこと、いまだあらず。いたづらなる自称の始終、その益なき、徳山のむかしにてみるべし。いまだ道処なきものをゆるすべからざること、婆子にてしるべし。

　5.　こころみに徳山にかはりていふべし、婆子まさしく恁麼問著せんに、徳山すなはち婆子にむかひていふべし、恁麼則儞莫与吾売餅（恁麼ならば則ち儞吾が与に餅を売ること莫れ）。

　もし徳山かくのごとくいはましかば、伶利の参学ならん。
婆子もし徳山とはん、現在心不可得、過去心不可得、未来心不可得。いまもちひをしていづれの心をか点ぜんとかする。
かくのごとくとはんに、婆子すなはち徳山にむかふていふべし、和尚はただもちひの心を点ずべからずとのみしりて、心のもちひを点ずることをしらず、心の心を点ずることをもしらず。
恁麼いはんに、徳山さだめて擬議すべし。当恁麼時、もちひ三枚を拈じて徳山に度与すべし。徳山とらんと擬せんとき、婆子いふべし、過去心不可得、現在心不可得、未来心不可得。
　もし又徳山展手擬取せずば、一餅を拈じて徳山をうちていふべし、無魂

屍子、儞莫茫然（無魂の屍子、儞茫然なること莫れ）。

　かくのごとくいはんに、徳山いふことあらばよし、いふことなからんには、婆子さらに徳山のためにいふべし。ただ払袖してさる、そでのなかに蜂ありともおぼえず。徳山も、われはいふことあたはず、老婆わがためにいふべしともいはず。

　しかあれば、いふべきをいはざるのみにあらず、とふべきをもとはず。あはれむべし、婆子徳山、過去心、未来心、現在心、問著道著、未来心不可得なるのみなり。

　おほよそ徳山それよりのちも、させる発明ありともみえず、ただあらあらしき造次のみなり。ひさしく竜潭にとぶらひせば、頭角触折することもあらまし、頷珠を正伝する時節にもあはまし。わづかに吹滅紙燭をみる、伝灯に不足なり。

　しかあれば、参学の雲水、かならず勤学なるべし、容易にせしは不是なり、勤学なりしは仏祖なり。おほよそ心不可得とは、畫餅一枚を買弄して、一口に咬著嚼著するをいふ。

　正法眼蔵心不可得第十八
　爾時仁治二年辛丑夏安居于雍州宇治郡観音導利興聖宝林寺示衆

19.

後心不可得

19. 後心不可得

【 해제 】

心不可得이라는 같은 이름으로 된 것이 두 권이 있기 때문에 앞의 심불가득에 대하여 이 권을 「後心不可得」이라고 하였다. 이 구별에 대해서는 이미 설한 바가 있다. 여기서는 이 두 권의 내용의 차이점에 대해서 살펴보고자 한다.

먼저 같은 점은 두 권 모두 덕산선감과 노파의 문답을 거론하면서 간단한 비평을 붙이고 있다는 것이다. 여기에 대해서 다른 점은 앞의 심불가득에서는 덕산과 노파를 대신하여 도원 스스로 두 사람 문답의 모범답안을 제시하고 있다. 두 사람의 문답은 이와 같이 되어야 한다라고 하고 있는 것이다. 또한 도원은 용담에게 참학하여 깨달음을 얻은 후의 덕산에 대해서 아직도 충분하지 않다라고 비판하고 있다. 이러한 것이 「후심불가득」에서는 없다. 그런데 「후심불가득」에 새롭게 더해진 것은 대증국사인 남양혜충과 大耳三藏과의 문답이다. 삼장은 타심통을 얻었다고 하고 있지만, 경전의 문자를 공부하는 학자에 불과했다. 이 삼장을 국사가 문답으로 실험하고 있다. 국사는 같은 이름으로 "나는 지금 어디에 있는가?"라고 했고, "어디에 있는가"라고 삼장에게 세 번 물었다. 삼장은 처음에는 "국사는 서천의 배가 달리는 것을 보러갔습니다."라고 했고, 두 번째는 "천진 다리 위해서 원숭이가 하는 연

* 玉城康四郎 著, 『現代語譯 正法眼藏』卷2, (大藏出版, 1994. 1. 20) pp.87-92

극을 봅니다."라고 했으며, 세 번째는 말이 막히고 말았다.

이러한 문답은 예로부터 유명했기 때문에 많은 선사들이 評語를 썼다. 도원은 여기에서 다섯 명의 장로를 선택해서 그들의 견해를 소개하고 있다. 그 다섯은 조주종심·현사사비·해회수달·설두중현·앙산혜적이다. 모두 다 널리 알려져 있고 뛰어난 선사들이다. 도원은 이 다섯 명의 견해를 일관해서 문답의 진위에 대한 옳고 그름을 잘못 보았다고 비판하고, 두 사람의 두 가지의 점으로부터 의문을 제기하고 있다. 첫째는 국사가 삼장을 시험하는 의미를 몰랐다는 것과, 두 번째는 국사의 신심을 알지 못했다는 것이다.

최초의 문제는 다섯 사람 모두 "대이삼장은 국사의 소재에 대하여 앞의 두 번째에는 알았지만, 세 번째는 몰랐다."고 생각한다. 그런데 도원은 그렇지 않고 "국사는 삼장이 들여우에 지나지 않는 것으로 보고 세 번째도 그를 질타했다."고 본다.

두 번째는 국사의 신심을 알지 못했다고 하는 것이다. 여기에 대해서 도원은 한 사람 한 사람을 들어서 비판하고 있다.

먼저 조주는 "국사는 삼장의 코 위에 있기 때문에 삼장에게는 보이지 않았다."고 한다. 도원은 여기에 대하여 "본체는 밝히지 못하고 마지막 끝부분을 보았다. 삼장에게는 아직 콧구멍이 없다."고 했다. 이렇게 하여 말하는 것이 비판이 될 수 있는가 알 수 없다.

다음에 현사는 "코끝은 너무 가까이 있기 때문에 보지 못했다."고 했다. 여기에 대해서 도원은 가까이 있다는 것은 어떤 것인가. "현사는 가까이 있다는 것을 알지도 못했고, 가까이 있다는 것에 참구한 적도 없다. 불법에 있어서 멀고 아득히 멀 뿐이다."라고 했다. 이 비판에 대해서도 어떻게 해서 이와 같이 말하는 것인지 이해되지 않는다.

다음에는 앙산이다. 그는 "처음과 두 번째는 서천과 다리 위에서 삼장에게 보였다. 그러나 세 번째는 국사가 자수용삼매에 들어갔기 때문에 삼장에게는 보이지 않았다."고 했다. 도원은 "처음과 두 번째는 국사의 소재를 알았다고 하는데 국사의 공덕에 대해서 앙산은 전혀 알지 못했다."고 했다. 아마도 앙산은 자신의 안목으로 문답을 보았음에 틀림없다. 그 단편적인 말을 가지고 처음부터 부정하는 것은 지나친 것이다.

도원은 다시 현사를 재론하고 있다. 이렇게 말하는 것은 현사는 한편으로 "너는 처음과 두 번째는 보았다고 하는데 가보자."고 말하고 있다. 결국 현사는 처음과 두 번째도 보았다고 하는 것을 의심하고 있다. 도원은 현사의 이러한 말을 비판하여 "현사는 말해야 할 것을 말한 것처럼 보인다. 그러나 결국은 보았다고 하지만, 보지 않은 것과 같다고 말한다. 그러므로 옳다라고까지는 말하지 않는다."라고 한다. 여기에 대해서는 후에 정리해서 생각하고자 한다.

다음에 설두는 "졌다, 졌다."고 했다. 그 의미는 세 번째 삼장은 말이 궁했음을 가리키고 있다. 여기에 대해서 도원은 "현사의 위의 말이 이치에 맞았다고 볼 때는 그와 같지만, 이치에 맞지 않았다라고 할 때는 그와 같지 않다."고 한다. 여기에 대해서도 뒤에 생각해보고자 한다.

마지막으로 해회이다. 그는 "만약 국사가 삼장의 코끝에 있었다면 삼장에게 보이기 어렵지는 않았는데 그렇지 않고 눈 속에 있었기 때문에 보이지 않았다."고 했다. 여기에 대해서 도원은 "해회는 세 번째만을 논하고 있다고 한다. 다음에 어떻게 해서 코끝에 있는지, 눈알 속에 있는지를 알 수 있을까."라고 비판했다. 여기에 대해서도 뒤에 생각해보고자 한다.

이상이 다섯 명에 대한 도원의 비판이다. 이 장로들은 모두 각각 원숙한 경지에 있는 사람들이다. 이 당시 도원은 겨우 42살 때였다. 이 장로들의 편언척구를 들어서 완전히 이것을 부정하는 것은 예의에 벗어나는 것이다. 그러나 한편으로는 대중국사를 마치 완전무결한 것처럼 칭찬하고 있다. 어떻게 그렇게 말할 수가 있을까. 한편으로는 완전무결로서 다른 다섯의 장로를 동일하게 인정하지 않고 있지만, 도원은 만년에 이르러서 이 일 권이 부적당하다고 깨달았기 때문인지 75권부터는 이것을 삭제하고 있다.

그런데 이 권에 대해서 다마끼고시로는 다음과 같이 말한다. 불도에는 무수한 도가 있으며 무수한 관점이 있다. 그런 가운데에 이 권은 「심불가득」이라고 하는 관점에 집중되어 있다. 본래부터 도원은 오직 일심으로 「심불가득」을 강조하고 있다. 참으로 이 한 권은 이 한 점만 세우고 있다. 이 한 점으로 집약하여 말한다면 도원의 비판은 모두 살아있다라고 말할 수가 있을까. 그 근거는 어디에 있을까.

도원은 이 권의 서두에서 다음과 같이 말하고 있다.

"이 종지는 정법안장을 밝혀서 정전하는 것으로 불불조조의 심인이고, 참으로 직지하는 것으로 적적단전한 것이며, 참방하여 배우고 반드시 그 골수면목을 전하는 것이고, 신체발부를 모두 받는 것이다."(여기서 나타나는 의미는 정법의 진수가 불조와 불조의 사이에서 밝혀지는 정전이며, 그 심증은 마치 직지하는 것처럼 불조로부터 불조에 전해지는 것이다. 그러므로 스승을 참방하여 배우며 그 골수와 면목을 반드시 전하는 것이다. 몸 전체를 받을 수 있다고 하는 것이다.)

정법안장이라고 하는 것은 정법의 진수이다. 정법의 진수라고 하는 것은 해탈의 원점에 있어서는 달마이며, 형태가 없는 생명인 것이다. 그 생명 그것의 심증이 불조로부터 불조에 전해졌으며, 마치 손을 가리키는 것과 같이 분명하게, 도원은 신체발부와 전인격체로서 받는다고 한다. 우리들 자신은 붓다의 선정을 배움으로써 스스로의 선정에 있어서 전인격체가 달마로 通徹할 수가 있음을 그 자신으로 자각할 수가 있다. 바꾸어 말하면 이와 같이 도원과 우리들은 마치 거울의 안과 밖을 투명하게 보는 것처럼 서로 상응하고 있음을 밝히고 있다. 이 심증이 바로 「심불가득」이다. 「심불가득」에 투철한 것은 달마에 통철한 것을 保持한 것이다.

도원은 또 한편으로, 이 심증을 대증국사 자신에게서 보고 있다. "국사의 신심은 국사 자신도 알 수 없다. 그 이유는 오랫동안 국사의 행동은 부처가 되고자 하지 않았다. 그러므로 佛眼으로 볼 수가 없었다. 거취는 훨씬 더 일상생활을 어떠한 그물이나 장애에도 구애받지 않았다."

국사가 사실상 일상의 행동으로부터 의식의 미묘한 경지에 이르기까지 그러했는지 아닌지는 국사의 말만으로는 알 수 없다. 단지 도원은 생명 그 자체에 관철되어 있는 스스로의 심증을 국사의 말을 통해서 그 신심을 투영하고자 하는 것은 틀림이 없을 것이다. 왜냐하면 "인간의 소재를 훨씬 벗어났으며, 어떠한 속박에도 구애받지 않는다."라고 하는 것은 전인격체가 달마에 통철되어 있는 우리 자신의 선정에 있어서도 증명되고 있으며, 그것은 도원의 심증과 상응하고 있기 때문이다. 그것이 「심불가득」이라고 하는 구로 나타나 있다. 「심불가득」을 닦고, 「심불가득」을 투철하면, 만상이 모두 「심불가득」이라고 하는 것은 분명하다.

　이와 같이 하여 우리는 이 한 권을 배운다고 생각한다.

【 역주 】 1

1. 心不可得이라고 하는 것은 諸佛이며, 스스로 아뇩다라삼먁삼보리로 保任해 온 것이다.

『금강경』에 말씀하시기를, "과거심도 얻을 수 없고 현재심도 얻을 수 없고 미래심도 얻을 수 없다(過去心不可得 現在心不可得 未來心不可得)"라고 했다.

이것은 바로 諸佛이 心不可得의 保任을 현성한 것이다. 三界는 心不可得이며, 諸法은 心不可得임을 保任해 온 것이다. 이것을 밝히는 保任은 諸佛에게 배우지 않으면 證取할 수 없고, 諸祖에게 배우지 않으면 정전할 수 없다. 諸佛에게 배운다는 것은 丈六身(부처님의 키가 一丈六尺인데서 비롯된 말)에게 배우고 한 포기 풀(一莖草)에게서 배운다는 것이다. 諸祖에게 배운다는 것은 皮肉骨髓로 배우고, 破顔微笑1)로 배운다는 것이다. 이 宗旨는 '正法眼

---

1) 파안미소(破顏微笑): 三處傳心 즉, 세존이 세 곳에서 迦葉에게 마음을 전했는데, 靈山會上에서의 拈華微笑, 多子塔前의 分半座, 쿠시나가라 사라쌍수하의 槨示雙趺가 그것이다.

拈華微笑란 世尊이 靈鷲山에서 말없이 꽃을 들어 대중에게 보이니, 아무도 그 뜻을 몰랐으나 오직 摩訶迦葉만이 미소를 짓자, 거기에서 세존은 오직 摩訶迦葉에게 正法眼藏, 涅槃妙心, 實相無相, 微妙法門, 不立文字, 教外別傳을 咐囑한다고 하여 以心傳心으로 佛法이 체득됨을 나타내는 선종의 고사이다. 世尊拈華, 拈華破顏, 迦葉微笑, 拈華瞬目이라고도 한다.

『大梵天王問佛決疑經』(卍續藏87, 930, a) "爾時世尊卽拈奉獻色婆羅華瞬目揚眉示諸大衆是時大衆黙然毋措有迦葉破顏微笑世尊言有我正法眼藏涅槃妙心卽咐囑"

『無門關』(大正藏48, 293, c) "世尊昔在靈山會上. 拈華示衆. 是時衆皆黙然. 惟迦葉尊者破顏微笑. 世尊云. 吾有正法眼藏涅槃妙心實相無相微妙法門. 不立文字教外別傳. 咐囑摩訶迦葉."

『六祖壇經序』(大正藏48, 345, c) "妙道虛玄不可思議. 忘言得旨端可悟明. 故世尊分半於多子塔前. 拈華於靈山會上."

藏을 밝혀서 정전하는 것이며 佛佛祖祖의 心印으로 틀림없이 直指
하여 嫡嫡單傳으로 참방하여 배우고 반드시 그 骨髓面目으로 전하
며, 身體髮膚로 받는다. 佛道를 배우지 않거나 祖室이 될 수 없는
사람은 법을 보고 들을 수도 없고, 회득할 수도 없으며, 법을 물
을 수도 없고, 말로서 안다는 것은 꿈에서도 볼 수 없다.

【 강의 】 1

1. 앞에서 심불가득이 나왔지만 다시 도원이 심불가득에 대하
여 자세히 설했기 때문에 이것을 앞의 장과 구분하기 위해「후심
불가득」이라고 한다.

심불가득 그 자체는 바로 제불이며 아뇩다라삼먁삼보리를 제불
이 보호하고 任持하는 것이다라고 도원은 이해하고 있다. 따라서
심불가득이 하나의 문제가 아니라 그 자체가 진리라고 보고 있다.
이 점에서 덕산이 본 심불가득과 도원이 본 심불가득은 큰 차이
를 나타내고 있다.

『금강경』에서 말하기를, "과거의 마음도 얻을 수 없고, 현재의
마음도 얻을 수 없으며, 미래의 마음도 얻을 수 없다."고 하였는
데, 여기서 도원은 마음을 얻을 수 없다라고 해석하여 이해하지

『傳光錄』卷上 (大正藏82, 345, b) "摩訶迦葉尊者. 因世尊拈華瞬目. 迦葉破顔微笑.
世尊曰. 吾有正法眼藏涅槃妙心咐囑摩訶迦葉."
『佛祖統記』卷5 (卍續藏131, 85, a)
『佛祖歴代通載』卷4 (卍續藏132, 287, b) "靈山會上是年世尊拈華示衆百萬人天皆茫
然唯金色頭陀破顔微笑世尊曰吾有正法眼藏."
『聯燈會要』卷1 (卍續藏136, 440, b)
『五燈會元』卷1 (卍續藏138, 7, a)
『禪宗正脈』卷1 (卍續藏146, 18, b)

아니하고 심불가득이라고 하는 문장 그대로 이해하였다. 그러므로 이것을 가장 잘 나타낸 것은 제불뿐이며 제불은 심불가득을 보림한 것을 현성하고 있다. 그것이 바로 삼계는 모두 심불가득이며 또한 제법도 모두 심불가득임을 보림하고 있다. 여기서 말하고 있는 보림이라고 하는 것은 성불을 하지 않고는 이룰 수 없는 것이며, 조사가 되지 않고는 이것을 정전받을 수 없다라고 한다. 제불에게서 배운다는 것은 바로 장육존신의 황금불상에서도 배울 수 있고, 길거리에 있는 하나의 풀에서도 배울 수 있다. 조사에게서 배운다는 것은 보리달마의 법을 전수받은 정법제자에게서 배운다는 뜻이기도 하며, 한편으로 이는 조사의 문하에서 면전상수하여 몸으로 부딪히면서 직접 배워야 하며 조사의 일상생활 속에서 배워야 한다. 때로는 파안미소하는 데서 배운다는 것은 가섭존자의 염화미소에서 배울 수 있다는 말이며, 이는 또한 백장스님과 같이 밭에 나아가 일하는 것에서도 배울 수 있다는 뜻이다. 이 종지는 정법안장을 밝혀 정전하는데 있고, 부처와 부처나 조사와 조사의 심인으로 틀림없이 바로 전해지며, 바로 가르치고, 적적상전하며, 면전상수하고, 사자상승하는 것은 직접 문하에 참학함으로서 가능한 것이다. 그러므로 조사의 가문은 遠嗣하는 것이 아니라 직접 얼굴을 마주하여 面傳에서 전하며 몸으로 부딪히면서 온몸으로 전하는 것이다. 이와 같이 불도를 배우지 않는 사람이나 조사의 문하에 들지 않는 사람은 심불가득을 보고 들을 수 없고, 이해할 수도 없으며, 심불가득의 법을 물을 수도 없는데, 하물며 말로서 이해한다는 것은 꿈에도 생각할 수 없는 일이다.

【 역주 】 2

2. 덕산이 예전에 대장부가 아니었을 때, 『금강경』에 대단히 뛰어났다. 그 당시의 사람들은 그를 周金剛王이라고 불렀다. 八百의 많은 학자들 가운데에서도 왕이었다. 그 중에서도 靑龍疏를 잘 알았을 뿐만 아니라, 또한 열두 짐 정도의 書籍을 註釋하였으므로 그와 어깨를 나란히 할 만한 강사는 없었다.

그와 관련하여 남방에 無上道가 嫡嫡相承된다는 것을 듣고 책을 짊어지고 산천을 넘어갔다. 그가 용담에 도착하기 전에 길 왼쪽에서 쉬고 있을 때 한 노파를 만났다.

덕산이 묻길, "그대는 뭐하는 사람입니까?"

노파가 말하길, "저는 떡을 파는 노파입니다."

덕산이 말하길, "나를 위하여 떡을 팔 수 있습니까?"

노파가 말하길, "화상께서는 떡을 사서 무엇 하려 합니까?"

덕산이 말하길, "떡을 사서 점심으로 하려고 합니다."

노파가 말하길, "화상의 작은 짐 속에는 무엇이 있습니까?"

덕산이 말하길, "그대는 듣지 못했습니까? 저는 바로 주금강왕이라는 사람입니다. 『금강경』에 대해서 잘 알고 있으며, 내가 이해할 수 없는 부분은 하나도 없습니다. 이 짐 속에 있는 것은 『금강경』의 해석서입니다."

이것을 듣고 노파가 말하길, "이 노인에게 한 가지 질문이 있습니다. 스님께서는 답해 주시겠습니까?"

덕산이 말하길, " 그렇게 하십시오, 뭐든지 마음대로 물어 보십시오."

노파가 말하길, "일찍이 제가 『금강경』에 대해서 들은 적이 있

습니다. 거기에 의하면, 過去心不可得, 現在心不可得, 未來心不可得
이라 하였습니다. 그런데 지금 떡을 사서 어떤 마음에 점을 찍으
려 하십니까? 만약 화상께서 대답을 할 수 있다면 떡을 팔 수 있
으나, 만약 그렇지 않는다면 떡을 팔지 않겠습니다."
  덕산은 그때에 망연자실하여 대답할 수가 없었다.
  바로 노파는 옷자락을 떨치고 가버렸다. 결국 떡을 덕산에게 팔
지 않았다.

【 강의 】2

  2. 덕산 스님이 예전에 선법을 만나지 못하고 교학만을 연구하
고 있을 때에 그는 여러 가지 교학에 해박하였지만, 특히 『금강
경』에 대해서는 대단히 뛰어났다. 그 당시의 사람들은 그를 일컬
어서 '周金剛王'이라고 불렀는데, 그 이유는 그의 성이 周씨였기
때문이다. 당시에는 뛰어난 교학자들이 8백여 분이 있었는데 그
가운데서도 그는 가장 으뜸이었다. 특히 그는 『금강경』의 여러
주석서 중에서 靑龍疏에 대해서 잘 알고 있었을 뿐만 아니라, 자
신이 주석하고 편집한 서적만 하더라도 열두 짐이나 될 정도였다.
그러므로 그와 어깨를 견줄만한 강사는 없었다.
  그런데 그가 활동하고 있었을 당시에는 양쯔강 이남 지역에서
육조의 남종선을 중심으로 한 선법이 흥기하였으며, 그는 이와
같은 선종에 도전하기 위하여 『금강경』을 짊어지고 산천을 넘어
서 남쪽으로 내려갔다. 그는 선사들이 무식하다고 항상 비난하면
서 선법을 꺾기 위하여 당시의 유명한 용담을 찾아갔다. 용담을
만나 한판 겨룰 참이었는데 용담에게 가는 도중에 길옆에서 쉬고

있었다. 그 때 한 노파를 만나게 되었다. 덕산은 심심하던 차에 노파에게 말을 걸었다.

덕산이 묻기를, "그대는 무엇 하는 사람입니까?"

노파가 대답하기를, "저는 떡을 팔고 있는 늙은이입니다."

덕산이 말하기를, "그러면 나에게 떡을 좀 팔 수 있습니까?"

노파가 말하기를, "큰 스님께서는 떡을 사서 무엇 하려고 하십니까?"

덕산이 말하기를, "떡을 사서 점심요기나 하려고 합니다."

노파가 말하기를, "큰 스님의 그 바랑 속에는 무엇이 들어 있습니까?"

덕산이 말하기를, "그대는 듣지 못했습니까? 제가 바로 '주금강왕'이라고 하는 사람입니다. 저는 지금까지 금강경을 공부해 왔으며 금강경에 대해서 잘 알고 있습니다. 저는 『금강경』에 대해서는 모르는 것이 없습니다. 이 바랑 속에도 『금강경』의 주석서가 들어 있습니다."

이러한 이야기를 들은 노파가 말하기를, "그러면 큰스님께 이 늙은이가 한 가지 묻고 싶은 것이 있습니다. 스님께서 대답해 주시겠습니까?"

덕산이 말하기를, "예, 그렇게 하십시오. 뭐든지 묻고 싶은 것이 있으면 마음대로 물어보십시오."

노파가 말하기를, "저는 일찍부터 금강경에 대한 법문을 많이 들어왔습니다. 그런데 『금강경』에는 過去心不可得 現在心不可得 未來心不可得이라는 구절이 있습니다. 그런데 스님께서는 지금 떡을 사서 그 어떤 마음에다가 점을 찍으려고 하십니까? 만약 큰스님께서 저의 질문에 대답을 해 주시면 떡을 팔 수 있지만, 그렇지 못하면 저는 떡을 팔지 않겠습니다."

이러한 질문을 받은 덕산은 앞이 콱 막혀서 아무런 대답도 할 수 없었다. 그렇게 자신 만만하던 덕산이 용담을 만나기도 전에 용담이 있던 寺下村에 사는 노파에게 일격을 당하고 말았으니, 용담에게 말할 것이 무엇이 있겠는가? 결국 노파는 떡을 팔라고 하는 덕산의 부탁도 뿌리치고 떡을 팔지 않고 가버리고 말았다.

【 역주 】 3

3. 유감스럽게도, 數百軸의 註釋書를 썼고, 數十年 동안 講師를 지낸 사람이 겨우 초라한 노인의 한 가지 질문을 받고, 바로 敗하여 나가떨어지고 말았다. 師資相承한 경우와 師資相承하지 못한 경우, 스승의 가르침을 받은 경우와 스승의 가르침을 받지 못한 경우는, 대단히 큰 차이가 있음이 이와 같다. 不可得이라는 말을 들은 사람은 彼此가 모두 같이 '얻을 수가 없다' 라고만 해석했다. 더욱이 그것으로서는 活路를 찾을 수 없다. 또한, 얻을 수 없다라고 하는 것은 "본래부터 갖추어져 있기 때문이다"라고 생각하는 사람도 있다. 이것은 어느 것도 맞지 않다. 德山은 이때 처음으로 그림에 그려져 있는 떡으로는 배고픔을 멈출 수가 없다는 것을 알게 되었다. 또한 佛道 修行에는 반드시 참사람을 만나야만 한다는 것도 알게 되었다.

또한 공연히 經書만으로 해결하려고 하지만, 참된 힘을 얻을 수 없다는 것도 알게 되었다. 결국은 龍潭에게 참학하여 사자의 길을 걷게 되어 참사람이 되었다. 雲門[2]宗과 法眼[3]宗의 高

---

2) 운문문언(雲門文偃: 864-949): 唐末의 스님으로서 雲門宗의 始祖이다. 姑蘇嘉興 사람이며, 속성은 張씨이다. 어려서부터 出家에 뜻을 두어, 嘉興 空王寺의

祖가 되었을 뿐만 아니라 人間과 天上에서 道의 길을 引導하는
스승이 되었다.

【 강의 】 3

3. 대단히 유감스럽게도 덕산은 『금강경』에 대해서 수백축의

志澄禪師에게 수학하고 17세에 出家하였다. 20세에 江蘇省 毘陵의 戒壇에서 구
족계를 받고, 다시 志澄 門下로 돌아가 『四分律』 등을 배웠다. 그후 黃檗希運
의 法을 이은 睦州 道明에게서 參究하고, 다시 雪峰義存에게 參究하여 그의 法
을 이어받았다. 나중에 雪峰을 떠나 여러 곳을 떠돌아다니며 여러 禪者들과
교류하다가 福州 大安의 法을 이은 靈樹如敏의 會下로 들어갔다. 貞明 4年 靈樹
가 입적하자, 당시 廣東을 중심으로 南漢을 세우고 있던 廣主 劉龑의 청을 받
고 그의 法席을 이었다. 韶州 雲門山 光泰院에서 오랫동안 교화하여 入室한 제
자만도 88명이나 되었다. 南漢 乾和 7年(949) 4月 10日 입적하였다. 雷嶽이 『雲
門山光泰院匡眞大師行錄』・雲門山光泰院故匡眞大師實性碑를 짓고, 또 사후
17년이 지나 奇瑞가 文偃에게 大慈雲匡聖宏明大師라는 호를 덧붙였으며, 大漢
韶州雲門山大覺禪寺大慈雲匡聖宏明大師碑銘을 지었다. 어록집으로 守堅이 엮은
『雲門匡眞禪師廣錄』 3卷이 있다.
『景德傳燈錄』卷19 (大正藏51, 356,b); 『祖堂集』卷11 (高麗藏45, 304,c); 『傳法
正宗記』卷8 (大正藏51, 757,b); 『禪林僧寶傳』卷2 (卍續藏137, 447,b); 『五燈會
元』卷15 (卍續藏138, 552,a); 『佛祖歷代通載』卷17 (大正藏49, 654,a); 『釋氏稽
古』略卷3 (大正藏49, 850,c)
3) 법안문익(法眼文益: 885-958): 唐末의 스님으로서 禪敎不二의 입장을 주장한
法眼宗의 始祖이다. 余杭 사람이며, 속성은 魯씨이다. 7세에 全偉禪師에게 귀
의하여 삭발하고, 越州 開元寺에서 구족계를 받았다. 長慶慧稜에게 참학한 후
羅漢桂琛에게 수년을 참학하고 그의 法을 이어받았다. 崇壽院・報恩院・淸凉寺
등에 머물렀다. 그의 법을 이은 제자가 63명이나 되었는데 그중에는 高麗의
道峰慧炬國師와 靈鑑禪師가 나왔다. 後周 顯德 5年(958)에 목욕재계하고 대중
에게 고한 다음, 結跏趺坐한 채 입적하였다. 저서로는 『宗門十規論』과 語錄이
있다. 시호는 大法眼禪師이며 탑호는 無相이다.
『宋高僧傳』卷13 (大正藏50, 788,a); 『景德傳燈錄』卷24 (大正藏51,398,b); 『禪
林僧寶傳』卷4 (卍續藏137, 0459,b); 『五燈會元』卷10 (卍續藏138,0339,a); 『佛
祖歷代通載』卷17 (大正藏49, 655,b); 『釋氏稽古略』卷3 (大正藏49,854,a)

주석서를 썼으며 수십 년 동안 강사를 지낸 사람이 길거리에서 떡을 파는 초라한 노파의 한 가지 질문을 받고는 그 자리에서 패하여 나가떨어지고 말았다. 이러한 것은 바로 스승과 제자가 가르침을 주고받아 사자상승한 경우와 그렇지 못한 경우이고, 스승의 문하에 직접 입실하여 올바른 지도를 받은 사람과 그렇지 못한 경우로서, 많은 차이가 난다. 덕산의 경우가 바로 이러한 예이다.

보통 사람들은 '不可得'이라고 하는 말을 들었을 때 그냥 '얻을 수 없다'라고만 간단하게 해석하는 사람들이 많다. 더욱이 그런데 이러한 해석으로는 바른 깨달음을 얻을 수 없다. 또 어떤 사람들은 '얻을 수 없다'라고 하는 것은 '본래부터 우리들에게 불성이 갖추어져 있는데 무엇 때문에 얻을 필요가 있는가'라고 생각하는 사람들도 있다. 위의 두 가지는 그 어느 것도 정확한 대답은 아니다.

덕산은 노파에게 당하고 난 뒤에 처음으로 그림의 떡으로는 배고픔을 면할 수 없다는 것을 알게 되었다. 지금까지 그 자신은 문자에만 의지하여 깨달음을 구해왔으므로 이것은 그림의 떡과 같은 것이었다. 진실로 경계에 부딪쳤을 때는 도움이 되지 못한다는 것을 알게 되었다. 뿐만 아니라 불도수행을 함에 있어서는 반드시 올바른 선지식을 만나야만 한다는 것도 깨닫게 되었다.

지금까지 쓸데없이 경서의 문자에만 의지하여 깨달음을 얻으려고 하였으며, 이것으로는 참된 깨달음을 얻을 수 없다는 것을 절실하게 알게 되었다. 결국 그는 용담을 만난 후에 용담의 지도로 큰 깨달음을 얻어 조사가 되었다. 그로 인하여 그의 문하에서는 운문종과 법안종이 나오게 되었으며, 인간과 천상의 스승으로서 대선지식이 되었다.

【 역주 】 4

4. 이러한 인연을 생각해 보면, 덕산이 옛날에는 깨닫지 못했다는 것은 지금 확실하다. 노파가 지금 덕산의 입을 막았다고 해서, 실지로 그 노파가 깨달은 사람이라고는 단정하기 어렵다. 잠시 '心不可得'이라는 말을 듣고, '마음이 있는 것이 아니다'라고만 생각하여 이와 같은 말을 할 수도 있다라고 생각한다. 덕산이 대장부였었다면, 생각할 수 있는 힘도 있었을 것이다. 생각할 수 있는 힘이 있었다면 노파가 참된 사람이었는지도 분명해졌을 것이다. 그러나 덕산이 덕산이지 못했기 때문에 노파가 참된 깨달음을 얻은 사람인지도 아직까지 알지 못하고 보지 못했다.

또한, 지금 노파를 의심하는 것도 이유가 없는 것은 아니다. 덕산이 대답을 못했을 때에 덕산을 향해서 "화상은 지금 대답을 하지 못하고 있습니다. 그러니 노파에게 물어야 합니다. 이 노파가 화상을 위하여 말해 드리겠습니다"라고 왜 묻지 않았는가? 이 때 덕산의 질문을 받아, 덕산을 향해서 말했다면 노파는 참된 힘을 가진 사람이었을 것이다.

이와 같이 고인의 骨髓도, 面目도, 고불의 光明도, 瑞相의 나툼도 모두 동참의 공부이며, 덕산도 노파도 심불가득도, 可得도, 떡도, 마음도 문제가 되지 아니하고 자유자재로워질 수 있다.

【 강의 】 4

4. 지금까지 살펴본 여러 가지 정황으로 미루어 봤을 때 덕산

이 용담을 만나기 이전까지는 깨닫지 못했다는 것이 확실하다. 그렇다고 하여 노파가 덕산의 입을 막은 그것만 가지고는 노파를 깨달은 사람이라고 단정 지을 수는 없다. 그가 깨달은 사람인지 아닌지는 아직도 불분명하다. 즉 덕산이 깨닫지 못한 것은 분명하고, 또한 노파의 깨달음에 대해서도 불분명하다는 이야기다. 노파는 지금까지 『금강경』의 법문을 많이 듣고 단순히 '心不可得'을 가지고 '마음이 있는 것이 아니다'라고만 생각하여 덕산에게 이와 같은 말을 할 수도 있었을 것이다. 그런데 이러한 질문을 받았을 때 만약 덕산이 깨달은 사람이었다고 한다면 여기에 대답할 수 있는 판단력도 있었을 것이다. 그에게 판단력이 있었다고 한다면 노파가 깨달은 사람이었는지 아닌지도 분명히 밝혀졌을 것이다. 그러나 애석하게도 덕산이 깨닫지 못했기 때문에 노파가 깨달은 사람인지 아닌지는 아직까지 밝혀지지 못하고 있다.

그렇다고 하여 여기서 지금 노파를 의심하는 것에 대해서는 이유가 없는 것은 아니다. 바꾸어 말하면, 노파가 참으로 깨달은 사람이었다고 한다면 덕산이 대답을 못하고 있을 때에 덕산을 향하여 "화상은 지금 대답을 못하고 있습니다. 그러니 저에게 다시 한 번 물어 보십시오. 제가 스님을 위하여 말씀해 드리겠습니다."라고 왜 묻지 않았을까? 만약 이 때 덕산에게 이러한 질문을 하게 하여 질문을 받은 노파는 다시 덕산을 향해서 그 답을 했다라고 한다면, 노파는 참으로 깨달은 사람이었을 것이다. 그런데도 애석하게 아무 말도 하지 않았으며, 자신의 정체는 밝히지도 않고 떡만 가지고 가버렸으니 노파의 정체에 대해서는 알 길이 없다.

이와 같이 노파의 정체가 밝혀져서 덕산에게 깨달음을 인도하였다고 한다면, 덕산은 바로 깨달음을 얻을 수 있었을 것이다. 그

런데 덕산은 뒤에 용담의 문하에 가서 비로소 깨달음을 얻을 수
있었다. 이러한 것은 고인의 문하에서 골수를 받는 것도, 서로 만
나서 공부를 하는 것도, 조사로부터 광명을 받는 것도, 조사의 서
상수기를 받는 것도 모두 선지식의 문하에 동참하여 공부하는 것
이며, 덕산도 노파도, 心不可得도, 可得도, 떡도, 마음도, 문제가
되지 아니하고 자유자재로워질 수 있다.

【 역주 】 5

　5. 이른바 佛心이란 곧 三世이다. 마음과 三世 간에 털끝만
큼도 떨어져 있지 않다고 하는데, 서로 떨어져 있고 이미 지나
갔다고 하는 것은 십만팔천리 보다도 더 먼 것이다.

　"어떤 것이 過去心입니까?"라고 한다면, 그를 향해 말해야
한다. 그것은 불가득이라고.

　"어떤 것이 現在心입니까?"라고 한다면, 그를 향해 말해야
한다. 그것은 불가득이라고.

　"어떤 것이 未來心입니까?"라고 한다면, 그를 향해 말해야
한다. 그것은 불가득이라고.

　여기서 말하는 마음은, 마음을 잠시 不可得이라고 이름을 붙
여서 하는 마음이 아니고 오직 '不可得'이라고 한다. 마음을 얻
을 수 없다고 할 수 없고, 오직 "不可得"이라고 한다. 마음을
얻을 수 있다고 할 수 없고 오직 "不可得"이라고 한다. 마음
을 얻을 수 있다고도 할 수 없다. 오로지 "不可得이다"라고 할
뿐이다. 또, "어떤 것이 과거심 불가득인가?"라고 한다면, "生
死去來"라고 해야 한다. "어떤 것이 현재심 불가득인가?"라고

한다면, "生死去來"라고 해야 한다. "어떤 것이 미래심 불가득
인가?"라고 한다면, "生死去來"라고 해야 한다.

　무릇 牆壁瓦礫[4]인 佛心이며, 삼세제불도 함께 이것을 불가
득이라고 증명한다. 불심은 곧 장벽와력일 뿐이며, 삼세제불
은 이것을 불가득임을 증명한다. 산하대지도 불가득 그 자체
이다. 초목풍수도 불가득이며, 곧 마음이다. 또한 마땅히 머무
르는 바 없이 그 마음을 내는 것(應無所住而生其心)[5]은 불가득
이며, 또 시방제불은 一代에 팔만 법문을 연다. 불가득의 마음
이라고 하는 것은 이와 같은 것이다.

【 강의 】 5

　5. 이른바 불심이라고 하는 것은 바로 과거 현재 미래 삼세이
다. 우리의 마음과 과거 현재 미래 삼세는 조금도 떨어져 있지
않다. 만약 마음과 삼세가 떨어져 있다면 이것은 큰 문제가 생길
수 있다. 그런데 어떤 사람들은 이것이 떨어져 있는 것으로 생각
하는 경우도 있는데, 그것은 부처님의 말씀으로부터 십만팔천 리

---

4) 장벽와력(牆壁瓦礫): 靈性, 佛性 등이 없이 無心한 것. 그러나 佛向上의 眼目에
　서 보면 萬物에 法身이 나타나지 않는 것이 없다고 함. 『洞山語錄』(大正藏47,
　519,c) "僧問如何是古佛心 國師云墻壁瓦礫是"

5) 응무소주 이생기심(應無所住 而生其心): 마땅히 주하는 바 없이 그 마음을 낸
　다는 이 구절은 『金剛經』에서 가장 요긴한 것 가운데 하나이며, 육조 혜능이
　이 경구를 듣고 心眼이 열린 것은 유명한 일화이다.
　①. 羅什 譯 『金剛般若波羅密經』(大正藏8, 749,c) "是故須菩提。諸菩薩摩訶薩。
　應如是生淸淨心。不應住色生心。不應住聲香味觸法生心。應無所住而生其心。"
　②. 無著菩薩 造, 達摩岌多 譯, 『金剛般若波羅蜜經論』卷上 (亦名金剛能斷般若)
　(大正藏8, 772,a) "是故須菩提。諸菩薩摩訶薩。應如是生淸淨心。而無所住。不住
　色生心。不住聲香味觸法生心。應無所住而生其心"

나 먼 이야기다.

"어떤 것이 과거심이냐"고 묻는다면, 그 사람을 향해서 오직 "불가득"이라고만 말할 뿐이다.

또 "어떤 것이 현재심이냐"고 묻는다면, 그를 향해서도 오직 "불가득"이라고만 말할 뿐이다.

또 "어떤 것이 미래심이냐"고 묻는다면, 그를 향해서도 오직 "불가득"이라고 말할 뿐이다.

지금 여기서 과거심·현재심·미래심에서 말하는 마음이라고 하는 것은 마음을 마음에다가 잠시 불가득을 붙여서 수식으로 말하는 마음이 아니라 오직 그 마음과 불가득은 하나임을 나타내고 있다. 그래서 마음을 얻을 수 없다라고 하거나 마음을 얻을 수 있다라고 하는 그러한 마음이 아니며, 또한 얻는다 얻지 못한다라고 하는 의미의 불가득이 아니라 오로지 그냥 불가득일 뿐이다. 이는 마치 '狗子無佛性'의 화두에서 말하는 '無'의 의미와 같다. 그래서 뜻으로 새기는 '不可得'의 의미로 보지 말고, 화두로서의 의미인 '不可得'으로 보아야 할 것이다. 그러므로 오로지 '不可得'일 뿐이다.

또 어떤 것이 "과거심 불가득인가"라고 묻는다면 '생사거래"라고 대답하여라.

또 어떤 것이 "현재심 불가득인가"라고 묻는다면 그것에 대해서도 "생사거래"라고 대답하여라.

또 어떤 것이 "미래심 불가득인가"라고 묻는다면 "생사거래"라고 대답하여라.

그러므로 담이나 벽이나 기와조각이나 자갈도 모두 불심 아닌 것이 없고, 삼세 모든 부처님도 장벽와력이 불심이며, 불가득이라

고 하는 것을 증명한다. 따라서 불심은 곧 장벽와력이며, 장벽와
력은 곧 불심이고 이러한 것을 삼세제불은 불가득임을 증명하고
있다. 그렇게 본다면 더 나아가서 산하대지도 불가득이요 산천초
목도 불가득이요 비바람도 불가득이요 흐르는 시냇물도 불가득이
며, 그 모든 것이 불심이다. 그러므로 그 마음은 과거심에도 현재
심에도 미래심에도 머무를 수 없으며, 그렇다고 하여 마음을 내지
않아서도 아니 된다. 그러한 가운데 마음을 내는 것을 가지고 '응
무소주이생기심'이라고 하며 그것도 또한 불가득이다. 삼세제불께
서는 일생 동안 팔만사천가지 법문을 설하셨다. 그러므로 얻을
수 없는 마음인 불가득의 마음은 산하대지와 산천초목과 삼세제
불과 다름이 없으며, 수많은 선교방편을 낳기도 한다. 이것이 바
로 불가득의 마음이다.

【 역주 】 6

6. 또 大証國師6)가 활약하던 시기에 大耳三藏7)이 멀리 서천

---

6) 대증국사(大証國師: ?-775): 唐代의 선사로서 六祖門下의 五大宗匠(회양, 신회,
   행사, 현각, 혜충) 중의 한 사람이다. 속성은 冉씨이고, 이름은 慧忠이며, 시호
   는 大證이다. 세간에서는 南陽慧忠 또는 南陽國師라고 부른다. 어려서 출가하
   여 처음에는 경율론 삼장에 통달하였으며, 어느 날 육조혜능에 대한 소문를
   듣고 찾아가 그의 문하생이 되었다. 그 후 육조의 心印을 얻은 뒤 두루 행각하
   였고, 南陽 白崖山 黨子谷에 들어가 40여 년 동안 두문불출하였다고 전한다.
   玄宗의 귀의로 開元年中(713-741)에 장안의 龍興寺에 주석하게 되었고, 그 후
   로도 肅宗과 代宗 등 3대 임금의 귀의를 받았다. 스님은 항상 南岳慧思
   (515-577, 천태종의 제2조)의 遺風을 흠모하였으며, 신회선사와 더불어 북방
   에서 육조의 선풍을 널리 선양하였다. 당시 남방(江西)에서 활약하고 있던 馬
   祖道一을 비평하였는데 남방의 선사들이 경전을 중시하지 않았던 반면에 스님
   은 평소에도 경율론과 교학을 중시하였다. 스님에 관한 전기는『宋高僧傳』卷9

에서 수도 장안에 이르렀다. 그는 스스로 타심통을 얻었다라고 말하였다. 당나라 숙종황제는 이와 관련해서 국사에게 명령하여 시험하게 하였다. 삼장이 흘깃 국사를 바라보고 신속히 예배하더니 오른 쪽에 섰다. 국사가 드디어 물었다.

"그대는 타심통을 얻었느냐?"

삼장이 대답하였다.

"미숙합니다."

국사가 말하였다.

"그대는 말해보라. 나는 지금 어디에 있는가?"

삼장이 대답하였다.

"화상은 이 한 나라의 국사로서 어찌 서천에 가서 경주하는 배[競渡][8]를 보고 있습니까!"

국사가 조금 있다가 다시 질문하였다.

"당신은 말해보라. 나는 지금 어디에 있는가?"

삼장이 대답하였다.

(大正藏50, 762,b), 『景德傳燈錄』卷5 (大正藏51, 244a), 『傳法正宗記』卷7 (大正藏51, 749,c), 『禪宗正脈』卷1 (卍續藏146, 41c) 등에 실려 있다. 그리고 스님과 관련된 공안으로는 즉, 「國師塔樣」, 「國師三喚」, 「國師水椀」, 「大證指石獅子」 등이 전해지고 있다.

7) 대이삼장(大耳三藏): 생몰연대 미상. 唐 숙종 때에 인도 혹은 중앙아시아에서 중국에 건너 온 소승학자라는 설이 있으며, 귀가 커서 大耳三藏 또는 長耳三藏라고 불렸다. 남양혜충선사가 칙서를 받들어 西京 光宅寺에서 대이삼장과 함께 타심통에 관하여 문답한 내용이 『景德傳燈錄』卷5 (大正藏51, 244,a)에 전해지고 있다.

8) 경도(競渡): 보트경주를 말한다. 「荊楚歲時記」에 의하면 楚王句踐 때에 5월5일 汨羅水에서 투신한 屈原을 기리는 행사로서 매년 단오절이 되면 보트 경주를 즐기게 되었다고 한다.
宗懍 撰, 『荊楚歲時記』 (中華書局, 1991) p.11

"화상은 한 나라의 국사인데 어찌 천진교(天津橋)9) 위에 가
서 원숭이가 놀고 있는 것을 구경합니까?"
국사가 또 질문하였다.
"그대는 말해보라. 나는 지금 어디에 있는가?"
시간이 점점 지나가도 삼장이 아는 것도 없고 보는 것도 없
었다. 국사가 덧붙여 꾸짖으며 말하였다.
"이 들여우[野狐精]10) 같은 놈아. 타심통이 어디에 있느냐"
삼장은 다시 대응하지 못하였다.

---

9) 천진교(天津橋): 河南省 洛陽縣 서남쪽 洛水 위에 있는 다리 이름이다. 수양제
   가 낙양으로 천도하였을 때 洛水가 도성을 가로질러 흐르는 것을 보고 은하
   수에 견주어 이 위로 다리를 건설하고서 '천진교'라고 하였다. 처음에는 鐵橋
   였으나 당나라 때 石脚으로 다시 건설하여 지금은 上浮橋라고 부른다.
   顧祖禹 著, 『讀史方輿紀要·河南三』卷48, 『國學基本叢書 讀史方輿紀要』8冊, p.2056
10) 야호정(野狐精): 禪林에서 많이 사용하는 용어이다. 야호정의 '野狐'는 '여우'
    를 가리키고, '精'은 '혼령이 씌워진 요물 즉 귀신, 도깨비'의 뜻이다. 따라서
    야호정은 여우의 혼령이 씌워진 사람이라는 말이며, 禪家에서는 見性悟道하
    였다고 자칭하는 增上慢人을 가리켜 야호정이라고 하는 예가 많다. 이 야호
    정이라는 말은 唐代 百丈懷海禪師의 일화에서 유래되었다. 迦葉佛 시대에 한
    스님이 "대수행자도 인과에 떨어지느냐?"는 질문을 받고 "不落因果"라고 대답
    함으로써 五百生의 野狐身을 받았다가 다시 백장의 회상에서 "不昧因果"라는
    법문을 듣고 여우 몸을 벗었다고 하는 얘기가 전해져 오고 있다. 이 「百丈野
    狐」에 의하여 野狐禪은 禪의 참된 의미에 계합하지 못하는 似是而非之禪이라
    는 말도 생기게 되었다.
    (참조:「百丈野狐」,『無門關』, 大正藏48, 293,a)
    '야호정'이 나오는 어록들을 살펴보면 다음과 같다.
    「幽州譚空和尙」,『景德傳燈錄』卷12 (大正藏51, 294,c) "有尼欲開堂說法 師曰 尼
    女家不用開堂 尼曰 龍女八歲成佛又作麼生 師曰 龍女有十八變 汝與老僧試一變看
    尼曰 變得也是野狐精"
    『佛果圜悟禪師碧巖錄』1則;『佛果圜悟禪師碧巖錄』22則;『佛果圜悟禪師碧巖錄』
    93則

【 강의 】 6

6. 또 大證國師인 남양혜충 때에 인도에서부터 大耳三藏이라고 하는 스님이 장안에 왔다. 그는 귀가 컸기 때문에 大耳三藏 혹은 長耳三藏이라고도 하였다. 그런데 그는 스스로 타심통을 얻었다고 말했다. 이러한 소리를 들은 당나라의 숙종황제는 그가 참으로 타심통을 얻었는지 아닌지에 대해서 대증국사에게 시험을 하도록 명했다. 그래서 대증국사는 대이삼장을 만났는데, 대증국사를 본 그는 바로 큰 절을 하고는 오른쪽에 섰다. 이때 대증국사는 그에게 물었다.

"그대는 타심통을 얻었다고 하는데 정말로 얻었는가"라고 했다.

삼장이 대답하기를,

"그런 정도는 아닙니다. 자랑할 것은 못됩니다."라고 했다.

국사께서 말씀하시기를,

"그대는 지금 내가 어디에 있는지 한 번 말해보라."

삼장이 대답하기를,

"화상께서는 그래도 한 나라의 국사인데 어찌 체면도 없이 저 서천에서 배들이 경주하는 것을 구경하고 계십니까?"

국사께서 조금 뒤에 다시 묻기를,

"그러면 지금은 내가 어디에 있는지 한 번 일러보라"

삼장이 대답하기를,

"화상께서는 한 나라의 국사인데 어찌하여 천진교 위에 원숭이가 재주피우는 것을 보고 있습니까?"

또 국사가 묻기를,

"그대는 지금 내가 어디에 있는지 다시 한 번 말해보라."

그러나 시간이 점점 지나가도 대이삼장은 대중의 마음이 어디에 머물고 있는지 찾아내지 못했다.

그러자 국사께서는 그를 크게 나무라기를,

"이 들여우 같은 놈아!. 네가 타심통으로 남의 마음을 본다는데 네 마음은 어디에 있느냐. 한 번 일러봐라."

그러나 삼장은 여기에 대하여 아무런 대답도 못하고 말았다.

【 역주 】 7

7. 이와 같은 것은 알지 못하면 좋지 못하고 듣지 못하면 좋지 못하다. 불조와 삼장은 하나가 아니다. 天地懸隔이다. 불조는 불법을 명확히 아는 것이며, 삼장은 아직 명확하지 않다. 진실로 그 삼장은 재속에서도 삼장이 있을 수 있다. 예를 들면 문장이 화려한 것으로서도 삼장의 지위를 얻을 수 있는 것과 같다. 그렇지만 널리 인도와 중국의 말을 분명히 하는 것만이 아니라 타심통을 얻을 수 있다라고도 하지만, 불조의 신심에 있어서는 꿈에도 보지 못했기 때문에 불조의 지위를 증득한 국사의 눈에는 곧 간파되고 말았다. 말하자면, 불도에서 마음을 배운다는 것은 만법이 곧 마음이고, 삼계가 바로 마음(三界唯心)¹¹⁾인 것이다. 유심은 유심일 뿐이고, 이 불은 즉심일 뿐

---

11) 삼계유심(三界唯心): 삼계(欲界・色界・無色界)에 있는 현상이 다 一心의 변화로 인해 나타난 것, 그래서 三界唯一心 또는 三界唯心이라고 한다. 이것은 곧 마음이 만물의 본체이고 이밖에 다른 법이 없고 삼계에 생사 및 12인연으로 인해 생긴 모든 법은 실로 妄想心이 변해서 만들어진 것이다.

三界唯心을 『大方廣佛華嚴經』卷10 (大正藏9, 465,c)에서 "마음은 화공이 종종의 오음을 그리는 것과 같아서 모든 세계에 법이 없으면 짓지 않는다. 마음

이다. 설사 자기라고 하거나 설사 남이라고 할지라도 불도의 마음은 틀린 것이 아니다. 쓸데없이 서천에서 놀지 말고(流落), 천진교를 생각하면서 건너지 마라. 불도의 신심을 保任한다는 것은 불도의 지혜를 학습하는 것이다.

【 강의 】 7

7. 대이삼장은 대증국사가 定에 든 마음을 찾아내지 못했다. 이것은 타심통으로 해결될 수 있는 문제가 아니었기 때문이다. 그러므로 이와 같은 것을 알지 못하면 좋지 못하고, 듣지 못해도 좋지 못하다. 대증국사와 대이삼장을 같은 격으로 보면 안 된다. 왜냐하면 대증국사는 불조의 반열에 올라 있고, 대이삼장은 그렇지 못한 것이다. 삼장법사와 불조는 하늘과 땅 정도로 큰 차이가 있다. 불조라고 하는 것은 불법에 대해서 분명하게 아는 것으로 깨달은 사람을 이야기하지만, 삼장이라고 하는 것은 불법에 대해서 분명하지 못하고 깨닫지 못하더라도 얻을 수 있는 지위이다.

과 부처도 또한 그와 같고, 부처와 중생 또한 그와 같다. 마음과 부처와 중생의 셋이 차별이 없다. 제불이 일체가 마음을 좇아 전도한 것인 줄 알면 마음이 모든 여래를 짓는다"고 설명하고 있다. 이 마음의 뜻을 법상종에서는 아뢰야 등 심식을 가리켜 이것으로써 아뢰야연기를 증득하니 이에 유식이 변하여 이루어졌다고 한다. 그러므로 『攝大乘論釋』卷4에서는 "삼계가 오직 識뿐이다."하고 마음과 욕망과 갈애가 맺어져서 서로 응하여 삼계에 떨어진다고 하였다.

『十地經論』卷8 (大正藏8, 169, a) "三界虛妄 但是一心作. 但是一心作者 一切三界唯心轉故"

『大乘起信論』 (大正藏32, 577, b) "三界虛僞 唯心所作"

『大日經疏』卷2 (卍續藏36, 53, a) "知自性者 卽是知三界唯心也"

『唯識二十論述記』卷上 (大正藏9, 981, a)

그러므로 삼장은 속인 가운데에서도 나올 수 있으며, 문장에 뛰어난 것으로도 삼장법사의 지위를 얻을 수 있는 것이다.

그들은 문장에 뛰어나서 인도의 말이나 중국말에 능통할 뿐만 아니라 타심통까지도 얻어 신통력이 자유자재하다고 하지만, 불조의 몸과 마음은 꿈에도 알지 못했기 때문에 불조의 지위에는 오르지 못하는 것이다. 그러므로 불조의 지위치 오른 대중국사의 눈에 대이삼장은 자신의 정체가 바로 드러나고 말았다.

다시 말하자면 불도에서 마음공부를 한다는 것은 다름이 아니라 만법이 곧 마음이고 삼계가 곧 마음인 것을 말한다. 오직 마음이라는 것은 유심일 뿐이고 부처라고 하는 것은 바로 마음일 뿐이다. 그것이 설사 자기라고 하든지 남이라고 할지라도 그 마음은 불도의 마음임에 틀림없다. 그러므로 할 일없이 서천에 가서 배가 경주하는 것을 보고 놀지 말고, 천진교에서 원숭이가 재주 피우는 것을 보지 말라. 불도의 신심을 보림한다는 것은 불도의 지혜를 배우는 것이다. 여기서는 불도의 지위에 오른 대중국사와 경·율·론 삼장에 해박한 대이삼장의 차이점을 논하고 있다. 따라서 교의 최고 지위의 삼장법사라 할지라도 조사의 지위에는 따르지 못한다는 이야기이다.

【 역주 】 8

8. 소위 불도에서는 온 대지가 모두가 마음이며, 일어나고 사라짐에도 변함없이 모든 법은 다 마음이다. 모든 마음은 지혜력으로 배워야 한다. 삼장은 아직도 이것을 보지 못하였으므로 야호정(野狐精)일 뿐이다. 그렇다면 앞의 두 번도 모두

아직 국사의 마음을 보지 못했고, 국사의 마음을 꿰뚫어 본적
도 없다. 장난삼아 서천(西川)과 천진(天津)의 배 경주(競渡)와
원숭이 놀이(猢猻)만을 희롱하는 들여우 새끼인데 어떻게 해서
국사를 볼 수 있으랴! 또한 국사가 있는 곳을 볼 수 없다는 것
은 분명한 도리이다.

　"노승이 지금 어디에 있는가?"라고 세 번 물었지만 이 말의
뜻을 알아듣지 못했다. 만일 알아들었다면 되물었을 것이다.
알아듣지 못했으므로 스쳐 지나가고 말았다. 만약 삼장이 불
법을 제대로 배웠다면, 국사의 이 말을 들었을 것이고, 국사의
신심(身心)을 볼 수 있었을 것이다. 평시에 불법을 제대로 배
우지 못했기 때문에 사람과 천상의 도사를 만날지라도 헛되이
스쳐지나갈 뿐이다. 불쌍하고 애석한 일이다.

　무릇 삼장의 학자가 어떻게 해야 불조의 행적에 이를 수 있
으며 국사의 변제(邊際;국사의 궁극의 경지)를 알 수 있으랴.
하물며 서천의 논사이며 竺乾의 삼장도 조금도 국사의 행적을
알지 못했다. 삼장이 아는 것은 천제도 알고, 논사도 안다. 論
師・天帝가 아는 것은 보처의 智力에 이르러야 하며, 十聖・三
賢의 경지에 이르지 않으면 안 된다. 국사의 身心은 천제도 알
지 못하고 一生補處12)의 경지에 이르러도 알지 못한다. 身心을

---

12) 일생보처(一生補處): 補處라고도 하는데, 부처의 處를 補한다는 뜻이다. 이전
　부처님이 입멸한 뒤에 성불해서 그 자리를 보충한다는 뜻으로 一生所繫라고
　도 한다. 일생만 미혹의 세계에 繫縛되어 있는 자, 곧 미혹의 경계에 묶여 있
　는 것은 이것이 최후로 이 일생을 지나면 다음은 불타의 位處를 도와야 할
　자이다. 또 보살 수행의 十地의 수행위를 거쳐 육바라밀의 수행을 닦고서 무
　한의 장시간을 지나 깨달음을 얻은 보살의 최고위인 等覺을 가리킨다. 특히
　미륵을 一生補處의 보살, 補處의 미륵이라고 부른다. 『彌勒上生經』 등의 기술
　에 의하면, 미륵은 지금 兜率天에 있는데, 그 일생이 끝나면 人間界에 下生해

佛家에서 논하는 것은 이와 같음을 알아야 하고 믿어야 한다.
  우리 대사인 석존의 법은 아직도 二乘外道 등의 야호정과는
같지 않다. 그러므로 이 일단의 인연은 오래 전부터 내려오는
제대 존숙들이 각각 참구한 것이고, 그 이야기를 여기에 남겨
둔다.

【 강의 】 8

  8. 불교에서는 삼라만상을 모두 마음으로 보고 있다. 그렇기 때
문에 기세간인 온 우주와 대지도 마음으로 보고 있고 그러한 기
세간의 변화, 즉 성·주·괴·공으로 일어나는 모든 것도 또한
마음으로 보고 있는 것이다. 여기서 마음이라고 하는 것은 바로
제법이며, 제법은 즉 연기인 것이다. 그래서 일체가 유심조(一切
唯心造)라고 이야기하고 있다. 일체가 유심조라고 하는 것 중에서
유심(唯心)이라고 하는 것은 바로 유법(唯法)을 의미하기도 한다.
마음으로 모든 것이 만들어진다고 했을 경우에 자동차라든지 로
켓이라든가 이런 것은 마음으로 만들어 질 수 있다. 그러나 산이
나 들은 사람의 마음으로 만들어질 수 없는데 어떻게 해서 일체
가 유심조라고 하는지 의문이 아닐 수 없다. 그런데 『화엄경』에
서는 유심(唯心)을 유법(唯法)으로 이해함으로 기세간의 생성에 대

서 석존의 佛處를 도와야 할 보살이기 때문이다.
  『維摩詰所說經』(大正藏14, 553,c) "已得無生忍食此飯者 至一生補處 然後乃消"
  『無量壽經』(大正藏12, 268,b) "他方佛土諸菩薩衆來生我國 究竟必至一生補處"
  『阿彌陀經』(大正藏12, 347,b) "舍利弗 極樂國土衆生生者皆是阿鞞跋致 其中多有
  一生補處 其數甚多"
  『大方廣佛華嚴經』(大正藏9, 418,b) "盡一生補處 悉從他方世界來集"

한 문제도 해결될 수 있다. 따라서 유심과 유법은 동일한 것으로 보고 있다. 모든 마음은 지혜에서 나옴을 알아야 한다. 그런데 대이삼장은 이것을 알지 못했으므로 들여우에 지나지 않는다고 하고 있다.

앞에서 대증국사가 세 번이나 물었지만, 그 국사의 마음을 바로 보지 못했고, 알지도 못했다. 단지 국사가 대이삼장을 시험하기 위해서 첫 번째는 서천에서 배가 경주하는 것을 보았고, 두 번째는 천진의 다리 위에서 원숭이가 재주부리는 것을 보았는데 대이삼장은 여기에만 매달려 있었지 대증국사가 깊이 정(定)에 든 마음은 보지 못했다.

그래서 대증국사가 "노승이 지금 어디 있는가?"라고 세 번째 물었지만 그 말뜻을 알아듣지 못했다. 만약에 그가 대증국사가 묻는 뜻을 알아들었다라고 한다면 대증국사의 마음은 보지 못했더라도 "무슨 말씀입니까?"라고 되물었을 것이다. 그런데 대이삼장은 국사의 마음도 알지 못했고, 말뜻도 알아듣지 못했으므로 그냥 지나치고 말았다. 만약 대이삼장이 불법의 진수를 제대로 배웠더라면 국사가 묻는 이 말을 알아들었을 것이고, 국사의 깊은 정에든 마음도 볼 수 있었을 것이다. 그런데 이것을 알지 못한 것은 그가 불법의 진수를 제대로 배우지 못했기 때문이며, 이러한 사람은 설사 인간이나 천상에서 훌륭한 선지식을 만난다 할지라도 그를 알아보지 못함으로 스쳐 지나갈 뿐이다. 이 어찌 불쌍하고 애석한 일이라고 하지 않을 수 있겠는가!

무릇 경·율·론 삼장을 공부하는 학자가 어떻게 부처님과 조사의 깊은 경지를 알 수 있으며 대증국사의 궁극적인 경지를 이해할 수 있겠는가? 아무리 인도의 논사이며 삼장법사라고 할지라도 대중국사의 행적에 대해서는 조금도 알지 못했다. 이러한 대이삼장이 아는 것은 임금도 알 수 있으며, 일반 논사도 알 수 있다. 그런데 논사나 제석천 등이 아는 그러한 경지는 일생보처의 지혜의 경지에 이르러야 가능하며, 그들은 보살지인 십성이나 삼현의 경지를 얻은 사람이 아니면 안 된다. 그러나 국사의 신심(身心)은 천제도 알지 못하고 보처의 경지에 이른 삼현·십성도 알지 못하는 바이다. 불교에서 몸과 마음을 논하는 것은 일생보처의 경지보다도 더 위에 있음을 알아야 하고 믿어야 한다. 즉 여기서 말하는 것은 조사의 경지이므로 그들은 일생보처(一生補處)보다도 더 위임을 강조하고 있다. 따라서 이들은 묘각(妙覺)이나 등각(等覺)의 경지인과 같이 봄으로 조사는 바로 불(佛)이라고 함을 말하고 있다.

석가모니 부처님의 법은 성문·연각 등의 이승은 알지 못하며, 그들은 마치 선법(禪法)에 비추어 보면 들여우와 같다고 보고 있다. 그러므로 여기서 말하는 이러한 인연들은 오래 전부터 내려오는 조사들의 경지이며 많은 선사들이 이러한 행적을 화두로 삼아 참구한 것이기 때문에 내가 여기에 남겨 둔다.

【 역주 】 9

9. 어떤 스님이 趙州¹³⁾에게 묻기를,

---

13) 조주종심(趙州從諗: 778-897): 唐代의 스님. 南嶽의 문하. 조주는 住錫 地名. 속성은 학(郝)씨. 산동성 曹州 학향(郝鄕) 출신. 어린 시절에 출가하여 南泉普願선사에게 참학하여 개오한 다음, 계를 받고 남전에게 귀의함. 여러 곳을 유력하다가 나이 80이 되어서야 趙州城 동쪽 관음원에 머물면서 40년 동안 枯淡着實한 선풍을 드날림. 시호는 眞際 대사. 그의 어록『趙州錄』은 선가에

"三藏께서는 무엇 때문에 세 번째 國師의 소재를 보지 못했습니까?"

趙州가 말하기를,

"國師는 三藏의 콧잔등 위에 올라가 있었기 때문이다."

다시 스님이 玄沙[14]에게 물었다.

"콧잔등 위에 있는데 어째서 보지 못했습니까?"

玄沙가 대답했다.

"너무 가까워서."

海會守端[15]이 말하기를,

서 널리 참구되고 있음.

『宋高僧傳』卷11 (大正藏50, 775,c) "釋從諗 靑州臨淄人也 童稚之歲".

『景德傳燈錄』卷10 (大正藏51, 276,c) "靑州郝鄕人也 姓郝氏".

『祖堂集』卷18 (高麗藏45, 343,b) "趙州和尙嗣南泉在北地諱全諗".

『聯燈會要』卷6 (卍續藏136, 525,b) "曹州郝氏子初謁南泉".

『五燈會元』卷4 (卍續藏138, 127,b) "曹州郝鄕人也姓郝氏".

14) 현사사비(玄沙師備: 835-908): 唐代의 스님. 靑原의 문하. 玄沙는 住錫 寺名. 속성은 謝씨. 복건성 민현(閩縣) 출신. 咸通(860-873) 초년의 어느 날 홀연히 발심하여 芙蓉山의 靈訓을 찾아가 출가하고, 咸通 5년(864)에 開元寺의 道玄율사에게서 구족계를 받음. 함통 7년에 영훈의 은사인 雪峰義存에게 참구하여 그의 법을 이어 받음. 설봉의 회하에 있으면서 그 지계가 엄격하여 備頭陀라고 존칭되었고, 또 謝家의 3남이라는 뜻에서 사삼랑(謝三郞)이라고도 불렸음. 처음에는 普應山에 머물렀다가 뒤이어 玄沙院에 머뭄. 光化 원년(898)에는 閩王 王審知의 명에 따라 安國院에 머뭄. 唐 昭宗이 宗一大師라는 호와 가사를 내림. 개평 2년 2월 27일 입적. 세수 74. 법랍 45. 저술로는『福州玄沙宗一大師廣錄』3卷,『福州玄沙宗一禪師語錄』3卷이 있음.

『宋高僧傳』卷13 (大正藏50, 785,c) "釋師備 俗姓謝 閩人也".

『景德傳燈錄』卷18 (大正藏51, 343,c) "福州閩縣人也 姓謝氏 幼好垂釣".

『祖堂集』卷10 (高麗藏45, 295,c) "玄沙和尙嗣雪峰在福州".

『聯燈會要』卷23 (卍續藏136, 818,b) "本州謝氏子初謁雪峰後欲徧歷諸方".

『五燈會元』卷7 (卍續藏138, 242,b) "閩之謝氏子幼好垂釣".

15) 해회수단(海會. 白雲守端: 1025-1072): 宋代의 스님. 임제종 楊岐派. 白雲은

　　"國師가 만약 三藏의 콧잔등에 있었다고 한다면, 어떻게 해서 못 보았겠느냐? 國師는 三藏의 눈 속에 있었기 때문에 볼 수 없었던 것이다."

　　또 玄沙는 三藏을 비판하면서 말하기를,

　　"그대는 앞의 두 번을 보았다고 하는가?"

　　雪竇重顯16)이 말하기를,

　　"졌습니다. 졌습니다."

　　다시 어떤 스님이 仰山에게 묻기를,

　　住錫 山名. 속성은 周씨. 호남성 衡陽 출신. 茶陵仁郁에게 득도하고 여러 곳에서 참학한 후, 楊岐方會에게 참구하여 법을 이음. 강서성 江州의 承天禪院, 圓通의 崇勝禪院, 안휘성 舒州의 法華山 證道禪院, 龍門山 乾明禪院, 白雲山 海會禪院 등지에서 개당하였고, 熙寧 5년에 입적. 세수 48. 저술로는 『白雲守端禪師語錄』 2卷, 『白雲端和尚廣錄』 4卷, 『白雲端和尚語要』 1卷이 있음.
　　『禪林僧寶傳』卷28 (卍續藏經137, 553,b) "禪師名守端生衡州葛氏或云周氏".
　　『聯燈會要』卷15 (卍續藏經136, 669,a) "衡州周氏子 首謁楊岐 岐問".
　　『五燈會元』卷19 (卍續藏經138, 724,a) "衡陽葛氏子幼事翰墨冠衣依茶陵郁".
　　『續傳燈錄』卷13 (大正藏51, 547,b) "衡陽葛氏幼事翰墨冠衣茶陵郁".
　　『禪林僧寶傳』卷28 (卍續藏經137, 553,b) "衡陽葛氏或云周氏幼工翰墨".

16) 설두중현(雪竇重顯: 980-1052): 宋代의 스님. 운문종. 雪竇는 住錫 山名. 자는 隱之. 속성은 李씨. 사천성 遂州 출신. 어려서 普安院의 仁銑을 따라 출가하여 구족계를 받고, 大慈寺의 元瑩, 石門의 谷隱蘊聰에게서 敎相을 연구하고, 호북성 隨州의 智門光祚를 알현하고는 깨달음을 얻고 법을 이어 받음. 洞庭의 翠微峰과 절강성 明州 雪竇山 資聖寺에 머물면서, 문풍을 크게 진작시켰으므로 이때를 雲門宗의 중흥으로 봄. 30여 년간 산에 머물면서 70여 명의 제자를 양성. 皇祐 4년 6월 10일 입적. 세수 73. 법랍 50. 시호는 明覺대사. 저술로는 『洞庭語錄』, 『雪竇開堂』, 『瀑泉集』, 『祖英集』, 『頌古集』, 『拈古集』, 『雪竇後錄』 등이 있음.
　　『禪林僧寶傳』卷11 (卍續藏經137, 487,a) "禪師名重顯字隱之遂州人".
　　『聯燈會要』卷27 (卍續藏經136, 894,b) "遂州李氏子問智門不起一念云何有過".
　　『五燈會元』卷15 (卍續藏經138, 589,a) "遂寧府李氏子依普安院仁銑上人出家".
　　『五燈嚴統』卷第15 (卍續藏經139, 665,b) "遂寧府李氏子依普安院仁銑上人".

"세 번째는 어떻게 해서 삼장이 거기에 있었는데 국사의 소재를 알지 못한 것입니까?"

앙산이 말했다.

"앞의 두 번은 涉境心이었고 후에는 自受用三昧17)에 들어갔기 때문에 볼 수 없었다."

앞의 다섯 존숙은 모두 논했지만 국사의 행적은 잘못 알았다. 소위 세 번째 알지 못했다라고 하는 것은 앞의 두 번은 안 것처럼 인정하고 있다. 이것은 앞 선사들의 잘못이다. 후학들은 이러한 점을 알아야 한다.

【 강의 】 9

어떤 스님이 조주에게 묻기를,

"대이삼장께서는 어떻게 해서 대증국사의 세 번째의 소재를 알지 못했습니까?"라고 하니,

---

17) 자수용삼매(自受用三昧): 自受用은 부처님이 스스로 깨달은 경지에 있어서 스스로 즐기는 것이고, 三昧는 佛道의 완전한 나타남을 말함. 올바르게 살아가는 법, 불법의 공덕이나 이익을 스스로 받고, 그 즐거움을 맛보는 깨달음의 경지를 말함.
自受用: ① 공덕·이익을 스스로 수용하고, 그 즐거움을 스스로 맛보는 것. 타수용(중생에게 깨달음을 享受시키려고 하는 부처님의 측면)의 반대. ② 단지 부처와 부처뿐(唯佛與佛)의 경계로, 성문이나 보살과는 관련이 없는 세계 『景德傳燈錄』卷5 (大正藏51, 244,a)"師叱曰 遮野狐精 他心通在什麼處 三藏無對 僧問 仰山曰 大耳三藏第三度 爲什麼不見國師 仰山曰 前兩度是涉境心 後入自受用三昧 所以不見 又有僧擧前語問玄沙 玄沙曰 汝道前兩度還見麼 玄覺云 前兩度若見 後來爲什麼不見 且道利害在什麼處 僧問趙州曰 大耳三藏第三度不見國師 木審國帥在什麼處 趙州云 在三藏鼻孔上 僧問玄沙 既在鼻孔上 爲什麼不見 玄沙云 只爲太近". 『大乘莊嚴經論』卷4 (大正藏31, 609,b)"得福由施彼 非由自受用".

조주 스님께서 말씀하시기를,

"그때 대중국사는 대이삼장의 콧잔등 위에 올라가 있었기 때문에 보지 못했다."라고 했다.

다시 어떤 스님이 현사사비에게 묻기를,

"대중국사가 대이삼장의 콧잔등 위에 있었는데 어찌해서 보지 못했습니까?"라고 물었다.

이에 대해 현사는,

"너무 가까이 있었기 때문에 보지 못했다"라고 했다.

이러한 문답에 대하여 해회수단(海會守端)이 말하기를,

"만약 대중국사가 대이삼장의 콧잔등에 있었다고 한다면 왜 보지 못했겠느냐? 그렇지 않고 대중국사는 대이삼장의 눈 속에 들어가 있었기 때문에 대이삼장이 볼 수 없었던 것이다."라고 하였다.

그러나 현사사비는 대이삼장을 비판하면서 말하기를,

"그렇다고 한다면 대이삼장은 대중국사의 앞의 행적 즉, 서천에서 배가 경주하는 것이나, 천진 다리 위에서 원숭이가 재주 피우는 것을 보았다는 이야긴가?"라고 하여 세 번째 만을 보지 못한 것이 아니라 앞의 두 번도 다 보지 못했다고 하고 있다.

이러한 말에 대하여 설두중현은,

"졌습니다. 졌습니다."라고 항복하고 말았다.

다시 어떤 스님이 앙산에게 묻기를,

"세 번째는 대이삼장이 그 자리에 있었는데 국사의 소재를 파악하지 못했습니까?"라고 했다.

이에 대하여 앙산이 말하기를,

"앞의 두 번은 모두 대중국사가 경계에 따라 마음을 나투는 섭경심에 있었기 때문에 볼 수 있었고, 세 번째는 대중국사가 자수

용삼매에 들어가 있었기 때문에 대이삼장은 볼 수 없었다."라고
했다.

　그런데 이와 같이 다섯 분의 조사들이 대증국사의 행적에 대하
여 논했지만 진실로 대증국사의 행적은 알지 못했다. 그것은 왜
냐하면 모든 분들이 대이삼장의 세 번째 행적에 대해서만 알지
못했다라고 하는 것은 앞의 두 번은 다 안 것처럼 인정하고 있기
때문이다. 그런데 여기서 현사사비는 문제를 제시하고 있지만 해
결책까지는 내놓지 못하고 있다. 이러한 것은 다섯 분의 선사들
이 모두 잘못이다. 후학들은 이러한 점을 잘 알아서 참구하여야
한다.

【 역주 】 10

　10. 興聖은 지금 五位의 존숙을 의심하는 것에는 두 가지가
있다. 첫째는 국사가 삼장을 시험하는 의도를 알지 못했고, 둘
째는 국사의 身心을 알지 못했다.

　일단 국사가 삼장을 시험하는 의취를 알지 못했다는 것은
첫 번째 국사가 말하기를, "너는 말하라. 노승이 지금 어디에
있는가?"하는 것이었다. 이와 같이 물은 의도는 혹시 삼장이
불법을 알고 있는지 아직까지 모르고 있는지를 시험하기 위해
서 물었을 때, 만약 삼장이 불법을 제대로 들은 적이 있었다면
"노승이 지금 어디에 있는가."라고 묻는 말에 대해서 불법에
맞도록 대답했어야 했다. 불법에 맞도록 대답한다는 것은 국
사가 "노승이 지금 어디에 있는가."라고 하는 말의 뜻은 여기
에 있는지, 저기에 있는지, 무상보리에 있는지, 반야바라밀에

있는지, 허공에 매달려 있는지, 땅에 서 있는지, 초암에 있는
지, 보배로운 것에 있는지를 물은 것이다.

삼장은 이러한 의도를 알지 못했으므로 헛되이 범부·이승
의 견해로 대답했다.

국사가 거듭 묻기를,

"그대는 대답해라. 노승이 지금 어디에 있는가?"라고 하는
것에 대해서 삼장은 거듭 헛된 소리로 대답했다.

국사가 거듭 묻기를,

"그대는 대답해라. 노승이 지금 어디에 있는가?"

그 때 삼장은 한동안 머뭇거리면서 아무 말도 못하고 거기
에 망연하게 있었다. 이때 국사는 바로 삼장을 질책하기를,

"이 여우같은 놈아! 어디에 他心通이 있는가?"라고 했다. 그
러한 질책에 대해서도 삼장은 아무런 대답도 못했다.

【 강의 】 10

10. 도원은 이 심불가득을 興聖寺에서 설법하였다. 그러므로 여
기서는 홍성이라고 하였다. 즉 도원은 지금 대증국사나 대이삼장
에 대해서 논하는 것이 아니라 앞에 있었던 다섯 조사들의 견해
에 대해서 의심을 하는 것이다. 거기에는 두 가지의 문제점을 제
시하고 있다.

첫째는 대증국사가 대이삼장을 시험한 의도에 대해서 오존숙은
알지 못했고, 둘째는 국사의 몸과 마음이 어디에 있는지를 알지
못했다. 도원은 이러한 점에 대해서 오존숙의 문답을 의심하고
있다.

　일단 대증국사가 대이삼장을 시험한 의도를 알지 못했다고 하는 것에 대해서는 첫 번째 국사가 묻기를,

"그대는 말해라. 노승이 지금 어디에 있는가?"라고 하는 것이었다. 이때 대이삼장은 "국사는 지금 서천강에서 배가 경주하는 것을 보고 있습니다."라고 대답했다. 그런데 실지로 국사가 물은 의도는 그러한 대답을 듣기 위한 것이 아니었고, 대이삼장이 참으로 불법의 진수를 알고 있는지 아직 모르고 있는지에 대해서 시험하기 위해서 물은 것이다. 이것은 마치 선사들이 제자를 접인하였을 때, "그대는 어디에서 왔는가?"라고 하는 질문과 같은 것이다. 이러한 질문은 어디에서 왔다라고 하는 장소나 방향이나 위치 등의 시간적이나 공간적인 것을 중시한 것이 아니라 여기까지 온 자성에 대해서 물은 것이다. 이와 같이 만약 대이삼장이 불법을 제대로 공부한 적이 있었다고 한다면 "노승이 지금 어디에 있는가?"라고 물었을 때 서천에서 배가 경주하는 것을 보고 있다든지, 천진의 다리 위에서 원숭이가 재주 부리는 것을 보고 있다고 대답하지 않고 더 근본적인 대증국사의 본회심에 맞는 대답을 했을 것이다. 불법에 맞도록 대답한다는 것은 국사가 "노승이 지금 어디에 있는가?"라고 하는 물음에 대해서 禪的인 대답을 하였을 것이다.

　그러나 도원은 그 말의 뜻이 여기에 있는지, 저기에 있는지, 무상보리에 있는지, 반야바라밀에 있는지, 허공에 매달려 있는지, 땅에 서 있는지, 초암에 있는지, 보배로운 곳에 있는지를 물은 것이라고 해석하고 있는데 이는 잘못된 것 같다.

　삼장은 대증국사의 참된 의도를 알지 못했으므로 범부나 이승의 경지로 대답을 했다. 결과적으로 그는 국사의 마음의 경계에

끄달려 타심통으로만 보았을 뿐이지 국사의 참된 마음의 본래심을 보지 못했다. 즉 국사의 마음의 體大는 보지 못하고 用大나 相大에만 집착한 것을 나무라고 있다.

국사가 거듭 묻기를, "그대는 대답해라. 노승이 어디에 있는가?"라고 하는 것에 대해서 대이삼장의 두 번째 대답은 "천진다리 위에서 원숭이가 재주부리는 것을 보고 있습니다."라는 헛된 소리로 대답했다.

다시 국사는 세 번째 묻기를, "그대는 대답해라. 노승이 지금 어디에 있는가?" 그때 대이삼장은 한동안 머뭇거리면서 아무 말도 못하고 망연자실하게 있었다. 이때 국사는 바로 삼장을 질책하기를, "이 여우같은 놈아, 지금까지 타심통으로 나의 경계를 좇아 다녔지만 이제는 그 타심통이 어디에 있단 말인가?"라고 하면서 二乘의 경지에 대해서 크게 나무랐다. 이러한 질책에 대해서도 삼장은 아무런 대답을 하지 못했다. 이것은 결국 대증국사의 마음의 근본인 體大를 보지 못했음을 이야기한다.

【 역주 】 11

11. 이 인연에 대해서 곰곰히 생각해 보면 앞에서 열거한 모든 조사들(古先)의 생각은 아래와 같다. 지금 국사가 삼장을 나무라는 것은 앞의 두 번째 까지는 국사의 소재를 알았지만, 세 번째는 알지 못했기 때문에 꾸짖는 것이다. 그러나 그렇지 않다. 일반적으로 보자면 三藏은 들여우(野狐精)일 뿐이지 佛法은 꿈에도 보지 못했다는 것을 꾸짖은 것이다. 앞의 두 번은 알고 있었지만, 세 번째는 알지 못했다고는 말하지 않았다. 질

책한 것은 삼장의 모든 것을 꾸짖은 것이다.

국사의 생각은 첫 번째로는 佛法을 他心通이라고 말할 수 있는지 없는지에 대한 판단이다. 또한 만약 타심통을 불법이라고 한다면 他도 불법에 맞는 他를 나타내야 하며, 心도 불도에 맞는 心을 나타내야 하며, 通도 불도에 맞는 通을 나타내야 한다. 지금 삼장이 말하는 것은 전혀 불도에 맞는 것이 아니다. 어찌하여 불법이라고 말할 수 있을까라고 국사는 생각한다. 국사가 시험한 것에 대한 대답으로는 예를 들면 세 번째에 대답을 했다고 할지라도 앞에서 한 것과 같았다면 불법의 도리에도 맞지 않고, 국사의 본의에도 맞지 않았으므로 꾸짖었을 것이다. 국사가 세 번 물은 것은 혹시나 삼장이 국사의 말을 들을 수 있을까 해서 거듭 세 번 물은 것이다.

두 번째로는 국사의 身心을 알지 못했다고 하는데 대한 국사의 생각은 소위 국사의 身心은 삼장이 알 수 있는 것도 아니고 通할 수 있는 것도 아니다. 심지어 十聖・三賢에 이르거나, 補處・等覺일지라도 밝힐 수 있는 것은 아니다. 그런데 하물며 범부인 삼장이 어찌 알 수 있는가? 이러한 도리를 분명히 결정해야 된다. 오존숙이 국사의 身心을 삼장도 알 수 있고 이를 수 있다고 한다면 그들 자신도 이미 국사의 身心을 알지 못하기 때문이다.

他心通을 얻었기 때문에 국사를 알 수 있다라고 말한다면 二乘人 또한 국사를 알 수 있지 않겠는가? 그러므로 그래서는 안 된다. 二乘人들은 도저히 국사의 경지에 미칠 수 있는 것은 아니다. 지금 대승경전을 읽는 二乘人들이 많은데, 그들은 국사의 身心을 알 수 있는 것은 아니다. 또한 佛法의 身心을 꿈에도 보지 못했다. 예를 들어 대승경전을 독송하는 것 같아도, 그들은 완전히 小乘人임을 분명히 알아야 한다. 더구나 국사의 身心은 神通修証을 얻으려는 무리들이 알 수 있는 것은 아니다. 국사의 身心은 국사 또한 헤아리기 어려울 것이다. 그 이유는 국사의 오랜 행적 속에서도 부처가 되고자 하지 않았기 때문에 佛眼으로도 그를 볼 수 없다. 국사의 去就는 세간(窠窟)을 아득히 벗어나 있기 때문에 농라(籠羅)로 구속할 수 있는 것은 아니다.

【 강의 】 11

11. 앞에서 국사가 삼장법사를 꾸짖은 내용은 두 가지가 있다. "이 여우같은 놈아! 어디에 타심통이 있단 말인가?"라고 했는데 이러한 인연에 대해서 깊이 생각해 보면 다섯 조사들의 생각은 대증국사가 대이삼장을 꾸짖은 뜻과는 전혀 다르게 이해하고 있다. 앞에서 말한 다섯 조사들은 대증국사가 서천에서 배 경주하는 것을 본 것이나, 서천 다리 위에서 원숭이 재주부리는 것을 보고 있는 것에 대한 국사의 소재를 대이삼장이 알았지만, 세 번째 질문에 대해서는 알지 못했기 때문에 국사가 삼장을 꾸짖었다라고 이해하고 있다.

그러나 도원의 생각은 그렇지 않은 것으로 보았다. 도원은 대이삼장은 앞의 두 가지를 알았다고 할지라도 들여우에 지나지 않을 뿐이지 불법의 대의는 꿈에도 보지 못했음에 대해서 꾸짖은 것이다. 앞의 두 가지를 알고 세 번째를 알지 못했다고 해서 꾸짖은 것은 결코 아니다. 도원이 볼 때에는 국사가 삼장을 꾸짖은 것은 불법의 대의를 알지 못한데 대해서 꾸짖은 것이지 세 번째 질문에 대하여 알지 못했다고 꾸짖은 것은 아닌 것으로 보고 있다. 이러한 점이 앞의 조사들과는 차이가 있다.

　대중국사의 생각은 첫 번째로 불법을 타심통이라고 말할 수 있는지 없는지에 관한 판단이다. 즉 말하자면 여기서 불법과 타심통을 동일한 것으로 볼 수 있느냐 하는 점이다. 그런데 여기서 말하는 불법이라고 하는 것은 부처님 가르침 전체를 이야기하는 것이 아니라 선에서 말하는 道를 의미한다. 즉 도와 타심통, 깨달음과 타심통을 같은 것으로 볼 수 없다는 판단이다. 타심통을 통하여 아는 것과 도를 통하여 깨닫는 것은 다른 것이다. 만약 타심통을 도라고 한다면 他도 道이고, 心도 道이고, 通도 道에 맞는 것으로 나투어야 한다. 그런데 삼장이 말한 두 가지의 대답은 도에 전혀 맞는 것이 아니다. 그러므로 어찌하여 이것을 도라고 말할 수 있을까라고 국사는 생각하였다. 대중국사가 삼장에게 시험한 것에 대한 대답으로 세 번째 물음에 대하여 설사 답을 하였다고 할지라도 도에 맞지 않았다면 이것은 불법의 도리에 어긋나고 국사가 질문한 본뜻에 맞지 않았으므로 꾸짖었을 것이다. 국사가 세 번 물은 것은 첫 번째나 두 번째에 대답을 하고 세 번째에 답을 못해서 물은 것이 아니라, 세 번 모두가 잘못되었기 때문에 거듭하여 물은 것이다. 다시 말하여 삼장의 대답은 도에 어긋난다는 점이다.

　두 번째로는 앞의 조사들은 삼장이 세 번째 대답에서 국사의 身心을 알지 못했다라고 한데 대하여 국사의 본뜻을 잘못 이해하고 있다. 국사의 생각은 삼장이 세 번째만을 국사의 신심을 알지 못한 것이 아니라 첫 번째나 두 번째도 모두 알지 못했다. 왜냐하면 이것은 처음부터 삼장이 알 수 있는 것도 아니고 이 도리가 삼장에게 통할 수 있는 것도 아니었기 때문이다. 심지어는 삼현·십성에 이르거나 일생보처에 이른 보살이나 등각이나 묘각이라 할지라도 알 수 있는 것이 아니었기 때문이다. 그런데 하물며 범부인 삼장이 어찌해서 이 도리를 알 수 있겠는가? 이러한 점을 분명히 해야 되는데 조사들도 이것을 알지 못했다. 만약에 오존숙이 국사의 신심에 대하여 삼장도 알 수 있고 이를 수 있다고 한다면 오존숙 그들 자신들조차도 이미 국사의 신심에 대하여 바르게 알지 못했기 때문이다. 다시 말하면 국사의 신심을 안다라고 하는 것은 있을 수 없는 일임을 말하고 있다.

삼장이 타심통을 얻었기 때문에 국사의 신심을 알 수 있다라고 한다면 성문·연각 등의 이승인들도 국사의 신심을 알 수 있지 않겠는가. 그러므로 타심통을 얻었다고 해서 알 수 있다라고 해서는 안 된다. 이승인들이 어떻게 국사의 경지에 미칠 수 있겠는가. 근래에 보면 소승인들 가운데서도 대승경전을 수지 독송하는 사람들이 많은데 그렇다고 하여 그들이 국사의 신심을 알 수 있는 것은 아니다. 소승인들은 불법의 신심에 대해서는 꿈에도 보지 못하고 있다.

여기서 신심이라고 하는 것은 단순한 몸이나 마음을 의미하는 것이 아니라 眞如自性의 本性을 의미한다고 보아야 할 것이다. 예를 들어 소승인들이 대승경전을 독송한다고 하여 그들이 대승인이 되는 것은 아니다. 그들은 분명히 소승인에 지나지 않는다. 더구나 국사의 신심은 신통을 닦고 얻은 무리들이 알 수 있는 것은 아니다. 국사의 신심은 국사 자신도 헤아리기 어려운 것이다. 대증국사께서 자신의 진여자성을 바르게 본다는 것이 어려운데 어

찌 다른 사람이 그 경지를 알 수 있겠는가. 그 이유로는 국사의
오랜 행적을 살펴보면, 그 자신이 결코 부처가 되고자 집착한 적
이 없었기 때문에 설사 佛眼을 가졌다 할지라도 자신의 진여자성
을 볼 수는 없었을 것이다. 그런데 하물며 어찌 다른 사람들이
그 경지를 알 수 있겠는가. 국사의 모든 거취는 세간사를 벗어나
있었기 때문에 어떠한 그물이나 통발을 가지고도 그를 구속할 수
있는 것은 아니다. 그러므로 당연히 삼장은 보지 못했을 것이며
오존숙 또한 알지 못했을 것이다.

【 역주 】12

12. 지금 오존숙을 모두 함께 간파해야 한다. 조주는 말하기를,
"국사는 삼장의 콧잔등 위에 있었기 때문에 보지 못했다."고
한다.
　이 말은 무슨 뜻인가 하면 근본은 밝히지 못하고 지말만 말
하기 때문에 이와 같은 잘못을 범하게 되었다. 국사가 어떻게
해서 삼장의 콧잔등 위에 있는가. 삼장은 아직도 콧구멍이 없
다. 또 국사와 삼장은 서로 만난 인연은 있었지만 서로 도가
비슷하지는 않았다. 눈 밝은 자는 마땅히 이와 같이 알아야 한다.
　현사는 말하기를,
"오직 너무 가까이(太近) 있었기 때문이다."라고 했다.
　참으로 가까이 있었다는 것은 맞지만 적중하지는 못했다.
어느 정도를 가지고 가까이 있었다라고 하는가? 현사는 아직
까지도 아주 가까운 깃(太近)을 참입하지 못했다. 이러한 대답
은 불법에 있어서는 멀고도 먼 이야기다.

　　앙산이 말하기를,

　　"앞의 두 번은 외경에 집착한 것이며, 뒤의 세 번째는 자수용삼매(自受用三昧)에 들었기 때문에 보지 못했다."라고 하였다.

　　소석가(小釋迦)라고 불리면서 서천에까지 널리 알려졌지만, 여기에 있어서는 잘못이 없지는 않다. 두 사람이 서로 만난 것을 반드시 대상에 관계되는 것이라고 한다면 이것을 불조의 상견이라고 할 수는 없을 것이다. 수기를 받고 부처가 되는 공덕을 받은 것은 아닌 것처럼 보인다. 앞의 두 번은 진실로 삼장이 국사의 소재를 잘 알고 있었다고 말하지만, 국사의 공덕에 대해서는 털끝만큼도 알지 못했다고 할 수 있다.

　　현사가 삼장을 꾸짖기를,

　　"앞의 두 번은 보았다고 하겠는가."

　　이 보았는가라고 하는 말은 말해야 할 것을 말했지만, 보았다고 할지라도 보지 못한 것과 같다라고 말한다. 그러므로 옳지 않다. 이것을 듣고 설두명각(雪竇明覺) 선사는 말하기를,

　　"졌다, 졌다."라고 했다.

　　이 현사의 말을 道라고 했을 때는 그렇지만 도가 아니라고 했을 때는 그렇지 않다.

　　해회수단이 말하기를,

　　"국사가 만약 삼장의 콧잔등에 있었다면 보는데 무슨 어려움이 있어 알지 못했을까? 국사가 삼장의 눈 속에 있었으므로 알지 못했다."

　　이것도 또한 세 번째를 말하는 것이다. 앞의 두 번째도 보지 못했다고 꾸짖어야 되는데 꾸짖지 못했다. 어찌 국사가 삼장의 콧잔등에 있으며, 눈 속에 있음을 알 수 있겠는가.

【 강의 】 12

12. 그런데 국사의 이러한 경지에 대해서 지금까지 오존숙은 여러 가지 말을 하였다. 이에 대해서 하나하나 살펴보고자 한다.

조주는 말하기를,

"국사는 삼장의 콧잔등 위에 있었기 때문에 보지 못했다."고 한다. 그런데 이 말이 뜻하는 것은 무엇인가 하면 조주는 이 문제의 근본은 알지 못하고 지말에만 매달려 말했기 때문에 이러한 잘못을 범하게 되었다. 즉 국사의 본회심은 알지 못하고 국사의 모습에만 집착한 삼장의 대답에 희롱당하고 있다. 어떻게 해서 국사가 삼장의 콧잔등에 있단 말인가. 삼장은 코도 없는데 콧잔등이 어디에 있단 말인가. 그 이유는 국사와 삼장이 서로 만난 인연은 있었지만, 서로 도의 경지가 비슷하지 않았기 때문에 동문서답으로 답하고 있었다. 그런데 조주는 이 말에 매달리고 있음을 알 수 있다. 눈 밝은 자들은 조주의 대답이 이와 같음을 알아야 한다.

다음으로 현사는 말하기를,

"오직 너무 가까이 있었기 때문이다."라고 했는데 가까이 있었다라고 하는 말은 맞는 이야기지만 그렇다고 하여 아주 적중한 정답은 아니다. 가까이 있었다고 했는데 어느 정도 있는 것을 가까이라고 할 수 있는가. 참으로 가까이 있다는 것은 둘이 따로 있는 것이 아니라 하나가 되는 것이다. 그러므로 현사의 대답 또한 불법에 있어서는 멀고 먼 이야기임을 알아야 한다.

세 번째는 앙산이 말하기를,

"앞의 두 번은 외적 경계에 집착한 것이며 세 번째는 자수용삼매에 들어 있었기 때문에 보지 못했다."라고 했는데 이것 또한 크게 잘못된 것이다. 앙산은 도가 깊어 小釋迦라고 까지 불렸으며 인도에까지 널리 그 이름이 알려졌지만, 그의 대답에 있어서도 잘못이 보이고 있다. 국사와 삼장이 만난 것을 가지고 서로 상대적인 관계에서 이해를 한다라고 하면 이것은 불조의 만남이라고 할 수 없다. 부처와 조사가 만나는 것은 수기를 받고 공덕을 이루는 것인데, 그렇게 보이지는 않는다. 앙산은 삼장이 국사의 소재에 대해서 두 번째까지는 잘 알고 있었다라고 하지만 앙산은 그 자체조차도 잘못 이해하고 있다. 국사의 진여자성에 대해서는 조금도 알지 못하고 있다.

다음으로 현사는 삼장을 꾸짖기를,

"앞의 두 번은 보았다라고 하는가?" 그런데 여기서 보았다라고 하는 말을 하고는 있지만 참으로 보지 못했다라고 말한다. 그러므로 현사가 꾸짖은 것도 옳지 못하다. 이러한 이야기를 듣고 설두명각선사는 말하기를, "졌다, 졌다."라고 했는데 이 또한 옳지 않다. 현사의 말이 도에 맞지 않았으므로 설두의 대답 또한 도에 맞지 않을 수밖에 없다. 틀린 대답에 대해서 항복을 해 버렸으니 그것이 어찌 옳다고 할 수 있겠는가?

마지막으로 해회수단이 말하기를,

"국사가 만약 삼장의 콧잔등에 있었다고 한다면 무엇 때문에 보지 못했을까? 국사는 삼장의 눈 속에 있었기 때문에 알지 못했다." 이것 또한 세 번째에 대해서만 말한 것이다. 그런데 국사는 앞의 두 번도 다 보지 못했다고 꾸짖었는데 어찌해서 세 번째만을 꾸짖는단 말인가. 어찌해서 국사가 삼장의 콧잔등에 있거나, 눈 속에 있음을 알 수 있겠는가? 해회수단의 콧잔등에 있음도,

눈 속에 있음도 모두 잘못된 대답이다.

【 역주 】 13

　13. 오위존숙은 어느 누구도 국사의 공덕에 대해서 잘 알지 못했다. 불법의 도를 변별할(弁道) 능력이 없는 것 같다. 알아야 한다. 국사는 바로 一代의 부처님이며, 부처님의 정법안장을 正傳하였다. 소승의 삼장과 논사 등은 국사의 경계(辺際)를 알지 못했다. 그것을 증명하는 것이 바로 이러한 것이다. 他心通이라고 하는 것은 소승에서 말할 때는 他念通이라고 하는 것이 옳을 것이다. 소승 삼장의 타심통의 힘으로는 국사의 터럭한 개만큼이나 터럭 반개만큼이라도 안다라고 하는 것은 잘못이다. 소승 삼장은 모두 국사의 공덕의 소재를 볼 수 없다라고 하는 것을 오로지 배워야만 한다. 설사 만약 앞의 두 번은 국사의 소재를 알았다고 할지라도 세 번째는 알지 못했다라고 하는 것은 3분의 2의 능력은 가진 것이고, 나무랄 일이 아니다. 설사 나무란다고 해도 전부가 잘못되지는 않았다. 만약 이것을 나무란다면 누가 국사를 믿을 것인가. 국사가 삼장을 꾸짖은 의미는 삼장이 아직까지도 모든 불법에 대한 身心을 가지지 못했음을 질책하는 것이다.

　오위존숙은 모두 국사의 행적을 알지 못했으므로 이와 같이 잘못(不是)하였다. 그렇기 때문에 불도의 心不可得을 설하노라. 이 一法을 통달하지 않고는 나머지 법을 통달한다라고 말하는 것은 믿기 어렵다. 옛 선지식들도 이와 같이 잘못을 저질렀음을 알아야 한다.

【 강의 】 13

　13. 앞에서 말한 오존숙들은 그 어느 누구도 대증국사의 깊은 뜻을 잘 알지 못했던 것 같다. 대증국사가 삼장을 야호정이라고 나무란 것은 다른 의미가 있다. 그러므로 오존숙들은 불도를 변별할 수 있는 능력이 없었던 것 같다라고 도원은 비판하고 있다. 그러면서 대증국사는 당시의 부처님으로 추앙받았으며, 정법안장을 정전받은 조사인데 소승의 삼장과 소승의 논사들은 그 국사의 경계를 알지 못했다.

　이러한 것을 증명하는 것이 바로 다음과 같은 것이다. 그것은 소승삼장이 타심통으로 국사의 소재를 보았다라고 하는데 여기서 대이삼장이 얻었다고 하는 他心通은 실지로는 他念通 정도에 지나지 않는 것이다. 소승삼장의 타념통 정도의 능력에 해당되는 타심통의 힘으로는 국사의 소재에 대해서 털끝만큼이라도 알 수 있다라고 하는 것은 큰 잘못이다. 소승삼장의 능력으로 국사의 모든 공덕의 소재를 다 볼 수 있다라고 하는 것은 불가능함을 알아야 한다. 설사 앞에서 말한바와 같이 서천에서 배가 경주하는 것이나, 천진교 위에서 원숭이가 재주 피우는 것을 보고 있는 국사를 보았다고 할지라도 세 번째는 알지 못했다라고 하는 것은 소승삼장의 능력이 3분의 2 정도는 가지고 있는 것을 인정하는 것이다.

　그러므로 이것을 나무랄 일은 아니다. 설사 나무란다고 할지라도 소승삼장의 전부를 다 나무라는 것은 아니다. 만약 대증국사가 소승삼장의 모든 것을 나무란다고 한다면 누가 국사를 믿을 것인가. 대증국사가 대이삼장을 꾸짖은 것은 다름이 아니라 삼장이 불법에 대한 진정한 발심을 하지 못했음을 질책한 것이지 타심통을 나무란 것은 아니다. 다시 말하면 분별지에 의한 타심통으로 불법의 진수를 얻은 것처럼 행동하였지만, 사실은 진여자성에 대한 문제의식은 전혀 가지지 못했음에 대해서 질책한 것이다.

  오존숙은 국사의 진정한 뜻을 알지 못했기 때문에 여러 가지 잘못을 저질렀다. 그러므로 내가 부득이 心不可得에 대하여 설하지 않을 수 없어서 심불가득장을 말하게 되었다라고 도원은 주장한다. 이러한 일법을 통하지 않고는 나머지 법에 대해서 통달했다라고 하는 것은 참으로 믿기 어려운 일이다. 그러므로 옛 선지식들도 잘못을 저지를 수 있음을 알아야 한다.

【 역주 】 14

  14. 어느 때 승려가 국사에게 묻기를,
  "어떤 것이 고불(古佛)의 마음입니까?"
  국사가 말하기를,
  "담·벽·기와·자갈(牆壁瓦礫)들이다[18]."고 하였다. 이것도 심불가득이다.
  어느 때 승려가 국사에게 묻기를,
  "어떤 것이 제불의 常住心입니까?"
  국사가 말하기를,
  "다행히 노승이 궁중에 들어갈 때 만났다."
  이것도 불가득의 마음을 참구하는 것이다.

---

18) 장벽와력(牆壁瓦礫): 『傳燈錄』卷28 南陽慧忠傳 (大正藏51, 438,a) "阿那箇是佛心. 師曰 牆壁瓦礫."

제석천왕(天帝釋)이 어느 날 국사에게 묻기를,
"어떻게 해야 유위(有爲)를 해탈하겠습니까?"
국사가 말하기를,
"天子는 도를 닦아 유위를 해탈해야 하느니라."
제석천왕이 거듭 묻기를,
"무엇이 道입니까?"
국사가 말하기를,
"순간의 마음(造次心19))이 도이니라."
제석천왕이 묻기를,
"어떤 것이 순간의 마음(造次心)입니까?"
국사가 손가락을 들어 가리키며,
"이것이 반야대(般若臺)이며, 저것이 진주그물이다."고 하니,
제석천왕이 예배하고 물러갔다.

무릇 불도에서 신심(身心)을 말하는 것은 佛佛祖祖가 서로
만나서 이야기 하는 것이다. 동시에 이것을 참학하는 것은 범
부·성현의 염려지각(念慮知覺)으로 되는 것은 아니다. 오로지
心不可得을 참구해야 한다.

정법안장 후심불가득을 인치(仁治)2년(1241) 신축(辛丑)년 하
안거 날에 흥성(興聖) 보림사(寶林寺)에서 쓰다.

【 강의 】 14

14. 어느 때에 승려가 대증국사에게 묻기를,

---

19) 조차심(造次心): 얼마가 아닌 짧은 시간을 가리킨다. 『논어』「이인편」

"어떤 것이 옛 부처의 마음입니까?"라고 하였다.

이때 대증국사는 말하기를,

"牆壁瓦礫이 고불심."이라고 한 적이 있다.

이러한 이야기는 부처라고 하는 것은 담장이나 벽이나 기왓장이나 자갈이라고 하였는데, 이것은 심불가득과 마찬가지로 참구하여야 될 일이지 문자로 설명할 일은 아니다.

또 어느 때 한 승려가 대증국사에게 묻기를,

"어떤 것이 제불의 상주심입니까?"라고 하였다.

즉 이 물음은 부처의 마음은 무엇입니까라고 하는 질문이다.

이에 대해서 국사는 말하기를,

"다행이 노승이 궁중에 들어갔을 때 만났다."라고 하였는데,

노승이 궁중에 들어갔을 때 만났다라고 하는 것과 제불의 상주심이라고 하는 것은 어떤 관계가 있을 것인가. 이것도 심불가득과 같으므로 참구해야 될 일이지 문자로 해석되는 것은 아니다.

제석천왕이 어느 날 대증국사에게 묻기를,

"어떻게 해야 유위법을 해탈할 수 있겠습니까?"라고 하였다.

여기서 유위법을 해탈한다는 것은 바로 무위법을 얻는다는 이야기일 것이다.

이에 대해 국사가 말하기를,

"천자는 도를 닦아야 유위를 해탈하느니라."고 하였다.

아무리 임금이라고 할지라도 도를 닦지 않고는 유위를 해탈하여 무위에 이를 수 없음을 말하고 있다.

제석천왕이 다시 묻기를,

"무엇이 도입니까?"라고 하였다.

이에 대해서 대증국사는 말하기를,

"순간의 마음이 도이니라."라고 하였다.

이 말을 들을 제석천왕이 다시 묻기를,

"어떤 것이 순간의 마음입니까?"라고 하였다.

이러한 문답은 순간의 마음과 심불가득은 일맥상통하고 있다. 순간이라고 하였을 때는 이미 지나간 과거이므로 그 순간의 마음도 잡을 수 없는 것이다.

대증국사가 제석의 물음에 대하여 답하기를,

"손가락을 들어 가리키면서, 이것이 반야대이며 저것이 진주그물이다."라고 하니 제석천왕이 예배하고 물러갔다. 즉 여기서 말한 반야대와 진주그물은 가리키는 그 순간과 둘이 아닐 것이다.

무릇 불도에서 진여자성이나 신심을 말하는 것은 부처와 부처가 서로 만나 이야기하는 것이며 조사와 조사가 만나서 할 수 있는 말이지, 범부들이나 성현들은 알 수 있는 이야기가 아니다. 범부들은 오로지 참학할 뿐이지 알음알이로 그것을 알려고 해서는 안 된다. 그러므로 후학들은 오로지 심불가득을 참구하여야 할 뿐이다라고 도원은 결론을 맺고 있다.

19. 後心不可得

1. 心不可得は、諸仏なり、みづから阿耨多羅三藐三菩提と保任しきたれり。

金剛経曰、過去心不可得、現在心不可得、未来心不可得、これすなはち諸仏なる心不可得の保任の現成せるなり。三界心不可得なり、諸法心不可得なりと保任しきたれるなり。これをあきらむる保任は、諸仏にならはざれば、証取せず、諸祖にならはざれば、正伝せざるなり。

諸仏にならふといふは、丈六身にならひ、一茎草にならふなり。諸祖にならふといふは、皮肉骨髄にならひ、破顔微笑にならふなり。この宗旨は、正法眼蔵あきらかに正伝しきたりて、仏仏祖祖の心印、まさに直指なること嫡嫡単伝せるにとぶらひならふに、かならずその骨髄面目つたはれ、身体髪膚うくるなり。

仏道をならはず、祖室にいらざらんは、見聞せず会取せず、問取の法におよばず、道取の分ゆめにもいまだみざるところなり。

2. 徳山のそのかみ不丈夫なりしとき、金剛経に長ぜりき、ときの人これを周金剛王と称じき、八百余家のなかに王なり。ことに追竜の疏をよくせるのみにあらず、さらに十二担の書籍を釈集せり、斉肩の講者あることなし。ちなみに南方に無上道の嫡嫡相承せるありとききて、書をたづさへて山川をわたりゆく。竜潭にいたらんとするみちのひだりに歇息するに、婆子きたりあふ。

徳山とふ。なんぢはこれなにびとぞ。

婆子いはく、われはもちひうる老婆なり。

徳山いはく、わがためにもちひをうるべし。

　婆子いはく、和尚かふてなにかせん。

徳山いはく、もちひをかふて点心にすべし。

　婆子いはく、和尚のそばくたづさへてあるは、これなにものぞ。

　徳山いはく、汝きかずやわれはこれ周金剛王なり、金剛経に長ぜり、通達せずといふところなし、このたづさへてあるは金剛経の解釈なり。

　これをききて、婆子いはく、老婆に一問あり、和尚これをゆるすやいなや。

　徳山いはく、ゆるす、なんぢこころにまかせてとふべし。

　いはく、われかつて金剛経をきくにいはく、過去心不可得、現在心不可得、未来心不可得、いまもちひをしていづれの心をか点ぜんとする、和尚もし道得ならんには、もちひをうるべし、和尚もし道不得ならんには、もちひをうるべからず。

　徳山ときに茫然として祇対すべきことをえざりき。婆子すなはち払袖して出ぬ、つひにもちひを徳山にうらず。

　3.　うらむべし数百軸の釈主、数十年の講者、わづかに弊婆の一問をうるに、すみやかに負処におちぬること、師承あると師承なきと、正師の室にとぶらふと正師の室にいらざると、はるかにこのなるによりてかくのごとし。

　不可得の言をききては、彼此ともにおなじくうることあるべからずとのみ解せり、さらに活路なし。またうべからずといふは、もとよりそなはれるゆゑにいふなんとおもふひともあり、これらいかにもあたらぬことなり。

　徳山このときはじめて畫にかけるもちひはうゑをやむるにあたはずとしり、また仏道修行は、かならずそのひとにあふべきとおもひしりき。またいたづらに経書にのみかかはれるがまことのちからをうべからざることをおもひしりき。つひに竜潭に参じて、師資のみち見成せしより、まさにそのひとなりき。いまは雲門法眼の高祖なるのみにあらず、人中天上の導師なり。

　4. この因縁をおもふに、徳山むかしあきらめざることはいまみゆるところなり。婆子いま徳山を杜口せしむればとても、実にそのひとにてあらんこともさだめがたし。しばらく心不可得のことばをききて、心あるべきにあらずとばかりおもひて、かくのごとくとふにてあるらんとおぼゆ。徳山の丈夫にてありしかば、かんがふるちからもありなまし。かんがふることあらば、婆子がそのひとにてありけることもきこゆべかりしかども、徳山の徳山にてあらざりしときにてあれば、婆子がそのひとなることもいまだしられずみえざるなり。

　また婆子を疑著すること、ゆゑなきにあらず、徳山道不得ならんに、などか徳山にむかふていはざる、和尚いま道不得なり、さらに老婆にとふべし、老婆かへりて和尚のためにいふべしと。このとき徳山の問をえて、徳山にむかひていふことありせば、老婆がまことにてあるちからもあらはれぬべし。

　かくのごとく古人の骨髄も、面目も、古仏の光明も、現瑞も、同参の功夫ありて、徳山をも、婆子をも、不可得をも、可得をも、餅をも、心をも、把定にわづらはさるのみにあらず、放行にもわづらはさるなり。

　5.　いはゆる仏心はこれ三世なり、心と三世とあひへだたること、毫釐にあらずといへども、あひはなれあひさることを論ずるには、すなはち十万八千よりもあまれる深遠なり。いかにあらんかこれ過去心といはば、かれにむかひていふべし、これ不可得と。いかにあらんかこれ現在心といはば、かれにむかひていふべし、これ不可得と。いかにあらんかこれ未来心といはば、かれにむかひていふべし、これ不可得と。

　いはくのこころは心をしばらく不可得となづくる心ありとはいはず、しばらく不可得なりといふ。心うべからずとはいはず、ひとへに不可得といふ。心うべしとはいはず、ひとへに不可得といふ。またいかなるか過去心不可得といはば、生死去来といふべし。またいかなるか現在心不可得といはば、生死去来とい

ふべし。またいかなるか未来心不可得といはば、生死去来といふべし。

　おほよそ牆壁瓦礫にてある、仏心あり、三世諸仏、ともにこれを不可得にてありと証す。仏心にてある牆壁瓦礫のみあり、諸仏三世にこれを不可得なりと証す。いはんや山河大地にてある、不可得のみづからにてあるなり。草木風水なる不可得のすなはち心なるあり、また応無所住而生其心の不可得なるあり、また十方諸仏の一代の代にて八万法門をとく。不可得の心、それかくのごとし。

　6.　また大証国師のとき、大耳三蔵はるかに西天より到京せり、他心通をえたりと称す。唐の粛宗皇帝、ちなみに国師に命じて試験せしむるに、三蔵わづかに国師をみて、すみやかに礼拝して右にたつ。

　国師つひにとふ、なんぢ他心通をえたりやいなや。

　三蔵まうす、不敢と。

　国師いはく、なんぢいふべし老僧いまいづれのところにかある。

　三蔵まうす、和尚はこれ一国の師なり、なんぞ西川にゆきて競渡のふねをみる。

　国師ややひさしくして再問す、なんぢいふべし老僧いまいづれのところにかある。

　三蔵まうす、和尚はこれ一国の師なりなんぞ天津橋上にゆきて、猢猻を弄するをみる。

　国師またとふ、なんぢいふべし、老僧いまいづれのところにかある。

　三蔵ややひさしくあれどもしることなしみるところなし。

　国師ちなみに叱していはく、這野狐精、なんぢが他心通いづれのところにかある。

　三蔵また祇対なし。

7. かくのごとくのことしらざればあしし、きかざればあやしみぬべし。仏祖と三蔵と、ひとしかるべからず、天地懸隔なり。仏祖は仏法をあきらめてあり、三蔵はいまだあきらめず。まことにそれ三蔵は在俗も三蔵なることあり、たとへば文花にところをえたらんがごとし。とかあればひろく竺漢の言音をあきらめてあるのみにあらず、他心通をも修得せりといへども、仏道の身心におきてはゆめにもいまだみざるゆゑに、仏道の位に証せる国師にまみゆるには、すなはち勘破せらるるなり。

いはゆる仏道に心をならふには、万法即心なり、三界唯心なり、唯心これ唯心なるべし、是仏即心なるべし。たとひ自なりともたとひ他なりとも、仏道の心をあやまらざるべし。いたづらに西川に流落すべからず、天津橋におもひわたるべからず。

仏道の身心を保任すべくは、仏道の智通を学習すべし。

8. いはゆる仏道には尽地みな心なり、起滅にあらたまらず、尽法みな心なり、尽心を智通とも学すべし。三蔵すでにこれをみず、野狐精のみなり。しかあれば以前両度もいまだ国師の心をみず、国師の心に通ずることなし。いたづらなる西川と天津と競渡と猫猻とのみにたはぶるる野狐子なり、いかにしてか国師をみん。

また国師の在処をみるべからざる道理あきらけし。老僧いまいづれのところにかあるとみたびとふに、このことばをきかず、もしくことあらば、たづぬべし、きかざれば蹉過するなり。三蔵もし仏法をならふことありせば、国師のことばをきかまし、国師の身心をみることあらまし。ひごろ仏法をならはざるがゆゑに、人中天上の導師にうまれあふといへども、いたづらにすぎぬるなり、あはれむべしかなしむべし。

おほよそ三蔵の学者、いかでか仏祖の行履におよばん、国師の邊際をし

らん。いはんや西天の論師、および竺乾の三蔵、たえて国師の行履をしる
べからず。三蔵のしらんことは、天帝もしるべし、論師もしるべし。論師天帝
しらんこと、補処の智力およばざらんや、十聖三賢もおよばざらんや。国師
の身心は、天帝もしるべからず、補処もいまだあきらめざるなり。身心を仏家
に論ずることかくのごとし、しるべし信ずべし。

　わが大師釈尊の法、いまだ二乗外道等の野狐精にはおなじからざるな
り。しかあるにこの一段の因縁、ふるくより諸代の尊宿、おのおの参究するに
その話のこれり。

　9.　僧ありて趙州にとふ、三蔵なにとしてか第三度に国師の所在をみざる。
　趙州いはく、国師三蔵の鼻孔上に在り、所以に見ず。
　また僧ありて玄沙にとふ、既に鼻孔上に在り、甚としてか見ざる。
　玄沙いはく、只だ太近が為なり。
　海会端いはく、国師若し三蔵が鼻孔上に在らば、什麼の見難きことか有
らん、殊に国師三蔵が眼睛裏に在ることを知らず。
　また玄沙三蔵を徴していはく、汝道前両度還つて見るや。
　雪竇顕いはく、敗也敗也。
　また僧ありて仰山にとふ、第三度なにとしてか三蔵ややひさしくあれども国師
の所在をみざる。
　仰山いはく、前両度は是れ渉境心、後自受用三昧に入る、所以に見
ず。
　この五位の尊宿、ともに諦当なれども、国師の行履は蹉過せり。いはゆる
第三度しらずとのみ論じて、前両度はしれりとゆるすににたり、これすなはち古
先の蹉過するところなり、晩進のしるべきところなり。

10. 興聖いま五位の尊宿を疑著すること、両般あり。一にはいはく、国師の三蔵を試験する意趣をしらず、二にはいはく、国師の身心をしらず。しばらく国師の三蔵を試験する意趣をしらずといふは、第一番に国師いはく、汝道老僧即今在什麼処と。

いふこころは、三蔵もし仏法をしれりや、いまだしらずやと試問するとき、三蔵もし仏法をきくことあらば、老僧即今在什麼処ときくことばを、仏法にならふべきなり。仏法にならふといふは、国師の老僧いまいづれのところにかあるといふは、這邊にあるか、那邊にあるか、無上菩提にあるか、般若波羅蜜にあるか、空にかかれるか、地にたてるか、草庵にあるか、宝所にあるかととふなり。三蔵このこころをしらず、いたづらに凡夫二乗での見解をたてまつる。

国師かさねてとふ汝道老僧即今在什麼処。ここに三蔵さらにいたづらのことばをたてまつる。国師かさねてとふ、汝道即今在什麼処、ときに三蔵ややひさしくあれどもものいはず、ここち茫然なり。ちなみに国師すなはち三蔵を叱していはく、這野狐精、他心通在什麼処。かくいふに、三蔵なほいふことなし。

11. つらつらこの因縁をおもふに、古先ともにおもはくは、いま国師の三蔵を叱すること、前両度は国師の所在をしるといへども、第三度しらざるがゆゑに叱するなりと。しかにはあらず。おほよそ三蔵の野狐精のみにして、仏法は夢也未見在なることを叱するなり。前両度はしれり、第三度はしらざるといはぬなり。叱するは総じて三蔵を叱するなり。

国師のこころは、まづ仏法を他心通といふことありやいなやともおもふ。またたとひ他心通といふとも、他も仏道にならふ他を挙すべし、心も仏道にならふ心を挙すべし、通も仏道にならふ通を挙すべきに、いま三蔵いふところは、かつて仏道にならふところにあらず、いかでか仏法といはんと国師はおもふなり。試験すといふは、たとひ第三度いふところありとも、前両度のごとくならば、仏

法の道理にあらず、国師の本意にあらざれば、叱すべきなり。三度問著す
るは、三蔵もし国師のことばをきくことやあると、かさねて問著するなり。

　二には、国師の身心をしらずといふは、いはゆる国師の身心は、三蔵のし
るべきにあらず通ずべきにあらず、十聖三賢およばず、補処等覚のあきらむ
るにあらず、凡夫三蔵いかでかしらんと。この道理、あきらかに決定すべ
し。国師の身心は、三蔵もしるべしおよぶべしと擬するは、おのれすでに国
師の身心をしらざるによりてなり。他心通をえんともがら、国師をしるべしといは
ば、二乗さらに国師をしるべきか。しかあるべからず、二乗人は、たえて国
師の邊際におよぶべからざるなり。

　いま大乗経をよむ二乗人おほし、かれらも国師の身心をしるべからず、また
仏法の身心、よめにもみるべからざるなり。たとひ大乗経を読誦するににたれ
ども、またくかれは小乗人なりとあきらかにしるべし。

　おほよそ国師の身心は、蘝通修証をうるともがらのしるべきにあらざるなり。
国師の身心は、国師なほはかりがたからん。ゆゑはいかん、行履ひさしく作
仏を図せず、ゆゑに仏眼も覰不見なり、去就はるかに窠窟を脱落せり、籠
羅の拘牽すべきにあらざるなり。

　12. いま五位の尊宿、ともに勘破すべし。趙州いはく、国師は三蔵の鼻
孔上にあるゆゑにみず。この話なにとかいふ、本をあきらめずして末をいふに
は、かくのごとくのあやまりあり。国師いかにしてか三蔵の鼻孔上にあらん、
三蔵いまだ鼻孔なし、また国師と三蔵と、あひみるたよりあるにあひにたれど
も、あひちかづくみちなし、明眼はまさに弁肯すべし。

　玄沙いはく、只為太近。まことに太近はさもあらばあれ、あたりにはあたら
ず。いかなるをか太近といふ、なにをか太近と挙する。玄沙いまだ太近をしら
ず、太近を参せず、仏法におきては遠之遠矣。

仰山いはく、前両度渉境心、後入自受用三昧、所以不見。これ小釈
迦のほまれ西天にたかくひびくといへども、この不是なきにあらず。相見のとこ
ろはかならず渉境なりといはば、仏祖相見のところなきがごとし。授記作仏の
功徳ならはざるににたり。前両度は実に三蔵よく国師の所在をしりりといふ、
国師の一毛の功徳をしらずといふべし。

玄沙の徴にいはく、前両度還見麼。この還見麼の一句、いふべきをいふ
ににたりといへども、見如不見といはんとす、ゆゑに是にあらず。

これをききて、雪竇明覚禅師いはく、敗也敗也。これ玄沙の道を道とする
とき、しかいふべし、道にあらずとせんとき、しかいふべからず。

海会端いはく、国師若在三蔵鼻孔上、有什麼難見、殊不知国師在三
蔵眼睛裏。これまた第三度を論ずるなり、前両度もみざることを呵すべきを呵
せず、いかんが国師の鼻孔上にあり、眼睛裏にありともしらん。

13. 五位尊宿、いづれも国師の功徳にくらし、仏法の弁道ちからなきにに
たり。しるべし国師はすなはち一代の仏なり、仏正法眼蔵あきらかに正伝せ
り。小乗の三蔵論師等さらに国師の邊際をしらざる、その証これなり。他心
通といふこと小乗のいふがごときは、他念通といひぬべし。

小乗三蔵の他心通のちから、国師の一毛端をも半毛端をもしるべしとおも
へるはあやまりなり。小乗の三蔵、すべて国師の功徳の所在、みるべからず
と、一向ならふべきなり。たとひもし国師さきの両度は所在をしらるといへども、
第三度にしらざらんは、三分に両分の能あらん、叱すべきにあらず。たとひ
叱すとも全分齟齬にあらず。これを叱せんたれか国師を信ぜん。意趣は、
三蔵すべていまだ仏法の身心あらざることを叱せしなり。

五位の尊宿、すべて国師の行李をしらざるによりて、かくのごとくの不是あ
り。このゆゑにいま仏道の心不可得をきかしむるなり。この一法を通ずることえ

ざらんともがら、自余の法を通ぜりといはんこと信じがたしといへども、古先も
かくのごとく将錯就錯ありとしるべし。

14. あるとき僧ありて国師にとふ、いかにあらんかこれ諸仏常住心。

国師いはく、幸いに老僧参内に遇ふ。

これも不可得の心を参究するなり。

天帝釈あるとき国師にとふ、いかにしてか有為を解脱せん。

国師いはく、天子修道して有為を解脱すべし。

天帝釈かさねてとふ、いかならんかこれ道。

国師いはく、造次心是道。

天帝釈いはく、いかならんかこれ造次心。

国師ゆびをもてさしていはく、這箇是般若台、那箇是真珠網。

天帝釈礼拝す。

おほよそ仏道に身心を談ずること、仏仏祖祖の会におほし。ともにこれを参
学せんことは、凡夫賢聖の念慮知覚にあらず。心不可得を参究すべし。

　　正法眼藏後心不可得第十九
　　仁治二年辛丑夏安居日書于興聖宝林寺

20.

古　鏡

20.　古鏡

【 해제 】

　古鏡은 역시 『정법안장(正法眼藏)』중에서도 명작이다. 거울을 題材로 하여 영원한 과거에서 현재에 이르도록 선각자의 세계가 전개되고 있다.

　오늘날 거울은 우리들의 일상생활에서 필수품이며, 어디에서도 구할 수 있다. 매일 남자든 여자든 거울을 들여다본다. 그래서 자신의 인상도 보고 심상까지도 들여다본다. 뿐만 아니라 거울은 만상을 있는 그대로 비-춰준다. 道元은 거울의 이와 같은 성질을 비교하여 불조의 세계를 나타내고 있다.

　비유로서는 지극히 교묘한 비유이다. 고경이라고 하는 것은 말하자면 영원한 거울이다. 우주에 모든 事象이 오면 반드시 이 거울에 나타난다. 오히려 우주에 있는 어떠한 사상이 사실은 영원한 거울에 비춰준다 라고 하는 것이다. 따라서 고경은 우주를 비추고, 우주는 하나의 큰 거울인 것이다. 그럼에도 불구하고 불가사의한 것은 이 하나의 거울을 만인이 제각각 하나씩 가지고 있다는 것이다.

　선각자들은 자신이 가지고 있는 우주, 오직 하나의 거울에 똑같이 참구하고 똑같이 證悟한다. 그러므로 우리들도 또한 자신이 가지고 있는 하나의 거울을 참구하고 증오하지 않으면 안 된다. 태

＊ 玉城康四郎 著, 『現代語譯 正法眼藏』卷2 (大藏出版, 1994, 1, 20) pp.123-124

어나면서부터 가지고 왔기 때문에 떨어질래야 떨어질 수 없다. 예를 들면 절망하더라도 절망한 그대로가 비춰지고, 절망은 거울에 박히고 빛나고 있다. 그것이 바로 거울 그대로인 것이다. 어떠한 경우를 만나더라도 이제는 속일 수 없다. 거울은 그것을 가르치고 있다. 거울을 참구하면 참구할수록, 내려다보면 아래가 아니고 올려다보면 끝이 아니라고 하는 것이 어떨까. 도원은 거울의 공덕에 대하여 여러 가지 방면에서 實參·實究하고 있다. 그래서 기왓장인 자기를 갈아서 거울이 되며 성불하는 것이다.

【 역주 】 1

1. 諸佛諸祖가 受持하여 單傳한 것은 고경(古鏡)1)이다. 같은 거울을 보면 같은 얼굴이며, 같은 모양이며, 같은 것이 새겨지며, 같이 참구하고, 같이 증득한다. 오랑캐가 오면 오랑캐가 십만팔천이나 나타나고, 한인이 오면 한인이 일념만년(一念萬年)2)에도 나타난다. 과거가 오면 과거가 나타나고, 현재가 오면 현재가 나타나고, 부처가 오면 부처가 나타나고, 조사가 오면 조사가 나타나게 된다.

---

1) 고경(古鏡): 古는 옛날 또는 오래된 것을 말한다. 古鏡은 明鏡과 같은 뜻이다. 고경은 오랫동안 변치 않는 거울을 가리키는 것으로, 만물을 비추어 차별 없이 반영하므로 眞理를 體得한 부처님과 祖師 그 自體를 상징하고 있다. 특히 선종에서는 佛性에 비유한다. 설봉선사에게는 一面古鏡의 공안이 있다. 이것은 자기본래의 면목을 하나의 거울에 비유한 공안이다.
『雪峰語錄』(卍續藏119, 965,b), 『碧巖錄卷』卷7 (大正藏48,198,a) "師與三聖行次見獼猴乃云人人盡有一面古鏡者獼猴亦有一面古鏡"
『雪峰語錄』(卍續藏119, 964,b) "師云 世界闊一尺 古鏡闊一尺 世界闊一丈 古鏡闊一丈"
『雲峰語錄』(卍續藏118, 683,a) "上堂 古鏡照精 其精自形 古教照心 其心自明"
『趙州語錄』(卍續藏118, 310,b) "問 古鏡不磨 還照也無 師云 前生是因 今生是果"
『廣教省語錄』(卍續藏118, 461,b) "問 古鏡未磨時如何 師云 磨他作什麽 進云 磨後如何 師云 堪作什麽"
『禪林僧寶傳』卷11 (卍續藏137, 486,b) "有居士問 古鏡未磨時如何 曰黑如漆 曰磨後如何 曰照天照地 居士笑曰 道人不自洞山來耶"
『景德傳燈錄』卷30 [古鏡歌] (大正藏51, 463,a)
2) 일념만년(一念萬年): 一念이 곧 萬年, 萬年이 곧 一念이라는 뜻으로 長短과 같은 相對를 떠난 絶對를 나타낸다. 一念은 萬年을 내포하고, 또는 萬年이라는 장시간도 一念으로 돌아간다고 하는 뜻이다. 十世古今當處一念과 같은 의미이다.
『信心銘』(大正藏51, 457,a) "宗非促延 一念萬年 無在不在 十方目前"

【 강의 】 1

1. 모든 부처님과 조사님들이 예부터 지금까지 받아 지녀서 전한 것은 다름이 아니라 고경이다.

이와 같이 전해온 고경을 가지고 누구든지 그 거울을 보면 그 거울 속에 얼굴이 나타난다. 거기에 나타나는 모양은 모두 같으며, 모두 그 속에 새겨진다. 그러므로 우리들은 선각자들이 고경을 참구한 것과 같이 참구하고 고경을 증득한 것과 같이 증득한다. 그러므로 이 고경에는 오랑캐가 오면 오랑캐가 나타나는데 십만팔천 명이나 나툰다. 한족이 오면 한족이 나타나는데 지금 현재의 일찰나도 그대로 나투고 만겁도 그대로 나툰다. 만약 거울에 과거가 나타나면 과거가 그대로 나타나고, 현재가 오면 현재가 나타난다. 그러므로 거울에는 부처가 오면 부처가 나타나고 조사가 오면 조사가 나타난다.

【 역주 】 2

2. 제18조 가야사다존자(伽耶舍多尊者)3)는 서역의 마제국(摩提國) 사람이다. 성(姓)은 울두람(鬱頭藍)이고, 아버지의 이름

---

3) 가야사다(伽耶舍多: ?-B.C.31): 가야사다는 Gayāsadā의 음사어이다. 인도불교의 부법장(付法藏) 28조 중 제18조이며, 제17조 僧伽難提의 제자이다. 속성은 鬱頭藍이고 마가다국 출신으로 아버지는 天蓋, 어머니는 方聖이다. 나중에 鳩摩羅馱多를 제자로 삼고 전법하였다.
『景德傳燈錄』卷2 (大正藏51, 212,c) "第十八祖伽耶舍多者. 摩提國人也. 姓鬱頭藍. 父天蓋 母方聖. 嘗夢大神持鑑因而有娠. 凡七日而誕. 肌體瑩如琉璃未嘗洗沐自然香潔. 幼好閑靜語非常童. 持鑑出遊遇難提尊者得度."

은 천개(天蓋), 어머니의 이름은 방성(方聖)이다. 어머니가 꿈
을 꾸었는데 일찍이 한 명의 큰 신이 큰 거울을 들고 맞이했
다. 이로 인하여 태기가 있게 되어 7일이 지난 후에 스님을 낳
았다. 스님은 처음 태어났을 때에 나면서 피부가 유리처럼 보
였다. 일찍부터 목욕을 하지 않아도 자연히 향기롭고 깨끗하
였다. 어려서부터 고요한 곳을 좋아하고 말하는 것도 여느 아
이들과는 달랐다.

　태어날 때부터 한 개의 깨끗하고 밝은 둥근 거울은 자연스
럽게 함께 하였다. 圓鑑은 圓鏡이다. 희귀한 일이다. 함께 한
다고 하는 것은 둥근 거울이 어머니의 태에서 생겼다는 것은
아니다. 존자가 태어날 때에 그와 동시에 둥근 거울도 왔는데
자연스럽게 존자의 가까이에 나타나서 평상시의 일상용품과
같이 되었다.

　이 둥근 거울은 그 모양이 세상의 보통 것과는 달랐다. 동자
가 나아갈 때에는 둥근 거울을 양손으로 받들고 오는 것 같았
다. 그렇지만 소년의 얼굴이 가려지지 않았고, 동자가 지나갈
때에는 둥근 거울을 짊어지고 가는 것 같았다. 그렇지만 동자
의 몸은 숨겨지지 않았다. 동자가 잘 때에는 둥근 거울을 그
위에 두었는데, 예를 들면 꽃을 덮어놓은 것과 같았다. 동자가
단정히 앉아 있을 때에 둥근 거울은 그 앞에 있었다. 무릇 거
울은 동자의 행동에 따르고 있었다.

　뿐만 아니라 과거·현재·미래의 불사를 모두 이 둥근 거울
에서 볼 수가 있었다. 또한 천상과 인간의 모든 일과 모든 법
은 모두 둥근 거울에 비춰지는데 흐려지는 일이 없었다. 경서
로 옛날을 비추거나 현재를 비추어서 얻는 것보다도 이 둥근

거울로 비춰보는 것이 더 분명하다.

　그럼에도 불구하고 동자가 이미 출가하여 계를 받고 나서부
터는 둥근 거울은 앞에 나타나지 않았다. 이 때문에 멀고 가까
운 모든 사람들이 기묘한 일이라고 찬탄했다. 참으로 이 사바
세계에서는 유례가 없는 일이라고 할지라도 다른 지역에 있는
친척 가운데에 이와 같은 자손이 있는 것을 이상하게 여겨서
도 안 되고, 염려할 일이 아니다. 마땅히 알아야 한다. 혹 나
무나 돌[若樹若石)]4)로 화한 경전도 있고, 혹 밭이나 마을[若
田若里]5)에서 유포한 선지식도 있다. 그들도 둥근 거울임에
틀림없다. 지금의 황지주축(黃紙朱軸)은 둥근 거울이다. 누가
존자만이 오직 희유한 사람이라고 생각하겠는가.

【 강의 】 2

　2. 선종의 제18조로 꼽히는 인도의 가야사다존자는 그 고향이
마제국이고, 성은 울두람이고 아버지는 천개, 어머니는 방성이라
고 하였다. 이 존자는 기원전 1세기경의 사람으로 제17조 승가난
제의 제자이며, 그의 법을 제19조 구마나라다에게 전했다. 그의

---

4) 약수약석(若樹若石):『大般涅槃經』卷15 (大正藏12, 451, a) "生滅滅已 寂滅爲樂.
　爾時羅利說是偈已復作是言. 菩薩摩訶薩汝今已聞具足偈義. 汝之所願爲悉滿足. 若必
　欲利諸衆生者. 時施我身. 善男子 我於爾時深思此義. 然後處處若石若壁若樹若道書
　寫此偈."

5) 약전약리(若田若里):『法華經』卷18 (大正藏9, 46, c) "爾時佛告彌勒菩薩摩訶薩. 阿
　逸多. 如來滅後. 若比丘比丘尼優婆塞優婆夷. 及餘智者 若長若幼. 聞是經隨喜已.
　從法會出至於餘處 若在僧坊若空閑地. 若城邑巷陌聚落田里. 如其所聞. 爲父母宗親
　善友知識隨力演說. 是諸人等聞已隨喜復行轉敎. 餘人聞已亦隨喜轉敎. 如是展轉至
　第五十."

일화 가운데에는 거울에 관해서 얽힌 설화가 있다. 그 어머니인 방성부인이 하루는 꿈을 꾸었는데, 어떤 신인이 큰 거울을 들고 그를 맞이하게 되었다. 그러한 태몽을 꾼 후 7일 만에 가야사다존자를 낳았다. 그는 처음 태어났을 때부터 피부가 거울처럼 유리알 같았다. 그는 목욕을 하지 않아도 몸에서 향기로운 냄새가 났으며 피부는 깨끗하였다. 그는 어려서부터 혼자서 고요한 곳에 앉아 있기를 좋아하였고 말하는 것이나 모든 행동이 보통의 아이들과는 달랐다.

그런데 그가 태어날 때부터 우연히 한 개의 깨끗하고 밝은 둥근 거울이 생겨 자연스럽게 그 거울을 가지고 놀게 되었다. 여기서 둥근 거울을 원감이라고 하는 것은 둥근 원경이다. 그에게 노리개처럼 우연히 생긴 거울은 희귀한 일이었다. 여기서 그가 태어날 때에 거울이 생겼다라고 하는 것은 둥근 거울이 그가 태어날 때에 어머니 배 속에서 함께 태어났다고 하는 것이 아니다. 우연히 그가 태어날 때에 그 거울을 얻게 되었다는 의미이다. 그래서 가야사다존자는 어릴 때부터 자연스럽게 거울을 가까이하게 되었고, 평상시의 다른 생활필수품과 같이 가지게 되었다.

이 둥근 거울은 그 모양이 보통 세상에 있는 거울과는 달랐다. 예를 들면 동자가 앞으로 갈 때에 그는 둥근 거울을 양손에 받들고 오지만 소년의 얼굴이 가려지지 않았다. 다시 말하면 거울을 앞에 세워서 들고 오면 소년의 얼굴은 뒤에 있기 때문에 소년의 얼굴이 보이지 않게 되는 것이 당연함에도 불구하고 얼굴이 그대로 보였다. 또 동자가 어디를 갈 때에는 거울을 짊어지고 가는데도 불구하고 그 동자의 몸이 거울에 가려져서 보이지 않는 것이 아니라 그 몸이 훤하게 보였다. 동자가 잘 때에는 둥근 거울을 동자의 몸 위에 올려두었는데 이불처럼 덮어둔 거울이 꽃으로 장식한 것처럼 화개로 보였다. 동자가 단정히 앉아 있을 때에는 그 거울은 그 앞에 세워져 있었다. 따라서 거울은 가야사다존자의 모든 행동을 그대로 따르고 있었다.

뿐만 아니라 그 거울은 과거·현재·미래의 모든 불사를 비춰 볼 수가 있었다. 그 거울만 들여다보면 제불·제조의 모든 행적을 다 볼 수 있었다. 또한 천상과 인간의 모든 일과 모든 법은 그 거울 속에 훤하게 나타났는데 희미하게 흐려지는 법이 없었다. 우리들이 경전으로써 옛날을 비추어보거나 현재를 비추어서 보는 것보다는 이 둥근 거울을 들여다보면 훨씬 더 분명하고 또렷하게 볼 수 있었다.

이와 같이 희유한 거울이었음에도 불구하고 동자가 출가하여 계를 받고 스님이 되고 나서부터는 둥근 거울은 동자의 앞에 나타나지 않았다. 그래서 멀고 가까이 있는 사람들을 막론하고 모든 사람들은 부사의한 일이라고 찬탄했다. 참으로 이와 같은 일은 사바세계에서는 유례가 없는 희유한 일이었다.

그렇다고 할지라도 다른 지역에 있는 그의 친척 가운데에 이와 같이 부사의한 자손이 있는 것을 이상하게 생각하거나 염려할 일은 아니다. 왜냐하면 누구든지 가야사다존자와 같이 둥근 거울을 가지고 있기 때문이다. 마땅히 알아야 한다. 혹은 경전을 돌에 새기거나 나무에 새기는 일도 있으며, 『법화경』에서는 밭이나 동네에서 부처님의 가르침을 유포한 선지식들도 있다고 한다. 그들은 바로 둥근 거울과 같은 존재이다. 그러므로 누런 종이에 경전을 쓰는 것도 둥근 거울과 같다. 따라서 그 누가 가야사다존자만을 희유한 사람이라고 할 수 있겠는가. 누구나 다 가야사다존자와 같이 둥근 거울을 가지고 있는 것이 희유한 일이다.

【 역주 】 3

3. 어느 날 밖에 나갔을 때6)에 僧伽難提尊者7)를 만났다. 곧
바로 존자의 앞으로 갔다. 존자께서 말씀하시기를,

"그대의 손에 있는 것이 무엇을 뜻하는가?", "어떤 것을 나
타내는가?"라고 하는 질문으로만 듣지 말고, 參學을 해야 한다.

스승이 말하기를,

諸佛의 크고 둥근 거울은
안팎으로 가리움이 없고
양인이 동시에 볼 수가 있으므로
마음과 눈이 모두 닮았다.

이와 같다면 어떻게 하여 제불의 대원감이 스승과 함께 태
어날 수 있었겠는가? 스승이 태어날 때 가지고 온 것은 大圓鑑

---

6) 『景德傳燈錄』卷2 (大正藏51, 212,c) "持鑑出遊遇難提尊者得度"

7) 승가난제(僧伽難提): 승가난제는 인도불교의 付法藏 28조 중 제17조이다. 室羅
閥城의 寶莊嚴王의 아들로 태어나자마자 능히 말을 했고 7세 되던 해에 세상
을 싫어하고 출가하여 법을 얻은 뒤에 摩提國에서 교화했으며, 後法을 제자 伽
耶舍多에 付囑했다고 했다. 『경덕전등록』에 의하면 그의 입적연대는 前漢 昭帝
十三年頃이라고 했다.
『景德傳燈錄』卷2 (大正藏51, 212,a-b) "第十七祖僧伽難提者. 室羅閥城寶莊嚴王
之子也. 生而能言. 常讚佛事. 七歲卽厭世樂. 以偈告其父母曰. 稽首大慈父 和南骨
血母 我今欲出家 幸願哀愍故 父母固止之. 遂終日不食. 乃許其在家. 出家號僧伽難
提. 復命沙門禪利多爲之師. 積十九載未曾退倦."

의 밝음이다. 諸佛은 대원감을 똑같이 참구하고, 똑같이 보며, 또한 제불은 대원감에 새겨진 像이다. 크고 둥근 거울은 지혜도 아니고, 理性도 아니며, 성품도 아니고 모양도 아니다. 十聖・三賢8)의 法에도 大圓鑑9)이라고 하는 이름은 있지만, 지금의 제불의 대원감은 아니다. 제불에게 반드시 지혜가 있는 것은 아니지만 그러나 제불에게는 지혜가 있다. 그렇다고 해서 지혜를 제불이라고는 하지 않는다. 이것을 참학해야 한다. 지혜를 설하는 것만으로는 아직 佛道가 구경을 설한다고 할 수 없다. 이미 제불의 대원감이 비록 우리와 같이 태어난다라고 이해한다고 할지라도, 더 이상의 깊은 도리가 있다. 이른바 이 크고 둥근 거울은 이생에서도 접할 수 없고, 다른 생에서도 접할 수 없다. 玉鏡도 아니고, 銅鏡도 아니고, 肉鏡도 아니며, 髓鏡도 아니다. 둥근 거울의 게송은 동자가 말한 게송인가? 동자가 이 4구 게송을 읊었으나, 일찍이 사람에게 배운 것이 아

---

8) 십성삼현(十聖三賢): 대승에서 세운 것으로 보살수행의 지위인 十住・十行・十廻向에 있는 보살을 三賢이라 하고, 初地이상에서 十地까지의 보살이 十聖이 된다.

9) 대원감(大圓鑑): 大圓鏡智는 淸淨法界 平等性智 妙觀察智 成所作智와 함께 부처님의 5가지 지혜중 하나로 大圓鏡에 모든 像이 그대로 現出하는 佛智를 말하며, 거울과 같이 모든 현상이 비추는 智이다. 唯識에서는 모든 煩惱를 轉하여 얻은 번뇌가 없는 智를 大圓鏡智・平等性智・妙觀察智・成所作智 등의 四智로 나누었다.
『佛地經』(大正藏16, 721,b) "大圓鏡智者 如依圓鏡衆像影現 如是依止如來智鏡 諸處鏡識衆像影現 唯以圓鏡爲譬喩者 當知圓鏡 如來智鏡平等平等 是故智鏡名圓鏡智"
『成唯識論』卷下 (大正藏31, 56,a) "一大圓鏡智相應心品 謂此心品離諸分別 所緣行相微細難知 不忘不愚一切境相 性相淸淨離諸雜染 純淨圓德現種依持 能現能生身土智影 無間無斷窮未來際 如大圓鏡現衆色像"
『攝大乘論』本卷 下 (大正藏31, 149,c) "圓鏡平等觀察成所作智 自在由轉識蘊依故"

니고, 일찍이 경전을 보고 배운 것도 아니고, 선지식에게 배운 것도 아니다. 그러나 둥근 거울을 들고 이와 같이 낭독했다. 스승이 어린 시절부터 거울을 본 것은 일상적인 일이었고, 태어나면서부터 지닌 지혜이다. 대원감이 동자와 함께 태어났는가? 동자가 대원감과 함께 태어났는가? 서로 전후로 하여 태어났을 것이다. 대원감은 말하자면 제불의 공덕이다.

【 강의 】3

3. 어느 날 가야사다존자가 밖으로 나들이를 갔을 때 승가난제존자를 만나게 되었다. 그는 승가난제 존자를 만나자마자 바로 스승의 앞으로 갔다. 그때에 승가난제존자는 가야사다존자에게 말씀하기를, "그대의 손에 있는 것이 무엇을 뜻하는가. 어떤 것을 나타내는가?"라고 질문을 하였다. 여기서 말하는 손에 있는 것이라고 하는 것은 앞에서도 언급한 바와 같이 가야사다존자가 거울을 들고 있었던 것을 말한다. 이에 대해서 승가난제존자가 질문을 하였던 것이다. 그러면서 승가난제존자는 질문만을 듣지 말고 그 뜻을 참학해야 한다고 말했다. 그러자 가야사다존자가 한 게송을 읊었다.

제불의 크고 둥근 대원감은
안과 밖이 걸림이 없으니
앞뒤의 모든 사람이 동시에 볼 수 있으므로
마음과 눈이 모두 닮았도다.

　위의 게송과 같이 모든 사람이 다 볼 수 있는 거울이라고 한다면 어떻게 해서 제불의 대원감이 스승과 함께 태어날 수 있었겠는가. 이 말은 가야사다존자가 태어났을 때에 거울이 우연히 생긴 것을 말하고 있다. 그런데 존자가 태어날 때 가져온 것은 물질적인 거울보다는 거울의 광명을 의미한다. 모든 부처님은 이 광명의 대원감을 함께 참구하고 함께 보며 또한 제불이라고 하는 것은 대원감에 비춰진 그 모습을 말한다. 그러나 대원감은 지혜라고도 할 수가 없고, 이성이라고도 할 수 없고, 성품이라고도 할 수 없고, 모양이라고도 할 수 없다. 그런데 삼현·십성의 법에도 대원감이라고 하는 이름은 있지만, 지금 여기서 말하는 제불의 대원감과는 다르다. 삼현·십성이 가진 대원감과 제불의 대원감은 큰 차이가 있다. 제불은 지혜를 초월하여 있는 것이지 지혜에 집착하고 있는 것은 아니다. 그렇다고 해서 제불에게 지혜가 없다는 것이 아니라 지혜가 분명히 있다. 그러나 지혜를 가지고 바로 제불이라고는 하지 않는다. 이것을 우리는 참구해야 한다. 지혜를 설하는 것만으로는 불도가 전부 성취되었다고 할 수 없다. 이미 제불의 대원감이 우리와 함께 태어났다고 할지라도 더 깊은 심오한 도리가 있음을 알아야 한다. 대원감은 이생에서 접할 수 있는 것도 아니고 다른 생에서 접할 수 있는 것도 아니다. 그것은 이미 우리에게 갖추어져 있으므로 금생과 내생에 따라서 얻어지는 것이 아니다. 그 대원감의 재료는 옥으로 된 거울도 아니고, 동으로 된 거울도 아니고, 우리의 몸으로 이루어진 거울도 아니다.

　대원감의 게송은 앞에서 말한 동자가 설한 것인가. 이것은 무엇을 알아서 설한 것이 아니라 저절로 설해진 것으로 봐야 한다. 동자는 승가난제존자를 만났을 때에 거울에 대한 사구게송을 읊었으나, 어떤 사람에게 배워서 익힌 것도 아니고, 경전을 보고 익혀서 외운 것도 아니며, 어떤 스승으로부터 배운 것도 아니다. 그러나 승가난제 존자의 "그대의 손에 있는 것이 무엇인가?"라고 하는 질문을 받았을 때 위와 같은 게송을 저절로 얻게 되었다. 가야사다존자는 어릴 적부터 거울을 가지고 놀았으므로 그가 거울을 본 것은 일상적인 일이었고 태어나면서부터 거울에 대한 지혜를 가지고 있었다. 다시 말하면, 거울에 대한 것은 이미 타고났다고 봐야 한다. 그렇다고 한다면 대원감이 동자와 함께 태어났는지, 아니면 동자가 대원감과 함께 태어났는지 서로 전후로 태어났는지 알 수 없다. 대원감을 말한다면 바로 제불의 공덕을 의미하고 있다.

【 역주 】 4

4. 이 거울의 안과 밖에 구름이 없다고 하는 것은 밖에도 안에도 없다는 이야기며, 또한 안에도 밖에도 없다는 것이다. 양면 모두 없다는 것이다. 양쪽에서 모두 똑같이 볼 수 있다. 마음과 눈이 닮았다는 것이다. 닮았다고 하는 것은 사람과 사람이 닮았다는 것이다. 안에 비친 모습도 마음과 눈이며 함께 볼 수 있다. 예를 들면 밖에 비친 모습도 마음과 눈이며 함께 볼 수 있다.

지금 현세의 依報·正報와 함께 안으로 닮았으며, 밖으로도 닮았다. 우리도 아니고 누구도 아니다. 이것은 두 사람이 볼 수 있으며 두 사람이 서로 닮았다. 그도 나라고 하며 나도 그라고 한다. 마음과 눈이 모두 서로 닮았다고 하는 것은 마음과 마음이 닮았다는 것이다.

相似는 마음과 눈이다. 예를 들면 마음과 눈은 각각 닮았다라고 하는 것과 같다. 무슨 뜻인가 하면, 이것은 마음과 마음이 닮았으며 즉 三祖鑑智僧璨스님과 六祖大鑑惠能스님과 같은 것이다. 어떠한 것인가. 이 눈과 눈이 닮았다라고 하는 것은 소위 도안은 육안으로는 걸림이 있다. 지금 스승이 얻은 종지는 이와 같다. 이것은 처음으로 승가난제존자에게 받들어 배운 本山이다. 이 종지를 擧拈하여 대원감의 부처와 조사를 참구해야 한다. 이것이 古鏡의 권속이다.

【 강의 】 4

4. 가야사다존자가 가진 대원감에는 안과 밖에 때라든지 구름이 없다고 했는데 이것은 바로 이 거울에는 안과 밖이 없다는 이야기이다. 안에 없으면 밖에 있을 수도 있고, 밖에 없으면 안에 있을 수도 있는데, 양쪽에 다 없다는 이야기이다. 그래서 양쪽에서 모두 투명하게 볼 수 있는 것이다. 그런데 이것은 마음과 눈이 닮았다라는 것과도 같다. 여기서 닮았다고 하는 것은 사람과 사람이 모두 닮았다라는 그러한 말이다. 안에 비친 모습도 마음과 눈이며 구름이 없으므로 모두 함께 볼 수 있고, 또한 예를 들면 밖에 비친 모습도 모두 볼 수 있는데, 이것 또한 마음과 눈이며 함께 볼 수 있다.

현세의 기세간적인 依報나 출세간적인 正報와 함께 안으로도 닮았고 밖으로도 닮았다. 그것은 우리도 아니고 그렇다고 해서 다른 사람도 아닌 어느 누구도 아니다. 이것은 두 사람이 모두 볼 수 있으며 두 사람이 서로 닮았다. 그를 가지고 나라고 하고 나를 가지고 그라고도 하며 너와 내가 둘이 아닌 것이다. 또한 마음과 눈이 모두 닮았다라고 하는 것은 마음과 마음이 닮았다는 것을 뜻하기도 한다. 여기서 相似라고 하는 것은 마음과 눈을 말하는 것이다. 예를 들면 마음과 눈이 각각 닮았다라고 하는 것과 같다. 무슨 말인가 하면 눈으로 본 것이 마음에 비치기도 하고, 마음으로 생각한 것이 눈으로 나타나기도 한다. 다시 말하면 이것은 마음과 마음이 닮았으며, 역사적으로 보면 三祖鑑智僧璨스님과 六祖大鑑惠能스님 모두 正法眼藏을 전했으며 거울이 이름 속에 들어가 있는 것과 같다. 어떠한 것인가 하면, 이는 눈과 눈이 닮았다라고 하지만, 소위 도인의 육안에는 여러 가지 걸림이 있으나 心眼에는 걸림이 없는 것이다. 지금 가야사다존자가 얻은 거울의 종지는 이와 같다. 이것은 처음으로 승가난제존자에게 배운 총본산이다. 이 종지를 거량하여 대원감의 부처와 조사를 참구해야 한다. 그랬을 때만이 고경의 권속이 될 수 있다.

【 역주 】 5

5. 제33조 大鑑禪師가 일찍이 黃梅山의 法席에서 공부할 때에 벽에 써서 조사(弘忍大師)에게 바친 게송은 다음과 같다.

菩提本無樹　보리는 본래 나무가 없고
明鏡亦非台　명경 또한 대가 없으며
本來無一物　본래 한 물건도 없는데
何處有塵埃[10]　어느 곳에 티끌이 있겠는가?

그러므로 이 말씀을 배워야 한다. 大鑑高祖를 세상 사람들은 古佛이라고 이른다. 圜悟禪師[11]가 말하기를, "曹溪眞古佛에게 머리 숙여 예배합니다."[12]라고 하였다. 그러므로 반드시 알아야 한다. 대감고조께서 명경을 보여 "본래 한 물건도 없으니, 어느 곳에 먼지가 있겠는가?(本來無一物, 何處有塵埃)"라고 하셨다. "명경이 대가 없다(明鏡非台)"는 것은 불조의 명맥임을

---

10) 본래무일물(本來無一物):『육조단경』에 나오는 혜능의 게송.『육조단경』의 경우에는 몇 가지 異本이 있다. 그 법을 이해하는 정도의 차이, 강조하고 싶은 초점의 차이, 宗師·山門의 다름을 따라 다음과 같은 몇 가지 이본이 있는데 그에 따르는 게송은 다음과 같다.

①敦煌本: 菩提本無樹 朋(明)鏡亦無臺 佛姓(性)常靑(淸)淨 何處有塵埃

②大乘寺本: 菩提本無樹 明鏡亦非臺 本來無一物 何處有塵埃

③興聖寺本: 菩提本無樹 明鏡亦非臺 本來無一物 何處有塵埃

④德異本: 菩提本無樹 明鏡亦非臺 本來無一物 何處有塵埃

⑤宗寶本: 菩提本無樹 明鏡亦非臺 本來無一物 何處惹塵埃

11) 원오선사(圜悟禪師, 克勤: 1063-1135): 임제종 승려, 중국 彭州嵩寧(사천성 성도부 숭녕현) 사람. 성은 駱, 자는 無着이다. 어릴 적에 妙寂院의 自省에게 출가하여 文熙·敏行을 따라서 경론을 연구하였다. 뒤에 오조법연(五祖法演)의 법을 이어 받고 불안(佛眼)·불감(佛鑑)과 함께 5조 문하의 삼불(三佛)이라고 일컫는다. 학도를 위해 설두의 송고백칙(頌古百則)을 제창하여 이를 엮어『碧巖錄』을 만들고 뒤에 도림사에서 불과선사(佛果禪師)란 호를 받고 원오선사란 호도 받았다. 만년에 소각사에 돌아가 나이 73세(소흥 5년 8월)에 입적하였다. 시호는 진각선사(眞覺禪師), 저서로는『원오불과선사어록(圜悟佛果禪師語錄)』및『벽암록(碧巖錄)』등이 있다.

12) 계수조계진고불(稽首曹谿眞古佛): 원오선사가 육조대사를 찬탄하는 게송에 나오는 글귀로, 머리를 발에 붙이고 절하여 고승 조계혜능께 최상의 경례를 취하는 것. 무릎을 꿇고 얼굴을 땅에 대고 양손의 바닥을 위로 하여 상대방의 발을 잡고 여기에 안면을 대는 인도 예법의 최상의 것.

『圜悟佛果禪師語錄』(大正藏47, 807,b) "六祖大師 稽首曹谿眞古佛. 八十生爲善知識. 示現不識世文書. 信口成章徹法窟. 葉落歸根數百秋. 堅固之身鎭韶石. 皎如赫日照長空. 煥若驪珠光太極. 定慧圓明擴等慈. 所求響應猶空谷. 河妙可數德莫量. 倂出渠儂悲願力."

알아야 한다. 밝고 밝은 것은 모두 명경이다. 때문에 밝음이 오면 밝음으로 친다(明頭來明頭打)[13]라고 한 것이다. 어떠한 곳에도 없다라고 한다면 어디에도 없는 것이다. 그러므로 하물며 거울에도 없는 한 티끌이 진시방세계에 남아 있겠는가? 거울에 없는 한 티끌이 거울에 남아 있겠는가? 알아야 한다. 모든 세계는 사바세계에 있지 아니하므로 고경의 한 면이다.

【 강의 】5

5. 제33조 慧能大鑑禪師가 黃梅山의 오조 홍인의 문하에서 공부하고 있을 때에 신수대사가 게송을 지은 것에 대해서 그는 다른 게송을 지어 벽에 붙여서 五祖弘忍大師에게 바쳤다. 이 게송은 다음과 같다.

菩提本無樹   보리는 본래 나무가 없고
明鏡亦非台   밝은 거울 또한 대가 없으며
本來無一物   본래 한 물건도 없는데
何處有塵埃   어느 곳에 티끌이 있으랴.

---

13) 명두래명두타(明頭來明頭打): 明頭來明頭打 暗頭來暗頭打의 대구로 쓰임. 상대가 있는 태도(明頭)에서 나오면, 똑같은 태도로 상대를 억누르고(否定), 또 다른 태도(暗頭)로 나오면, 또한 그와 같은 태도로 상대를 억누르고 만다는 뜻. 普化가 이같이 말함.
『臨濟錄』(大正藏47, 503, b) "因普化常於街市搖鈴云. 明頭來明頭打. 暗頭來暗頭打. 四方八面來旋風打. 虛空來連架打. 師令侍子去繞見如是道便把住云. 總不與麽來時如何. 普化托開云. 來日大悲院裏有齊侍子回擧似師. 師云. 我從來疑著這漢."

　그러므로 후학들은 이 말씀을 잘 배워야 한다. 세상 사람들은 말하기를 육조혜능을 古佛이라고 부른다. 이러한 말 가운데 특히 원오선사는 말씀하시기를, "曹溪의 眞古佛에게 머리 숙여 예배합니다."라고 하였다. 원오선사는 육조혜능을 찬탄하는 게송에서 이와 같이 말하면서 과거의 선사들이 자기의 종파의 조사들을 古佛이라고 한 데 대하여 眞古佛이라는 말을 쓰고 있다. 이러한 예가 나오게 된 것은 洞山良价(807-869)에서부터 찾을 수 있는데 조사를 부처와 동격화시킨 데 대하여 많은 조사들을 古佛이라고 하게 되므로 후세에 와서는 육조스님이야말로 眞古佛이라는 표현일 것으로 여겨진다.

　그러므로 반드시 알아야 한다. 육조스님께서는 명경을 가지고 "본래 한 물건도 없으니, 어느 곳에 티끌이 있겠는가?(本來無一物 何處有塵埃)"라고 하셨다. 여기서 '명경에 대가 없다(明鏡非台)'라고 한 것은 불조의 명맥을 나타내고 있음을 알아야 한다. 臺가 없다라고 하는 것은 고정되지 않았다는 의미로 볼 수 있을 것이다. 그러므로 불조의 명맥은 대대상승하기 때문에 명경은 고정되지 않은 것으로 볼 수 있을 것이다. 그러므로 모든 사람들에게 다 갖추어져 있으며 이 세상의 밝고 밝은 것은 모두 명경인 것이다. 그러므로 "밝음이 오면 밝음으로 치며(明頭來明頭打), 어둠이 오면 어둠으로 친다."라고 하였다. 이 말씀은 『임제록』에 나오는 말로써, 普化스님의 말씀이다. 육조의 게송에서 '本來無一物이므로 어느 곳에 티끌이 있으랴'라고 하였는데, 어떤 곳에도 없다라고 한다면 어디에도 없는 것이다.

　즉 다시 말하여 본래 없는데 어떻게 어느 곳에 티끌이 있을 수 있겠는가. 그러므로 명경에 한 티끌도 없는데 어찌 시방세계에 그 티끌이 있을 수 있겠는가? 라고 하여 한 물건도 없다라는 표현인 것 같다. 따라서 한 물건도 없는데 어느 곳에 티끌이 있을 수 있겠는가. 여기서 말하는 혜능의 뜻은 보리와 명경은 있지만, 보리수와 명경대는 없다는 것이며 '本來無一物'이라고 한 것은 나무나 거울의 받침대와 같은 티끌은 본래 없다는 것이다. 따라서 一物은 티끌을 의미하는 것으로 보아야지 보리나 명경까지도 없다는 의미는 아닐 것이다. 이점에서 지금까지 우리들이 고전적으로 해석해오던 방법을 돌이켜 볼 필요가 있을 것 같다.

따라서 한 티끌도 본래 없으니 명경에 남아있는 티끌이 있을 수 있겠는가. 그러므로 이 세상의 모든 세계는 塵刹이 아닌 불국토이며 古鏡인 것이다.

【 역주 】 6

6. 南嶽大慧禪師14)의 法會에서 어느 僧이 묻기를,
"거울에 像이 비춰졌을 때 거울의 빛은 어디로 간 것입니

---

14) 남악대혜선사(南嶽大慧禪師: 677-744): 唐代스님. 南嶽은 주석 산명. 속성은 杜氏이고, 법명은 懷讓이다. 산동성 金州 출신. 15세에 호북성 荊州 玉泉寺의 弘景律師를 찾아뵙고 출가하여 율장을 공부함. 그 후 嵩山에 올라 嵩嶽慧安을 만나고, 그의 가르침에 따라 조계의 6조 혜능에게 5년간 참학하여 그의 법을 이음. 唐 先天 2년(713)에 馬祖道一에게 법을 전했음. 靑原行思와 더불어 慧能의 2대 제자. 그의 문하가 후일 중국 선종의 주류가 됨. 玄宗 天寶 3년 8月11日 입적. 세수 68. 시호는 大慧禪師. 명판(明版) 『古尊宿語錄』이 간행되면서 그의 법어를 모은 『南嶽大慧禪師語錄』이 간행됨.
『景德傳燈錄』5卷 (大正藏51, 241,a) "有一大德 問如鏡鑄像 像成後鏡明向什麼處去 師曰 如大德爲童子時相貌何在 曰只如像成後 爲什麼不鑑照 師曰 雖然不鑑照"
『天聖廣燈錄』8卷 (卍續藏經135, 650,b) "僧問如鏡鑄像. 像成後光歸何處 師云 如大德未出家時相狀向什處去麼 云成後爲什麼不鑑照"

까?(如境鑄像 光歸何處)"라고 하였다.

스승이 말씀하시기를,

"大德이 出家하기 전의 그 모습은 어디로 갔는가?"라고 하였다.

僧이 말하기를,

"이룬 후에는 어찌하여 거울에 비춰지지 않습니까?(成後爲甚麼不鑑照)"라고 하였다.

스승이 말씀하시기를,

"비록 거울에 비춰지지 않아도 다른 사람을 조금도 속일 수 없다(雖不鑑照 瞞他一点也不得)."라고 하였다.

지금의 万像은 무엇인지 밝혀지지 않았지만 찾고자 한다면 거울에서 주조되었음이 증명될 것이다. 이것이 곧 선사의 道이다. 거울은 金으로 된 것도 아니고, 玉으로 된 것도 아니고, 밝음도 아니고, 像도 아니라고 하지만 거울은 곧 상을 만든다. 이것이 거울임을 참구해야 한다.

'빛은 어디로 간 것입니까?(光歸何處)'라고 하는 것은 거울에 像이 비춰지는 것과 같이 거울이 상을 만들게 됨을 뜻하는 것이다. 예컨대 像은 像이 있는 곳으로 돌아가고, 그것이 잘 비춰진 것은 거울을 잘 만든 것이다.

'대덕이 출가하기 전 모습은 어느 곳으로 향하여 갔는가?'라고 한 것은 거울을 높이 들어 얼굴을 비추는 것이다. 이때에 어느 얼굴이 곧 자신의 얼굴인 것인가.

스승이 말한 '비록 거울에 비춰지지 않아도 다른 사람을 조금도 속일 수 없다.'라고 한 것은 거울에 비출 수도 없고 다른 사람을 속일 수도 없다는 것이다. '바다가 말라도 바닥을 드러냄에 도달하지 못함(海枯不到露底)'을 참학해야 한다. 打破하는 것도 아니며 움직이는 것도 아니다. 그렇다할지라도 더욱이 참학해야 한다. 像을 들어서 거울을 만드는 도리이다. 마땅히 이와 같은 때에 百千万의 거울로써 수많은 번뇌를 비추는 것이다.

【 강의 】 6

6. 어느 날 법회에서 설법 도중 南嶽大慧禪師께 한 객승이 묻기를, "거울에 像이 비춰졌을 때 지금까지 있던 거울의 빛은 어디로 갔습니까? (如境鑄像, 光歸何處)"라고 했다.

여기에 대하여 회양스님이 말씀하시기를,

"그대가 출가하기 이전의 그 모습은 어디로 갔는가?"라고 하였다.

또 객승이 말하기를,

"그러면 출가한 후에는 어찌하여 출가하기 전의 모습이 거울에 비춰지지 않습니까?(成後爲甚麼不鑑照)"라고 하였다.

여기에 대해서 회양스님이 말씀하시기를,

"비록 출가하기 전의 모습이 거울에 비춰지지 않는다 할지라도 그대의 과거는 조금도 다른 사람을 속일 수 없느니라(雖不鑑照 瞞他一点也不得)."고 하였다.

지금의 만상인 번뇌가 무엇인지에 대해서는 우리가 잘 알 수가 없고 밝혀지지 않았지만, 만약 우리가 찾고자 노력한다면 우리의 마음거울 앞에서는 전부 비춰지고 있음이 증명될 것이다. 이것이 곧 회양선사의 道이다. 마음거울은 金으로 만들어진 것도 아니고, 玉으로 만들어진 것도 아니며, 밝음이 있는 것도 아니고, 像의 모습이 있는 것도 아니지만, 언제든지 그 거울은 상을 비출 수 있는 것이다. 이것이 바로 우리의 명경임을 참구해야 한다.

객승이 묻기를, '빛은 어디로 간 것입니까?(光歸何處)'라고 한 이 뜻은 거울의 모습이 비추어지는 것 같이 똑같은 모습으로 거울에 像을 만들게 됨을 말한다. 예를 들자면 상은 거울에 들어온 것도 아니고 상이 있던 본래 그 자리에 그대로 있는 것이지만, 거울에는 그 모습이 마치 거울 속에 만들어진 것처럼 그대로 비춰지고 있다. 이것이 또한 마음거울의 작용이다.

'대덕이 출가하기 전 모습은 어느 곳으로 향하여 갔는가?'라고 한 것은 거울을 앞에서만 비추는 것이 아니라 거울을 높이 들어 얼굴을 비추는 것이다. 이때에 앞에서 비추는 것이 자기의 얼굴인가. 위에서 아래로 내려 비친 얼굴이 자기의 얼굴인가. 다시 말하자면 과거의 모습이 자기의 얼굴인가. 현재의 모습이 자기의 얼굴인가. 한 번 생각해 볼 필요가 있다.

회양스님이 말씀하신 '비록 거울에 비춰지지 않아도 다른 사람을 조금도 속일 수 없다.'라고 한 것은 과거 모습을 거울에 비출 수 없지만 현재의 모습 속에 자신의 과거모습이 그대로 드러나 있다. 이것을 다른 사람에게 속일 수 없는 것이다. '바다가 고갈되어도 밑을 드러냄에 도달하지 못함(海枯不到露底)'을 참학해야 한다. 이 이야기는 본래 우리의 근본은 타파할 수 있는 것도 아니고, 움직일 수 있는 것도 아니며, 불생불멸·부증불감의 그 자리인 것이다. 그렇다고 하더라도 우리는 더욱 더 참학하여 거울이라고 하는 것은 상을 비추었을 때 그 거울의 본래의 모습이 드러나는 것이다. 그러므로 상을 비추어서 거울을 만드는 도리를 알아야 한다. 명경의 진실 된 가치는 번뇌가 있기 때문이다. 만약 번뇌가 없다면 거울도 볼 수 없을 것이다. 번뇌가 있기 때문에 거울은 참된 가치를 나타내고 있다. 이와 같은 때에 백천만 가지 거울로써 우리는 삼세·육추의 모든 번뇌를 다 비추어 볼 수 있다.

【 역주 】 7

7. 雪峰眞覺大師[15])께서 어느 날 대중에게 말씀하셨다.
"이 일을 깨닫고자 한다면, 여기 나에게 一面의 古鏡 같은 것이 있으니, 거기에 오랑캐가 오면 오랑캐가 나타나고 한인이 오면 한인이 나타나느니라(一面古鏡 相似 胡來胡現 漢來漢現)."
이때 玄沙[16])가 나아가서 물었다.

─────────────

15) 설봉진각대사(雪峰眞覺大師: 822-908): 雪峰義存. 靑原行思 계통으로 福建省 사람. 俗性은 曾씨. 12세 때 아버지와 함께 葡田縣(福建省)의 玉潤寺 慶玄律師에게 參하여 沙彌가 됨. 17세 때 삭발하여 法諱를 義存이라 함. 24세 때 會昌의 廢佛을 만나 잠시 俗服을 입었으나 芙蓉靈訓에게 참함. 후에 洞山良价의 門下에서 飯頭의 임무를 맡았으나 機緣이 맞지 않아 동산의 지시를 따라 德山宣鑒을 參하여 德山의 法을 이음. 47세 때 靈洞庵에 住하고 후에 福州의 象骨峰에 들어감. 53세 때 雪峰이 머무르고 있는 사찰에 應天雪峰寺라는 號를 내림. 61세 때 禧宗으로부터 眞覺大師라는 號와 紫衣를 받음. 87세 때 開平2년 (908) 5월 2일 示寂함. 『雪峰眞覺禪師語錄』3卷이 있음. 卷末에 『雪峰眞覺大師年譜』가 있음. 雪峰의 전기자료는 다음과 같다.
『雪峰眞覺大師年譜』(卍續藏119, 974-981); 『宋高僧傳』卷12 (大正藏50, 781,c-782,c); 『傳燈錄』卷16 (大正藏51, 327,a-328,b); 『佛祖歷代通載』卷25 (卍續藏132, 614,a-615,a); 『釋氏稽古略』卷3 (卍續藏133, 72,c); 『聯燈會要』卷21 (卍續藏136, 781,a-790,a); 『五燈會元』卷7 (卍續138, 234,c-239,c); 『祖堂集』卷7 (高麗藏45, 280,a-282,c)

16) 현사사비(玄沙師備: 835-908): 玄沙師備는 靑原行思 계통으로 福建省 사람임. 俗姓은 謝씨. 26세 때 芙蓉山 靈訓禪師에게 得度. 30세 때 開元寺의 道玄律師에게 具足戒를 받음. 이후 고향에 돌아와 수행에 힘씀. 32세 때 靈訓의 스승

"갑자기 밝은 거울이 나타났을 때는 어떻게 하시겠습니까?"

설봉대사가 말씀하셨다.

"오랑캐와 한인이 함께 숨어 버린다."

현사가 말하였다.

"저라고 한다면 그렇게 말하지 않겠습니다."

설봉대사가 말씀하셨다.

"그대라면 어떻게 말하겠는가?"

현사가 말하였다.

"請하옵나니, 화상께서 물어보십시오."

설봉대사가 물었다.

"갑자기 밝은 거울이 나타났을 때는 어떻게 하겠는가?"

현사가 말하기를,

"수백 개로 산산조각 날 것입니다.[百雜碎][17)]"라고 하였다.

인 雪峰義存에게 參하여 法을 이음. 戒行이 청정하여 備頭陀라 일컬어짐. 또한 謝家의 三男이라 하여 謝三郞이라고도 불림. 이후 普應山에 住하고 다시 玄沙院에 住함. 64세 때 安國院에 住함. 昭宗이 宗一大師라는 號와 裟裟를 내림. 74세 開平2년(908) 2월 27일 示寂함. 『福州玄沙宗一大師廣錄』 3卷과 『福州玄沙宗一禪師語錄』 3卷 (卍續藏126, 351-434) 등이 있음. 玄沙師備의 傳記자료는 다음과 같다.

『宋高僧傳』卷13 (大正藏50, 785,c-786,a); 『祖堂集』卷10 (高麗藏45, 295,c-296,c); 『傳燈錄』卷18 (大正藏51,343,c-347b); 『禪林僧寶傳』卷4 (卍續藏137, 456,c-458,c); 『聯燈會要』卷23 (卍續藏136, 818,c-825,c); 『五燈會元』卷7 (卍續藏138, 242,c-250,c); 『佛祖歷代通載』卷25 (卍續藏132, 615,a-c); 『釋氏稽古略』卷3 (卍續藏133, 72,c-73,a).

17) 백잡쇄(百雜碎): 『傳燈錄』卷18 (大正藏51, 344,a) "一日雪峰上堂曰. 要會此事猶如古鏡當臺 胡來胡現漢來漢現. 師曰. 忽遇明鏡 來(破)時如何. 雪峰曰胡漢俱隱." 『聯燈會要』卷21 「雪峰章」 (卍續藏136, 784,a) "示衆云我這裏如 一面古鏡相似 胡來胡現漢來漢現 時有僧出問 忽遇明鏡來時如何 師云胡漢俱隱 玄沙云我卽不然 時有僧問忽遇明鏡來時如何 沙云百雜碎."

지금 설봉이 말씀하신 이 일이란 무엇인가를 참학해야 한다. 지금 설봉의 고경을 배워야 한다. 一面의 古鏡과 같다라고 말한 가운데 一面이란 것은 주변도 없고 안과 밖도 없다. 마치 하나의 구슬이 소반 위를 구르는 것과 같아서 우리들 자기 자신을 의미하는 것이다.[18]

지금 오랑캐가 오면 오랑캐가 나타난다는 것은 붉은 수염을 가진 사람을 말한다. 한인이 오면 한인이 나타난다는 것은 여기에서 한인은 최초의 혼돈상태에서부터 盤古[19] 이후의 三才(天・地・人)와 五才(木・火・土・金・水)가 생성된 것을 말한다. 지금 설봉이 말씀하신 것은 고경의 공덕으로 한인이 나타난 것이다. 지금 여기서 말하는 한인이란 것은 한인이 아니기 때문에 한인이 나타난 것이다.

지금 설봉이 말한 오랑캐와 한인이 모두 숨어 버린다라고 하는 것은 다음에 말하겠다. 거울은 스스로 숨어 버린다. 玄沙가 말한 수백 개로 산산조각 난다는 것은 道라는 것은 이와 같이 말하여야 한다고 했지만 그것은 너의 책임이다.

나에게 파편들을 가지고 와보아라. 어떻게 나에게 명경을 돌려줄 것인가.

---

18) 『從容錄』卷2 (卍續藏67, 395,c) "衲僧如珠走盤 雖同死同生而不居生死 雖無彼無此而權立彼此 납승은 마치 구슬이 소반 위를 달리는 것과 같아서 비록 같이 죽고 같이 살되 생사에 있지 아니하고 비록 저도 없고 나도 없되 방편으로 저와 나를 세웠다."

19) 반고(盤古・盤固): ①중국에서 천지개벽 때 처음으로 세상에 나왔다고 하는 전설상의 천자(天子)의 이름 ②아득한 옛날. 태고(太古)

【 강의 】 7

7. 당나라 말기의 雪峰眞覺大師께서 어느 날 대중들에게 남악회양의 이야기를 말씀하시면서,

"이것을 깨닫고자 한다면, 여기 나에게 한 개의 거울이 있으니 오랑캐가 오면 오랑캐가 나타나고 한인이 오면 한인이 나타난다." 라고 하였다.

여기서 그는 一面의 古鏡이라고 했지만 一面이라고 하는 것은 아마도 한 개의 거울을 말하는 것으로 볼 수 있다.

이때 玄沙께서 나아가서 묻기를,

"갑자기 명경이 나타났을 때는 어떻게 하시겠습니까?"라고 하였다.

그러면 설봉이 말한 고경과 현사가 말한 명경은 과연 다른 것일까? 여기에 대해서는 같은 것으로도 볼 수 있고 다른 것으로도 볼 수 있다.

그런데 현사의 질문을 받은 설봉은 말하기를,

"명경이 나타나면 오랑캐와 한인이 함께 숨어 버린다."라고 하였다.

그러나 현사는 여기에 대하여 다시 말하기를,

"저라고 한다면 스승과 같이 오랑캐와 한인이 모두 숨어버린다고 말하지는 않겠습니다."라고 말하였다.

그러자 설봉이 말하기를,

"그러면 그대라고 한다면 이러한 때를 당하여 어떻게 말하겠는가?"라고 말하다.

이에 대해 현사가 다시 설봉에게 말하기를,

"다시 한번 청하오니 화상께서 제가 한 질문을 한 번 더 물어보 아 주십시요."라고 하였다.

또 설봉이 말하기를,

"갑자기 명경이 나타났을 때는 어떻게 하겠는가?"라고 하였다.

이러한 설봉의 물음에 대하여 현사는 대답하기를,

"수 백 개로 산산조각을 낼 것입니다."라고 하였다.

이러한 설봉과 현사의 문답에 대하여 우리는 좀 더 깊이 생각 해 볼 필요가 있다. 여기서 과연 설봉의 물음에 대하여 현사의 반문이 옳았는지 살펴볼 필요가 있다.

앞에서 설봉이 말한 '이 일'이란 것에서 이가 무엇을 의미하는 지를 깊이 참학해야 한다. 그런데 현사는 '이 일'에 대하여 깊이 생각하지 않고 단지 명경과 고경에 대한 차이점만 두고 분별심만 내었다. 그런데 우리는 설봉의 고경을 배워야 한다. 그는 일면의 고경과 같다고 말했는데 여기서 일면이라는 것은 단지 한쪽 면만 있는 것을 말하는 것이 아니라, 한 개의 고경으로 보아야 무방할 것이다. 굳이 일면을 새긴다면 그것은 주변과 가장자리도 없고 안과 밖의 구별이 없는 일면을 말하는 것이지 한쪽 면만을 의미 하는 상대적인 것이 아닐 것이다. 이는 마치 둥근 하나의 구슬이 소반 위를 구르는 것과 같이 시작도 끝도 없으며 아래도 위도 없 는 우리들 자기 자신을 의미하는 것이다.

지금 오랑캐가 오면 오랑캐가 나타난다는 것은 바로 붉은 수염 을 가진 오랑캐로서 중국 사람이 아닌 다른 나라 사람을 의미한 다. 중국인들은 한족 이외에는 모두 오랑캐로 말하고 있다. '한인 이 오면 한인이 나타난다고 하는데, 여기서 말하는 한인은 이 천 지가 생기기 이전의 최초의 혼돈상태에서부터 전설적인 인물인

盤古 이후의 天·地·人인 三才가 생기고 木·火·土·金·水의 五
行이 생성되던 것을 말한다. 지금 설봉이 말한 것은 모두 고경의
공덕으로 한인이 나타났다고 하는 것이다. 지금 여기서 말하는
한인이란 것은 한인만을 말하는 한인이 아니라 온 인류와 천지만
물의 생성을 의미한다. 이 세상 모든 것은 고경에 의해서 생겼다
고 보고 있는데 그렇다면 고경은 과연 무엇일까? 바로 불성으로
마음을 의미하며, 경전에서는 一切唯心造라고 말하고 있다.

지금 설봉이 말한 오랑캐와 한인이 모두 숨어 버린다고 하는
것은 바로 명경이 나타났을 때 오랑캐와 한인이 스스로 모습을
감추어버리는 것이다. 그런데 현사는 거울을 산산조각 낸다고 했
지만, 그것은 잘못된 것이다. 그 잘못의 책임은 현사에게 있다.
즉 현사는 거울에 대한 분별심을 가지고 있었던 것이다. 그래서
알음알이로 명경과 고경을 대비함으로써 산산조각 낸다고 이야기
한 것이다.

그러나 현사는 설봉에게 크게 꾸중을 듣게 된다. 그래서 설봉은
현사에게 "산산 각 낸 파편을 가지고 와 보아라.", "어떻게 너는
나에게 명경을 돌려 줄 것인가."라고 추궁을 하게 된 것이다.

【 역주 】 8

8. 황제[20]의 시대에 十二面의 거울이 있었다. 가훈에 의하

---

20) 황제(黃帝): 중국 고대의 전설에 나오는 다섯 명의 帝王 중의 하나. 『사기』의
「五帝本紀」와 『世本』의 「五帝譜」, 『大戴禮記』의 「五帝德」에서는 黃帝·顓頊
(高陽)·帝嚳(高辛)·堯·舜을 五帝라 일컫고, 『帝王世紀』에서는 少昊·高陽·
高辛·堯·舜을, 그리고 『周易』의 「繫辭」에서는 伏羲·神農·黃帝·堯·舜을
가리킨다. 전설에 따르면 중원 각 민족 공동의 선조였다고 한다. 그는 熊部

면, 하늘에서 준 것이라고 한다. 또는 廣成子가 崆峒山21)에서 주었다 라고도 말한다. 여기에서 十二面의 거울을 사용하는 방법은 十二時의 각 시간마다 한 면씩 사용하고, 또 십이 개월의 매달마다 한 면씩 사용하며, 十二年의 매해마다 한 면씩 사용한다.

말하자면, 거울은 廣成子의 經典이다. 광성자가 황제에게 전해 줄 때에는 十二時 等은 거울이다. 이로부터 예도 비추고 지금도 비춘다. 십이시가 만약 거울이 아니라면, 어떻게 과거를 비출 수 있겠는가. 십이시가 만약 거울이 아니라면, 어떻게 현재를 비출 수 있겠는가. 즉 십이시는 十二面이고, 十二面은 十二鏡이니, 古今이라는 것은 十二時가 사용된 것이다. 이러한 도리를 가리키고 있다. 이것은 세속적인 말이라 할지라도 한 인이 십이시 가운데에 나타난다.

軒轅黃帝가 공동산에서 무릎을 꿇고 나아가, 광성자에게 道를 물었다. 이때에 광성자가 말하기를,

族(지금의 하남성 新鄭縣 일대에 살았던 부족)의 수령이었으므로 웅씨라고 칭해졌다. 나중에 중원 각 부족의 연맹의 공동수령이 되었으므로 황제라고 칭해지게 된 것이다. 黃帝의 이름은 그가 산언덕의 이름을 따라 軒轅이라 불렸고, 태어나면서부터 신령스러웠고 어른이 되어서는 사리분별이 분명했다고 한다.
『史記』卷1「五帝本紀」第1 "黃帝者 少典之子 姓公孫 名曰軒轅. 生而神靈 弱而能言 幼而徇齊 長而敦敏 成而聰明."

21) 공동산(崆峒山): 『莊子』에는 空同으로 되어있고, 黃帝가 廣成子에게 道를 물었던 장소라고 한다. 원래 전설상의 산이지만, 후인은 그 소재에 대하여 여러 가지 설을 만들고 있다.
『莊子』「在宥篇」, "黃帝立爲天子十九年 令行天下. 聞廣成子在於空同之上 故往見之. 曰 我聞吾子達於至道 敢問至道之精. 吾欲取天下之精 以佐五穀 以養民人. 吾又欲官陰陽 以遂羣生. 爲之奈何."

"거울은 음양의 근본이며, 오랜 세월 동안 몸을 다스렸다.」
본래부터 세 개의 거울이 있는데 天이라고 하며 地라고 하며
人이라 한다. 이 거울들은 볼 수도 들을 수도 없다. 정신을 고
요하게 한다면, 몸은 저절로 바르게 될 것이다. 반드시 고요하
고 맑게 하면, 그대의 몸은 수고롭지 않을 것이다. 그대의 정
신이 산란하지 않으면, 어찌 長生하지 않겠는가."[22]라고 하
였다.

【 강의 】 8

8. 중국의 三黃·五帝시대에 열두 개의 거울이 있었다고 한다.
기록에 의하면, 이 거울은 하늘에서 준 것이라고 하는 설과 廣成
子가 崆峒山에서 황제에게 주었다는 설이 있다. 여기에서 말하는
열두 개의 거울의 사용방법은 여러 가지가 있다. 첫째는 十二時의
한 시간마다 각각 한 개씩의 거울을 사용하고, 또 십이 개월의
매달 한 개씩 각각 거울을 사용하며, 십이 년 해마다 각각 한 개
씩의 거울을 사용한다. 즉 거울은 매 시간마다 매달마다 매년마
다 한 개씩의 거울을 사용한다.

다시 말하면, 이 거울은 바로 광성자의 경전과도 같은 것이다.
광성자가 황제에게 전해 준 것은 十二時이며, 십이 개월이며, 십
이 년인데, 이것은 바로 거울이다. 이 거울은 우주의 시간을 의미

---

22) 『莊子』「在宥篇」, "黃帝順下風 膝行而進 再拜稽首而問. 曰 聞吾子達於至道 敢問
治身奈何而可以長久. 廣成子蹶然而起. 曰 善哉 問乎. 來 吾語女至道. 至道之精
窈窈冥冥 至道之極 昏昏黙黙. 無視無聽 抱神以靜. 形將自正. 必靜必淸 無勞女形
無搖女精 乃可以長生."

하기도 한다. 그래서 이때부터 이 거울은 지나간 과거도 비추고 현재도 비춘다. 이 속에는 인류의 모든 역사가 숨어 있다. 십이시가 만약 거울이 아니라고 한다면, 어찌 지나간 과거를 비출 수 있겠는가. 그래서 거울은 인류 역사의 거울이다. 따라서 십이시는 十二面이며 이는 열두 개의 거울이다. 과거와 현재는 시간적인 흐름인 十二時에서 모두 나온 것이다. 이러한 도리를 가리키고 있는 것이 十二面의 거울이다.

이와 같은 말이 비록 세속적인 말이라고 하지만, 모든 중국의 역사는 이 십이시 가운데 다 나타나 있다.

軒轅黃帝가 공동산에 가서 무릎을 꿇고 기어서 광성자에게 나아가 道를 물었다. 이때 광성자는 헌원황제에게 말하기를,

"여기에 있는 이 마음 거울은 이 세상 음양의 근본이 되며 오랜 세월 동안 인간의 육신을 다스려 왔다. 여기에는 세 개의 거울이 있는데 하나는 하늘의 거울이며 하나는 땅의 거울이며 다른 하나는 사람의 거울이다. 이 거울은 눈으로 볼 수도 없으며 귀로 들을 수도 없다. 그러나 오로지 정신을 고요하게 한다면 몸은 스스로 바르게 될 것이다. 그러므로 반드시 정신을 고요하게 하고 마음을 맑게 하여야 한다. 그렇게 한다면 그대의 몸은 수고롭지 않을 것이다. 만약 그대가 정신을 산란하게 하지 않는다면 그대의 생명은 장수할 것이다."라고 하였다.

【 역주 】 9

9. 옛날에는 이 三鏡을 가지고 천하를 다스렸고 大道를 다스렸다. 이 대도에 밝은 사람이 천지의 주인이 되었다. 세속에서

말하길,

"太宗23)은 사람을 거울로 삼아 국가의 평안과 위기와 순리와 혼란[安危理亂]을 다스렸는데, 이 거울에 의해 전부 나타난다."라고 하였다.

그는 三鏡 중에 하나를 가지게 되었다. 사람을 거울로 삼았다라고 하는 것은 박학다식하고 견문이 넓은 사람에게 古今의 도리를 물어보면 성현들이 취하고 버리는 것을 알 수 있을 것이라고 생각한다. 예를 들면, 魏徵24)을 등용한 것과 같고 房玄

---

23) 태종(太宗: 599-649): 唐의 2대 황제(재위 626-649)로 성은 李요 이름은 世民이다. 高祖 李淵의 둘째 아들로 隋 말기 부친에게 권고하여 기병하도록 하고 자신은 협객 호걸을 양성하였다. 大業 13년(617) 이연이 太原에서 기병하자 그는 右領軍大都督이 되었다. 이연이 황제에 오른 뒤 그는 秦王에 봉해졌으며, 竇建德과 劉黑達 등이 주도하는 농민 기의군을 진압하고 각지의 할거세력을 소멸시켰다. 태자인 형 建成과 동생 元吉의 시기를 받자 武德 9년(626) 玄武門의 변을 일으켜 그들을 죽이고 고조를 강제로 폐위시킨 뒤 제위에 올랐다. 제도 면에서 均田制·租庸調·府兵制를 시행하고 과거제도를 실시하였으며, 與民休息 등 부국강병의 정책을 폈다. 그의 훌륭한 치적을 가리켜 '貞觀之治'라 한다. 정관 18년 10만 대군을 이끌고 고구려를 공격했으나 실패했다. 만년에 교만 방탕해져 사회모순을 초래했다.

24) 위징(魏徵: 580-643): 당대 초기의 정치가로 자는 玄成이고 관도(館陶:하북성)출신이다. 일찍이 출가하여 道士가 되었다가 隋 말기 617년 李密의 부하가 되어 瓦崗軍에 참여했으나 이밀이 패함에 따라 그와 함께 당나라에 항복했다. 621년 李建成의 太子洗馬가 되어 李世民을 죽이라고 간언했다. 그러나 이세민은 즉위 후 그의 인물됨을 높이 평가하여 그에게 벌을 주지 않고 발탁하여 諫議大夫·秘書監·侍中에 중용했고 鄭國公에 봉했다. 태종은 항상 위징에게 나라를 다스리는 원리에 대해 물었는데, "임금은 배와 같고 백성은 물과 같다. 물은 배를 뜨게 해주지만 반대로 전복시킬 수도 있다."라는 비유로 대답하는 등, 그는 자신을 돌보지 않으며, 마음에서 우러나오는 진실한 말로 황제에게 200여 차례 직간했다고 하여 후세에 忠諫의 대표적 인물로 꼽힌다. 이렇게 함으로써 그는 태종에게 수나라가 망한 것을 역사의 거울로 삼아 부역을 줄이고, 세금을 가볍게 하며, 현명한 신하를 중용하고 간언을 받아들이도록 권했다. 위징이 죽었을 때 태종은 "나는 거울 하나를 잃었다."고 탄

齡25)을 등용한 것과 같다고 생각한다. 그러나 이와 같이 이해하는 것은 태종이 사람을 거울로 삼는다고 하는 말의 도리와는 다르다.

　사람을 거울이라고 하는 것은 거울을 거울이라고 하며, 자기를 거울이라고 하며, 五行을 거울이라고 하며, 五常26)을 거울이라고 하는 것과 같다. 인물의 去來를 보면, 와도 흔적이 없고 가도 가는 방향이 없음을 人鏡의 도리라고 한다[來無迹去無方]. 현명한 사람과 현명하지 못한 사람의 만상이 나타나는 것은 마치 천체의 현상과 같다. 참으로 도리에 맞다고 할 수

식했다고 한다. '兼聽則明 偏信則暗'이란 명언을 남겼다. 그의 간언 및 기타 변설이 『魏鄭公諫錄』과 『貞觀政要』에 실려 있다. 역사서의 감수를 맡아 『隋書』의 서론과 『梁書』・『陳書』・『薺書』의 총론을 지었다. 『群書治要』의 편찬을 주관하고 『藝文類聚』의 편사에 참여했다. 위징의 간언은 태종이 훗날 동아시아의 모든 통치자들에게 모범이 된 '정관(貞觀: 태종의 연호)의 治'를 이루는 데 큰 역할을 했다.

25) 방현령(房玄齡: 579-648): 당 초기의 재상으로 자는 喬이다. 일설에는 이름이 교, 자는 현령이라 한다. 齊州 임치(臨淄:산동성 淄博)출신으로 隋代에 羽騎尉의 관직을 지냈다. 隋나라 말기에 이세민이 渭水 북쪽을 점령했을 때부터 그에게 투신하여 그의 건국사업을 도왔다. 이세민이 秦王에 오르면서 그는 秦王府記室이 되고 臨淄侯에 봉해졌다. 당 武德 9년(626) 이세민을 도와 玄武門의 정변을 일으켰으며, 이 공로로 貞觀 원년(627) 中書令에 오르고 다시 상서좌복야(尙書左僕射)에 올라 國史 편찬에 관여했다. 15년 동안 재상으로 있으면서 태종의 貞觀之治를 도왔으며 梁國公에 봉해졌다. 황제의 명을 받아 『晋書』를 중찬했다. 이세민이 당을 세운 후, 문치체제 확립을 위해 불러 모은 秦王府 18학사는 후에 '정관의 치'를 이끌어 간 핵심인물이 되었는데, 18학사 가운데 첫 번째로 지명된 사람이 방현령 이었다.

26) 오상(五常): 5종의 常規의 뜻으로 사람이 지킬 다섯 가지 常道로써 仁・義・禮・智・信을 말한다. 이는 유교의 가르침인데 사회에 대한 의무로써 세워졌으며 불교의 五戒에 比定되었다.
『廣弘明集』卷三 (大正藏52, 107b) "五常符同. 仁者不殺之禁也. 義者不盜之禁也. 禮者不邪之禁也. 智者不酒之禁也. 信者不妄之禁也."

있다. 사람도 거울이고 거울도 거울이며, 해도 거울이고 달도 거울이다[人面鏡面 日面月面]. 五嶽의 정기도 四瀆의 정기도 이 세상의 모든 곳을 거쳐서 四海에 이르면 맑아진다. 이것이 거울의 관습이다. 사람을 이해함으로써 經緯를 통찰하는 것이 태종의 도라고 한다. 박학다식하고 견문이 넓은 사람을 말하는 것은 아니다.

일본에는 神代부터 전해진 세 개의 거울이 있다. 옥새와 검과 함께 전해진 것이 지금에 이르고 있다. 하나는 伊勢大神宮27)에 있고, 하나는 紀伊國의 日前社에 있고, 하나는 황궁의 內侍所에 있다.

【 강의 】 9

9. 옛날에는 天·地·人의 세 가지 거울을 가지고 천하를 다스렸다. 또한 이것을 가지고 도를 다스렸다고 한다. 이 天·地·人 三鏡에 밝은 사람이 천지의 주인이 되었고, 황제가 되었다. 세상에서 말하기를,

"당나라 太宗은 天·地·人 중에서 사람을 거울로 삼아 나라의 태평과 국가의 위기를 관리하였으며, 국민들이 순리에 살도록 하였고, 나라가 혼란스러울 때를 미리 예견하였는데 이러한 현상들

---

27) 이세대신궁(伊勢大神宮): 일본 혼슈(本州) 남부 미에(三重)현에 있는 신궁으로 內宮과 外宮으로 이루어졌다. 전승에 따르면 내궁은 기원전 4세기에 건립된 것으로 태양의 여신이자 일본 황실의 창시자인 아마테라스 오미카미(天照大神)을 모시며, 일본의 신성한 3대보물(三種의 神器)의 하나라고 하는 거울이 보관되어 있다. 5세기 말에 건립된 외궁은 음식·옷·집의 신인 도요우케 오카미(豊受大神)을 모신 곳이다.

이 전부 거울에 나타났다."라고 하였다. 그는 天·地·人의 삼재
인 삼경 중 하나의 거울을 가지게 되었다. 그런데 그가 사람을
거울로 삼았다고 하는 것은 박학다식하고 견문이 넓은 사람들에
게 과거의 일이나 현재의 살아가는 도리를 물어보면 성현들이 취
하여야 할 것과 버려야 할 것을 잘 가르쳐 주었다라고 생각한다.
예를 들면 당나라 태종은 魏徵이라는 사람을 등용하여 나라를 태
평스럽게 잘 다스렸으며, 房玄齡이라고 하는 사람을 등용하여 국
가를 창업한 일이 있는데 이와 같은 것을 가지고 사람을 거울로
삼았다고 하는 것은 잘못된 생각이다. 태종이 위와 같은 사람을
등용한 것은 그러한 사람들을 잘 활용한 것이지 참으로 사람을
중요시하여 거울로 삼았다고 하는 것과는 다르다. 즉 사람을 활
용하는 것과 사람을 거울로 삼는 것은 근본적으로 다르다. 후자
는 사람을 중요시하고 인간의 본성을 이해하여 사람을 존중한다
는 의미일 것이다.

　사람을 사람이라고 하지 않고 사람을 거울이라고 하는 것은 바
로 거울을 거울이라고 하는 것과 같이 단순히 거울로써 비유한
것이다. 사람의 마음의 거울을 의미하는 것이지 사람과 거울이
같다는 의미는 아닐 것이다. 그래서 자기 자신을 거울이라고 하며,
木·火·土·金·水의 五行을 거울이라고도 하며, 仁·義·禮·
智·信의 五常을 거울이라고도 한다. 사람이 오고 감을 보면, 와
도 온 흔적이 없고 가도 가는 방향이 없음을 人鏡의 도리라고 하
는데, 본래 무심하게 오고 감을 의미한다. 이 세상에는 현명한 사
람이나 현명하지 못한 사람의 모든 모습이 그대로 다 나타나는데
이것은 마치 천지 우주의 조화가 그 모습을 그대로 나투는 것과
같다. 있는 그대로의 모습을 나타내는 것이 사람이든 천지이든

마찬가지이다.

　그러므로 사람도 거울이며, 거울도 거울이며, 저 하늘에 있는 해도 거울이 되고, 달도 거울이 된다. 이것은 마치 중국의 태산·형산·화산·항산·숭산의 五嶽에서 흐르는 물이나, 황하·장강·회수·제수의 사대 강에서 흐르는 물은 온 세상의 구석구석을 거쳐서 더러워질 대로 더러워졌지만, 사해에 이르게 되면 맑은 물로 된다. 이것이 바로 거울의 관습이다. 저 거울은 모든 오염된 것을 깨끗이 정화시킬 수 있는 능력을 가지고 있다. 왜냐하면 본래 청정한 것이기 때문이다. 사람의 본성을 바르게 이해함으로써 진리를 통찰할 수 있는 것이 바로 당나라 태종이 사람을 거울로 삼은 도리라고 할 수 있다. 앞에서 말한 바와 같이 박학다식하고 견문이 넓은 사람인 위징이나 방현령 같은 사람을 등용한 것을 뜻하는 것은 아니다.

　일본에서는 고대로부터 전해온 건국신화에 세 개의 거울이 있다. 이것은 옥새와 검과 함께 전해져서 지금까지 잘 보존되어 오고 있다. 이 중 하나는 伊勢大神宮에 모셔져 있으며, 하나는 紀伊國의 日前社에 있고, 하나는 지금 천황궁에 모셔져 있다. 아직도 일본에서는 이것을 대단히 중요시하고 있다. 그런데 이들이 우리나라에서 건너갔다는 설도 있다.

【 역주 】 10

　10. 그러므로 모든 국가는 예부터 내려오는 거울을 보전하고 있다. 거울을 얻는다는 것은 나라를 얻는다는 것과 같다. 사람들에 의해서 전해지는 이야기에 의하면, 이 세 개의 거울

은 神位처럼 전래되어 왔으며, 천신으로부터 전래되어왔다. 백
번을 단련한 동도 음양의 조화에 의해서 이루어진 것이다. 지
금이 오면 지금이 나타나고, 과거가 오면 과거가 나타난다. 이
예와 지금을 다 비추어 주는 것을 古鏡이라고 한다.

　설봉의 종지는 신라가 오면 신라가 나타나고, 일본이 오면
일본이 나타난다고 한다(新羅來新羅現, 日本來日本現)28). 하늘
이 오면 하늘이 나타나고, 사람이 오면 사람이 나타난다고 한
다. 나타나고 옴[現來]을 이와 같이 참학한다고 할지라도 이
나타난다고 하는 것은 지금 우리가 本末을 아는 것이 아니라
오직 나타나는 것을 볼 뿐이다. 반드시 오고 나타남을 알고 얻
는다라고 배워서는 안 된다. 지금 말하는 종지는 오랑캐가 오
면 오랑캐가 나타난다라고 하는 것이다. 오랑캐가 온다는 것
은 한 사람의 오랑캐가 오는 것이고, 오랑캐가 나타난다는 것
은 한 사람의 오랑캐가 나타난다라고 하는 것이다. 나타나기
위해서 오는 것이 아니다. 고경은 가령 고경이라고 할지라도
참학해야 한다.

【 강의 】 10

　10. 그러므로 모든 나라의 건국신화에는 거울과 관련된 애기가

---

28) 신라래신라현 일본래일본현(新羅來新羅現, 日本來日本現): 『傳燈錄』卷18 (大正
藏51, 344, a) "一日雪峰上堂曰. 要會此事猶如古鏡當臺 胡來胡現漢來漢現. 師
曰. 忽遇明鏡來(破)時如何. 雪峰曰胡漢俱隱."
　　『聯燈會要』卷21「雪峰章」(卍續藏136, 784, a) "示衆云我這裏如一面古鏡相似 胡
來胡現漢來漢現 時有僧出問 忽遇明鏡來時如何 師云胡漢俱隱 玄沙云我卽不然 時
有僧問忽遇明鏡來時如何 沙云百雜碎"

있다. 고대 동아시아의 건국신화에는 대부분 이와 같은 이야기가 전해져 오고 있다. 따라서 모든 국가는 건국신화에서 내려오는 거울을 지금까지 보존하고 있다. 당시에 거울을 얻는다는 것은 바로 국가를 얻는 것과 같았으며, 거울을 가진 자는 바로 나라를 다스렸던 것이다. 이러한 현상에서 보는 바와 같이 우리들은 고대로부터 내려오는 유물로서의 거울을 많이 볼 수 있다.

일본 건국신화에 의하면, 거울과 칼과 옥쇄가 하늘로부터 내려왔다고 전해지고 있다. 일본인들은 이것을 천황의 권위를 상징하는 神位처럼 모셨으며, 이를 지금도 잘 보존하고 있다. 여기에서는 이 세 가지를 가지고 모두 세 개의 거울이라고 말하고 있다. 그런데 이와 같은 거울이 만들어지기까지는 구리를 용광로에 넣어 수백 번 달구어서 제작된 것이다. 그러나 물질적인 의미만으로서의 거울을 말하는 것이 아니라, 국가를 상징하는 의미가 더 크다. 그러므로 현재가 오면 현재가 나타나고, 지나간 과거가 오면 과거가 그대로 나타난다고 한다. 이것은 바로 거울이 상징하는 민족의 역사를 의미하는 것이며, 단절됨이 없는 역사를 말한다. 따라서 과거의 역사나 현재의 상황을 모두 비추는 것을 고경이라고 한다.

雪峰眞覺大師의 宗旨는 한인이 오면 한인이 나타나고 오랑캐가 오면 오랑캐가 나타난다라고 했는데, 이에 대해서 도원은 '신라인이 오면 신라인이 나타나고 일본인이 오면 일본인이 나타난다(新羅來新羅現 日本來日本現).'라고 표현하고 있다. 도원이 생각할 때 설봉의 문하에는 여러 나라 사람들이 찾아왔으므로 이와 같은 표현을 했을 것이다. 이에 대해서는 玄沙師備章에서도 언급하고 있다. 신라인이나 일본인뿐만 아니라, 하늘이 오면 하늘이 나타나고 사람이 오면 사람이 나타난다고 하고 있다. 여기서 우리는 나타나고 옴을 참학할 뿐이지 그것에 대한 本末이나 과정을 알려고 할 필요는 없다.

   그것을 지식으로 알려고 하거나 알음알이로 헤아리려고 하거나 그것을 배우려고 해서는 안 된다. 무엇이 거울에 어떻게 나타나느냐 하는 것이 중요한 것이 아니라 오로지 고경을 참학하는 것이 더 급선무이다. 오랑캐가 와서 오랑캐가 나타나든 한인이 와서 한인이 나타나든 그것은 아무런 상관이 없다. 거울에는 나타나기 위해서 오는 것이 아니라 오기 때문에 나타날 뿐이다. 다시 말하면 어떤 목적을 위해서 거울이 있는 것이 아니라 거울이 있기 때문에 모든 것은 비춰질 뿐이다. 그러므로 우리는 오직 고경을 참학해야 한다.

【 역주 】 11

   11. 玄沙가 나와서 말했던,
   "갑자기 明鏡이 올 때에 어떻습니까."라는 질문의 뜻을 밝혀야 한다. 지금 말하는 明의 뜻은 무엇일까? 이 말의 뜻은 온다라고 해서 반드시 오랑캐와 한인이 온다는 것이 아니다. 이것은 명경이므로 더욱이 오랑캐와 한인이 나타나는 것이 아니라고 말하는 것이다. 明鏡이 온다는 것은 설사 명경이 온다고 할지라도 두 가지가 아니다. 설사 두 가지가 아니라고 할지라도 古鏡은 고경이며 明鏡은 명경이다. 고경이 있고 명경이 있음을 증명하는 것이 곧 雪峰과 玄沙의 가르침이다. 이것은 佛道의 性相을 말하는 것이다. 이 玄沙의 明鏡來의 말씀은 七通八達29)

이 됨을 알아야 하고, 八面玲瓏함을 알아야 한다. 또한 사람을 만나면[逢人]30) 곧 나와야 하고 나와서는 접인해야 한다. 그렇다면 明鏡의 明과 古鏡의 古는 같을까 다를까? 明鏡에 古의 道理가 있을까, 없을까? 古鏡에 明의 道理가 있을까 없을까? 古鏡이라고 하는 말에 의해서 明이라고 하는 말을 배워서는 안 된다.

宗旨는 오역여시 여역여시(吾亦如是 汝亦如是 : 나도 또한 이와 같고 너도 또한 이와 같다).31) 西天의 모든 祖師들도 역시 이와 같은 도리이다. 지체 없이 연마해야 한다. 祖師의 가르침에 古鏡은 닦아야 한다고 하는데 明鏡도 이와 같을까, 다를까. 반드시 널리 모든 부처님과 모든 祖師들의 道를 參學해야 한다.

<hr />

29) 칠통팔달(七通八達): 七과 八의 문자에 특별한 意味는 없고 그저 通達의 意를 강조하기 위한 것이다. 自由自在 또는 闊達의 뜻이다.
『碧巖錄』19則 (大正藏48, 159, c) "雪竇會四六文章. 七通八達. 凡是誵訛奇特公案. 偏愛去頌. 對揚深愛老俱胝. 宇宙空來更有誰"
七穿八穴『碧巖錄』48則 (大正藏48, 184, c) "垂示云 七穿八穴"

30) 봉인(逢人):『宏智禪師廣錄』卷3 (大正藏48, 32, a) "擧三聖云 我逢人卽出 出卽不爲人 興化云 我逢人卽不出 出則便爲人 師云墮也墮也 今日不是減古人聲光 且要長後 人節概. 若是本色漢 提祖師印 轉鐵牛機 把拄杖一時穿却 方見衲僧手段."

31) 나도 또한 이와 같고 너도 또한 이와 같다(吾亦如是 汝亦如是):『景德傳燈錄』卷5「南嶽懷讓章」(大正藏51, 240, c) "祖曰 什麼物恁麼來. 曰說似一物卽不中. 祖曰還可修證否. 曰修證卽不無. 汚染卽不得. 祖曰只此不汚染諸佛之所護念 汝旣如是吾亦如是 西天般若多羅讖. 汝足下出一馬駒 蹋殺天下人 並在汝心不須速說."
『天聖廣燈錄』卷8 (卍續藏經135, 650, a) "祖云作麼生, 師云說似一物卽不中, 祖云還假修證也無, 師云修證卽不無不敢汚染 祖云秪此不汚染是諸佛之諸念吾亦 如是汝亦如是"

【 강의 】 11

11. 어느 날 현사사비가 설봉에게 나와서 말하기를, "스님께서는 갑자기 명경이 올 때(明鏡來) 어떻게 하시겠습니까?"라고 하는 질문을 하였다. 여기에 대해서 우리는 현사가 물은 뜻을 밝혀야 한다. 다시 말하면 지금까지 설봉은 고경에 대해서만 말한 것에 대하여 현사가 명경을 들고 나온 것이다. 그러므로 현사가 말한 明의 뜻은 무엇일까?

여기서 명경이 온다라고 하였는데 앞에서 말한 것과 같이 반드시 오랑캐가 온다든지 한인이 온다는 그런 뜻은 아니다. 여기서 말하는 명경은 오랑캐나 한인이 오는 것도 아니요, 오랑캐나 한인이 나타나는 것도 아닌 것을 말한다. 명경이 온다라고 하는 것은 설사 명경이 온다고 할지라도 다른 곳에 있다가 여기에 오는 것은 아닐 것이다. 즉 말하자면 오고 감을 얘기하는 것이 아니며, 명경과 고경이 따로 있음을 말하는 것도 아닐 것이다. 현사가 얘기한 명경과 설봉이 얘기한 고경은 전혀 다른 의미의 두 가지 거울이 아닐 것이다. 그러나 고경은 고경이며, 명경은 명경이다. 스승과 제자인 설봉과 현사는 서로 고경과 명경을 가지고 명경이 있음을 증명하고 있다. 이것이 바로 그들의 가르침이다.

지금까지 앞에서는 설봉의 고경에 대해서 주로 말하였지만, 여기에서는 현사의 명경에 대해서 논하고 있다. 그러면 이 둘이 다르면서도 같고, 같으면서도 다른 것은 바로 불교에서 말하는 性起論과 緣起論의 性相融會를 말하고 있는 것이다.

이 현사의 明鏡來의 설법은 모든 것에 다 통달되어 있고 팔면을 다 영롱하게 비추고 있음을 알아야 한다. 여기에서는 근본의 실상도 중요하지만 현상론적인 방편도 중시하고 있다. 그러므로 사람을 만나면 나와야 하고 나왔으면 그 사람을 잘 접인해야 한다. 이것이 바로 중생교화의 방편일 것이다. 그렇다면, 명경에서 말하는 明과 고경에서 말하는 古는 같은 것일까 다른 것일까. 명경 속에 고경의 도리가 있고, 고경 속에 명경의 도리가 있는 것일까 없는 것일까. 우리는 생각해봐야 한다. 단순히 고경의 古와 명경의 明을 상대되는 입장에서 말의 의미만을 배워서는 안 된다.

여기서는 古와 明이 중요한 것이 아니라 근본인 거울이 중요한 것이다. 거울을 性이라고 한다면, 명과 고를 相이라고 볼 수 있을 것이다. 현사가 말하는 종지는 너도 같고 나도 같으며, 서천의 조사나 제불도 모두 이와 같은 도리임을 나타내고 있다. 우리는 이것을 지체 없이 연마해야 하며, 조사의 가르침을 고경이나 명경에서 참구해야 할 것이다. 이것이 바로 모든 부처님과 조사들의 도를 참구하는 것이며, 반드시 이와 같이 정진해야 할 것이다.

【 역주 】 12

12. 雪峰이 말씀하신,

"오랑캐와 한인이 모두 숨는다."라고 하는 것은 오랑캐도 한인도 明鏡이 올 때에는 모두 숨는다는 것이다. 이 '모두 숨는다'의 道理는 어떤 것일까? 오랑캐와 한인이 이미 와서 나타나더라도 古鏡을 방해하지 아니하고 어떻게 지금 모두 숨은 것일까. 고경은 비록 오랑캐가 오면 오랑캐가 나타나고, 한인이 오면 한인이 나타난다고 할지라도 명경이 온다는 것은 저절로 명경이 오기 때문에 고경에 나타난 오랑캐와 한인은 모두 숨어버리는 것이다. 그러므로 설봉의 말에도 古鏡의 일면이 있고, 明鏡의 일면이 있는 것이다.

　자연스럽게 명경이 올 때에 고경에 나타난 오랑캐와 한인을 방해하지 아니하는 도리를 분명하게 결정해야 한다. 지금 말하는 고경의 "오랑캐가 오면 오랑캐가 나타나고 한인이 오면 한인이 나타난다."라고 하는 것은 고경 위에 와서 나타나는 것이 아니고, 고경 속에 와서 나타나는 것이 아니며, 고경 밖에 와서 나타나는 것이 아니고, 고경과 동시에 와서 나타나는 것이 아니라고 하는 이 도리에 대해서 귀를 기울여야 한다. 오랑캐나 한인이 와서 나타날 때 고경은 오랑캐와 한인을 나타나게끔 한다. 오랑캐와 한인이 모두 숨을 때에도 거울은 존재할 것이라는 말은 나타나도 보지 못하고 오더라도 무관심하다. 錯亂이라고 할지라도 맞는 말은 아니다.

【 강의 】 12

　12. 설봉이 말씀하신,
"오랑캐와 한인이 명경 앞에는 모두 숨는다."라고 하는 것은 '명경에는 오랑캐도 한인도 구분하지 아니하고 모두가 그대로 나타난다.'라는 것이다. 즉 말하자면 오랑캐라고 해서 오랑캐의 모습을 나투고 한인이라고 해서 한인의 모습을 나투는 것이 아니라, 오랑캐든 한인이든 인간본래의 불성을 나툰다는 것이다. 그러므로 여기서 "모두 숨는다."라고 하는 도리는 차별적인 인간을 나타내는 것이 아니라 평등한 불성을 말하는 것이다. 외형적으로 나타나는 차별에 의해 오랑캐는 천하고 한인은 귀한 것이 아니라,

오랑캐든 한인이든 모두가 갖추고 있는 인간의 본성은 평등하다는 말일 것이다. 그래서 명경과 고경은 서로 방해하지 않는다고 하고 있다. 고경이든 명경이든 그 거울 속에 어떤 물체가 나타난다고 하는 것은 비춰지는 대상이 거울의 안에서 오는 것도 아니고, 밖에서 오는 것도 아니며, 동시에 오는 것도 아니고, 오직 있는 그대로 비춰질 뿐인 것이다. 거기에 어떤 물건이 나타났다고 해서 거울은 그 물체에 집착을 한다든지 또 비춰진 물체도 거울을 집착하지 아니한다. 그렇다고 하여 일시적인 착란에 의해 나투는 것도 아니다.

【 역주 】 13

13. 그때 현사가 말하기를,

"저라면 그렇게 하지 않을 것입니다."라고 하였다.

그러자 설봉이 말하기길,

"그러면 어떻게 하겠느냐"라고 하자,

현사가 말하기를,

"청하건대, 화상께서 다시 물어주십시오."라고 하였다.

지금 현사가 말한 '청하건대, 화상께서 다시 물어 주십시오(請和尙問).'라는 이 말은 그냥 지나쳐서는 안 된다. 이른바 화상(설봉)에게 물어온 것과, 화상에게 묻기를 청한 것은 모두 父子의 投機가 아니면 이와 같은 것은 안 되는 일이다. 이미 화상에게 물음을 청했을 때에 이 사람이 묻는 의도가 어디에 있는지를 알았다. 이미 물음의 벽력(霹靂)이 떨어졌을 때 피해 갈 길은 없었다. 설봉이 말한 "홀연히 명경을 만났을 때는 어떻게 하겠는가.”라는 이 문답은 부자가 모두 함께 참구하는 하나의 고경이다.

여기에 대해 현사는 百雜碎라고 했다. 이 말은 ‘백천만 개로 잘게 부숴버리겠다.’라는 뜻이다. 이른바 홀연히 명경을 만났을 때에는 百雜碎한다. 백잡쇄를 알고자 하면 명경이 되어야 한다. 명경이라고 말해지기 위해서는 백잡쇄가 되어야 되기 때문에 雜碎와 관련된 것이 명경이다. 이전에 부서지지 아니했으며, 뒤에 다시 부서지지 아니한 것에 대해서 생각하지 말라. 오직 백잡쇄일 뿐 백잡쇄를 대면했을 때는 고준한 하나일 뿐이다.

그렇다면 지금 말하는 백잡쇄는 고경을 말하는가 명경을 말하는가. 다시 한마디를 청해서 물어야 할 것이다. 또한 고경을 말하는 것도 아니고 명경을 말하는 것도 아니다. 고경과 명경을 설사 묻는다 할지라도 현사가 말한 뜻을 생각해보면 砂礫牆壁만이 현전시키는 혀끝일 뿐이지 백잡쇄는 되지 않는 것이다. 부수어진 그 모습은 어떠한가.

만고의 푸른 연못에 허공의 달이 비춘다(万古碧潭空界月).

【 강의 】 13

13. 그때 현사가,
“저라고 하면 그렇게 하지 않을 것입니다.”라고 반문하였다.
그러자 설봉이 말하기를,
“그러면 너는 어떻게 하겠느냐?”라고 하자,
현사가 다시 말하기를,

"화상께서 다시 물어주십시오."라고 청했다. 그런데 여기서 우리는 현사가 말한 '청하건대 화상께서 다시 물어주십시오(請和尙問).'라는 이 말을 그냥 지나쳐서는 안 된다. 현사는 이미 설봉의 물음에 대한 자신을 가지고 있으며, 설봉이 현사에게 명경이 나타나면 어떻게 하겠느냐고 물어온 것과 현사가 설봉에게 다시 한 번 더 물어달라고 청한 것은 이미 스승과 제자가 의기투합된 것이다. 만약 현사가 설봉의 질문에 대해서 자신이 없었다면, 다시 물어달라고 청할 수도 없었을 것이다. 서로 투합되었기 때문에 정확한 대답을 하기 위해서 다시 물은 것이다. 어찌 보면 다시 물을 필요도 없었고, 다시 대답할 필요조차도 없지 않았을까? 이미 설봉이 현사에게 홀연히 명경을 만났을 때 어떻게 하겠는가라고 하는 물음으로 모든 답은 끝나버린 것이다. 그런데 번거롭게 현사는 다시 물어달라고 청함으로써 자신의 깨달음에 대한 蛇足을 달고 있다고 보아야 할 것이다. 이미 스승과 제자가 의기가 투합된 것만을 참구한 것이 하나의 古鏡이다.

여기에 대해 설봉이 현사의 청에 의해 다시 물었을 때 현사는 百雜碎라고 했다. 이 말은 설봉이 명경이 오면 어떻게 하겠느냐라고 하는 질문에 대해서 현사는 거울을 집어던져서 산산조각으로 부수어버리겠다는 말을 하였다. 즉 다시 말하면 홀연히 명경을 만났을 때 그 명경조차도 부숴버리는 것이다. 이것은 바로 육조의 게송에서 나타난 無一物과 같은 것이 아닐까라고 생각한다. 만약 현사의 百雜碎를 알고자 하면 명경을 알아야 한다. 명경과 백잡쇄는 둘이 아니며 백잡쇄와 명경은 다른 것이 아니다. 명경으로 있을 때에 완전한 거울을 생각하지 말 것이며, 그 뒤에도 온전하게 있었던 거울을 생각하지 말아야 한다. 설봉이 말한 명경은 부수어

지지 않은 거울이었지만, 현사가 대답한 백잡쇄는 다 부수어진
거울이다. 명경이든 백잡쇄든 그 모습에 집착할 것이 아니라 백
잡쇄를 만약에 대면했을 때에는 오직 백잡쇄 하나일 뿐이다.

그렇다면 지금까지 말한 백잡쇄는 明鏡에 속하는가 古鏡에 속하
는가. 여기에 대해서도 다시 한마디를 물어야 할 것이다. 그럼에
도 불구하고 이에 대한 물음은 없다. 그러나 사실은 고경을 말하
는 것도 아니고 명경을 말하는 것도 아니다. 고경을 묻든 명경을
묻든 현사가 말한 뜻은 모두가 모래나 기왓장이나 담장이나 벽
등을 말하는 혀끝에서 나왔을 뿐이지, 실지로 백천만 개로 부서
지지는 않았다. 그 부서진 모습은 어떤가 하면 여기에 대한 게송
을 다음과 같이 읊고 있다.

만고의 푸른 연못 속에 허공의 달이 비치도다(万古碧潭空界月).

【 역주 】 14

14. 雪峰眞覺大師와 三聖院慧然禪師[32]가 함께 외출하였을 때,
한 무리의 원숭이들을 보았다. 이를 보고 雪峰이 말하기를,
"이 원숭이 각각은 一面의 고경을 짊어지고 있다."라고 말하
였다.

이 말을 깊이깊이 참학해야 한다. 미후(獼猴:꼬리 없는 원숭

---

32) 삼성원혜연선사(三聖院慧然禪師): 생몰 연대 미상. 臨濟 義玄(?-867)의 法嗣.
의현의 법을 얻은 후 여러 총림을 두루 돌아다닌 뒤, 鎭州三聖院에 머물렀다
고 한다. 慧然禪師와 관련된 자료는 다음과 같다.
『佛果圜悟禪師碧嚴錄』卷7 (大正藏48, 198,a); 『景德傳燈錄』卷12 (大正藏51, 294,c
-295,a); 『天聖廣燈錄』卷14 (卍續藏135, 723,b); 『聯燈會要』卷10 (卍續藏136,
600,a); 『五燈會元』卷11 (卍續藏138, 394,c-395,a)

이)는 원숭이이다. 어떠한 것인가. 설봉이 본 원숭이는? 이와 같이 묻고, 더욱더 공부해야 한다. 시간이 흐르는 것을 되돌아 보지 말아야 한다. 각각 한 면의 고경을 짊어지고 있다는 것은 고경이 비록 諸佛과 祖師의 얼굴이라고 할지라도 고경이고, 向上된다고 할지라도 고경이다. 원숭이가 각각 면면의 고경을 짊어지고 있다는 것은 면면에는 큰 면(大面)과 작은 면(小面)이 아니고, 일면의 고경만이 있을 뿐이다.

짊어지고 있다는 것은 예를 들자면, 그려진 불상의 그림의 뒤에 배접한 것을 짊어진다고 하는 것이다. 원숭이의 뒤를 짊어지는 것은 고경의 뒤를 짊어지는 것이 된다. 어떠한 풀을 사용해 왔는가? 시험 삼아 말하면, 원숭이의 뒤는 고경으로 짊어져 있을 것이다. 고경의 뒤는 원숭이로 짊어져 있을 것이다. 고경의 뒤는 고경으로 짊어져 있는가? 원숭이의 뒤는 원숭이로 짊어져 있는가? 각각 뒤의 일면이라고 하는 말은 공허한 가르침이 아니며, 진실을 말한 가르침이다. 이와 같다면, 원숭이일지 고경일지 궁극적으로 무엇이라고 말할 수 있을까? 우리는 본래 원숭이인가, 원숭이가 아닌가. 누구에게 물어볼 수 있을 것인가. 자기가 원숭이인지 자기 스스로는 알 수 없으며 남도 모른다. 자기가 자기인지를 찾을 수 없는 것이다.

【 강의 】 14

14. 雪峰眞覺大師와 三聖院慧然禪師가 함께 외출하고 있을 때에 산문 밖의 장원에서 한 무리의 꼬리 없는 원숭이인 獼猴를 보았다. 이를 보고 설봉이 말하기를,

"이 원숭이들은 각각 한 개씩의 고경을 짊어지고 있다."라고 말하였다.

『벽암록』에 의하면, 이 사찰에는 1,500여 명의 대중이 살았지만 화두를 모르고 있었다. 바로 이에 대한 얘기이다. 이 말을 깊이깊이 새기고 참학해야 한다. 그런데 여기서 獼猴라고 하는 것은 원숭이의 종류로서 꼬리 없는 원숭이를 말한다. 과연 설봉이 본 원숭이는 무엇인가. 아마도 거기에 있는 1,500여 명의 대중들을 이야기할 것이다. 그들은 화두를 모르고 살았기 때문에 여기에 비유한 것일 것이다. 후대 사람들은 이와 같이 묻고 더욱더 깊이 공부해야 한다. 화두를 참구하고 공부함에 있어서 시간이 흐르는 것도 잊어버리고 되돌아보지 말아야 한다. 각각의 원숭이들이 한 면의 고경을 짊어지고 있다는 것은 그 고경이 비록 諸佛과 祖師의 얼굴이라고 할지라도 그것은 고경이며, 또 향상된다고 할지라도 그것은 고경이다. 원숭이가 각각 한 면의 고경을 짊어지고 있다고 하는 것은 그 면마다 어떤 것은 큰 거울이 있고 어떤 것은 작은 거울이 있는 것이 아니다. 오로지 일면의 고경만이 있을 뿐이다.

짊어지고 있다는 것[背]은 예를 들자면 탱화를 그리는데 그림 뒤에 배접을 하는 것과 같다. 이것은 바로 불상이 구겨지지 않도록 뒤를 편편하게 하여 짊어지게 한다. 이것을 가지고 '짊어진다'라고 표현하였다. 원숭이의 뒤를 짊어지는 것은 바로 고경의 뒤를 짊어지는 것과 같다. 고경의 뒤에 수은을 발라서 얼굴이 비춰지게 하는 것과 같이 탱화의 뒤에 어떤 풀을 사용해서 배접하여 왔는가.

시험 삼아 말하자면, 원숭이의 뒤는 고경으로 짊어져 있을 것이다. 그렇다면 고경의 뒤는 원숭이로 짊어져 있다는 것인가. 아니

면 고경의 뒤는 고경으로 짊어져 있다는 것인가. 그것도 아니면
원숭이의 뒤는 원숭이로 짊어져 있다는 것인가. 각각 뒤의 일면
이라고 말한 것은 쓸데없는 가르침이 아니며, 이것은 진리를 말
하는 가르침이다. 만약 이와 같다면 원숭이라고 해야 할지, 고경
이라고 해야 할지, 궁극적으로 그것을 무엇이라고 말해야 할까.
우리는 본래 원숭이인지, 아니면 원숭이가 아닌지 우리의 본래의
모습은 누구에게 물어봐야 하는가. 우리 자신이 원숭이인지 자기
스스로도 다른 사람도 알 수 없다. 자기가 자기 자신을 찾을 수
없는 것이다. 가장 중요한 것은 남을 아는 것보다 자기 자신을
알아야 한다. 우리는 자기가 자기인지, 원숭이인지, 거울인지 조
차도 모르고 있다.

【 역주 】 15

15. 三聖院慧然禪師께서 말씀하셨다.
"역겁토록 무명이었다(歷劫無名).33)"

그런데 어찌하여 무슨 이유로 古鏡이라고 표현했을까? 이것
은 三聖院慧然이 古鏡에 대해서 깨달은 一面이며 一枚이다. 歷
劫이라고 하는 것은 一心이나 一念도 싹트기 以前이며, 겁 속
에서는 머리조차 나오지 않았다. 무명이라고 하는 것은 歷劫의
日面이며 月面이며34) 古鏡의 面이고 明鏡의 面인 것이다. 無名

---

33) 역겁무명(歷劫無名): 『碧巖錄』68則 (大正藏48, 198,a) "乃云 這獼猴各各佩一面
古鏡 聖云 歷劫無名 何以彰爲古鏡 峯云 瑕生也"

34) 일면월면(日面月面): 『碧巖錄』3則 (大正藏48, 142,c) "擧馬大師不安 院主問 和
尙近日 尊候如何 大師云 日面佛月面佛"
『碧巖錄』86則 (大正藏48, 212,a) "忽若忿怒那吒 現三頭六臂 忽若日面月面 放普

이 참된 無名이 되기 위해서는 歷劫도 또한 歷劫이 아니다. 歷劫을 이미 歷劫이 아니라고 하는 것은 三聖院慧然이 말한 것은 말이 아닌 것과 같다. 그렇지만 一念이 싹트기 이전(一念未萌以前)이라 하는 것은 今日이며, 오늘을 지나쳐 버리지 말고 練磨해야 한다. 이것이 歷劫無名이다. 이 이름이 크게 들린다. 무엇을 말하여 古鏡이라고 하는가. 龍頭蛇尾이니라.

　　이때 三聖院慧然을 향해서 雪峰이 말하기를, "古鏡古鏡"이라고 하였을 뿐이지 雪峰은 아무 말도 하지 않았다. 그런데 "흠집이 생겼다(瑕生也)."라고 한 것은 흠집을 낸 것이 된다.

　　어찌하여 '古鏡에 흠집이 생겼을 것일까.'라고 생각하지만, 古鏡에 흠집이 생겼다 함은 歷劫無名이라는 것을 바로 흠집이라고 한 것이다. 古鏡의 흠집이라고 하는 것은 古鏡 전체를 말함이다. 三聖이 아직 古鏡의 흠집의 소굴을 나오지 못했기 때문에 그가 참구해온 것은 단지 古鏡의 티끌에 지나지 않는다.

　　그러므로 古鏡도 흠집이 되며, 흠집도 고경이 됨을 참학해야 한다. 이것이 古鏡을 참학하는 것이다.

【 강의 】 15

　　15. 『벽암록』 제68칙 「혜적과 혜연」편에 의하면, 어느 날 설봉과 혜연이 장원을 거닐고 있다가 길가에서 원숭이를 만났는데 설봉이 三聖院慧然에게 말하기를,

　　"이 원숭이가 각기 하나의 고경을 차고 있네."라고 하였다.

攝慈光"

이에 삼성은

"역겁이 지나도록 이름조차 붙일 수 없거늘 어찌하여 고경이라고 하십니까?"라고 물었다.

그러자 설봉은

"거울에 흠집이 생겼구나."라는 얘기를 했다.

이 문장에서 전개되고 있는 내용은 위에서 말한 것을 토대로 하여 도원은 설하고 있다.

三聖院慧然禪師가 말하기를, "역겁토록 無名이었다."라고 하면서 그는 "무슨 이유로 古鏡이라고 했습니까?"라는 질문을 했다. 여기서 어째서 고경이라고 표현했을까? 삼성이 고경이라고 표현했기 때문에 설봉은 흠집이 생겼다라고 말하고 있다. 이것이 바로 삼성이 고경에 대해서 깨달은 한 면이며 일구이다. 역겁이라고 하는 것은 이미 마음에서는 생각이 생기기 이전의 경계이며, 겁 속에서는 머리조차 생기지 않았던 시간이다.

또 無名이라고 하는 것은 바로 해이며 달이며 고경이며 명경인 것이다. 이름이 없다는 것이 참으로 이름이 없기 위해서는 오랜 세월인 역겁 또한 역겁이 아니다. 오랜 세월이 오랜 세월이 아니라고 하는 것은 삼성이 말한 것 또한 말이 아닌 것이다. 그렇지만 한 생각이 싹트기 이전이라고 하는 것은 바로 오늘이며 현재이기 때문에 오늘을 그냥 헛되이 보내지 말고 우리는 부지런히 수행해야 한다. 이것이 바로 오랜 세월토록 이름이 없음이다. 이름이 없기 때문에 그 이름이 크게 들린다. 무엇을 가지고 말하여 고경이라고 하는가 하면, 용의 머리도 고경이며 뱀의 꼬리도 고경이다. 그러므로 그 중간도 모두 고경인 것이다. 따라서 시작과 끝과 과거와 현재와 미래는 모두 고경인 것이다.

　설봉이 삼성을 향해서 '古鏡古鏡'이라고 하였을 뿐 다른 말은 하지 않았다. 그런데 설봉이 '흠집이 생겼구나.'라고 함으로써 거울에 흠집을 내고 만 것이다. 어찌하여 고경에 흠집이 생긴 것일까라고 생각하지만, 고경에 흠집이 생겼다라고 하는 것은 오랜 세월동안 이름이 없다라는 것이니, 바로 흠집이다. 그러므로 고경은 바로 흠집이며, 흠집은 고경의 전체이다. 흠집과 고경이 따로 있는 것이 아니고 모두 하나이다. 따라서 삼성은 고경의 흠집소굴 속에서 벗어나지 못하고 있기 때문에 그가 참구해온 것은 오로지 고경의 흠집에 지나지 않는다. 따라서 고경과 흠집은 둘이 아니고 고경이 흠집이 되기도 하며, 흠집이 고경이 되기도 함을 참학해야 한다. 이것이 바로 고경을 참구하는 것이다.

【 역주 】 16

　16. 三聖은 말하기를,
　"무슨 급한 일이 있어서 話頭35)를 모르십니까?"라고 말했다.

---

35) 화두(話頭): 話頭는 公案이라고도 하는데 公案은 원래 '관청의 공문서(公府案牘)'이라는 용어에서 유래된 것으로서 관청의 공문서와 같이 참선 수행에서도 절대적인 규범성과 판단의 준칙이 되는 핵심적인 명제를 의미한다. 그러나 公案과 話頭는 엄밀하게는 서로 다른 것으로 公案은 선사와 참선자 사이의 간단한 문답 즉 선문답이며, 때로는 탁월한 기량을 보이는 선사들의 행동도 하나의 公案이다. 반면에 話頭란 公案을 이루는 선문답 중에서 선사의 답변을 말한다. 참선자를 깨달음으로 이끄는 公案 중의 포인트가 바로 話頭인 것이다. 이와 같은 話頭의 參究를 중시하는 禪을 看話禪이라 하는데, 이 看話禪은 宋代 大慧宗杲禪師의 『書狀』에서 확립되었고, 대표적인 공안집으로 『碧巖錄』 및 『無門關』 등이 있다.
　이와 같은 공안집의 출현 배경은 이전 조사들의 언어와 행동을 기록한 語錄을 수행자 자신들의 선수행의 사상적 판례로 삼기 시작한 것이 그 배경을 이

　이 말의 종지는 '무슨 화급한 일이 있는가?'라고 하는 것이다. 이른바 '화급하다'라고 하는 것은 오늘인지 내일인지 자기인지 남인지 모든 시방세계인지 중국인지를 깊이 공부 참학해야 한다.

　"화두를 알지 못한다(話頭也不識)."에서 話라고 하는 것은 말하고 있는 말도 있고, 아직 말하지 않은 말도 있고, 이미 말한 말도 있다. 지금은 화두인 道理가 現成되고 있다. 예를 들면 화두도 대지나 유정과 동시에 불도를 성취한 것인가. 더욱이 한번 사용하고 다시 되돌아온 비단은 아니다. 그러므로 不識인 것이다. 짐을 대하는 자도 모르고, 대면하는 상대도 모른다. 화두는 없는 것도 아니고, 오직 不識일 뿐이다. 不識은 항상 오직 진심이다. 더욱이 뚜렷하고 분명해서 보지 못한다.

룬다. 따라서 看話禪의 기원은 唐代 祖師禪에서 행하여진 문답으로 볼 수 있고, 宋代 看話禪 확립의 중간과정으로서는 臨濟宗의 汾陽善昭가 쓴 『頌古代別三百則』이 宋代의 백칙송고로서는 최초의 출현이고 그 뒤로 雪竇重顯의 『頌古百則』 및 圓悟克勤의 『碧巖錄』등이 있다.
『臨濟錄』(大正藏47, p.506,b) "化云: 「畢竟作麼生?」師云: 「老漢話頭也不識。」"
『天目中峯和尙廣錄』卷11上 (卍正藏60, 193,a-b) "或問佛祖機緣世稱公案者何耶幻曰公案乃喩乎公府之案牘也 法之所在而王道之治亂實係焉 公者乃聖賢一其轍天下同其途之至理也 案者乃記聖賢爲理之正文也 凡有天下者 未嘗無公府 有公府者 未嘗無案牘 蓋欲取以爲法而斷天下之不正者也 公案行則理法用 理法明則天下正 天下正則王道治矣 夫佛祖機緣目之曰 公案亦爾蓋非一人之臆見乃會靈源契妙旨破生死越情量與三世十方百千開士同稟之至理也"
『碧巖錄』序 (大正藏48, 139,b-c) "謂之公案者 倡於唐而盛於宋 其來尙矣 二字乃世間法中吏牘語 其用有三 面壁功成 行脚事了 定槃之星難明 野狐之趣易墮 其眼爲之勘辨 一呵一喝 要見實詣 如老吏據獄獻罪 底裏悉見 情款不遺一也 其次則嶺南初來 西江未吸 亡羊之岐易泣 指海之針必南 悲心爲之接引 一棒一痕要令證悟 如廷尉執法平反 出人於死二也 又其次則犯稼憂深 繁驢事重 學奕之志須專 染絲之色易悲 大善知識爲之付囑 俾之心死蒲團 一動一參 如官府頒示條令 令人讀律知法 惡念才生 旋卽寢滅三也"

【 강의 】 16

16. 三聖院慧然이 말하기를,
"무슨 급한 일이 있어서 화두조차 모르십니까?"라고 하였다.
여기서 말하는 것은 바로 설봉에게
'화두조차 챙기지 않습니까?'라는 뜻이 있다.

이 말의 뜻은 '무엇이 그렇게 급한 일이 있는가?'라는데 그 의미가 있다. 즉 다시 말하면 화급한 일이 무엇인가라는 것이다. 그런데 화급한 일이라는 것은 오늘 일로 화급한지, 내일 일로 화급한지, 자기 일로 화급한지, 남의 일로 화급한지, 시방삼세의 일로 화급한지, 중국의 일로 화급한지라는 뜻으로, 이에 대해서 깊이 공부하고 참학해야 한다.

다음으로 '화두를 알지 못한다(話頭也不識).'라고 하는 말에서 話라고 하는 것은 현재 지금 말하고 있는 말도 될 수 있고, 미래에 아직 말하지 않은 말도 될 수 있으며, 과거에 이미 말한 말도 될 수 있다. 따라서 삼세의 모든 말을 의미하고 있으므로 화두의 도리가 나타나게 된다. 예를 들면 화두는 대지나 유정이나 무정이나 동시에 불도를 성취한 것인지 아닌지. 화두라고 하는 것은 우리가 한 번 사용하고 다시 빨아서 쓸 수 있는 비단과 같은 그런 것이 아니다. 그러므로 우리는 알지 못한다. 不識이라고 하는 것은 달마대사가 양 무제를 만났을 때, 양 무제가 달마에게
'짐을 대하고 있는 그대는 누구인가.'라고 물었다.
이때 달마대사는
'不識'이라고 대답했다.
그러므로 묻는 상대도 모르고 묻는 사람자신도 모르기 때문에

不識이라고 하였다. 따라서 여기에서 화두는 없는 것도 아니고 있는 것도 아니며 오직 불식일 뿐이다. 不識이라고 하는 것은 우리의 진실된 마음이다. 그러므로 너무나 뚜렷하고 분명해서 우리는 보지 못한다.

【 역주 】 17

17. 雪峰이 말하기를,
"老僧의 罪過이다."라고 했다.

이른바 이것은 '내가 잘못했다.'라는 말이지만, 이와 같이 말했다고 할지라도 여기에서는 그런 의미는 아니다. 老僧이라는 것은 집안의 주인옹(主人翁)이다. 소위 다른 것을 참학할 필요는 없고 오직 노승을 참학해야 한다. 千變萬化가 있든 神頭鬼面[36]일지라도 참학은 오직 노승 한 분뿐이다. 부처가 오든 조사가 오든 일념만념일지라도 참학은 오직 노승 한 분뿐이다. 罪過는 주지의 일이 번거롭다는 것이다(住持事繁).[37] 생각해보면 雪峰은 德山[38]의 一角[39]이며, 三聖은 臨濟의 神足이다. 두

---

36) 신두귀면(神頭鬼面): 『金剛般若波羅密經五家解說誼』卷上 (韓佛全7, 31,a) "冶父: 往往事 因叮囑生 說誼:只這介事 要因叮囑而現 冶父: 七手八脚 神頭鬼面 棒打不開 刀割不斷 閻浮踔躍幾千廻 頭頭不離空王殿 說誼: 神用自由 妙體難覩 動彈不得 堅固難壞 生死路幾度往返 脚跟元來淸淨如空"

37) 주지사번(住持事繁): 주지 일은 무척 바쁘다.
『宏智禪師廣錄』卷2 (大正藏48, 21,b) "擧三聖問雪峯 透網金鱗 未審 以何爲食 峯云 待汝出網來向汝道 聖云 一千五百人善知識 話頭也不識 峯云 老僧住持事煩"
『碧巖錄』卷7 (大正藏48, 198,a) "聖云 歷劫無名 何以彰爲古鏡 峯云 瑕生也 聖云 一千五百人善知識 話頭也不識 峯云 罪過老僧住持事繁"

38) 덕산선감(德山宣鑑: 782-865): 唐代 스님. 靑原 문하. 덕산은 주석한 산명.

분은 모두 존숙이며, 같은 계보의 뛰어난 사람들이다. 靑原[40]
의 遠孫이며, 南嶽의 遠派이다. 古鏡을 전승해 온 것은 이와 같
은 것이다. 후학들의 귀감이 된다.

【 강의 】 17

17. 『벽암록』 68칙에 의하면 설봉은 1,500명의 대중을 거느리
고 있었는데 삼성이 말하기를,

"1,500명의 제자를 거느리고 있는 선지식이 화두도 알지 못하
십니까?"라고 하니,

설봉이 말하기를,

"노승의 罪過이다."라고 했다.

노승이 주지 일이 바빠서 그랬노라고 했다. 그런데 이 말의 뜻
은 내가 잘못했다라고 하는 것이지만, 그 의미는 진정으로 설봉

　　속성은 周씨. 劍南 출신. 20세에 출가하여 처음에는 경과 율을 공부. 『금강
　　반야경』에 정통하여 周金剛이라고도함. 龍潭崇信을 만나 30여 년 동안 참학
　　하여 그의 법을 이어받음. 덕산에 머물면서 奔放豪快한 선풍을 널리 선양했
　　음. 그 당시 중국의 두 가지 대표적 선풍을 德山棒 및 臨濟喝이라는 어구로
　　표현하고 있음.
　　『宋高僧傳』卷12 (大正藏50, 778,b) 『祖堂集』卷5 (高麗藏45, 406,a-b);『景德
　　傳燈錄』卷15 (大正藏51, 317,b);『五燈會元』卷7 (卍續藏138, 229,b)

39) 일각(一角):『景德傳燈錄』卷5 (大正藏51, 240,b) "遷又問曰 曹谿大師還識和尙否
　　師曰 汝今識吾否 曰識又爭能識得 師曰 衆角雖多一麟足矣"

40) 청원행사(靑原行思: ?-741): 唐代 스님. 청원은 주석한 산명. 성은 劉씨. 강
　　서성 吉州 安城 출신. 육조혜능에게서 법을 받아 南嶽懷讓과 함께 2대제자로
　　불림. 청원산 靜居寺에 머물면서부터 문도가 운집함. 開元 28년 11월 13일
　　입적. 희종으로부터 弘濟선사라는 호를 받음.
　　『宋高僧傳』卷9 (大正藏50, 760,c);『祖堂集』卷3 (高麗藏45, 251,b);『景德傳燈
　　錄』卷5 (大正藏51, 240,a)

이 잘못해서 뉘우치는 의미에서 말한 것은 아니다. 여기서 노승이라는 것은 그 절의 어른을 말하고 있다. 다른 것을 참학할 필요가 없다. 오직 노승만을 참학하면 된다. 즉 노승을 따르면 되는 것이다. 중국에서의 주지는 살림살이만 하는 주지가 아니어서 도력이 높은 선지식이 맡아야 한다. 어떤 변화가 있든, 신령스러운 일을 하든, 악마와 같은 일을 하든 관계없이 노승을 참구해야 한다. 그 선지식의 가르침을 따름에 있어 부처가 오든 조사가 오든 상관없이 참학해야 하고, 일념이든 만념이든 계속하여 오직 노승 한 분만을 참학해야 한다.

罪過는 주지의 일이 번거롭다는 것이다. 번거로운 주지 일 때문에 화두를 알지 못했다라고 함은 그것이 잘못이라는 것이다. 그런데 돌이켜 생각해보면, 설봉은 덕산의 뛰어난 제자이며, 삼성원 혜연은 임제의 신족이다. 이 두 분 모두는 훌륭한 선지식이며, 같은 계보로서 뛰어난 사람들이다. 설봉은 청원행사의 먼 법손이며, 혜연은 남악회양의 먼 파이기도 하다. 그러므로 이들은 정법안장의 고경을 전승해온 것이다. 따라서 후학들의 큰 귀감이 된다.

【 역주 】 18

18. 설봉이 대중에게 말하기를,

"이 세계의 넓이도 一丈(한길)이고, 古鏡의 넓이도 一丈(한길)이다. 세계의 넓이가 한 척이라면 古鏡의 넓이도 한 척이다."

그때에 현사가 화로를 가리키면서 말하기를,

"또 말씀해 주십시오. 화로의 넓이가 얼마나 됩니까?"라고 하였다.

설봉이 말하기를,

"古鏡의 넓이와 비슷하다."라고 하자,

현사가 말하기를,

"노화상의 발꿈치가 아직 땅에 닿지 않았습니다."[41]라고 하였다.

一丈, 이것을 세계라고 하고, 세계를 일장이라고 한다. 일척을 세계라고 하고, 세계를 일척이라고 한다. 지금의 일장이라고 하고, 지금의 일척이라고 한다. 더욱이 다른 장과 척(丈尺)은 아니다. 因緣을 參學하면 세계의 크기는 세상에서 말하는 무량무변의 삼천대천세계 및 무진법계이지만 오직 적은 자기로서 즉 이웃 마을을 가리키는 것과 같다.

이 세계를 통틀어서 一丈이라고 한다. 그렇기 때문에 설봉이 말하기를, "古鏡의 넓이는 一丈이고, 세계의 넓이도 一丈"이라고 하였다. 이 一丈을 배우면 세계 넓이의 一端(한 끝)을 볼 수 있다.

또한 古鏡이라고 하는 말을 한 장의 엷은 얼음과 같다고 보는 경우도 있는데 이것도 잘못된 얘기다. 古鏡의 一丈의 넓이는 세계의 일장의 넓이와 같다라고 참구할지라도 반드시 그 형태는 세계의 넓이가 끝이 없듯이 고경의 넓이도 끝이 없다는 것을 참구하는 공부를 해야 한다. 古鏡은 더욱이 한 개의

---

41) 세계활일장(世界闊一丈): 『傳燈錄』卷18 「玄沙師備章」 (大正藏51, 345,c) "雪峰曰 世界闊一尺 古鏡闊一尺. 世界闊一丈 古鏡闊一丈 師指火爐曰 火爐闊多少 雪峰曰 如古鏡闊. 師曰 老和尚 脚跟未點地"

『聯燈會要』卷21 (卍續藏136, 819) "師因雪峰云 世界闊一丈 古鏡闊一丈 世界闊一尺 古鏡闊一尺 師指火爐云 且道 火爐闊多少. 峰云 如古鏡闊. 師云這老漢 脚跟未點地在"

구슬과는 같지 않다. 밝고 어두움을 말하는 것도 아니고, 모나고 둥근 것을 말하는 것도 아니다. 진시방세계가 한 개의 밝은 구슬(一顆明珠)[42]이라고 할지라도 古鏡과는 같은 것이 될 수 없다.

그러므로 古鏡은 오랑캐와 한인이 來現하는 것과 관계없이 종횡의 어디든지 영롱하고 투명하다. 많음에 있지 않고 큼에 있지 않다. 넓이는 그 量을 말하는 것이지 廣을 의미하는 것은 아니다.

闊이라고 하는 것은 세상에서는 二寸이나 三寸이라고 하고, 7개나 8개 등으로 세는 것과 같은 것이다. 佛道의 算數로는 大悟나 不悟라고 세는 것으로 二兩, 三兩이라고 말하며 佛佛祖祖라고 세는 것으로 5장, 10장이라고 말한다.

一丈은 古鏡의 넓이이고, 古鏡의 넓이는 一枚이다. 현사가 말한 "화로의 넓이는 얼마입니까?"라고 하는 것은 숨김없는 진실한 道의 표현이다. 천년만년 동안 이것을 참학해야 한다. 지금 화로를 보는데 누가 이것을 보는 것인가? 화로를 봄에 이것은 7尺도 아니고 8尺도 아니다. 이것은 집착에서 나온 말이 아니고 새로운 세계가 펼쳐지는 것이다. 예를 들면, "그 어떤

42) 일과명주(一顆明珠): 한 개의 밝은 구슬이란 眞如의 理體를 나타내는 말. 明珠는 眞如, 佛性, 正法 등을 형용함. 이 세계의 眞實相을 표현한 말. 이 세계는 원만하여 無缺하고 표리가 없으며 내외가 玲瓏하고 非色非心하며 不二平等한 것이 마치 한 개의 밝은 구슬과 같다는 뜻.
『傳燈錄』卷18 「玄沙師備章」(大正藏51, 346,c) "盡十方世界 是一顆明珠用會作麼. 師來日却問其僧 盡十方世界 是一顆明珠 汝作麼生會. 對曰. 盡十方世界 是一顆明珠用會作麼. 師曰. 知汝向山鬼窟裏作計"
『宏智廣錄』卷5 (大正藏48, 65,b) "也無三界可出. 也無三界可入. 混混地如 一顆明珠相似."

물건이 이렇게 왔는가?시심마물임마래(是什麼物恁麼來)"43)라
는 것이다. 넓이의 多少를 말하는 것은 지금까지 말해온 多少
는 多少가 아니다. 當處의 해탈의 도리는 의심해서는 안된다.
화로가 모양이나 양이 아니라고 하는 宗旨는 현사의 말에서
들어야 한다. 目前에 있는 한 의단을 쓸데없이 땅에 떨어지도
록 내버려 두지 말라. 타파해야 한다. 이것이 공부인 것이다.

【 강의 】 18

18. 『전등록』「현사사비장」에 의하면 설봉이 대중에게 말하기를,
"이 세계의 크기가 한 장인데 고경의 크기도 한 장이다. 그런데
세계의 크기가 만약 한 척이라고 한다면 고경의 크기도 한 척이
된다."라고 하였다.

이러한 이야기를 들은 대중 가운데에 현사가 일어나서 화로를
가리키면서 말하기를,

"그러면 옆에 있는 화로의 크기는 얼마나 됩니까?"

설봉이 말하기를,

"그 화로의 크기는 고경의 크기와 비슷하느니라."라고 했다.

그러자 현사가 말하기를,

"노화상의 발꿈치가 아직 땅에 닿지 않았습니다."라고 하였다.

여기서 一丈이라고 하는 것은 바로 세계이며, 세계를 또한 일장

---

43) 시심마물임마래(是什麼物恁麼來): 『壇經』 (大正藏48, 357, b) 『傳燈錄』卷5 (大
正藏51, 240,c) "祖問 什麼處來 曰崇山來 祖曰 什麼物恁麼來 曰說似一物卽不中."
『廣燈錄』卷8 (卍續藏135, 650,a) "祖問 什麼處來. 師云崇山安禪師處來 祖云 什
麼物與麼來 師無語 經于八載 忽然有省 乃白祖云 某甲有箇會處. 祖云作麼生. 師
云說似一物卽不中."

이라고도 한다. 그러면서 또 일척을 세계라고 하고, 세계를 또 일척이라고 한다. 장과 척의 치수는 분명히 다름에도 불구하고 설봉은 장과 척을 하나로 보고 있다. 그러므로 우리들은 세상에서 말하는 그러한 척도를 재는 장과 척을 생각해서는 안된다. 이러한 설봉의 법문을 우리가 참학하면, 세계의 크기나 고경의 크기나 화로의 크기나 모두가 같을 수가 있는 것이다. 그런데 이러한 말의 뜻은 세상에서 말하는 상식적인 이치를 뛰어넘는 것이다. 세상에서 세계의 크기를 무량무변하고 삼천대천세계의 무진법계라고 하지만, 여기서 말하는 뜻은 온 우주 법계는 바로 적은 나 자신에게 있으며 내 자신이 우주법계와 다름이 없는 것이다. 또한 이것은 이웃 마을이나 내가 사는 집도 바로 우주법계와 하나인 것을 말하고 있다. 이러한 것을 통틀어서 一丈이라고 한다. 그렇기 때문에 설봉이 말한 "고경의 넓이는 일장이고 세계의 넓이도 일장이다."라고 한 것이다. 우리가 이 일장을 알면 온 세계의 넓이를 알 수 있는 것이다.

또한 고경이라고 말을 하면서도 그것은 한 장의 넓은 얼음과 같이 세상을 비추는 단순한 거울을 말하는 경우가 있는데 이것은 잘못된 이야기다. 적은 고경과 세계를 일장의 넓이로 모두 같다고 참구하는데 그 형태에 있어서 둘은 다른 것이 아니다. 세계가 끝이 없듯이 고경도 끝이 없다는 것을 우리는 참구해야 한다. 그렇다고 하여 고경이 한 개의 구슬과는 다르다. 이 고경은 밝고 어둠을 말하는 것도 아니고, 모나고 둥근 것을 말하는 것도 아니다. 「一顆明珠」권에서는 모든 시방세계가 한 개의 밝은 구슬이라고 했는데, 고경과 같은 것이 될 수 없다.

古鏡은 오랑캐가 오든지 한인이 오든지 신분과 귀천과 종교에 관계없이 그대로 다 나타난다. 종횡의 어디든지 밝고 투명하게 나타난다. 바로 이것은 우리의 마음 거울을 의미한다. 우리의 참마음은 신분과 종교에 관계없이 그대로 비치지만 분별망상심에 의해서 우리는 구분을 짓고 있다. 이러한 것은 많고 적다든지 크고 작다든지 넓고 좁다든지 이러한 의미를 초월한 것이다. 여기서 闊은 세상에서 말하는 한 자나 두 자의 크기를 재는 치수라든지, 혹은 7개나 8개 등의 숫자를 세는 것과 같은 것이다. 그런데 불도에서의 산수로 본다면 이러한 수치가 아니라, 대오를 했느냐 대오를 하지 못했느냐 하는 것으로 사람을 평가할 때 한 냥짜리냐, 두 냥짜리냐 세 냥짜리냐 라고 말하며, 부처님이나 조사를 세는 숫자도 5장이냐 10장이냐라고 한다. 이것은 바로 깨달음의 무게나 크기를 수치로 나타낸 것이다.

一丈은 古鏡의 넓이이고, 그것은 바로 불조를 세는 것과 같은 한 장이냐 두 장이냐 하는 매수를 의미하고 있다. 위에서 현사가 말한 "화로의 넓이는 얼마나 됩니까?"라고 한 것은 현사가 깨달은 경지를 숨김없이 나타낸 표현이다. 그러므로 우리들은 천년이고 만년이고 이것을 화두로 삼아서 참학해야 한다. 지금 여기에 있는 화로를 보는데 지금 화로를 보는 그 주인공이 누구인가 이렇게 참학해야 한다.

여기서 화로의 크기를 얼마인가 했다고 해서 화로를 보면서 그 넓이가 7자냐 8자냐 이렇게 따져서는 안된다. 이것은 화로 그 자체를 집착하는 데서 나온 말이 아니고, 화로를 통해서 새로운 깨달음의 세계가 전개되는 것이다. 예를 들면 남악회양스님이 육조스님이 계신 숭산에 갔을 때에 "그 어떤 물건이 이렇게 왔는가? (是什麼物恁麼來)"라고 물은 적이 있다. 이것은 바로 사람임에도 불구하고 물건이라고 했던 것이다. 그랬을 때 남악은 8년 뒤에 그 어떤 물건이라고 한 말조차도 맞지 않는 이야기라고 했다. 이 와 같이 여기서 넓이의 다소를 말한 것은 지금까지 말해온 양적인 多少는 수적인 것을 의미하는 것은 아니다. 그러므로 현사가 말한 해탈의 도리를 의심해서는 안된다. 여기서 화로가 모양이나 크기에 있지 않다고 하는 가르침은 현사의 말에서 배워야 한다. 우리가 의심덩어리를 놓아버려 화두를 땅에 떨어뜨렸을 때 우리 는 공부가 제대로 되지 않는다. 항상 눈앞에 화두의 의심덩어리 를 땅에 떨어지지 않도록 늘 챙겨야 한다. 그래서 늘 타파해야 한다. 이것이 바로 참된 공부이다.

【 역주 】 19

19. 설봉이 말하기를,
"고경의 넓이와 같다."라고 하였다.
가만히 비추어 보아야[照顧] 한다. 화로의 넓이를 한 장이라 고 말할 수는 없지만 이와 같이 말한 것이다. 一丈이라고 말하 는 것은 옳은 것이고, 고경의 넓이와 같다고 하는 것은 옳지 않은 것이 아니다. 고경의 넓이와 같다고 말한 도구[行李]44)를

---

44) 행리(行李): 여행할 때 쓰는 도구, 行裝・行脚, 일상생활 하나하나의 행위.
『虛堂錄』(大正藏47, 1063,c) "禮云 甚處來 師云 福嚴 禮云 行李在甚麼處 師云 在旦過堂 禮云 我不問爾者箇行李 師云 若是那箇行李"
『勑修百丈淸規』(大正藏48, 1147,c) "抄劄衣鉢 凡有僧病革 直病者卽白延壽堂主 稟維那請卦行李"
『肇論新疏』(大正藏45, 223,a); 『洞山錄』(大正藏47, 508,c); 『肇論』(大正藏45, 155,c); 『宗門武庫』(大正藏47, 945,b); 『宏智錄』(大正藏48,95,a)

살펴보아야 한다. 많은 사람들이 화로의 넓이가 한 장이라고
말하지 않는 것을 옳지 않다고 생각했다. 넓이의 독립을 공부
해야 하고, 고경의 한 면을 살펴보아야 하며, 如如한 일상적인
행위를 지나쳐서는 안 된다. 행동은 옛 일을 드러내고, 결코
어리석은 근기에 떨어지지 않았다(動容揚古路 不墮悄然機).45)

현사가 말하길,

"老漢의 발꿈치가 아직 땅에 닿지 않았습니다."라고 한 것은
노인[老漢]이라고도 하고, 노화상이라고도 하지만, 반드시 설
봉을 말하는 것은 아니다. 그것은 설봉은 노인이기 때문이다.
발뒤꿈치[脚跟]라고 하는 것은 어느 곳인가를 물어야 한다. 발
뒤꿈치라고 하는 것은 무엇을 말하는지 참구해야 한다. 참구
한다라고 하는 것은 정법안장을 말하는 것일까, 허공을 말하
는 것일까, 대지(盡地)를 말하는 것일까, 명맥을 말하는 것일
까, 몇 개나 있는 것일까, 한 개인가, 반 개인가, 백천만 개인
가. 이와 같이 공부해야 한다.

'아직도 땅에 닿지 않았다.'라고 하는 것은, 땅이라고 하는
것은 무엇을 말하는 것인가. 지금의 대지라고 하는 것은 한 종

---

45) 동용양고로 불타초연기(動容揚古路 不墮悄然機: 행동은 옛 일을 드러내고, 결
코 어리석은 근기에 떨어지지 않았다): 이것은 향엄지한의 오도송이다. 향엄
지한(香嚴智閑: ?-898)은 唐代의 스님이다. 그는 淸州 사람으로 어린 시절에
百丈懷海禪師에게 출가하였고, 潙山靈祐에게 참학하였으며, 南陽 무당산에 있
는 南陽慧忠 國師의 도량에서 은거하던 어느 날, 뜰을 청소하다가 돌이 대나
무에 부딪히는 소리를 듣고 홀연히 깨달아 위산의 법을 이어 받았다. 그 후
향엄산에 머물면서 위산의 종풍을 널리 선양하였다. 시호는 襲燈 대사이다.
그의 전기는 『宋高僧伝』卷13; 『祖堂集』卷19; 『五燈會元』卷9; 『聯燈會要』卷8
등에 기록되어 있다.
(卍續藏136, 566,a) "一擊忘所知 更不自修治 動容揚古路 不墮悄然機"

류의 소견[一類所見]46)에 비추어 보았을 때 땅이라고 한다. 더
구나 여러 부류들은 그 보는 방법이 다른데, 혹은 不思議解脫
法門47)으로 보기도 하고, 諸佛諸行道라고 보는 부류도 있다.
그러므로 발뒤꿈치가 닿아야 하는 땅은 무엇을 땅이라고 하는
것인가. 땅은 실제로 있는 것인가, 실제로 없는 것인가? 또 무
릇 땅이라고 하는 것은 大道 속에서 한 치라도 허락되는 것인
가. 이러한 물음이 오고 가야 하고, 타인과 자신에게도 물어야
한다. 발뒤꿈치가 땅에 닿았다고 하는 것이 옳은가, 닿지 않았
다라고 하는 것이 옳은가, 어떤 경우 땅에 닿지 않았다고 말하
는 것인가. 대지에 조금의 흙도 없을 때(大地無寸土時節)48)는
디딜 땅이 있느냐 없느냐, 아직 디디지 않은 땅이 있느냐 없느
냐. 그러므로 "노인의 발꿈치가 아직 땅에 닿지 않았습니다."
라는 것은 노인의 소식이며, 발뒤꿈치가 닿는 순간이다.

【 강의 】 19

19. 앞에서 말한 설봉의 이야기가 계속 전개되고 있다. 설봉이
대중에게 말씀하시기를,
　"고경의 넓이와 같다(如古鏡闊)."라고 했는데, 우리는 이것을 가

---

46) 일류소견(一類所見): 一水四見과 같은 말. 『攝大乘論』卷4 (大正藏68, 185,a)
　　"今譯乃約 一水四見明境非有 隋唐兩釋初明傍生見水餓鬼見陸之異見 次出人見糞穢
　　猪等見淨宅之異見 後敍人見飮食天爲不淨物之異見"
47) 부사의해탈법문(不思議解脫法門): 『像法決疑經』 (大正藏85, 1336,c) "毘尼藏聽
　　食肉者皆是不可思議."
48) 대지무촌토시절(大地無寸土時節): 『長靈守卓禪師語錄』 (卍續藏120, 319,a) "若
　　人識得心 大地無寸土 修山主出頭不得 爲什麼 不向七穿八穴處相見"

만히 비추어 보아야[照顧] 한다. 여기에 대해서 깊이 관조해 보지 않으면 안 된다. 화로의 넓이를 一丈이라고 단정해서 말할 수는 없지만, 그러나 여기서는 이와 같이 말한 것이다. 그러므로 여기서 말한 一丈이라는 말은 옳은 것이고, 고경의 넓이와 같다라고 하는 것은 잘못된 것이 아니다. 즉 말하자면 고경의 넓이가 一丈이라고 하였다고 해서 그 크기를 한정시키는 의미는 아닐 것이다. 그러므로 일장과 고경의 넓이를 같다라고 한 말의 뜻을 살펴보아야 한다. 세상사람들은 보통 화로의 크기가 한 자 정도라고 얘기하면서 거울의 크기는 한 자라고 말하고 있다. 그래서 고경이나 화로와 관계없이 한 자라고 하는 넓이만을 독립해서 참구해야 하고, 또 고경만을 독립해서 살펴보아야 하며, 우리의 일상적인 삶 속에서 행해지는 작은 일이라도 지나쳐서는 안 된다.

그리고 "행동은 옛 일을 드러내고, 결코 어리석은 근기에 떨어지지 않았다."라고 하는 이 말은 향엄지한이 도량을 청소하다가 빗자루 끝에 돌이 튀어서 대나무에 부딪치는 소리를 듣고 깨달은 게송이다.

현사가 말하길,

"老漢의 발꿈치가 아직 땅에 닿지 않았습니다."라고 한 내용 가운데 때로는 노인[老漢]이라고도 하고, 노화상이라고도 했지만, 여기서 말하는 것은 반드시 설봉만을 지칭한 것은 아니다. 여기서 노인이라고 한 것은 모든 조사와 부처가 포함된 것이며 당연히 설봉도 노인이기 때문에 여기에 포함된 것이다. 발뒤꿈치[脚跟]라고 하는 것은 어느 곳을 말하는가. 여기서 발뒤꿈치라고 해서 뒤꿈치만을 얘기하는 것이 아니라 발을 얘기하는 것일 것이다. 그러므로 여기서 발이 의미하는 것이 무슨 말인지 우리는 참구해야 한다. 그러면 다시 참구한다라고 한다는 것이 문제가 되는데, 이 말은 정법안장을 말하는 것인지, 저 텅 빈 허공을 말하는 것인지, 온 대지를 말하는 것인지, 사자상승하는 전법을 말하는 것인지, 아니면 그것이 몇 개나 되는 것인지 그 개수조차도 우리는 알 수 없다. 우리는 이와 같이 공부해야 한다.

또 다음으로 '아직도 땅에 닿지 않았다.'라고 하는 데에 있어서 땅이 의미하는 것은 무엇인가. 지금 우리가 볼 때에는 땅이라고 보지만, 다른 중생들이 볼 때는 땅이라고 보지 않고 다른 것으로 볼 수도 있다. 이와 같은 것은 『攝大乘論釋』권4에 의하면 一水四見이라고 했는데, 물이 사람들에게는 물로 보이고, 고기에게는 집으로 보이며, 귀신에게는 피로 보이고, 천상사람들에게는 유리로 보인다고 했다. 이와 같이 같은 물건이라도 중생의 부류에 따라서 각기 다르게 보이는 것을 가지고 『像法決疑經』에서는 '不思議解脫法門'이라고 하였으며, 諸佛諸行의 道라고 보기도 하였다.

그러므로 발뒤꿈치가 닿아야 하는 땅은 과연 무엇으로 우리가 땅이라고 할 수 있겠는가. 실제로 땅이라는 것이 있는 것인가 없는 것인가. 우리가 볼 때는 땅이지만 이것이 진짜로 땅인지 금인지 흙인지 알 수 없는 것이다. 우리가 땅이라고 하는 것은 하나의 고정된 관념에서 땅이라고 이름을 붙였을 뿐이다. 또 무릇 땅이라고 하는 것은 大道 속에서 보면 한 치라도 허락되는 것인지, 아니면 허락되지 않는 것인지 우리는 의문을 가지고 물어야 한다. 이러한 근본적인 물음이 오고 가야 하며, 선지식을 찾아서 묻기도 하고, 자기 자신에게 관조하여 반문하기도 해야 한다. 발뒤꿈치가 땅에 닿았다라고 하는 것이 옳은 것인지 아니면 이것이 틀리는 것인지 이것조차도 우리는 모르고 있다. 어떤 것이 땅에 닿

앇다라고 말할 수 있을까. 만약에 저 땅에 한 줌의 흙도 없다고 한다면 어디에 발을 디딜 것인가. 또 어떤 중생이 발을 디디지 않은 곳이 있겠는가. 그러므로 "노인의 발꿈치가 아직 땅에 닿지 않았습니다."라는 것은 바로 노인의 깨달음의 소식이며, 발뒤꿈치가 땅에 닿는 그 순간을 의미하는 것이 아닐까라고 생각한다.

【 역주 】 20

20. 婺州 金華山 國泰院의 弘稻禪師[49])에게 어떤 승려가 덧붙여 묻기를,

"고경을 닦지 않았을 때는 어떻습니까?"라고 하였다.

이에 선사가

"고경이니라."라고 하였다.

스님이 물었다.

"닦은 후에는 어떻습니까?"

선사가 말하기를,

"고경이니라."고 하였다.

알아야 한다. 지금 말하는 고경은 닦을 때이며, 닦지 않을 때이며, 닦은 후에도 한 개의 고경이다. 닦을 때[磨時]라고 하는 것은 고경의 전부를 닦는 것이다. 고경에 있지 않은 수은 등으로 닦는 것이 아니다. 스스로를 닦고 스스로가 닦여진다고 할지라도 고경은 닦는 것이다. 아직 닦지 않았다[未磨時]라고 하는 것은 고경이 어둡다는 것이 아니다. 검다라고는 하지

---

49) 홍도선사(弘稻禪師): 婺州金華山國泰院稻禪師로 『傳燈錄』卷21 (大正藏51, 373, a) "問古鏡未磨時如何. 師曰. 古鏡. 僧曰. 磨後如何. 師曰. 古鏡."

만 어두운 것은 아니며, 살아있는 고경[活古鏡]이다. 무릇 거
울을 닦아 거울이 되고, 벽돌을 닦아 거울이 되고 벽돌을 닦아
벽돌이 되고 거울을 닦아 벽돌이 된다. 닦아서 되지 않는 것도
있으며, 되는 것도 있다고 하지만 닦는 것을 얻을 수 없다. 불
조의 가업도 이와 같다.

【 강의 】 20

20. 현사사비의 법사인 婺州 金華山 國泰院의 弘瑫禪師에게 어떤
승려가 묻기를,
"고경을 닦지 않았을 때는 어떻습니까?"라고 했다. 즉 이 말은
고경에 먼지가 앉아 있을 때를 말하는 것이다. 이에 대해 홍도선
사는,
"고경이니라.(古鏡)"라고 했다. 이는 다시 말하면 먼지가 앉았더
라도 고경은 그대로 고경인 것이다. 본래의 불성에 무명이 쌓여
있다 할지라도 여래의 본성은 변함이 없음을 의미하는 것이다.
　또 스님이 물었다.
"그러면 닦은 후에는 어떻습니까."라고 했다.
　이에 대해 선사가 말하기를,
"고경이니라.(古鏡)"라고 했다.
　다시 말하면 먼지를 털어낸 후에도 고경은 그대로 고경인 것이
다. 무명에 쌓여 있든, 무명이 없어졌든 간에 우리의 불성은 변함
이 없는 것이다. 즉 여기서 말하는 고경이라는 것은 바로 여래의
본성을 의미한다. 그러므로 때를 닦았든, 때를 닦지 않았든 관계
없이 그대로 한 개의 고경인 것이다.

때를 닦았을 때[磨時]라고 하는 것은 고경에 쌓여있는 먼지를 전부 닦아낸 것이다. 즉 이는 무명을 없앤 것을 말한다. 고경을 닦는다고 하여 수은 등의 어떤 물질로 닦는 것이 아니라 마음으로 닦는 것이다. 스스로 자신을 닦음으로 무명은 없어지고 고경의 밝은 모습은 나타나는 것이다.

아직 닦지 않았다[未磨時]라고 하는 것은 고경이 어둡다는 것이 아니다. 즉 이는 고경에 먼지가 쌓여있을 뿐이지 고경 본체가 어두워진 것은 아니다. 때를 닦았든 그대로 두었든 간에 고경은 그대로 살아있는 고경[活古鏡]인 것이다. 거울을 닦아 거울이 되기도 하고, 벽돌을 닦아 거울이 되기도 하고, 벽돌을 닦아 벽돌이 되기도 하고, 거울을 닦아 벽돌이 되기도 한다. 이는 바로 본래의 모습에 변함이 없음을 의미한다. 거울이든 벽돌이든 그 본체는 모두 청정하고 無垢한 것이다. 사실은 닦는다고 표현은 하였지만 닦아서 되는 것도 아니고, 또 그대로 놔두어서 되는 것도 아니다. 본래 갖추어진 것을 여여하게 드러낼 뿐이다. 이러한 도리는 불조의 가업을 이음에도 해당된다.

【 역주 】 21

21. 江西馬祖50)가 옛날에 南嶽에게 참학하였을 때, 남악이

---

50) 마조도일(馬祖道一: 709-788): 漢州 什邡 사람. 속성은 馬씨, 어렸을 적에 資州의 唐 곧 處寂에게 출가. 渝州의 圓律師에게 계를 받다. 개원 연간 (713-741)에 남악회양에게 가서 禪을 익혀 心印을 받다. 대력 연간 (766-779)에 江西 鐘陵의 개원사에 들어가니, 그때부터 학자가 운집하여 선풍을 드날렸다. 貞元 4년 建昌의 石門山에서 입적. 세수 80. 제자로는 百丈・大梅・鹽官・南泉・西堂 등 139인이 있었다. 南嶽의 종풍은 실로 도일에 의하

일찍이 心印을 마조에게 은밀히 전해 주었다. 여기서 벽돌을 간다[磨塼]51)라고 하는 말이 처음으로 나오게 되었다. 마조가 傳法院에 주석하면서 항상 좌선하기를 십여 년이 되었다. 비오는 밤에 초암이 어떤 지를 상상해 보아야 하고, 눈 오는 혹한에도 좌선을 게을리 하지 않았음은 말할 필요도 없다.

남악선사가 어느 날 마조의 초암에 갔을 때, 마조는 서서 맞이했다.

남악이 말하기를,

"요즘 그대는 무엇을 하고 있느냐?"라고 하였다.

마조가 말하기를,

"요즘 이 도일은 오직 앉아있을 뿐[祇管打坐]52)입니다."라고 하였다.

남악이 말하기를,

"坐禪해서 무엇을 하려고 하는가?"라고 하니,

마조가 말하기를,

"좌선해서 부처가 되려고 합니다."라고 하였다.

남악은 곧 한 개의 벽돌을 가지고 마조의 초암 근처에서 돌에다 대고 갈았다. 마조가 이것을 보고 묻기를,

"화상께서는 무엇을 하십니까?"라고 하니,

남악이 말하기를,

"벽돌을 가느니라."

여 떨치게 되었다. 시호는 大寂禪師. 세상에서는 江西馬祖라고 일컫다.

51) 마전(磨塼):『景德傳燈錄』卷5「南嶽懷讓章」(大正藏51, 240,c)

52) 지관타좌(祇管打坐): 오직 좌선할 뿐이라는 뜻. 도원사상의 특징을 잘 드러낸 용어. 묵조선 수행의 방식으로 좌선을 강조하는 말임.

마조가 말하기를,

"벽돌을 갈아 무엇에 쓰려고 하십니까?"

남악이 말하기를,

"거울을 만들려고 한다."

마조가 말하기를,

"벽돌을 갈아서 어찌 거울을 만들 수 있겠습니까?"

남악이 말하기를,

"좌선으로 어찌 부처가 되겠느냐."라고 했다.

【 강의 】 21

21. 강서의 마조도일 선사가 남악회양에게 참학하여 남악으로부터 心印을 전해 받았다. 그 기연이 된 것은 바로 벽돌을 가는 [磨塼] 문제로 시작되었다. 그래서 벽돌을 갈아서 부처가 된다고 하는 말은 여기서부터 나왔는데, 이에 대한 자세한 상황은 『전등록』의 「남악장」에 나온다.

흔히 우리들은 塼을 기왓장으로 얘기하고 있는데 여기서는 벽돌이라고 하였다. 마조가 傳法院에 주석하면서 십여 년 동안 좌선을 게을리 하지 않았다. 그의 초암은 비오는 밤에는 비가 새고, 눈 오는 한 겨울에는 얼음장처럼 추웠다. 그러나 초암에 비가 새더라도 좌선을 게을리 하지 않았고, 혹한이 몰아치는 겨울에도 좌선을 게을리 하지 않기를 십여 년이 되었다. 그러던 어느 날 남악선사가 마조의 초암을 찾아갔는데, 마조는 좌선을 하다가 일어서서 맞이하였다.

남악이 묻기를,

"요즘 그대는 무엇을 하고 있느냐?"라고 하였다.

이에 대해 마조는,

"요즘 이 道一은 오직 앉아 있을 뿐[祇管打坐]입니다."라고 하였다. 그런데 사실은 「남악장」에 보면 祇管打坐라는 말은 없다. 이 말은 道元이 사용한 것으로 보인다.

남악이 말하기를,

"坐禪해서 무엇을 하려고 하는가."라고 하니,

마조가 말하기를

"좌선해서 부처가 되려고 합니다."라고 하였다. 이 말을 들은 남악은 마조의 잘못됨을 일깨워주기 위해서 한 장의 벽돌을 가지고 돌에다 대고 갈기 시작했다. 이것을 보고 마조는 묻기를,

"화상께서는 무엇을 하십니까?"라고 하였다.

이 상황은 앞의 경우와는 정반대이다. 그러자 남악이 말하기를,

"거울을 만들려고 한다."라고 했다. 여기서 마조는 부처가 되고자 했고, 남악은 거울을 만들고 했다. 이것은 거울과 부처가 둘이 아님을 나타내고 있다. 마조가 말하기를,

"벽돌을 갈아서 어찌 거울을 만들 수 있겠습니까?"라고 하니,

남악이 말하기를,

"좌선으로 어찌 부처가 되겠느냐."라고 하였다.

여기서 보는 바와 같이 앉아 있는 그 자체만으로 부처가 될 수 없듯이 좌선이든 거울이든 벽돌이든 닦는다는 행위 자체에 집착하는 것만으로는 부처가 될 수 없고 거울도 될 수 없다. 이것은 행위 자체 즉, 좌선에만 집착한 것을 일깨워 준 가르침을 담고 있다고 할 수 있다.

【 역주 】 22

22. 이 一段의 大事는 옛날부터 수백 년에 이르도록 많은 사람들이 南嶽이 오로지 馬祖를 격려했다라고 생각한 것이다. 그러나 지금까지 반드시 그렇지 않다. 大聖의 행적은 범부의 경계를 훨씬 뛰어넘을 뿐이다. 만약 大聖이 벽돌을 갈지 않았다면 어찌 사람을 위하는 방편을 나타냈을까. 사람을 위하는 힘은 佛祖의 骨髓이다.

예컨대 터득했다[構得]고 할지라도 이것은 또한 家具이다. 家具調度가 아니라면 佛家에 전해지지 않았을 것이다. 더구나 이미 마조를 접화한 것은 신속했다. 분명히 佛祖正伝의 공덕을 직접 전해준 것이다. 참으로 알아야 한다. 벽돌을 갈아서 거울이 되었을 때 마조도 부처가 될 것이다. 마조가 부처가 되었을 때 마조는 바로 본래의 마조가 되는 것이다. 마조가 마조로 되었을 때 좌선이 바로 좌선이 되는 것이다. 이러한 이유로 벽돌을 갈아서 거울을 만든다고 하는 것이 古佛의 골수로서 지켜져 온 것이다.

그러므로 벽돌이 고경이 되는 것이다. 이 거울을 갈았을 때 과거에도 오염되어 있지 않았다. 벽돌에 티끌이 묻어 있지 않고 오직 벽돌인 것을 벽돌로 가는 것이다. 여기에서 거울을 만드는 공덕을 이루는 것이며, 곧 이것이 불조의 공부이다. 만약 벽돌을 갈아서 거울이 되지 않는다면 거울을 갈아도 거울이 될 수 없다. 이 만드는 것[作]으로 부처가 되며[作佛], 거울이 됨[作鏡]을 누가 예측할 수 있을까? 또한 의심하기를 고경을 갈 때에 실수로 벽돌을 갈지 않았을까라고 하기도 한다. 갈 때의 消息은 다른 때에는 알 수 없는 것이다. 그렇지만 남악의 道는 정말로 道를 얻었기 때문에 결국에는 벽돌을 갈아 거울을 만든 것이다. 지금 사람들도 벽돌을 가지고 실제로 갈아보아야 한다. 틀림없이 거울이 될 것이다. 만약 벽돌이 거울로 되지 않는다면 사람도 부처가 될 수 없을 것이다. 벽돌을 진흙덩어리[泥團]라고 업신여긴다면 사람도 진흙덩어리라고 업신여겨질 것이다. 만약 사람에게 마음이 있다면 벽돌에도 마음이 있을 것이다. 또 누가 알 것인가. 벽돌이 오면 벽돌을 나투는 것이 거울임을. 또한 누가 알 것인가. 거울이 오면 거울을 나투는 것이 거울임을.

仁治二年(1241) 辛丑 九月 九日
觀音導利興聖寶林寺 示衆
인치 2년(1241) 신축 9월 9일 중양절
관음도리흥성보림사에서 시중설법하다

【 강의 】 22

22. 위에서 말한 바와 같이 벽돌을 갈아서 부처가 된다라고 하는 이야기는 마조 이후부터 지금까지 많은 사람들에게 회자되어 왔다. 南嶽이 스스로 馬祖를 위해 벽돌을 갈았다라고 생각하고 있는 것이다. 그러나 반드시 그렇지만은 않다. 성인의 행적은 범부들이 생각하는 것과 같은 좁은 경계가 아니고 상상을 뛰어넘는 초월적인 경계이다. 만약에 남악이 벽돌을 갈지 않았다면 사람들을 위하여 어떠한 방편을 나타냈을까. 불조의 경계에 이른 사람

들이 중생을 위하여 방편을 나투는 것은 바로 보살의 원력이며, 佛祖의 骨髓이다. 이러한 행위는 마조만을 위해서 했던 것이 아니고 후대의 많은 사람들을 위해 이러한 방편으로 깨달음을 얻게 하였다.

설사 예컨대 터득했다[構得]고 할지라도 이것은 또한 家具이다. 어떠한 경지를 얻었다고 할지라도 이것은 모두 하나의 장식품이다. 집안에서 장식품을 필요한 제자리에 놓아두는 것과 같이 불가에서도 조사들의 행적이나 가르침을 제자리에 잘 배치해두고 있는 것이다. 남악이 마조에게 깨달음을 준 것은 순식간의 일이었다. 이러한 것은 분명히 전해져오고 직접 전해준 것이다. 이것이 바로 佛祖正伝의 공덕임을 우회적으로 가르친 것이 아니라 바로 直指해 준 것이다. 우리들은 참으로 알아야 한다. 남악이 벽돌을 갈아서 거울을 만들었을 때 마조는 좌선을 하여서 부처가 되었을 것이다. 그렇다고 하여 마조가 부처가 되었을 때 지금까지 마조와는 다른 마조가 부처가 된 것이 아니라 과거의 마조가 그대로 부처가 된 것이다. 부처가 된 마조는 바로 본래의 마조 그대로를 나투었을 뿐이다. 이렇게 된다면 좌선은 바로 그대로 좌선이 되는 것이다. 그러므로 벽돌을 갈아서 거울을 만든다고 하는 것이 古佛의 골수로서 지켜져 온 것이다. 이것을 우리는 잊어서는 안된다.

그렇다면 벽돌이 고경이 되는 것이다. 벽돌이 바로 고경이며 고경이 고경이고 고경이 벽돌인 것이다. 거울을 갈았다고 해서 오염되고 있는 것을 벗겨낸 것이 아니고 과거에도 그대로이고, 현재에도 그대로이며, 미래에도 청정무구일 것이다. 벽돌에도 티끌이 묻어 있지 않고 오직 청정한 벽돌 그대로인 그것을 가는 것이다. 이렇게 하였을 때 벽돌을 가지고 거울을 만드는 功德을 이루는 것이며, 중생이 부처가 되는 것이기 때문에 이것이 바로 불조의 공부인 것이다. 만약 남악이 벽돌을 갈았으나 거울이 되지 않았다고 한다면 마조가 참선을 하여서 부처가 될 수 없었을 것이다. 남악이 거울을 갈아도 거울이 될 수 없었을 것이다.

만약 된다는 것[作]으로 부처가 되며[作佛], 거울이 됨[作鏡]을 누가 예측할 수 있을까? 여기서 作이라고 하는 것을 된다, 만든다, 이룬다라고 해석할 수 있는데, 이것을 作佛이라고 하여 부처가 되고 作鏡이라 하여 거울이 됨을 말하고 있다. 그러나 어떤 사람들은 남악이 벽돌을 간 것을 가지고 그가 고경을 갈아야 되는데 실수로 벽돌을 갈지 않았을 까라고 생각하는 사람들도 있다. 남악이 벽돌을 가는 그 소식을 다른 때에는 알 수 없다. 마조가 부처가 되기 위하여 열심히 좌선을 하고 있었기 때문에 남악이 벽돌을 가는 것이 큰 깨달음의 계기가 되었다. 아무 때나 남악이 벽돌을 갈았다고 한다면 아무런 소용이 없었을 것이다. 그것은 남악이 이미 도를 얻었기 때문에 벽돌을 갈아서 거울을 만들 수 있었던 것이다.

이것이 바로 선지식의 역할이며 줄탁동시의 계기를 마련해 주는 것이다. 그러므로 지금 사람들도 부지런히 좌선을 하여 부처가 되도록 노력하여야 한다. 실제로 벽돌을 한번 갈아보아야 한다. 마조처럼 열심히 노력하였다고 한다면 반드시 벽돌이 거울이 될 수 있을 것이다. 만약 벽돌이 거울로 되지 않는다고 한다면 범부중생은 절대 부처가 될 수 없을 것이다. 만약 벽돌을 진흙덩어리[泥團]라고 업신여긴다면 사람도 영원히 부처가 될 수 없고 중생으로만 남아 있어 업신여겨 질 것이다. 만약 사람에게 마음

이 있다면 벽돌에도 마음이 있는 것이다. 이것을 가지고 우리는
불성 또는 법성이라고 말한다. 참된 거울은 벽돌이 오면 벽돌을
나투며 거울이 오면 거울을 있는 그대로 나툰다. 이와 같이 우리
의 마음 거울도 본래 부처이기 때문에 모든 삼라만상을 있는 그
대로 나툴 뿐임을 알아야 한다.

20. 古鏡

1. 諸仏諸祖の受持し単伝するは古鏡なり。同見同面なり、同像同鋳なり、同参同証す。胡来胡現、十万八千、漢来漢現、一念万年なり。古来古現し、今来今現し、仏来仏現し、祖来祖現するなり。

2. 第十八祖伽耶舎多尊者は、西域の摩提国の人なり。姓は鬱頭藍、父名天蓋、母名方聖。母氏かつて夢見にいはく、ひとりの大神、おほきなるかがみを持してむかへりと。ちなみに懐胎す、七日ありて師をむめり。師、はじめて生ぜるに肌体みがける瑠璃のごとし。いまだかつて洗浴せざるに自然に香潔なり。いとけなくより閑静をこのむ、言語よのつねの童子にことなり。うまれしより一の浄明の円鑑、おのづから同生せり。

円鑑とは円鏡なり、奇代の事なり。同生せりといふは、円鑑も母氏の胎よりむめるにはあらず。師は胎生す、師の出胎する同時に、円鑑きたりて、天真として師のほとりに現前して、ひごろの調度のごとくありしなり。この円鑑、その儀よのつねにあらず。童子むかひきたるには円鑑を両手にささげきたるがごとし、しかあれども童面かくれず。童子さりゆくには円鑑をおほうてさりゆくがごとし、しかあれども童身かくれず。童子睡眠するときは円鑑そのうへにおほふ、たとへば花蓋のごとし。童子端坐のときは円鑑その面前にあり。おほよそ動容進止にあひしたがふなり。しかのみにあらず、古来今の仏事、ことごとくこの円鑑にむかひてみることをう。また天上人間の衆事諸法、みな円鑑にうかみてくもれるところなし。たとへば、経書にむかひて照古照今をうるよりも、この円鑑よりみるはあきらかなり。

しかあるに、童子すでに出家受戒するとき、円鑑これより現前せず。この

ゆゑに近里遠方、おなじく奇妙なりと讃歎す。まことに此娑婆世界に比類すくなしといふとも、さらに他那裡に親族かくのごとくなる種胤あらんことを莫怪なるべし、遠慮すべし。まさにしるべし、若樹若石に化せる経巻あり、若田若里に流布する知識あり。かれも円鑑なるべし。いまの黄紙朱軸は円鑑なり、たれか師をひとへに希夷なりとおもはん。

3.　あるとき出遊するに、僧伽難提尊者にあうて、直にすすみて難提尊者の前にいたる。尊者とふ、汝が手中なるはまさに何の所表かある。有何所表を問著にあらずとききて参学すべし。

師いはく、諸仏大円鑑、内外無瑕翳、両人同得見、心眼皆相似（諸仏の大円鑑は内外瑕翳なし。両人同じく得見あり、心と眼と皆相似たり）。

しかあれば、諸仏大円鑑、なにとしてか師と同生せる。師の生来は大円鑑の明なり。諸仏はこの円鑑に同参同見なり。諸仏は大円鑑の鋳像なり。大円鑑は、智にあらず理にあらず、性にあらず相にあらず。十聖三賢等の法のなかにも大円鑑の名あれども、いまの諸仏の大円鑑にあらず。諸仏かならずしも智にあらざるがゆゑに諸仏に智慧あり。智慧を諸仏とせるにあらず。

参学しるべし、智を設著するは、いまだ仏道の究竟設にあらざるなり。すでに諸仏大円鑑たとひわれと同生せりと見聞すといふとも、さらに道理あり。いわゆるこの大円鑑、この生に接すべからず、他生に接すべからず。玉鏡にあらず銅鏡にあらず、肉鏡にあらず髄鏡にあらず。円鑑の言偈なるか、童子の設偈なるか。童子この四句の偈をとくことも、かつて人に学習せるにあらず。かつて或従経巻にあらず、かつて或従知識にあらず。円鑑をささげてかくのごとくとくなり。師の幼稚のときより、かがみにむかふを常儀とせるのみなり。生知の弁慧あるがごとし。大円鑑の童子と同生せるか、童子の大円鑑と同生せるか、まさに前後生もあるべし。大円鑑は、すなはち諸仏の功徳

なり。

4. このかがみ、内外にくもりなしといふは、外にまつ内にあらず、内にくもれる外にあらず。面背あることなし、両箇おなじく得見あり。心と眼とあひにたり。相似といふは、人の人にあふなり。たとひ内の形像も、心眼あり、同得見あり。たとひ外の形像も、心眼あり、同得見あり。いま現前せる依報正報、ともに内に相似なり、外に相似なり。われにあらず、たれにあらず、これは両人の相見なり、両人の相似なり。かれもわれといふ、われもかれとなる。

心と眼と皆相似といふは、心は心に相似なり、眼は眼に相似なり。相似は心眼なり。たとへば心眼各相似といはんがごとし。いかならんかこれ心の心に相似せる。いはゆる三祖六祖なり。いかならんかこれ眼の眼に相似なる。いはゆる道眼被眼碍（道眼、眼の碍を被る）なり。

いま師道得する宗旨かくのごとし。これはじめて僧伽難提尊者に奉覲する本由なり。この宗旨を挙拈して、大円鑑の仏面祖面を参学すべし、古鏡の眷属なり。

5. 第三十三祖大鑑禅師、かつて黄梅山の法席に功夫せしとき、壁書して祖師に呈する偈にいはく、

菩提本無樹、
明鏡亦非台。
本来無一物、
何処有塵埃。

（菩提もと樹無し、明鏡また台に非ず。本来無一物、何れの処にか塵埃有らん。）

しかあれば、この道取を学取すべし。大鑑高祖、よの人これを古仏

といふ。

　圜悟禅師いはく、稽首曹谿真古仏。

　しかあればしるべし、大鑑高祖の明鏡をしめす、本来無一物、何処有塵埃なり。明鏡非台、これ命脈あり、功夫すべし。明明はみな明鏡なり。かるがゆゑに明頭来明頭打といふ。いづれのところにあらざれば、いづれのところなし。いはんやかがみにあらざる一塵の、尽十方界にのこれらんや。かがみにあらざる一塵の、かがみにのこらんや。しるべし、尽界は塵刹にあらざるなり、ゆゑに古鏡面なり。

　6．南嶽大慧禅師の会に、ある僧とふ、

　如鏡鋳像、光帰何処(鏡の像の鋳るが如き、光何れの処にか帰す)。

　師云、大徳未出家時相貌、向甚麼処去(大徳未出家時の相貌、甚麼の処に向つてか去る)。

　僧曰、成後為甚麼不鑑照(成りて後、甚麼としてか鑑照せざる)。

　師云、雖不鑑照、瞞他一点也不得(鑑照せずと雖も、他の一点をも瞞ずること、又不得なり)。

　いまこの万像は、なにものとあきらめざるに、たづぬれば鏡を鋳成せる証明、すなはち師の道にあり。鏡は金にあらず玉にあらず、明にあらず像にあらずといへども、たちまちに鋳像なる、まことに鏡の究弁なり。

　光帰何処は、如鏡鋳像の如鏡鋳像なる道取なり。たとへば、像帰像処(像は像の処に帰す)なり、鋳能鋳鏡(鋳は能く鏡を鋳る)なり。大徳未出家時相貌、向甚麼処去といふは、鏡をささげて照面するなり。このとき、いづれの面面かすなはち自己面ならん。

　師いはく、雖不鑑照、瞞他一点也不得といふは、鑑照不得なり、瞞他不得なり。海枯不到露底(海枯れて底を露はすに到らず)を参学すべし、

莫打破、莫動著（打破すること莫れ、動著すること莫れ）なり。しかありといへども、さらに参学すべし、拈像鋳鏡（像を拈じて鏡を鋳る）の道理あり。当恁麼時は、百千万の鑑照にて、瞞瞞点点なり。

7．雪峰真覚大師、あるとき衆にしめすにいはく、

要会此事、我這裡如一面古鏡相似。胡来胡現、漢来漢現（此の事を会せんと要せば、我這裡、一面の古鏡の如く相似なり。胡来胡現し、漢来漢現す）。

時玄沙出問、忽遇明鏡来時如何（時に玄沙出でて問ふ、忽ちに明鏡来に遇はん時、如何）。

師云、胡漢倶隠（胡漢倶に隠る）。

玄沙曰、某甲即不然（某甲は即ち然らず）。

峰云、儞作麼生。

玄沙曰、請和尚問（請すらくは和尚問ふべし）。

峰云、忽遇明鏡来時如何（忽ち明鏡来に遇はん時如何）。

玄沙曰、百雑砕。

しばらく雪峰道の此事といふは、是什麼事と参学すべし。しばらく雪峰の古鏡をならひみるべし。如一面古鏡の道は、一面とは、邊際ながく断じて、内外さらにあらざるなり。一珠走盤の自己なり。いま胡来胡現は、一隻の赤鬚なり。漢来漢現は、この漢は、混沌よりこのかた、盤古よりのち、三才五才の現成せるといひきたれるに、いま雪峰の道には、古鏡の功徳の漢現せり。いまの漢は漢にあらざるがゆゑに、すなはち漢現なり。いま雪峰道の胡漢倶隠、さらにいふべし、鏡也自隠なるべし。

玄沙道の百雑砕は、道也須是恁麼道（道ふことは須らく是れ恁麼道なるべし）なりとも、比来責儞、還吾砕片来。如何還我明鏡来（比雷儞に責

む、吾れに砕片を還し来れと。如何が我れに明鏡を還し来る）なり。

8. 黄帝のとき十二面の鏡あり、家訓にいはく、天授なり。又広成子の崆峒山にして与授せりけるともいふ。その十二面のもちゐる儀は、十二時に時時に一面をもちゐる、又十二月に毎月毎面にもちゐる、十二年に年年面面にもちゐる。いはく、鏡は広成子の経典なり。黄帝に伝授するに、十二時等は鏡なり。これより照古照今するなり。十二時もし鏡にあらずよりは、いかでか照古あらん。十二時もし鏡にあらずは、いかでか照今あらん。いはゆる十二時は十二面なり、十二面は十二鏡なり、古今は十二時の所使なり。この道理を指示するなり。これ俗の道取なりといへども、漢現の十二時中なり。

軒轅黄帝膝行進崆峒、問道乎広成子（軒轅黄帝、膝行して崆峒に進んで、道を広成子に問ふ）。

于時広成子曰、鏡是陰陽本、治身長久。自有三鏡、云天、云地、云人。此鏡無視無聴。抱神以静、形将自正。必静必清、無労汝形、無揺汝精、乃可以長生（時に広成子曰く、鏡は是れ陰陽の本、身を治めて長久なり。自ら三鏡有り、云く天、云く地、云く人。此の鏡、無視なり、無聴なり。神を抱めて以て静に、形、将に自ら正しからんとす。必ず静にし必ず清にし、汝が形を労すること無く、汝が精を揺すことが無くんば、乃ち以て長生すべし）。

9. むかしはこの三鏡をもちて、天下を治し、大道を治す。この大道にあきらかなるを天地の主とするなり。俗のいはく、太宗は人をかがみとせり。安危理乱、これによりて照悉するといふ。三鏡のひとつをもちゐるなり。人を鏡とするときては、博覧ならん人に古今を問取せば、聖賢の用舎をしりぬべし、たとへば、魏徴をえしがごとく、房玄齢をえしがごとしとおもふ。これをかくのごと

く会取するは、太宗の人を鏡とすると道取する道理にはあらざるなり。人をか
がみとすといふは、鏡を鏡とするなり、自己を鏡とするなり。五行を鏡とするな
り、五常を鏡とするなり。人物の去来をみるに、来無迹、去無方を人鏡の
道理といふ。賢不肖の万般なる、天象に相似なり。まことに経緯なるべし。
人面鏡面、日面月面なり。五嶽の精および四瀆の精、世をへて四海をすま
す、これ鏡の慣習なり。人物をあきらめて経緯をはかるを太宗の道といふな
り、博覧人をいふにはあらざるなり。

　日本国自神代有三鏡、璽之与剣、而共伝来至今。一枚在伊勢大神
宮、一枚在紀伊国日前社、一枚在内裡内侍所（日本国、神代より三鏡
有り。璽と剣と、而も共に伝来して今に至る。一枚は伊勢大神宮に在り、
一枚は紀伊国日前社に在り、一枚は内裏内侍所に在り）。

10. しかあればすなはち、国家みな鏡を伝持すること、あきらかなり。鏡を
えたるは国をえたるなり。人つたふらくは、この三枚の鏡は、神位とおなじく伝
来せり、天神より伝来せりと相伝す。しかあれば、百練の銅も陰陽の化成な
り。今来今現、古来古現ならん。これ古今を照臨するは、古鏡なるべし。
　雪峰の宗旨は、新羅来新羅現、日本来日本現ともいふべし。天来天
現、人来人現ともいふべし。現来をかくのごとくの参学すといふとも、この現
いまわれらが本末をしれるにあらず、ただ現を相見するのみなり。かならずしも
来現をそれ知なり、それ会なりと学すべきにあらざるなり。いまいふ宗旨は、胡
来は胡現なりといふか。胡来は一条の胡来にて、胡現は一条の胡現なるべ
し。現のための来にあらず。古鏡たとひ古鏡なりとも、この参学あるべきなり。
　玄沙出てとふ、たちまちに明鏡来にあはんに、いかん。

11. この道取、たづねあきらむべし。いまいふ明の道得は、幾許なるべき

ぞ。いはくの道は、その来はかならずしも胡漢にはあらざるを、これは明鏡な
り、さらに胡漢と現成すべからずと道取するなり。明鏡来はたとひ明鏡来なりと
も、二枚なるべからざるなり。たとひ二枚にあらずといふとも、古鏡はこれ古鏡
なり、明鏡はこれ明鏡なり。古鏡あり明鏡ある証験、すなはち雪峰と玄沙と
道取せり。これを仏道の性相とすべし。この玄沙の明鏡来の道話の七通八
達なるとしるべし。八面玲瓏なること、しるべし。逢人には即出なるべし、出
即には接渠なるべし。しかあれば、明鏡の明と古鏡の古と、同なりとやせ
ん、異なりとやせん。明鏡に古の道理ありやなしや、古鏡に明の道理ありや
なしや。古鏡といふ言によりて、明なるべしと学することなかれ。宗旨は吾亦
如是あり、汝亦如是あり。西天諸祖亦如是の道理、はやく練磨すべし。
祖師の道得に、古鏡は磨ありと道取す。明鏡もしかるべきか、いかん。まさ
にひろく諸仏諸祖の道にわたる参学あるべし。

12. 雪峰道の胡漢俱隠は、胡も漢も、明鏡時は俱隠なりとなり。この俱隠
の道理、いかにいふぞ。胡漢すでに来現すること、古鏡を相罣礙せざる
に、なにとしてかいま俱隠なる。古鏡はたとひ胡来胡現、漢来漢現なりとも、
明鏡来はおのづから明鏡来なるがゆゑに、古鏡現の胡漢は俱隠なるなり。
しかあれば、雪峰道にも古鏡一面あり、明鏡一面あるなり。正当明鏡来の
とき、古鏡現の胡漢を罣礙すべからざる道理、あきらめ決定すべし。いま道
取する古鏡の胡来胡現、漢来漢現は、古鏡上に来現すといはず、古鏡裡
に来現すといはず、古鏡外に来現すといはず、古鏡と同参来現すといは
ず。この道を聴取すべし。胡漢来現の時節は、古鏡の胡漢を現来せしむる
なり、胡漢俱隠ならん時節も、鏡は存取すべきと道得せるは、現にくらく、来
におろそかなり。錯乱といふにおよばざるものなり。

13. ときに玄沙いはく、某甲はすなはちしかあらず。

雪峰いはく、なんぢ作麼生。

玄沙いはく、請すらくは和尚とふべし。

いま玄沙のいふ請和尚問のことば、いたづらに蹉過すべからず。いはゆる和尚問の来なる、和尚問の請なる、父子の投機にあらずは、為甚如此（甚と為てか此の如くなる）なり。すでに請和尚問ならん時節は、恁麼人さだめて問処を若会すべし。すでに問処の霹靂するには、無廻避処なり。

雪峰いはく、忽遇明鏡来時如何。

この問処は、父子ともに参究する一条の古鏡なり。

玄沙いはく、百雑砕。

この道取は、百千万に雑砕するとなり。いはゆる忽遇明鏡来時は百雑砕なり。百雑砕を参得せんは明鏡なるべし。明鏡を道得ならしむるに、百雑砕なるべきがゆゑに。雑砕のかかれるところ、明鏡なり。さきに未雑砕なるときあり、のちにさらに不雑砕ならん時節を管見することなかれ。ただ百雑砕なり。百雑砕の対面は孤峻の一なり。しかあるに、いまいふ百雑砕は、古鏡を道取するか、明鏡を道取するか。更請一転語（更に一転語を請ふ）なるべし。また古鏡を道取するにあらず、明鏡を道取するにあらず。古鏡明鏡はたとひ問来得なりといへども、玄沙の道取を擬議するとき、砂礫牆壁のみ現前せる舌端となりて、百雑砕なりぬべきか。砕来の形段作麼生。

万古碧潭空海月。

14. 雪峰真覚大師と三聖院慧然禅師と行次に、ひとむれの獼猴をみる。ちなみに雪峰いはく、この獼猴、おのおの一面の古鏡を背せり。

この語よくよく参学すべし。獼猴といふはさるなり。いかならんか雪峰のみる獼猴。かくのごとく問取して、さらに功夫すべし。経劫をかへりみることなか

れ。おのおの一面の古鏡を背せりとは、古鏡たとひ諸仏祖面なりとも、古鏡は向上にも古鏡なり。獼猴おのおの面面に背せりといふは、面面に大面小面あらず、一面古鏡なり。背すといふは、たとへば、絵像の仏のうらをおしつくるを、背すとはいふなり。獼猴の背を背するに、古鏡にて背するなり。使得什麼糊来（什麼なる糊をか使得し来る）。こころみにいはく、さるのうらは古鏡にて背すべし、古鏡のうらは獼猴にて背するか。古鏡のうらを古鏡にて背す、さるのうらをさるにて背す。各背一面のことば、虚設なるべからず。道得是の道得なり。しかあれば、獼猴か、古鏡か。畢竟作麼生道。われらすでに獼猴か、獼猴にあらざるか。たれにか問取せん。自己の獼猴にある、自知にあらず、他知にあらず。自己の自己にある、摸𢱢およばず。

15. 三聖いはく、歴劫無名なり、なにのゆゑにかあらはして古鏡とせん。

これは、三聖の古鏡を証明せる一面一枚なり。歴劫といふは、一心一念未萌以前なり、劫裡の不出頭なり。無名といふは、歴劫の日面月面、古鏡面なり、明鏡面なり。無名真箇に無名ならんには、歴劫いまだ歴劫にあらず。歴劫すでに歴劫にあらずは、三聖の道得これ道得にあらざるべし。しかあれども、一念未萌以前といふは今日なり。今日を蹉過せしめず練磨すべきなり。まことに歴劫無名、この名たかくきこゆ。なにをあらはしてか古鏡とする、竜頭蛇尾。

このとき三聖にむかひて、雪峰いふべし、古鏡古鏡と。

雪峰恁麼いはず、さらに瑕生也といふは、きずいできぬるとなり。いかでか古鏡に瑕生也ならんとおぼゆれども、古鏡の瑕生也は、歴劫無名とらいふをきずとせるなるべし、古鏡の瑕生也は全古鏡なり。三聖いまだ古鏡の瑕生也の窟をいでざりけるゆゑに、道来せる参究は一任に古鏡瑕なり。しかあれば、古鏡にも瑕生なり、瑕生なるも古鏡なりと参学する、これ古鏡を参学す

るなり。

16.　三聖いはく、有什麼死急、話頭也不識（什麼の死急か有らん、話頭も不識）。

いはくの宗旨は、なにとしてか死急なる。いはゆるの死急は、今日か明日か、自己か他門か。尽十方界か、大唐国裡か。審細に功夫参学すべきものなり。話頭也不識は、話といふは、道来せる話あり、未道得の話あり、すでに道了也の話あり。いまは話頭なる道理現成するなり。たとへば、話頭も大地有情同時成道しきたれるか。さらに再全の錦にはあらざるなり。かるがゆるに不識なり。対朕者不識なり、対面不相識なり。話頭はなきにあらず、祇是不識（祇是れ不識）なり、不識は条条の赤心なり、さらにまた明明の不見なり。

17.　雪峰いはく、老僧罪過。

いはゆるは、あしくひにけるといふにも、かくいふこともあれども、しかはこころうまじ。老僧といふことは、屋裡の主人翁なり。いはゆる余事を参学せず、ひとへに老僧を参学するなり。千変万化あれども、神面鬼面あれども、参学は唯老僧一著なり。仏来祖来、一念万年あれども、参学は唯老僧一著なり。罪過は住持事繁なり。

おもへばそれ、雪峰は徳山の一角なり、三聖は臨済の神足なり。両位の尊宿、おなじく系譜いやしからず、青原の遠孫なり、南嶽の遠派なり。古鏡を住持しきたれる、それかくのごとし。晩進の亀鑑なるべし。

18.　雪峰示衆云、世界闊一丈、古鏡闊一丈。世界闊一尺、古鏡闊一尺（世界闊きこと一丈なれば、古鏡闊きこと一丈なり。世界闊きこと一尺

なれば、古鏡闊きこと一尺なり)。

　時玄沙、指火炉云、且道、火炉闊多少（時に玄沙、火炉を指して云く、且く道ふべし、火炉闊きこと多少ぞ)。

　雪峰云、似古鏡闊（古鏡の闊きに似たり)。

　玄沙云、老和尚脚跟未点地在（老和尚、脚跟未だ地に点かざること在り)。

　一丈、これを世界といふ、世界はこれ一丈なり。一尺、これを世界とす、世界これ一尺なり。而今の一丈をいふ、而今の一尺をいふ。さらにことなる尺丈にはあらざるなり。

　この因縁を参学するに、世界のひろさは、よのつねにおもはくは、無量無邊の三千大千世界および無尽法界といふも、ただ小量の自己にして、しばらく隣里の彼方をさすがごとし。この世界を拈じて一丈とするなり。このゆゑに雪峰いはく、古鏡闊一丈、世界闊一丈。

　この一丈を学せんには、世界闊の一端を見取すべし。

　又古鏡の道を聞取するにも、一枚の薄氷の見をなす、しかにはあらず。一丈の闊は世界の闊一丈に同参なりとも、形興かならずしも世界の無端に斉肩なりや、同参なりやと功夫すべし。古鏡さらに一顆珠のごとくにあらず。明珠を見解することなかれ、方円を見取することなかれ。尽十方界たとひ一顆明珠なりとも、古鏡にひとしかるべきにあらず。

　しかあれば、古鏡は胡漢の来現にかかはれず、縦横の玲瓏に条条なり。多にあらず、大にあらず、闊はその量を挙するなり、広をいはんとにはあらず。闊といふは、よのつねの二寸三寸といひ、七箇八箇とかぞふるがごとし。仏道の算数には、大悟不悟と算数するに、二両三両をあきらめ、仏仏祖祖と算数するに、五枚十枚を見成す。一丈は古鏡闊なり、古鏡闊は一枚なり。

玄沙のいふ火炉闊多少、かくれざる道得なり。千古万古にこれを参学すべし。いま火炉をみる、たれ人となりてかこれをみる。火炉をみるに、七尺にあらず、八尺にあらず。これは動執の時節話にあらず、新条特地の現成なり。たとへば是什麼物恁麼来なり。闊多少の言きたりぬれば、向来の多少は多少にあらざるべし。当処解脱の道理、うたがはざりぬべし。火炉の諸相諸量にあらざる宗旨は、玄沙の道をきくべし。現前の一団子、いたづらに落地せしむることなかれ、打破すべし。これ功夫なり。

19. 雪峰いはく、如古鏡闊。

この道取、しづかに照顧すべし。火炉闊一丈といふべきにあらざれば、かくのごとく道取するなり。一丈といはんは道得是にて、如古鏡闊は道不是なるにあらず。如古鏡闊の行履をかがみるべし。おほく人のおもはくは、火炉闊一丈といはざるを道不是とおもへり。闊の独立をも功夫すべし、古鏡の一片をも鑑照すべし。如如の行李をも蹉過せしめざるべし。動容揚古路、不堕悄然機なるべし。

玄沙いはく、老漢脚跟未点地在。

いはくのこころは、老漢といひ、老和尚といへども、かならず雪峰にあらず。雪峰は老漢なるべきがゆゑに。脚跟といふはいづれのところぞと問取すべきなり、脚跟といふはなにをいふぞと参究すべし。参究すべしといふは、脚跟とは正法眼蔵をいふか、虚空をいふか、尽地をいふか、命脈をいふか、幾箇あるものぞ。一箇あるか、半箇あるか、百千万箇あるか。恁麼勤学すべきなり。

未点地在は、地といふは、是恁麼物なるぞ。いまの大地といふ地は、一類の所見に準じて、しばらく地といふ。さらに諸類、あるいは不思議解脱法門とみるあり、諸仏諸行道とみる一類あり。しかあれば、脚跟の点ずべき地

は、なにものをか地とせる。地は実有なるか、実無なるか。又おほよそ地といふものは、大道のなかに寸許もなかるべきか。問来問去すべし、道他道己すべし。脚跟は点地也是なる、不点地也是なる。作麼生なればか未点地在と道取する。大地無寸土の時節は、点地也未、未点地也未なるべし。

しかあれば、老漢脚跟未点地在は、老漢の消息なり、脚跟の造次なり。

20. 婺州金花山国泰院弘瑫禅師、ちなみに僧とふ、古鏡未磨時如何（古鏡未だ磨せざる時、如何）。

師云、古鏡。

僧云、磨後如何。

師云、古鏡。

しるべし、いまいふ古鏡は、磨時あり、未磨時あり、磨後あれども、一面に古鏡なり。しかあれば、磨時は古鏡の全古鏡を磨するなり。古鏡にあらざる水銀等を和して磨するにあらず。磨自、自磨にあらざれども、磨古鏡なり。未磨時は古鏡くらきにあらず。くろしと道取すれども、くらきにあらざるべし、活古鏡なり。おほよそ鏡を磨して鏡となす、塼を磨して鏡となす。塼を磨して塼となす、鏡を磨して塼となす。磨してなさざるあり、なることあれども磨することえざるあり。おなじく仏祖の家業なり。

21. 江西馬祖むかし南嶽に参学せしに、南嶽かつて心印を馬祖に密受せしむ。磨塼のはじめのはじめなり。馬祖、伝法院に住してよのつねに坐禅すること、わづかに十余歳なり。雨夜の草庵、おもひやるべし、封雪の寒牀におこたるといはず。

南嶽あるとき馬祖の庵にいたるに、馬祖侍立す。

南嶽とふ、汝近日作什麼。

馬祖いはく、近日道一祇管打坐するのみなり。

南嶽いはく、坐禅なにごとをか図する。

馬祖いはく、坐禅は作仏を図す。

南嶽すなはち一片の塼をもちて、馬祖の庵のほとりの石にあてて磨す。

馬祖これをみてすなはちとふ、和尚、作什麼。

南嶽いはく、磨塼。

馬祖いはく、磨塼用作什麼。

南嶽いはく、磨作鏡。

馬祖いはく、磨塼豈得成鏡耶。

南嶽いはく、坐禅豈得作仏耶。

22. この一段の大事、むかしより数百歳のあひだ、人おほくおもふらくは、南嶽ひとへに馬祖を勧励せしむると。いまだかならずしもしかあらず。大聖の行履、はるかに凡境を出離せるのみなり。大聖もし磨塼の法なくは、いかでか為人の方便あらん。為人のちからは仏祖の骨髄なり。たとひ構得すとも、なほこれ家具なり。家具調度にあらざれば仏家につたはれざるなり。いはんやすでに馬祖を接することすみやかなり。はかりしりぬ、仏祖正伝の功徳、これ直指なることを。まことにしりぬ、磨塼の鏡となるとき、馬祖作仏す。馬祖作仏するとき、馬祖すみやかに馬祖となる。馬祖の馬祖となるとき、坐禅すみやかに坐禅となる。かるがゆゑに、塼を磨して鏡となすこと、古仏の骨髄に住持せられきたる。

しかあれば、塼のなれる古鏡あり、この鏡を磨しきたるとき、従来も未染汚なるなり。塼のちりあるにはあらず、ただ塼なるを磨塼するなり。このところに、作鏡の功徳の現成する、すなはち仏祖の功夫なり。磨塼もし作鏡せずは、磨鏡も作鏡すべからざるなり。たれかはかることあらん、この作に作仏あり、

作鏡あることを。又疑著すらくは、古鏡を磨するとき、あやまりて塼と磨しなすことのあるべきか。磨時の消息は、余時のはかるところにあらず。しかあれども、南嶽の道、まさに道得を道得すべきがゆゑに、畢竟じてすなはちこれ磨塼作鏡なるべし。

　いまの人も、いまの塼を拈じ磨してこころみるべし、さだめて鏡とならん。塼もし鏡とならずは、人ほとけになるべからず。塼を泥団なりとかろしめば、人も泥団なりとかろからん。人もし心あらば、塼も心あるべきなり。たれかしらん、塼来塼現の鏡子あることを。又たれかしらん、鏡来鏡現の鏡子あることを。

　正法眼藏古鏡第二十

　仁治二年辛丑九月九日観音導利興聖宝林寺示衆
　同四年癸卯正月十三日書写于栴檀林裡

21.

看　經

21. 看經[1]

【 해제 】

　「看經」은 42세의 9월 15일에 대중에게 말씀하신 것이다. 그 6일 전에는 「古鏡」을 설했으며, 한 달 뒤에는 「佛性」과 「行佛威儀」를 설하셨다. 결국 도원의 사색이 정점에 이르러 어려움이 극에 달했지만 대단히 알기 쉽게 설하고 있는 권이다. 간경이라고 하는 것은 경을 보는 것이며, 경을 읽는 것이다. 그런데 표제는 「간경」이라고 되어있지만 그 내용은 권의 처음에 기록되어 있는 바와 같이 간경과 선지식을 따르는 것이 주축으로 되어 있다. 바꾸어 말한다면 선지식 즉 불조를 따르지 않고는 간경을 이해할 수가 없다라고 하는 것이다. 그렇기 때문에 여기에서는 불조가 등장하고 있다. 즉 열 명의 불조(선지식)의 문답이 소개되어 있다. 어느 것이나 모두 간경에 대한 문답이다. 그 각각에 대해서 도원

---

* 玉城康四郎 著, 『現代語譯 正法眼藏』卷2, (大藏出版, 1994, 1, 20) pp.167-171. 참조

1) 간경(看經): 경전을 보고 읽는 것. 또는 부처님 앞에서 경전을 독송하는 것. 諷經・誦經 등이라고도 한다. 눈으로 문자를 보고 마음으로는 진리를 관조하는 것으로 소리를 내지 않고 읽는 것을 看經이라고 하고, 소리 내어 읽는 것을 讀經이라고 한다. 원래 경전은 깨달은 마음을 담은 글이므로 문자의 논리에 얽매어 추구해서는 알 수 없으며, 그 근원이 되는 본심을 파악할 수 있는 안목이 있어야 한다.
　『宗鏡錄』卷92 (大正藏48, 918,c) "或看經聽法之時 不一一消歸自己 但逐文句名身而轉 卽是觀指 以爲月體 此人豈唯不見自性 亦不識於敎文"
　『天聖廣燈錄』卷28 「靈隱本禪師章」(卍續藏135, 879,b) "看經不識經 徒勞損眼睛 欲得不損眼睛 分明識取經"

의 評語가 되어져 있고 도원 나름대로의 사색이 전개되어 있다.

등장하는 불조라고 하는 것은 藥山惟儼·六祖慧能·般若多羅·趙州從諗·大隨法眞·洞山良价·先師如淨·藥山惟儼·治父道川·雲居道膺이다. 약산유엄은 두 번 언급되어 있기 때문에 실지로는 9명이다. 이 문답의 의미는 결국 끝까지 파고 들어가서 보면 권의 冒頭에서 설하고 있는 것과 같다고 생각되어진다. 즉 간경이라고 하는 것은 경을 읽는 것이지만 그 경은 자기 전체이다. 불조도 또한 자기 전체의 불조이다. 이 자기라고 하는 것은 나와 너의 내가 아니고 살아있는 눈동자이며, 살아서 움켜쥐는 것이다. 이것을 결국 피면 도달하는 것도, 듣는 것도, 말하는 것도, 어느 것이나 모든 것이 경권을 수지하고 경권을 설할 수가 있게 된다라고 말한다. 이러한 간경의 의미가 불조의 문답 중에서는 구체적으로 주고받는 혹은 말을 떠나 있는 행동으로 나타난다.

문답이 끝난 후 바꾸어서 간경의 의식에 대해서는 실제로 상세하게 말하고 있다. 예를 들면 시주가 스님들에게 간경해 주기를 원하는 경우, 또는 평소에 스님들에게 간경을 바라는 경우, 혹은 스님들이 스스로 발심해서 간경을 하는 경우, 또 다시 천황의 탄생일에 간경하는 경우이다. 이 가운데에서도 시주가 스님들에게 간경해 주기를 부탁해주는 것에 대하여 상세히 소개되어 있다. 시주·당사·주지·수좌·지객·동행 등 각각의 역할이 아주 상세히 기록되어 있다. 그리고 최후에는 藥山惟儼과 高沙彌의 문답이 설해져 있다. 고사미는 이미 도에 이른 사람이지만 약산은 사미에게 그대는 간경을 해서 도를 얻었는가, 請益에 의해서 도를 얻었는가라고 물었다. 사미는 간경에 의해서도 청익에 의해서도 얻지 않았습니다라고 말했다. 결국 도에 이르고 보면 간경도 청익도 소용없이 살아가는 모습 그대로가 간경이라고 하는 것 같다. 그래서 도원은 이 문답에 대하여 그렇다고 한다면 간경과 청익은 일상생활이 없이는 되지 않는 調度品이다라고 결론을 맺고 이 권을 종료하고 있다.

그런데 나 개인의 소견으로는 두 가지 사견을 첨부하려고 한다.

첫째는 무엇 때문에 간경의 의식에 대해서 자세한 동작을 하나도 빠뜨리지 않고 상세하게 말하는가 하는 것이다. 여기에는 전색도 분별도 없다. 이유를 초월해서 오직 정해져 있는 동작을 계속 할 뿐이다. 이와 같이 무분별한 동작이 계속될 경우에 스스로 간경의 본지가 몸에 익숙해진다라고 생각된다.

두 번째는 불조에 대한 문답에 대해서 도원이 첨가하고 있는 평어에 대한 것이다. 불조들의 문답은 대단히 알기 쉽게 되어있어 그것만으로도 충분히 간경의 취지가 전해지고 있다. 여기에 대해서 도원의 평어는 때로는 대단히 간결하게 되어있는 것도 있지만 때로는 도원 자신의 생각이 더해진 것도 있다. 그 한두 가지의 예를 살펴보고자 한다.

먼저 般若多羅에 대해서이다.

국왕이 묻기를, "많은 사람들이 경을 읽고 있는데 존자만이 경을 읽지 않는 이유는 무엇입니까."라고 했다.

존자는 말하기를, "숨을 내쉴 때는 오직 내쉴 뿐이고, 숨을 들이쉴 때는 오직 들이쉴 뿐입니다. 이와 같이 있는 그대로의 경을 읽는 것이 백천만억 권을 읽는 것이지 한두 권의 경을 읽는 것은 아닙니다."라고 했다.

이것만으로도 충분하며 간경의 의미를 다 설했다고 생각된다. 숨을 내쉬고 들이쉬는 것이 바로 법이고 생명이며 그것이 내쉬고

들이쉬는 것이다. 부처님께서는 入出息念定에 들어서 如來住에 들었다고 한다. 존자의 말을 솔직히 받아들이고 실천한다면 무수한 경을 읽는 것과 같이 된다라고 하는 것은 분명할 것이다.

그럼에도 도원은 이것저것 전색을 더하고 있다.

"내쉬는 숨은 衆緣에 관계되지 아니할 뿐만 아니고 衆緣도 또한 날숨에 관계되지 않는다. 중연이라고 하는 것은 예를 들면 정수리이며, 눈동자라고도 할 것이며, 혹은 몸 전체, 마음 전체라고도 할 것이며, 오직 짊어지고도 오고 짊어지고도 간다. 또한 짊어지고 올 뿐이며, 거기에 관여하지는 않는다. 그럴지라도 관여한다고 하는 것은 온전히 관여하는 것이 된다. 내쉬는 숨과 들이키는 숨은 본래부터 중연에 관계한 것은 아니다. 그것을 입출식과 중연에 가져온 것은 이미 대상적인 전색에 떨어진 것이라고 말할 수 있을 것이다. 그래도 중연을 이미 나누어서 정수리와 눈동자와 몸 전체, 마음 전체 등이라고 한다. 결국 중연과 입출식이라고 하는 것은 또한 서로 관련되지 않는다라고 하는 본래의 형태로 돌아가며, 또 서로 연관되어 있다라고 하는 것은 완전히 관계되어 있는 것이라고 말한다. 이와 같이 통로를 천천히 보면 반야다라의 문답이 가르치고 있는 간경의 本意에는 이를 수가 없다. 이와 같이 전색의 사유만이 남아있을 뿐이다.

또 한 가지의 예를 들어 보고자 한다. 약산유엄의 문답이다. 약산은 평소에 간경을 허락하지 않았다. 그런데 어느 날 약산은 경을 보고 있었다. 이것을 본 어떤 한 승려가 약산에게 물었다.

"평생 화상은 간경을 허락하지 않았는데 자기 자신이 경을 보고 있는 것은 어떻게 된 것입니까?"

"나는 단지 눈을 가릴 뿐이다."

승려가 묻기를, "저도 화상을 따라 해도 괜찮겠습니까?"

"그대가 경을 본다면 소도 알아차릴 것이다."

도원은 이 말에 대해서 '눈을 가린다'라고 하는 것은 눈동자로 구멍을 뚫는 것이고, 경권을 뚫는 것이다. 가린 가운데 개안하는 것을 말한다. 이것만의 평어로도 충분하다. 그런데 그럼에도 불구하고 도원은 다시 부가하여 눈꺼풀 위에 한 장을 더 씌웠다라고 하고, 가려진 속에서 눈을 움직인다라고 하고, 눈 그것이 가린 것을 움직인다고 한다. 도대체 이와 같은 것은 어떠한 의미일까? 내 머리는 오직 혼란스러울 뿐이다.

도원은 40대 前半에서 이 사색이 대단히 복잡해졌다. 더구나 다각적으로 신장하였다. 그것은 도원에 있어서 억제할 수가 없었다. 숙명적이라고 말할 수밖에 없을 것이다. 이 독자적인 사색은 때로는 우리들의 심혼을 생각할 수 없을 정도로 깊이 들어가게 하지만, 한편으로는 왜 이와 같이 꼬불꼬불하게 분석을 하지 않으면 안되었을까라고 하는 생각으로 치닫는 경우도 많다. 40대 後半이 되어서는 이와 같은 방법이 점차적으로 안정되어가서 불도의 본래적인 것이 나타나기 시작한다.

【 역주 】 1

1. 아뇩다라삼먁삼보리를 修證하기 위해서는 때로는 선지식을 따르기도 하며, 때로는 經卷을 사용하기도 한다. 선지식이란 자기 전체가 佛祖이며, 經卷이란 자기 전체가 경권이다. 全佛祖의 자기와 全經卷의 자기이기 때문에 이와 같이 되는 것이다. 비록 여기서 自己라고 말할지라도 이것은 나와 너에 구애되는 것이 아니다. 이것은 살아있는 눈동자[活眼睛]이며, 살아있는 주먹[活拳頭]인 것이다.

그럼에도 불구하고 念經 · 看經 · 誦經 · 書經 · 受經 · 持經2)이며, 이 모든 것은 佛祖의 修證이다. 그러나 불경을 만난다는 것은 쉬운 일이 아니다. 한량없이 많은 나라[無量國] 중에서도 부처님의 경전의 이름을 들을 수가 없기도 하며3), 불조 중에서도 경전의 이름을 들을 수가 없기도 하며, 命脈 가운데 있어서도 경전의 이름을 듣기는 어렵다. 불조가 아니면 경권을 보고 듣고 독송하고 해석하지 못한다. 불조를 참학하고부터 겨우 경권을 참학할 수 있다. 이때에 耳處 · 眼處 · 舌處 · 鼻處 · 身心塵處 · 到處 · 聞處 · 話處가 경을 듣고 지니고 받고 설하는 것으로 나툰다. 명예를 구하기 위해서 외도의 가르침을 설하

---

2) 염경(念經): 경의 뜻을 사유하고 항상 생각해 잊지 않는 것[憶念].
  誦經: 경전을 외우는 것. 暗誦이라고도 함.
  書經: 경전을 필사하는 것. 寫經이라고도 함.
  受經: 경문을 스승으로부터 가르침을 받는 것.
  持經: 스승으로부터 가르침을 받은 경문을 계속해서 지니는 것. 경전을 믿고 몸소 지니고 항상 독송하는 것.
3) 『妙法蓮華經』卷14 「安樂行品」 (大正藏9, 39, a) "文殊師利 是法華經 於無量國中 乃至名字 不可得聞 何況得見 受持讀誦"

는4) 무리들은 불경을 수행할 수 없다. 그 이유는 경권은 나무나 돌(若樹若石)5)로써 전하고 지니며, 밭이나 마을(若田若里)6)로써 유포했으며, 무수한 세계에 나타나며(塵利演出)7), 허공에 강의한다.(虛空講義)8)

【 강의 】 1

1. 아뇩다라삼먁삼보리를 증득하기 위한 방법으로는 선지식의 가르침을 따르기도 하며, 혹은 경전을 보기도 한다. 여기서 선지식이라고 하는 것은 어떤 독립된 스승을 말하는 것이 아니라 자기의 모든 것이 바로 선지식이며, 불조이기도 하다. 뿐만 아니라 여기서 경전이라고 하는 것은 문자로 표현된 경전만을 의미하는 것이 아니라 자기 자신이 바로 경전인 것이다. 그러므로 모든 불조와 자기는 하나이며, 모든 경전과 자기도 하나이기 때문에 자기 전체가 불조이며 자기 전체가 경전이라고 말하는 것이다. 그렇다고 해서 여기서 자기라고 말하는 것은 나와 너를 구별하는 자기가 아니라 우주전체와 하나인 자기이며, 小我的인 자기가 아

---

4) 『妙法蓮華經』卷13 「勸持品」 (大正藏9, 36,c) "爲貪利養故 說外道論議 自作此經典 誑惑世間人 爲求名聞故 分別於是經"

5) 大涅槃經』卷13 「聖行品」 (大正藏12, 693,a) "善男子 我於爾時深思此義 然後處處 若石若壁若樹若道書寫此偈"

6) 『妙法蓮華經』卷6 「隨喜功德品」 (大正藏9, 46,c) "從法會出至於餘處 若在僧坊若空閑地 若城邑巷陌聚落田里 如其所聞"

7) 『大方廣佛華嚴經』卷51 「如來出現品」 (大正藏10, 273,b) "如有大經卷, 量等三千界, 在於一塵內, 一切塵悉然. 有一聰慧人, 淨眼悉明見, 破塵出經卷, 普饒益衆生"

8) 『景德傳燈錄』卷1 「婆須蜜章」 (大正藏51, 208,b) "心同虛空界 示等虛空法 證得虛空時 無是無非法"

니라 大我的인 나를 초월한 자기인 것이다. 이것이 바로 부처의 살아있는 눈동자[活眼睛]이며, 조사의 살아있는 주먹[活拳頭]인 것이다. 여기서 눈동자라고 하는 것은 부처의 안목이며 주먹이라고 하는 것은 조사의 행동을 말하는 것이다.

　위에서는 둘이 아닌 경계를 얘기했음에도 불구하고 우리는 경을 염송하고, 경을 보고, 경을 암송하고, 경을 사경하고, 경의 가르침을 받고, 경의 가르침을 지녀야 하며, 이러한 수행을 통해서 불조의 깨달음을 얻을 수 있다. 다시 말하면 나와 부처와 조사와 경전이 하나라고 이야기하였다고 해서 경전을 무시하라는 것은 아니다. 철저히 경전을 통해서 불조가 될 수 있음을 말하고 있다. 우리 중생들이 경전을 만난다는 것은 결코 쉬운 일이 아니다. 수없이 많은 나라 가운데서도 부처님의 경전이 유포되지 못하여 이름조차도 들을 수 없는 사람들도 많으며, 수많은 제불 및 제조사들 가운데서도 경의 이름을 듣지 못한 경우도 있으며, 정법안장을 받아 법맥을 전등한 조사들 가운데서도 경전의 이름을 듣지 못한 경우도 많다. 그러므로 참으로 수승한 인연이 없이는 경전을 보고 듣고 독송하고 해석하지 못한다. 불조를 친견하고 나서 겨우 경전을 친견할 수 있다. 우리는 불조로부터 받은 경전을 귀로 눈으로 혀로 코로 몸으로 마음으로 의식이 이르는 곳이나 듣는 것과 말하는 것과 같은 六識·六處·六境 등의 18계를 가지고 경전의 가르침을 듣기도 하고, 경전을 지니기도 하며, 경전의 가르침을 받기도 하고, 경전을 설하기도 하는 것이다. 다시 말하면 경전은 우리의 眼·耳·鼻·舌·身·意를 통해서 참된 가르침을 나툴 수 있는 것이다. 때로는 자신의 명예와 이익을 구하기 위해서 외도들의 가르침을 설하는 무리들이 있는데 이들은 명예와 이익에 눈이 어두우므로 부처님의 경전을 받아 지닐 수가 없다. 그 이유로는 최초의 부처님의 경전은 나무나 돌에 새겨서 전해지기도 하였으며, 옛 조사들은 밭에서 일을 하면서도 경전의 가르침을 설하였으며, 마을로 돌아다니면서 경전을 유포하기도 하였다. 부처님의 경전은 무수한 세계에 그 모습을 나투기도 하고, 때로는 허공과 같은 마음으로 허공에 강의하기도 한다.

【 역주 】 2

2. 약산의 옛 조사인 홍도대사[9]는 오랫동안 법상에 오르지 않았다. 원주[10]가 여쭈어 말하기를,

"대중들은 오래 전부터 화상의 자비로운 가르침을 기다리고 있습니다."

약산이 말하기를,

"그러면 종을 치거라."

---

9) 홍도대사(弘道大師 藥山惟儼: 745-828): 唐代 스님. 靑原行思 문하이며, 藥山은 주석한 산명이다. 속성은 韓씨이고, 산서성 강주 신강현 출신. 17세에 광동성 조양 서산의 慧照에게 출가하여 29세 때 형악사 希澡에게서 구족계를 받음. 그 후 石頭·希遷의 문하에서 大悟하고 그의 법을 이어 받았다. 石頭를 시봉하기를 13년, 다시 호남성 예주 藥山으로 가서 머물렀으며, 태화 2년 12월 6일에 입적하니, 세수 84요, 제자 충허가 탑을 院의 동쪽에 세웠다. 시호는 弘道大師이다
『祖堂集』卷4 (高麗藏45, 260,c); 『宋高僧傳』卷17 (大正藏50, 816,a); 『景德傳燈錄』卷14 (大正藏51, 311,b); 『五燈會元』卷5 (卍續藏138, 163,a); 『聯燈會要』卷19 (卍續藏136, 738,a)
10) 원주(院主): 寺院의 사무를 주재하는 사람.
『宏智廣錄』卷2 (大正藏48, 19,a) "擧藥山久不陞座 院主白云 大衆久思示誨 請和尙爲衆說法 山令打鐘 衆方集 山陞座 良久便下座歸方丈 主隨後問云 和尙適來許爲衆說法 云何不垂一言"

원주가 종을 쳤다. 그러자 대중이 순식간에 모여들었다.

약산이 법상에 올라가서 가만히 잠시 있다가(良久)[11] 내려와서 방장[12]실로 돌아갔다. 원주가 뒤를 따라가서 여쭈기를,

"화상께서 마침 오셔서 대중을 위해서 설법하실 것을 허락하셨는데 어찌하여 한 말씀도 내려주지 않으십니까?"

그러자 약산이 이르기를,

"經을 설함에는 經師가 있고, 論을 설함에는 論師가 있는데, 어찌하여 노승을 괴이하게 여기는가?"[13]라고 하였다.

옛 조사의 자비로운 가르침은 주먹에는 拳頭師가 있고、눈 밝음에는 眼睛師가 있다는 것이다. 그렇다고 할지라도 잠시 옛 조사에게 묻고 싶은 것은 爭怪得和尙이라고 하는 것을 부인하지는 않지만 이상한 것은 당신은 도대체 어떤 스승입니까?

---

11) 양구(良久): 얼마 있다가 또는 한참 있다가라는 뜻이다. 문답이나 상당설법에서 잠시 동안 묵언의 상태로 있는 것.
『景德傳燈錄』卷5 (大正藏51, 244,a) "三藏良久 罔知去處 師叱曰 這野狐精";『碧巖錄』65則 (大正藏48, 195,c) "一則公案 話會者不少 有底喚作良久 有底喚作據坐 有底喚作黙然不對 且喜沒交涉 幾曾摸索得著來"
12) 방장(方丈): 사방이 1丈(十尺, 3미터)의 房이란 뜻으로 方丈室 혹은 丈室이라고도 한다. 宋의 道誠의 『釋氏要覽』卷上에 "方丈은 대개 사찰의 正寢이니라." 하였다 政堂 堂頭 函丈 등은 方丈의 異名이다. 유마의 거실이 一丈四方이었다고 하는 기록에 의한다. 특히 선종에서 쓰이고 선원에서의 주지의 거실, 전의되어 주지 또는 조사의 존칭으로 사용이 된다. 『無門關』(大正藏48, 294,b-c) "德山一日托鉢下堂 見雪峯問者 老漢鐘未鳴鼓未響 托鉢向甚處去 山便回方丈"
13) 쟁괴득노승(爭怪得老僧): 『從容錄』7則 (大正藏48, 231,b-c)

【 강의 】 2

2. 약산 홍도대사께서는 오랫동안 법상에 올라가서 설법을 하지 않았다. 그래서 원주가 말하기를,

"대중들은 오래 전부터 화상께서 설법해 주실 것을 기다리고 있습니다."라고 하였다.

약산이 말하기를,

"그러면 종을 쳐서 대중을 법당에 모이게 해라."

그래서 원주가 나아가서 대종을 울렸으며, 대중들은 약산의 법문을 듣기 위하여 순식간에 모여들었다.

그러자 약산이 법상에 올라가서 가만히 良久한 후에 그냥 내려와서 방장실로 돌아가고 말았다.

원주가 약산의 뒤를 따라가서 묻기를,

"화상께서는 마침 오늘 오랜만에 대중을 위해서 설법하실 것을 허락하시고 법상에 오르셨는데도 불구하고 어찌 한 말씀도 해주시지 않으십니까?"라고 하였다.

그러자 약산이,

"경전을 설함에는 經師가 있고, 論을 강함에는 論師가 있는데, 어찌 선사인 내가 법상에 올라가서 양구하고 내려 왔다해서 괴이하게 여기는가?"라고 하였다.

즉, 옛 조사들의 자비로운 가르침의 방법에는 여러 가지 방편이 있다. 어떤 조사는 불법을 물으면 주먹을 내어 휘둘렀으므로 이를 拳頭師라고 하였으며, 또 어떤 조사는 눈을 밝혀줌에 명안종사로서의 역할을 하였다.

도원은 이러한 것을 모두 인정한다고 할지라도 잠시 약산에게

묻고 싶은 것은 "어찌 나를 기이하게 여기는가."(爭怪得老僧)라고
하는 화상의 말을 부인하는 것은 아니지만 그래도 이상한 것은
당신의 본래의 모습은 무엇입니까라고 하는 것이다.

　여기에 대해 도원은 의문을 가지고 있었다.

【 역주 】 3

　　3. 韶州曹溪山大鑑高祖의 회하에, 法華經을 수지독송하는 승
　　려 法達14)이 왔다. 高祖가 법달을 위하여 게를 설하기를,

　　　心迷法華轉　마음이 미한 자는 법화에 굴림을 당하고,
　　　心悟轉法華　마음을 깨달은 자는 법화를 굴리느니라.15)

---

14) 법달(法達): 洪州法達. 생멸 연대 미상. 唐末의 스님. 홍주는 주석 지명. 강서
　　성 홍주 豊城 출신. 6조 혜능 문하. 7세에 출가하여 항상 법화경을 독송함.
　　구족계를 받은 후 6조를 친견, 6조에게 법화경의 종지를 질문받고 자신이 문
　　구만을 송념할뿐 종지에 계합하지 못함을 스스로 깨닫고 6조에게 귀의, 참학
　　하여 6조의 인가를 받고 광동성 소주 南華寺에 머물면서 종지를 선양하였다.
　　『景德傳燈錄』卷第5 (大正藏51, 237, c) "洪州法達禪師者洪州豊城人也 七世出家
　　誦法華經 進具之後來禮祖師頭不至地 祖呵曰 禮不投地何如不禮 汝心中必有一物蘊
　　習 何事也"
　　『聯燈會要』卷3 (卍續藏經136, 476, a) "洪州法達禪師 師禮六祖 頭不至地 祖呵云
　　禮不投地 何如不豫 汝心中 必有一物 蘊習何事耶 云某甲念法華經 已及三千部".
　　『五燈會元』卷2 (卍續藏經138, 56, c) "洪州法達禪師者洪州豊城人也七世出家誦法
　　華經進具之後禮拜六祖頭不至地祖詞曰禮不投地何如不禮汝心中必有一物蘊習何事邪
　　師曰念法華經已及三千部"
15) 전법화(轉法華): 六祖 慧能이 洪州法達에게 보인 偈. '心迷法華轉 心悟轉法華'에
　　서 기인된 말. 법화경에 집착하는 입장에서부터 법화경을 구사하는 입장에
　　이르는 것.
　　『法寶壇經』(大正藏48, 355, c) "心迷法華轉 心悟轉法華 誦經久不明 與義作讎家
　　無念念卽正 有念念成邪 有無俱不計 長御白牛車"

心悟轉法華　법화경을 지송하기를 오래도록 할지라도
誦久不明己　자기를 밝히지 못하면
與義作讎家　그 뜻과는 원수가 되느니라.
無念念卽正　無念의 념은 바른 것이고,
有念念成邪　有念의 념은 삿된 것이다.
有無俱不計　有와 無를 모두 헤아리지 않으면
長御白牛車　오래도록 白牛車를 타고 조어하리라.

그러면, 마음이 迷하면 法華에 굴림을 당하고, 마음을 깨달으면 법화를 굴리느니라. 더욱 迷와 悟를 벗어나면 법화의 법화를 굴리게 된다.

법달이 드디어 이 게송을 듣고 환희용약하여 게송으로써 찬하였다.

誦經三千部　삼천 번 경을 독송하였으나
曹溪一句亡　曹溪 한 句에 다 없어지니
未明出世旨　아직 출세간의 뜻을 밝히지 못했다면,
寧歇累生狂　어찌 다겁 생의 狂心을 쉴 수 있으리오.
羊鹿牛權設　양이나 사슴이나 소의 수레로써 방편을
　　　　　　　시설하여
初中後善揚　처음·중간·끝 모두를 선양하였으나
誰知火宅內　누가 아리오. 삼계 火宅의 속이

『景德傳燈錄』卷第5 (大正藏51, 238, a) "洪州法達禪師者洪州豊城人也 …… 心迷法華轉 心悟轉法華 誦久不明己 與義作讎家 無念念卽正 有念念成邪 有無俱不計 長御白牛車"

元是法中王 본래 法中의 왕임을"

그때, 고조가 말씀하시기를, "그대를 이후로 마땅히 念經僧이라고 할 것이다."

알아야 한다. 불도에 念經僧이 있음을. 이것이 曹溪古佛의 바른 가르침(直指)16)이다. 이 念經僧이라고 할 때의 념이란 유념·무념 등이 아니고 유와 무를 모두 사량하지 않는 것이다. 오직 이것은 겁을 좇아 겁에 이르도록 손으로 경을 잡지 아니하여도 畫夜로 경전을 念하지 아니하는 때가 없으며 경전을 좇아 경전에 이르기까지 경전 아닌 것이 없는 것이다.

【 강의 】 3

3. 韶州曹溪山大鑑의 문하에 평소에 法華經을 삼천 번 이상 수지하였던 法達이라고 하는 젊은 승려가 찾아 왔다. 그는 육조를 만나서 예를 표할 때에 머리를 땅에 대지 아니했다. 그래서 육조는 "그대가 인사를 하면서 머리를 땅에 대지 않는 것은 무엇인가 마음속에 남아있는 모양이다."라고 하였더니, 그는 법화경을 삼천 번 독송하였다고 자랑했다. 그러자 육조는 "그대가 만약에 법화경을 설사 일만 번 독송한다고 하더라도 그 참된 뜻을 알겠느냐."라

---

16) 직지(直指): 인연 비유의 방편과 언어 문자에 구애되지 않고 단적으로 대도를 가리켜 보이는 일.
『碧巖錄』卷第1 (大正藏48, 140,b) "達磨遙觀此土有大乘根器 遂泛海得得而來 單傳心印 開示迷塗 不立文字 直指人心 見性成佛"
『從容錄』卷第1 (大正藏48, 230,b) "僧問馬大師 離四句絶百非 請師直指某甲西來意"

고 하면서 법달을 꾸짖었다. 그리고 법달을 위하여 게를 설하였다.

> 마음이 어리석은 자는 아무리 법화경을 독송할지라도 항상 법
> 화경에 굴림을 당하고,
> 마음을 깨달은 자는 늘 법화경을 가지고 마음대로 굴리면서 희
> 롱하느니라.
> 그대가 법화경을 아무리 오랫동안 지송하였다고 할지라도
> 자기 자신을 밝히지 못하면 법화경의 가르침과는 점점 더 멀어
> 지느니라.
> 그대가 법화경을 독송하면서 無念으로 법화경을 독송하여야 그
> 것이 바르게 독송하는 것이고,
> 그대가 有念으로 법화경을 독송한다면 그대는 법화경을 잘못
> 독송하는 것이니라.
> 더 나아가 유념과 무념의 념을 모두 초월하여 헤아리지 아니하
> 고 념한다면
> 오래도록 白牛車를 타고 조어하리라.

여기에 대해 도원은 다시 말하기를, 마음이 迷하게 되면 아무리
법화경을 읽더라도 법화경에 굴림을 당하고, 마음을 깨달은 후
법화경을 읽으면 법화를 굴리게 된다. 그리고 더욱 迷한 것과 깨
달음을 다 벗어나면 법화가 법화를 굴리게 된다라고 평하였다.

육조의 이와 같은 가르침을 들은 법달은 크게 깨달음을 얻어
환희용약하면서 게송을 지어 바쳤다.

> 제 여태 어리석은 마음으로 법화경을 삼천 번이나 독송하였지만

曹溪대사의 한마디에 그 공덕은 다 없어졌습니다.
만약 아직도 출세간의 뜻을 밝혀 깨닫지 못한 자들이 있다면
그대들은 어찌 다겁 생 동안 어리석게 헤매던 狂心을 쉴 수 있
으리오.
법화경에서 양의 수레, 사슴의 수레, 소의 수레로써 방편을 시
설하여
성문이나 연각이나 보살의 삼승을 모두 제도하려고 하였으나
누가 알 수 있으리오. 삼계 불타는 저 집 속이 바로 본래 佛一
乘임을.

이러한 게송을 읊자 육조대사가 말하기를,
"그대를 일러 앞으로는 念經僧이라고 할 것이다."라고 별명을
붙여주었다. 이에 대하여 도원은 말하기를,
"불조의 가르침에는 念經僧이 있음을 알아야 한다."라고 하였다.
그 염경승의 대표적인 예가 바로 법달이기 때문에 이 간경장에서
는 법달의 행적을 첫 번째 예로 들고 있다. 그러면서 도원은 이
것이 바로 曹溪古佛이 간경하는 사람들에게 일러준 直指法이다.
여기서 念經僧이라고 할 때의 念이라는 말은 유념과 무념의 모든
사량분별을 초월한 것을 의미하는 것이다. 여기에 대해서『경덕
전등록』「법달장」에서는 이와 같이 말하고 있다.
"진정한 염경승은 다겁생으로 내려오면서 경을 念함에 있어서
손으로 한 번도 경을 잡아서 펼쳐보지 아니하여도 밤과 낮으로
그 경전의 본래의 뜻은 念하지 아니하는 때가 없으며 수만은 경
전을 다 볼지라도 특별히 다른 것이 아니라 법화경 아닌 것이 없
다는 것이다."

【 역주 】 4

4. 제27조인 동인도의 般若多羅尊者[17])는 어느 날 동인도 국
왕이 존자를 청하여 재를 베풀었다. 국왕이 존자에게 묻기를,
"많은 사람들이 다 경을 轉讀하는데(轉經)[18]) 오직 존자께서
는 어찌하여 전독하지 않으십니까."라고 하였다.

존자가 말하기를

"빈도는 숨을 내쉴 때에는 衆緣을 따르지 아니하며, 숨을 들
이 쉴 때에는 蘊界에 머무르지 않습니다. 항상 이와 같이 경을
轉讀함에 백천만 권이나 되며, 한두 권이 아닙니다.(貧道出息
不隨衆緣, 入息不居蘊界, 常轉如是經, 百千萬億卷, 非但一卷二卷)"
라고 하였다.

반야다라존자는 천축국 동인도 사람이다. 가섭존자로부터 제27

---

17) 반야다라존자(般若多羅尊者): 西天 부법장(付法藏) 제 27조. 보리달마의 스승.
   동인도 출신. 출가하여 불여밀다(不如密多)에게 宿因에 대한 설법을 듣고 그
   의 법을 이어받음.
   후에 향지국(香至國)에서 왕자 보리달마를 만나 그에게 법을 부촉하고 입적
   함. 『전등록』에 의하면 유송(劉宋) 효무제 大明 원년(A.D. 457)에 입적했다
   고 전함.
   『宏智禪師廣錄』卷2 (大正藏48, 18, a) "擧東印土國王 請二十七祖般若多羅 齋 王
   問 云何不看經 祖云 貧道入息不居陰界 出息不涉衆緣 常轉如是經 百千萬億卷"
   『宗容錄』卷1 (大正藏48, 229, a) "擧東印土國王 請二十七祖般若多羅齋 王問曰 何
   不看經 祖云 貧道入息不居陰界 出息不涉衆緣 常轉如是經 百千萬億卷"
   『景德傳燈錄』 (大正藏51, 261, a): 행적에 대한 기록은 있으나 出入息에 대한
   내용은 없다.
18) 전경(轉經): ① 경전을 독송하는 일.
   ②『대반야경』과 같은 大部의 經卷을 읽을 적에 初·中·後의 몇 행씩만을 읽
   고 다른 부분은 다 건너뛰지만 다 읽은 것과 같은 형식상의 의미를 주는 독
   송법.

대의 적손이다. 불가의 조도가 모두 正傳되었다. 이마·눈동자·주먹·콧구멍·주장자·발우·법의 골수 등을 住持하였다. 우리들의 낭조(曩祖:옛 조사)이며 우리는 雲孫[19]이 된다.

　지금 존자의 전력을 다해서 하는 말은 出息이 衆緣을 따르지 않을 뿐만 아니라 衆緣도 出息을 따르지 않는다. 예를 들어 衆緣이 이마나 눈동자가 될지라도 또 衆緣이 渾身이라고 할지라도, 또 衆緣이 혼심이라고 할지라도 단지 오고 가며 또 올지라도, 오직 衆緣을 따르지 않을 뿐이다. 不隨라고 하는 것은 혼수이며, 그러기 때문에 築著嗑著[20]이다.

　出息을 중연이라고 하지만 不隨衆緣이다. 무량겁으로부터 지금까지 出息·入息의 소식을 알지 못할지라도, 지금 바로 처음으로 알 수 있는 시절이 도래했기 때문에, 蘊界에 머물지 않음을 듣고 衆緣을 따르지 않음을 듣게 된다. 衆緣이란 처음 入息 등을 참구할 때이다. 이때는 앞도 없고 뒤도 없으며 지금만 있을 뿐이다.

　蘊界라고 하는 것은 五蘊이다. 즉 色·受·想·行·識을 말한다. 이 五蘊에 머물지 않는다는 것은 五蘊이 아직 도래하지 않은 세계이기 때문이다. 이 關棙子를 잡는다는 것은 전경을 오직 한두 권 하는 것이 아니고, 항상 백천만억 권을 읽고 있다는 것이다. 백천만억 권은 설사 많은 것으로 보이지만 많은 양만을 얘기하는

---

19) 운손(雲孫): ① 八代째의 子孫을 말함. 子·孫·曾孫·玄孫·來孫·昆孫·仍孫·雲孫의 순서임. ② 禪宗에서는 祖師의 가르침을 계승하는 遠孫을 말함. ③ 일본에서는 『대반야경』 600권을 한 권씩 펼쳤다 접는 것을 일독하는 것으로 부처님께 올리는 의례.

20) 축착합착(築著嗑著): 내질렀다 두드렸다 하는 모습을 말한다. 축은 가득하다는 뜻이고 합은 돌이 맞부딪치는 소리, 착은 말을 강하게 하는 어조사, 즉 가는데 마다 가득하여 여기서도 부딪치고, 저기서도 부딪쳐서 앞뒤, 좌우에 아무데서도 그 물건과 만난다는 뜻이다.

것이 아니다. 숨 한 번을 내쉬면서 蘊界에 머물지 않는 것은 백천만억 권의 양이 된다. 그렇게 할지라도 有漏・無漏智로 헤아릴 수 있는 것이 아니고, 有漏・無漏法의 세계도 아니다. 이렇기 때문에 有智의 知識으로 측량할 수 있는 것이 아니고, 有知의 智慧로써 헤아릴 수 있는 것이 아니며, 無智의 知識으로 사량할 수 있는 것도 아니고, 無知의 智慧로써 이르를 수 있는 것도 아니다. 불불조조의 修證이며, 皮・肉・骨・髓이며 눈동자・주먹・이마・콧구멍・주장자・불자이며 모두 뛰어 넘은 순간이다.

【 강의 】 4

4. 선종의 제27조인 동인도 출신 般若多羅尊者는 달마대사의 스승이다. 그는 제26조 불여밀다존자에게 법을 받았으며, 달마대사에게 법을 전하였다. 어느날 동인도의 국왕이 그를 초청하여 궁중에서 재를 베풀었다. 그런데 재를 올리는 동안 참여했던 모든 사람들이 경전을 독송하고 있었으나 존자만이 묵묵히 앉아있을 뿐이었다. 이를 이상하게 여긴 국왕이 존자에게 묻기를

"많은 사람들이 모두 경을 독송하고 있는데 어찌하여 존자께서는 경을 독송하지 않으십니까."라고 하였다.

이에 대해서 존자는 말하기를,

"저의 경전을 독송하는 방법은 다른 사람들과는 다릅니다. 저는 숨을 한 번 내쉴 때에는 이 세상의 모든 인연을 따르지 아니하면서 숨을 내쉬고, 숨을 들이 쉴 때에는 오온이나 십이처나 십팔계에 머물지 아니하고 숨을 들이쉽니다. 제가 경을 독송하는 방법은 이와 같으므로 이것은 바로 백천만 권의 경을 독송하는 것과

같으므로 한두 권의 경을 독송하는 것으로는 비교할 수 없습니다."
라고 하였다.

반야다라존자는 본래 인도 사람인데 그의 고향은 동인도이다.
그는 가섭존자로부터 정법안장을 받은 것으로 본다면 27대에 해
당되며, 부처님으로부터 본다면 28대에 해당된다. 그는 부처님의
정법안장을 받은 전등조사이다. 그는 이마·눈동자·주먹·콧구
멍이나 또 그가 가졌던 주장자·발우·법의·골수 등 모두를 그
대로 전하였다. 우리들에게는 옛 조사에 해당되며 우리는 그의
법손이 된다.

지금 반야다라존자가 전력을 다해서 하는 말은 숨을 내쉼에 모
든 인연을 따르지 않을 뿐만 아니라 모든 인연도 숨에 따르지 않
는다는 것이다. 저 내쉬는 숨과 인연은 서로 자유자재한 것이다.
예를 들어서 말한다면 衆緣이라고 하는 것은 이마나 눈동자나 어
떤 대상도 될 수 있고, 또 衆緣이 그의 몸 전체가 될 수도 있으
며, 또 그의 마음 전체가 될 수도 있고, 때로는 오기도 하고 가기
도 하며, 숨을 내쉼에 있어서는 오직 숨만 내쉴 뿐이지 중연과는
상관이 없다. 그러므로 따르지 않는다라고 하는 것은 모든 것을
따르는 것이며, 따르지 않는 것과 따르는 것은 축착합착(築著嗑
著)이 되어 하나가 되며, 내쉬는 숨과 중연도 축착합착이 되어 하
나가 되는 것이다.

그렇다고 하여 숨을 내쉬는 것을 모든 인연이라고 하지만 결국
중연을 따르는 것은 아니다. 무량겁에서부터 지금까지 숨을 내쉬
고 숨을 들이쉬면서도 그 참다운 소식을 알지 못하였지만, 지금
처음으로 그 소식을 알 수 있는 시절이 찾아왔기 때문에 숨을 들
이쉴 때에 蘊界에 머물지 않음을 듣게 되고, 숨을 내쉴 때에 衆緣

을 따르지 않음을 듣게 된 것이다. 모든 인연이란 것은 처음 숨을 들이쉴 때에 참구하는 것이다. 이때에는 미래도 없고 과거도 없으며 오직 현재만 있을 뿐이다. 즉 숨을 쉬는 이때만 존재할 뿐이다.

　蘊界라고 하는 것은 오온과 십이처와 십팔계를 얘기한다. 그중에서도 오온이 중심이 된다. 즉 오온이란 색온·수온·상온·행온·식온을 말한다. 이 오온에 머물지 않는다는 것은 바로 육체와 정신에 집착하지 않는다는 것이다. 그러므로 오온이 아직도 오지 않은 세계를 말한다. 여기서 중요한 핵심은 경전을 독송함에 한두 권의 책을 보는 것이 아니라 숨을 쉴 때마다 항상 수많은 경전을 읽고 있다는 것이다. 백천만억 권이 대단히 많은 경전을 의미하는 것같이 보이지만 양적으로만 많은 것을 의미하는 것은 아니다. 숨 한 번을 내쉬면서도 오온에 머물지 않는 것은 백천만억 권의 경전을 독송하는 것과 같다. 그러므로 이러한 도리는 유루와 무루의 지혜로써 헤아릴 수 있는 것이 아니고, 유루와 무루법의 세계에 속하는 것도 아니다. 그렇기 때문에 지혜를 가지고 지식으로 측량할 수 있는 것이 아니고, 지식을 가지고 지혜를 헤아릴 수 있는 것도 아니며, 지혜가 없는 것으로써 지식을 사량할 수 있는 것도 아니고, 지식이 없는 지혜로써 알 수 있는 것도 아니다. 이것은 오직 불불조조가 증득한 것이고, 불불조조의 皮·肉·骨·髓이며, 불불조조의 눈동자·주먹·이마·콧구멍이며, 그들이 지녔던 주장자·불자이며, 그 모든 것을 뛰어 넘는 그 순간이 바로 숨을 들이쉬고 내쉬는 것이다.

【 역주 】 5

5. 趙州 觀音院 眞際大師[21])에게, 어느 때 인연이 있었던 노파가 있었는데, 淨財를 보시하면서 대사에게 대장경을 轉讀해 줄 것을 청하였다. 대사께서는 禪牀에서 내려오셔서 禪牀을 한 번 돌고 使者를 향하여 이르길,

"이미 轉藏을 마쳤다."라고 하셨다. 使者가 돌아가서 노파에게 있었던 일을 얘기했다. 노파가 말하기를,

"일전에 대장경 전체를 轉讀해줄 것을 청했었는데, 어째서 화상께서는 다만 半藏만을 轉讀했단 말인가?"라고 하였다.

분명히 알 수 있는 轉一藏[22]), 半藏이라고 하는 것은 노파의

---

21) 조주관음원진제대사(趙州觀音院眞際大師: 778-897): 임제종. 南泉普願의 제자. 이름은 從諗. 속성은 郝. 당나라 趙州 사람. 조주의 관음원에 있었으므로 조주라 한다. 어려서 조주의 扈通院에서 사문이 되었으나 계는 받지 않고 지양의 남전을 찾으니 마침 누워 있다가 "어느 곳에서 왔는가." 조주, "서상원에서 왔습니다." 남전, "서상을 보았는가.", 조주, "서상은 보지 못하고 누워 있는 부처님을 보았습니다." "네가 有主사미냐, 無主사미냐." "有主사미입니다." "주가 어디 있느냐." 조주, "동짓달이 매우 춥사온데 체후 萬福하시나이까." 남전이 기특하게 여기고 입실을 허락했다. 崇嶽의 유리단에 가서 계를 받고 남전에게 돌아왔다. 뒤에 대중이 청하여 조주관음원에 있게 하니, 이곳을 東院이라고도하며, 교화가 크게 떨치다. 당 건녕 4년에 입적하다. 나이는 120세 시호 眞際大師. 宋高僧傳 11; 祖堂集18; 傳燈錄10; 聯燈會要6.

22) 전장(轉藏): 대장경을 轉讀하는 것. 대장경의 각 경권을 경문의 글자대로 낱낱이 읽는 것이 아니고 권마다 앞·중간·뒤의 몇 줄 씩만을 읽고 다른 책장은 그저 넘기는 것.
轉讀: 넓은 뜻으로는 경전을 독송하는 것이지만 하나의 경전 전체를 통독하는 眞讀에 대해 단순히 경전 제목이나, 경의 초·중·후의 몇 행을 생략하고 읽는 것을 전독이라고 함. 경전을 띄엄띄엄 읽고 종이를 차례로 넘겨 경을 읽는 것에 비교했다. 이 의식을 轉經會 또는 轉讀會라 칭하고, 권수가 많은 경전은 대부분 이 방법에 의한 것으로, 『대반야경』600권의 전독회는 현재에도 널리 행해진다. 경의 주요한 부분을 뽑아 읽는 것. 본문 독송을 생략하

경으로는 3권이지만, 轉藏已畢이라고 하는 것은 조주의 경으로
는 一藏이다. 요컨대, 轉大藏經의 모습은 조주가 禪牀23)을 돌
고, 선상이 조주를 돌고, 조주를 도는 조주가 있고, 선상을 도
는 선상이 있다. 그렇다고 해도, 일체의 轉藏은 선상을 도는
것만이 아니고, 선상이 도는 것만도 아니다.

【 강의 】 5

5. 趙州 觀音院 眞際大師에게 오래도록 인연이 있었던 한 신도
가 있었는데, 그 노파가 조주에게 재물을 보시하면서 대장경 전
체를 轉讀해줄 것을 청하였다. 보시를 받은 조주대사는 참선을 하
다가 禪牀에서 내려와서 禪牀 주위를 한 바퀴 돌고 난 뒤에 노파
가 심부름을 보낸 使者에게 이르길,

"轉藏을 모두 마쳤다."라고 하셨다. 심부름 온 사람이 노파에게
돌아가서 조주스님이 선상을 한 바퀴 돈 뒤에 대장경 전독 전부
를 마쳤다라고 한 얘기를 전하였다. 이러한 얘기를 들은 노파가

고 경전의 제목·번역자·이름만을 독송하며 이것에 대신하는 것.
『大慧禪師語錄』(大正藏 47, 849, b) "昔有一婆子. 施財請趙州和尚轉大藏經. 趙州
下禪牀遶一匝云. 轉藏已畢. 人回舉似婆子. 婆云比來請轉一藏. 如何和尚只轉半藏.
師云. 衆中商量道. 如何是那半藏. 或云、再一匝. 或彈指一下. 或咳嗽一聲. 或喝
一喝. 或拍一拍. 恁麼見解. 只是不識羞. 若是那藏. 莫道趙州更遶一匝. 直饒百千
萬億匝. 於婆子分上只得半藏. 設使更遶須彌山百千億匝. 於婆子分上亦只得半藏."
23) 선상(禪牀): 僧堂 안의 좌선을 하는 마루. 또는 의자 위에서 좌선을 하므로
그 의자를 이르기도 함. 禪床이라고도 하고, 좌선에 쓰이는 의자를 말한다.
『大慧禪師語錄』(大正藏47, 849b);『臨濟錄』(大正藏47, 496c);『臨濟錄』(大
正藏47, 496,c) "上堂云. 赤肉團上有一無位眞人. 常從汝等諸人面門出入. 未證據
者看看. 時有僧出問. 如何是無位眞人. 師下禪床把住云. 道道. 其僧擬議. 師托開
云. 無位眞人是什麼乾屎橛 便歸方丈"

말하기를,

"내가 얼마 전에 재물을 보시하면서 대장경 한 질 전체를 轉讀해줄 것을 부탁하였는데, 어째서 조주스님은 다만 대장경 반만을 轉讀했단 말인가?"라고 하였다.

여기서 우리가 분명히 알 수 있는 것은 조주스님은 선상을 한 번 돈 뒤에 대장경 전체를 전독했다고 했으나, 노파는 이러한 것을 대장경 반 질을 전독했다라고 하였다. 여기서 이러한 상황을 미루어 볼 때 노파가 말하는 전독의 의미는 한 권, 두 권, 세 권 등의 권수를 얘기했지만, 조주가 말한 대장경 전부를 다 전독했다는 것은 조주의 경으로는 선상을 한 번 도는 것이 부처님의 요의를 모두 안 것이기 때문에 일장이라고 한 것이다. 조주가 대장경을 전독하는 모습은 조주가 禪牀을 돌기도 하고, 반대로 선상이 조주를 돌기도 하며, 조주가 선상을 도는 조주를 돌기도 하고, 선상이 선상을 도는 것이다. 그렇다고 해도 선상을 도는 것만이 전장이 아니고 그 자리에 그대로 앉아있었다고 할지라도 그대로 전장인 것이다. 다만 그 노파에게 전장을 보이기 위해서 선상을 돌았을 뿐이다. 경에 손을 한 번도 대지 않고도 찰나지간에 일체의 경을 다 전독할 수 있으며, 한 생각을 일으키지 않고도 다 전독할 수 있는 것이다.

【 역주 】6

6. 益州大隨山神照大師24)의 法諱는 法眞이며 長慶寺 大安禪師

---

24) 익주대수산신조대사(益州大隨山神照大師: 834-919): 唐末 五代스님 南嶽 문하, 속성은 王씨, 사천성 재주 염정현 출신, 慧義寺에서 출가하여 위산 영우

의 法嗣이다. 어느 때 인연이 있었던 노파가 있었는데, 淨財를 보시하면서 大隨禪師에게 대장경을 轉讀해 줄 것을 청했다. 대수선사는 선상에서 내려와 선상을 한 바퀴 돈 후 使者에게 말하기를,

"대장경을 이미 다 전독했다."라고 하였다. 使者가 돌아가서 노파에게 있었던 일을 얘기했다. 노파가 말하기를,

"일전에 대장경 전체를 轉讀해줄 것을 청했었는데, 어째서 화상께서는 다만 半藏만을 轉讀했단 말인가?"라고 하였다.

지금 대수선사가 선상을 도는 것만 배워서도 안 되고, 선상이 대수선사를 도는 것만 배워서도 안 된다. 다만 주먹을 내밀고 눈을 부릅뜰 뿐만 아니라 일원상을 짓기도 하고 일원상을 지우기도 한다. 그렇지만 노파는 안목이 있는지 없는지 알 수 없다. 노파는 '다만 半藏을 전독했을 뿐이다.'라고 말을 했는데 설사 이 말의 뜻을 주먹으로부터 正伝했을지라도 노파는 다시 다음과 같이 말했을 것이다.

"일전에 대장경 전체를 轉讀해줄 것을 청했었는데, 어째서 화상께서는 다만 저를 희롱하십니까."라고 했을 것이다. 틀렸다고 할지라도 이와 같이 말했다면 안목을 가진 노파일 것이다.

회화에서 각고 수행하여 득도함, 福州大安의 법을 이어받고 사천성으로 돌아가 德實深厚한 선풍으로 후학들을 지도함, 세수86세, 법랍 66세로 입적, 저서에 대수개산 『大隨開山神照禪師語錄』 1권이 있음.
『祖堂集』卷19; 『傳燈錄』卷11; 『五燈會元』卷10; 『聯燈會要』(卍續藏136, 593, a) "有婆 令人送천錢 請師轉藏經 師下繩床 轉一匝云 傳語婆婆 轉藏已竟 其人歸擧似 婆 婆云 比來請轉全藏 如何只轉半藏"

【 강의 】 6

6. 益州大隨山神照大師는 당오대의 스님인데 그의 法諱는 法眞이며 長慶寺 大安禪師의 법을 이었다. 그는 어느 날 평소에 인연이 있었던 어떤 노파로부터 淨財를 보시 받았는데 그 단월은 大隨禪師에게 대장경을 轉讀해 줄 것을 청했다. 대수선사께서는 그 보시를 받고 단월의 청에 따라서 대장경을 전독해야 함에도 불구하고 그렇지 않고 앉아있던 禪牀에서 내려와 그 선상을 한 바퀴 돈 후에 그 노파가 보낸 사람에게 말하기를,

"대장경 전체를 다 전독했다."라고 하면서 이 말을 전하라고 하였다. 심부름 온 사람은 돌아가서 노파에게 대수선사가 선상을 한 바퀴 돈 뒤에 대장경을 다 전독했다고 하는 일을 있었던 그대로 보고했다. 이 말을 들은 노파가 말하기를,

"일전에 내가 정재를 보시하면서 대장경 전체를 轉讀해줄 것을 청했었는데, 어째서 대수선사는 다만 半藏만을 轉讀했단 말인가?"라고 하였다.

여기서 우리는 지금 대수선사가 선상을 도는 그 겉모습만을 배워서도 안 되고, 또한 선상이 대수선사를 도는 그러한 것만을 배워서도 안 된다. 때로는 정법안장열반묘심을 전하기 위하여 선사들은 주먹을 내밀기도 하고, 눈을 부릅뜨기도 하며, 이러한 행동뿐만 아니라 어떤 선사는 일원상을 그리기도 하고 일원상을 부수기도 하면서 다양한 방법으로 혼신의 힘을 다하여 법을 전한다. 여기서 노파는 대수선사의 이러한 행동을 보고 참된 도리를 깨달았는지 못 깨달았는지 우리는 알 수 없다. 노파의 안목에 대해서는 알 수 없지만 그 노파가 한 말은 단순히 '대장경 半藏만을 전

독했을 뿐이다.'라고 하였다. 노파가 말한 이 말의 뜻은 선사들이 주먹을 내밀면서 법을 전하는 행동을 했을지라도 노파는 그 뜻을 알아들었는지 몰랐는지 우리는 알 수 없다. 만약에 안목을 가진 노파라고 한다면 다시 다음과 같이 말했을 것이다.

"일전에 제가 정재를 보시하면서 대장경 전체를 轉讀해줄 것을 청했었는데, 어찌하여 화상은 선상만을 돌면서 다만 저를 희롱하십니까."라고 했을 것이다. 설사 이러한 말이 근본 뜻을 전하는데 있어서는 틀린 점이 있다고 할지라도 만약에 자신을 희롱하는지 아닌지를 알 정도로 말할 수 있는 노파였다면 참으로 안목을 가진 노파일 것이다. 그런데 여기에서는 노파가 이러한 말을 했다라고 하는 근거는 제시되고 있지 않다. 그러므로 노파는 안목을 가진 사람인지 아닌지 알 수 없다. 대수선사가 선상을 돈 그 참뜻을 이해했는지 못했는지 알 수 없다.

【 역주 】 7

7. 高祖洞山悟本大師25)께서는 평소에 인연 있던 관인이 있었

---

25) 동산양개(洞山良价: 807-869): 曹洞宗의 開祖, 靑原行思의 4대 法孫인 雲岩曇晟의 제자, 중국 會稽사람. 성은 兪씨이고, 諱는 良价, 號는 洞山, 諡號는 悟本大師이며, 塔號는 慧覺이다. 五洩山 靈黙에게 削髮을 하고 21세에 嵩山에게 具足戒를 받았다. 여러 곳으로 다니다가 南泉普願을 참예하고, 潙山靈祐에게서 법을 물었으나 계합하지 못하고, 위산의 지시로 雲岩曇晟을 찾아가서 無情이 설법한다는 말을 듣고 선지를 깨달아 雲岩의 법을 이었다. 洞山 菩提院에서 종풍을 선양하여 동산이란 이름이 생겼으며, 당나라 咸通 10년에 입적하였다. 저서 1권이 있으며, 문하에 雲居道膺・曹山本寂・疎山匡仁・靑林師虔・龍華居遁・華嚴休靜 등을 배출하여 동산의 가풍을 더욱 진흥하였고, 本寂의 曹와 洞山의 洞을 連稱해서 曹洞宗이라는 宗名이 성립. 『景德傳燈錄』 卷15 (大正藏51, p,322,c)"唐咸通十年三月命剃髮披衣令擊鍾儼然坐化 時大衆號

는데, 齊를 지내기 위해 淨財를 보시하면서 大師에게 대장경을
看轉해줄 것을 청하였다. 대사는 禪牀에서 내려와 관인을 향하
여 揖하였다. 관인도 대사에게 읍하였다. 관인을 데리고 함께
선상을 한 바퀴 돈 후 관인을 향해서 읍하였다. 그리고 良久한
뒤에 관인을 향해 말하기를,

"알겠느냐."라고 하였다.

관인은

"모르겠습니다."라고 하였다.

대사가 말하기를,

"내가 그대와 더불어 대장경을 看轉하였는데 어찌하여 알지
못하는가."라고 하였다.

이것은 내가 그대와 더불어 대장경을 看轉했음을 밝히고 있
다. 선상을 도는 것이 대장경을 看轉했다라고 배워서도 안 되
고, 대장경을 看轉하는 것을 선상을 도는 것이라고 해서도 안
된다. 그렇지만 高祖의 자비로운 가르침에 귀를 기울여야 한다.

이 因緣은 先師 古佛26)이 天童山에 있을 때에 高麗國의 施
主27)가 천동산에 와서 淨財를 시주하니, 대중이 간경하면서

慟移晷 師忽開目而起曰 夫出家之人心 不附物是眞修行 勞生息死於悲何有 乃召主
事僧令辨愚癡齊一中 蓋責其戀情也 衆猶戀慕不已延至七日 食具方備 師亦隨齋畢"

26) 천동여정선사(天童如淨禪師: 1163-1228): 曹洞宗의 僧侶, 字는 長翁, 天童山에
있었으므로 天童이라고도 한다. 南宋 隆興 1년에 태어나다. 어려서 유학을 배
우고 자라서 불교를 배우다. 19세에 敎相의 學을 버리고, 雪竇山에 가서 智鑑
을 만나 庭前栢樹子라는 말에 깨우치고 智鑑의 法을 잇다. 그 후 40년 동안
행각하면서 여러 선찰에서 공부하였다. 淨慈寺에 있다가 1224년 왕명으로 天
童山에 나아가 紫衣를 받고, 紹定 2년 7월에 입적하다. 『如淨禪師語錄』2권이
있다.

27) 고려국시주(高麗國施主): 미상

선사에게 陞座하기를 청하였다. 이때에 양개선사의 일화를 말씀하셨다. 先師가 얘기를 끝내면서 拂子를 들어 크게 원상을 그리기를 한 번하면서 말하기를,

"천동은 금일 그대를 위하여 대장경을 看轉하였노라."라고 하였다. 다시 불자를 놓으시고 자리에서 내려오셨다.

지금 先師의 말을 잘 看轉해 보아라. 다른 것과 비교해서는 안 된다. 그렇다고 할지라도 대장경을 看轉하는 것은 외눈으로 사용했는가, 반쪽 눈으로 사용했는가. 高祖의 말과 先師의 말의 차이는 눈을 쓰는 것과 혀를 쓰는 것 인가. 얼마나 많이 사용했는지 참구해보시오.

【 강의 】 7

7. 高祖洞山悟本良价大師는 평소에 인연 있던 관리가 있었다. 그가 양개선사에게 찾아와 齋를 지내기 위해 재물을 보시하면서 大師에게 대장경을 看轉해 줄 것을 청하였다. 이러한 청을 받은 양개선사는 禪牀에 있다가 내려와서 관인을 맞이하면서 그를 향하여 읍을 하면서 인사하였다. 관인도 대사를 향해 읍하면서 인사하였다. 양개선사는 그 관인을 데리고 함께 그가 앉았던 선상을 한 바퀴 돌고 나서는 관인을 향해서 다시 읍하였다. 그리고 한참 있다가 관인에게 말하기를,

"알겠느냐."라고 하였다.

관인이

"모르겠습니다."라고 하였다.

다시 양개선사는 말하기를,

"내가 그대와 함께 대장경 전부를 看轉하였는데 어찌하여 그대는 알지 못하였단 말인가."라고 하였다.

이와 같은 내용은 양개선사가 관리와 함께 대장경을 전부 看轉했다고 함을 분명히 하고 있다. 그렇다고 하여 우리들은 양개선사가 한 바와 같이 禪林을 한 바퀴 도는 것이 대장경을 看轉하는 것이라고 배워서도 안 되고, 반대로 대장경을 看轉하는 것이 곧바로 禪林을 한 바퀴 도는 방법이라고 배워서도 안 된다. 이와 같은 방법은 그 당시에 양개선사와 관리 사이에 이루어졌던 일이지 이 법이 모든 것에 적용되는 것은 아니다. 우리들은 양개선사가 관리에게 올바르게 가르친 자비로운 가르침에 대하여 귀를 기울여야 한다.

양개선사의 이와 같은 얘기는 여정선사가 천동산에 있을 때에 한 말이다. 그가 천동산에 있을 때에 高麗國의 어떤 施主가 천동산에 와서 여정선사에게 淨財를 시주한 일이 있었다. 그러자 천동산의 대중들은 간경하면서 여정선사에게 법상에 오르기를 청하였다. 이때에 여정선사는 앞에서 말한 양개선사와 관리 사이에 있었던 일화를 말하였다. 선사가 이 법문이 끝난 뒤에 拂子를 들어서 큰 원상을 한 번 그리면서 말하기를,

"오늘 천동은 금일 고려국의 시주를 위하여 대장경을 看轉하였노라."라고 하였다. 그리고 난 뒤에 다시 불자를 내려놓고 자리에서 내려왔다.

그런데 우리는 여정선사의 말을 잘 새겨보아야 한다. 여정선사의 이러한 말을 다른 선사의 말과 비교해서는 안 된다. 여기서 우리는 대장경을 간전한다고 하여 두 눈으로 할 것인지 한 눈으로 할 것인지, 반쪽 눈으로 할 것인지, 눈으로 대장경을 읽는 것

을 의미하는 것은 아니다. 동산양개선사의 말과 여정선사가 말한 간경의 차이는 눈을 가지고 간경하는 것인지, 혀를 가지고 간경하는 것인지, 또 얼마나 많이 다른 방법을 사용했는지 그것에 문제가 있는 것은 아니다. 그러므로 우리는 이 간경의 방법을 깊이 참구해 보아야 한다.

【 역주 】 8

8. 옛 조사 약산 홍도대사28)는 평소에 사람들에게 경을 보는 것을 허락하지 않았다. 어느 날 하루는 경을 가지고 스스로 보았다. 이와 관련해서 어떤 스님이 여쭈었다.

"화상은 평소에 사람들에게 경을 보는 것을 허락하지 않더니, 어찌해서 오히려 스스로 경을 보십니까?"

대사가 말하였다.

"나는 지금 눈을 가리는 것을 필요로 할 뿐이다."

그 스님이 말하였다.

---

28) 약산(藥山惟儼: 745-828): 唐代 스님. 靑原行思 문하이며, 藥山은 주석한 산 이름이다. 속성은 韓씨, 산서성 강주 사람으로 17세에 광동성 조양 서산의 慧照에게 출가하여 29세에 希藻에게서 구족계를 받았다. 그 후 石頭希遷 문하에서 大悟하고 그의 법을 이어 받았다. 石頭를 13년간 시봉하다가 다시 호남성 예주 藥山으로 가서 머물렀고, 설법 교화하다가 태화 2년에 입적하였다. 세수는 84, 제자 충허가 탑을 院의 동쪽에 세웠다. 호는 弘道이다.
『傳燈錄』卷14 (大正藏 51, 312, b) "師看經 有僧問 和尙尋常不許人看經 爲什麼却自看. 師曰我只圖遮眼. 曰某甲學和尙還得也無. 師曰 若是汝牛皮也須看透 (長慶云 眼有何過. 玄覺云 且道 長慶會藥山意. 不會藥山意"
『聯燈會要』卷19 (卍續藏136, 740, a) "師尋常不許人看經 一日將經自看, 僧問 和尙尋常不許人看經, 爲甚麼却自看. 師云, 我只要遮眼. 云某甲學和尙, 看得麼 師云, 若看牛皮也須穿"

"저도 화상에게 배워도 되겠습니까?"

대사가 말하기를

"만약 네가 경을 본다면 소가죽이라도 또한 꿰뚫어 보아야 할 것이다."라고 하셨다.

지금 '나는 눈을 가리는 것을 필요로 할 뿐이다.(我只要遮眼)'라고 하는 말은 눈을 가리는 것을 스스로 하는 것을 말한다. 눈을 가린다는 것은 눈동자를 쳐서 빼버리는 것(打失眼睛)이 되고, 경을 쳐서 빼버리는 것(打失経)이 되며, 온전히 눈이 가려지는 것(渾眼遮)이 되고, 온전히 눈을 가리는 것(渾遮眼)이 된다. 눈을 가리는 것은 가린 가운데 눈을 뜨게 하는 것(遮中開眼)이고, 가린 속에 눈을 움직이는 것(遮裏活眼)이 되며, 눈 속에서 가리는 것을 움직이는 것(眼裏活遮)이고, 눈꺼풀 위에 다시 한 장의 가죽을 씌운 것(眼皮上更添一枚)이며, 가려진 눈을 움직이는 것(遮裏拈眼)이고, 눈 그 자체가 가린 것(眼自拈遮)을 스스로 잡아서 가리는 것이 된다. 그렇다면 눈동자가 경이 되지 아니하면 눈을 가리는 공덕이 없어지게 된다. '또한 모름지기 소가죽을 뚫어야 한다(牛皮也須穿)'는 것은 소 전체가 가죽이고,(全牛皮) 가죽 전체가 소이며,(全皮牛) 소를 붙잡으면 가죽이 된다(拈牛作皮). 그러므로 가죽과 살과 골수와 머리와 뿔과 콧구멍은 소가 살아가는 방도가 된다. 화상에게 배운다는 것은 소의 눈동자를 가린다라고 하는 것(牛爲眼睛)이며, 소의 눈동자는 바로 소(眼睛爲牛)이다.

【 강의 】 8

8. 중국 당나라 때의 청원행사의 제자인 약산홍도대사는 평소에 대중들이 경을 보는 것을 용납하지 아니하였다. 그는 선원의 대중들에게는 경을 보지 못하게 하면서 어느 날 하루는 자기 스스로 경을 보고 있었다. 그러한 광경을 본 어떤 스님이 약산에게 물었다.

"스님께서는 저희들에게는 평소에 경을 보는 것을 허락하지 않더니 어찌해서 지금 스님은 스스로 경을 보고 계십니까?"

이러한 물음에 대해서 약산은 말씀하셨다.

"나는 지금 경을 보는 것이 아니라 경으로 눈을 가리고 있을 뿐이다."

그러자 다시 그 스님이 말했다.

"그러면 저도 화상이 하는 것처럼 경으로 눈을 가리고 있어도 되겠습니까?"

이에 대하여 약산은 말하기를,

"만약 너가 내가 경으로 눈을 가리는 것처럼 경을 보려고 한다면 너는 소가죽이라도 꿰뚫어지도록 보아야 할 것이다."라고 하였다.

이러한 말씀은 약산은 대중들이 경을 보면서 분별 망상심을 내는 것을 막기 위하여 경을 보지 못하게 하였다. 그러나 약산 스스로가 경을 본 것은 자신의 공부경계를 점검하기 위하여 경을 참고하였을 뿐이다. 그런데 이 광경을 본 대중은 약산이 경을 보는 그 자체를 흉내내려고 하였을 것이다. 그러자 약산은 자신이 경을 보는 경계와 초심자들이 보는 경계가 다름에 대하여 꾸짖었

다. 그러면서 초심자들이 경을 보려면 소가죽이라도 뚫어지도록
보아야 한다라고 하였다. 즉 여기서 우리는 약산이 본 것은 경의
뜻을 본 것이고 초심자들이 간경하는 것은 경 자체를 보는 것이
기 때문에 약산이 경을 보는 겉모습만을 흉내내려고 하는 것을
꾸짖고 있다.

　이에 대해서 도원스님은 다음과 같이 말했다.

　지금 '나는 눈을 가리는 것을 필요로 할 뿐이다.(我只要遮眼)'라
고 한 말에 대해서 도원은 스스로 눈을 가리는 것을 말한다. 눈
을 뜨고 있을지라도 번뇌망상이 없으면 한 물건도 보지 않을 수
도 있으며, 눈을 감고 있을지라도 망상으로 가득 차 있으면 천하
가 다 보이는 법이다. 눈을 가린다는 것은 눈알도 빼버리고, 경전
도 완전히 없애 버려야 만이 완전히 눈을 가리는 것이 되고 완전
히 눈이 가려지는 것이 된다고 도원은 말하고 있다.

　다음으로 눈을 가리는 목적은 세상을 다 보지 않기 위해서 눈
을 가리는 것이 아니라 부처님의 참된 말씀에 대해서 눈을 뜨게
하는 것이 되고, 가린 속에서 진리의 참모습을 보는 눈을 얻게
하는 것이며, 참된 진리를 보게 하는 것이다. 눈꺼풀 위에 한 장
의 가죽을 씌운 다는 것은 번뇌망상으로부터 해방되기 위함이고,
번뇌로부터 자유로워지기 위함이다. 그러다가 보면 억지로 눈을
가리는 것이 아니라 스스로 눈을 가릴 수 있게 될 것이다.

　그렇게 되었을 때 참된 간경이라고 하는 것은 눈동자가 바로
경이 되어야 만이 무량공덕을 얻게 되는 것이다. '또한 모름지기
소가죽을 뚫어야 한다.'는 것은 소의 가죽만을 얘기하는 것이 아
니라 소 전체가 가죽이 되고 가죽전체가 소이므로 소와 가죽을
분리하지 않은 것을 말한다. 소와 가죽이 분리된다면 그것은 죽

은 소가 될 것이다. 여기서는 죽은 불교가 아니라 살아 있는 불교, 즉 소와 가죽이 하나 된 살아있는 불교를 의미하고 있다. 그러므로 소를 붙잡으면 바로 가죽이 된다. 이 소는 살아있는 소이므로 가죽과 살과 골수와 머리와 뿔과 콧구멍을 온전히 갖춘 소이다. 그래야 살아있는 소가 될 것이다.

여기서 화상에게 배운다라고 하는 것은 소는 눈동자인데 그 눈동자를 가린다는 것을 말한다. 그러므로 소의 눈동자는 바로 소이므로 눈동자를 가린다는 것은 안목을 가리게 한다는 의미일 것이다. 따라서 약산은 대중들에게 안목을 흐리게 할 가능성이 있는 경전을 보지 못하게 하였다.

【 역주 】 9

9. 冶父道川29)禪師께서 말하길,

"억천의 부처님께 공양하는 복덕이 끝이 없을 지라도, 어찌

---

29) 야보도천(冶父道川): 생몰 연대 未詳. 송대 임제종 승려로 姑蘇(江蘇) 玉峰 사람이며 속성은 狄이고, 이름은 三이다. 처음 東齋謙 선사에게 참학하여 豁然大悟하다. 建炎(1127-1130) 초년에 천봉에 이르러 淨因寺 蹋庵繼成 門下에 투신하여 선사에게 인가를 받고 아울러 그의 법을 이었다. 후에 다시 東齋 선사의 座下에 돌아가서 道俗에게 숭앙을 받았다. 금강경으로 질문하는 자가 있음에, 師가 頌으로서 대답하시니, 이것이 곧 『川老金剛經註』이다.
『嘉泰普燈錄』卷17「淨因蹋庵繼成禪師法嗣」(卍續藏137, 255, b)
『五燈會元』卷第12「淨因成禪師法嗣」(卍續藏138, 466, a)
『續傳燈錄』卷第30「淨因成禪師法嗣」(大正藏51, 675, c) (卍續藏142, 652b-653, a) "無爲軍冶父實際道川禪師, 崑山狄氏子, 初爲縣之弓級. 聞東齊謙首座爲道俗演法, 往從之習坐不倦. 一日因不職遭笞, 忽於杖下大悟, 遂辭職依謙. 謙爲改名道川, 且曰 汝舊呼狄三, 今名道川, 川卽三耳, 汝能堅起脊梁, 了辦箇事, 其道如川之增, 若放倒則依舊狄三也"

항상 옛 가르침을 가지고 보는 것에 비교하는 것과 같겠는가.
백지 위에 검은 글자를 썼으니, 바라건대 그대들은 눈을 뜨고
앞을 볼지어다.(億千佛供福無邊 爭似常將古敎看 白紙上邊書墨字
請君開眼目前觀30))"라고 하였다.

　　알아야 한다. 古佛을 공양하는 것과 옛 가르침(古敎)을 보는
것은 모두 그 福德은 서로 견줄만하기도 하고 복덕이 더 많기
도 하다. 옛 가르침(古敎)이라는 것은 白紙 위에 검은 글자를
쓴 것인데 누가 이것을 '옛 가르침(古敎)'이라고 알 수 있겠는
가! 마땅히 이 도리를 참구해 보아야 한다.

【 강의 】 9

　9. 冶父道川禪師는 임제종 만암의 법사로서 우리들에게는 『금강
경』 야보송으로 잘 알려져 있는 분이다. 그의 『금강경』 주해 제16
「능정업장분」에 의하면,

　"수많은 부처님에게 공양하는 복덕은 무량무변하다. 그러나 그
보다 더 수승한 것은 옛 부처님의 가르침을 공부하는 것이므로
이것과 비교할 것은 아무것도 없다. 흰 종이에 검은 글자로 썼으
니, 그대들은 눈을 바르게 뜨고 그 가르침을 볼지어다."라고 하
였다.

　다시 말하면 等像佛에게 공양하는 것보다도 부처님의 가르침을
올바르게 이해하는 것이 대단히 중요함을 말하고 있다.

---

30) 청군개안목전관(請君開眼目前觀): 『金剛經註』卷中 「能淨業障分16」 (卍續藏38,
　　730,b); 『金剛經五家解說誼』卷下 「能淨業障分16」 (韓佛全7, 73,b) "億千佛供福
　　無邊, 爭似常將古敎看, 白紙上邊書黑字, 請君開眼目前觀"

여기에 대해 도원은 다음과 같이 말하였다. 古佛을 공양하는 것
과 옛 가르침(古敎)을 보는 것은 모두 그 복덕은 서로 견줄만하기
도 하고 복덕이 더 많기도 하다. 그는 등상불에게 공양하는 것이
나 경전을 보는 것을 같은 것으로 보았지만 야보도천의 가르침은
옛 부처님의 가르침을 바르게 아는 것을 더욱 중요시하였다. 옛
부처님의 가르침이라고 하는 것은 흰 종위에 검은 글씨로 쓴 경
전을 말한다. 아무리 오래 되었다 할지라도 이것은 옛 가르침이
아니며 현재 우리들에게 바른 진리를 전해주기 때문에 옛 가르침
이라고 할 수만도 없는 것이다. 도원이 마땅히 이 도리를 참구해
보아야 한다라고 하는 것은 경전에서 가르친 참된 의미를 참구하
라는 뜻일 것이다.

【 역주 】 10

10. 雲居山 弘覺大師[31]와 인연이 있던 한 승려가 있었는데,
방안에서 念經하고 있었다. 대사가 창문 밖에서 묻기를,

"아사리께서 念하는 것은 무슨 경입니까?(闍梨念底 是什麼
経)"하고 물었다.

승려가 대답하기를,

---

31) 운거도응(雲居道膺: ?-902): 조동종, 雲居는 주석산 명. 속성은 王씨이며, 하
   북성 幽州 玉田縣 출신. 어려서 출가하여 제방을 편력한 다음에 3년 동안 翠
   微無學에게 참학하고, 다시 洞山良价에게 수학하여 대오함. 운거산에 머물면
   서 동산의 법도를 선양하여 비로소 운거파가 曹洞宗 曹山本寂의 문류로 됨.
   천복 2년 1월 3일 입적함.
   『景德傳燈錄』卷17 (大正藏51, 335,b) "有一僧在房內念經. 師隔窓問. 闍梨念者是
   什麼經. 對曰. 維摩經. 師曰. 不問維摩經. 念者是什麼經. 其僧從此得入"

“유마경입니다.(維摩經)”라고 하였다.

대사가 말하기를

“그대에게 유마경을 물은 것이 아니라 그대가 念하는 경이 무슨 경이냐고 물었다.(不問你維摩經, 念底是什麼経)”라고 하였다. 이 승려는 이로 인하여 깨달음을 얻었다.

대사가 말한 ‘念하는 경이 무슨 경인가(念底是什麼経)’라고 하는 것은 하나의 念하는 것이 연대가 깊고 멀므로(年代深遠)[32], 念으로써 표현할 수 없는 것이다. 길에서 죽은 뱀(死蛇)[33]을 만나는 것과 같다. 그렇기 때문에 무슨 경을 읽는가라고 물은 것이다. 그러나 사람을 만나면 착각하지 않기 때문에 유마경이라고 했다. 대개 간경은 모든 부처님과 조사를 함께 모아서 눈으로 간경을 하는 것이다. 마땅히 그러한 때에 바로 佛祖는 부처님이 되고 법을 설하고 부처를 설하고 부처를 만드는 것이다. 이 간경의 시절이 없으면 불조를 받들 수 있는 면목이 나타나지 않는다.

---

32) 연대심원(年代深遠)
　　『臨濟錄』(大正藏47, 505, a) “後潙山擧此話問仰山 黃檗當時祇囑臨濟一人 更有人 在 仰山云有 祇是年代深遠 不欲擧似和尙 仰山云 雖然如是 吾亦要知 汝但擧看 仰 山云 一人指南吳越令行 遇大風卽止”

33) 사사(死蛇)
　　『宏智廣錄』卷2 (大正藏48, 23, c) “擧僧問靑林. 學人徑往時 如何. 林云. 死蛇當 大路. 勸子莫當頭. 僧云. 當頭時如何. 林云. 喪子命根. 僧云. 不當頭時如何. 林 云. 亦無回避處. 僧云. 正當恁麼時如何. 林云. 却失也. 僧云未審. 向什麼處去也. 林云. 草深無覓處. 僧云. 和尙也須隄防始得. 林撫掌云. 一等是箇毒氣.”

【 강의 】 10

10. 雲居弘覺大師는 동산양개의 문하에서 조동종의 선법을 널리 현창시켰다. 하루는 그와 인연이 있던 한 승려가 방안에서 경을 念誦하고 있는 것을 보고 밖에서 창문으로 들여다보면서 다음과 같이 물었다.

"아사리께서는 지금 무슨 경을 염송하고 있습니까?" 하고 물었다.

승려가 대답하기를,

"유마경입니다."라고 하였다.

대사가 말하기를,

"내가 그대에게 물은 것은 유마경을 물은 것이 아니라 그대가 念하는 경이 무슨 경이냐고 물었다."고 하였다. 그러자 이 승려는 홍각의 그러한 질문을 받고 깨달음을 얻게 되었다.

여기서 우리는 홍각대사께서 말한 '그대가 念誦하고 있는 경이 무엇인가.'라고 하는 질문에서 경이라는 의미보다는 念이라고 하는 것에 더욱 문제점을 두었음을 알 수 있다. 그런데 경을 읽고 있던 승려는 경에 의미를 두고 유마경이라고 하였지만, 질문을 한 홍각대사는 그대의 생각이 어디 있느냐는 念에 의미를 두고 있음을 알 수 있다. 일념이라고 하는 것은 시간적으로 보면 대단히 먼 시간이며, 공간적으로 보았을 때는 대단히 깊은 것을 의미한다. 그러므로 이것은 念으로도 표현할 수조차도 없는 것이다. 길에서 죽은 뱀(死蛇)을 만났다는 것은 바로 죽은 경을 읽고 있는 것과 같은 것을 의미한다. 그러므로 다시 무슨 경을 읽는가라고 물은 것이다. 만약 뱀을 만나게 되면 사람에게 해를 끼치기 때문에 피하게 되고 두려워하게 되지만, 사람을 만나게 되면 그렇지

않으므로 두려워하지 않는다. 그래서 유마경이라고 그 승려는 말
했다. 우리들은 일반적으로 간경이라고 할 경우에 경전의 내용을
마음속으로 염송하는 것이다. 송경이라고 한다면 소리를 내어 경
전을 독송하는 것을 의미하지만 간경이나 염경은 그 경전의 뜻을
파악하는 것이다. 그 경전의 뜻을 올바르게 파악하였을 때에 바
로 부처와 조사는 성불을 하게 되고, 또한 법을 설하게 되며, 부
처를 설하기도 하고, 부처를 만들게 되기도 한다. 이와 같이 간경
을 하지 아니하고는 불조를 공양할 수도 없고 불조의 본래면목을
볼 수도 없는 것이다.

【 역주 】 11

11. 현재 佛祖의 모임에서 看經의 儀則에는 여러 가지가 있
다. 예를 들면 施主가 산에 들어가 대중에게 간경을 청하는 경
우(施主入山請大衆看經)34)도 있고, 혹은 항상 看經하기를 스님
들께 청하는 경우(常轉請僧看經), 혹은 승려들이 스스로 발심
하여 간경하는 경우(僧衆自發心看經) 등이 있다. 그 이외에도
대중들이 돌아가신 스님을 위해서 간경(大衆爲亡僧看經)하는
경우도 있다.
　施主가 산에 들어가 대중에게 간경을 청하는 경우는 당일 조
반 때(粥時)35)에 堂司36)가 미리 看經牌를 僧堂 앞 또는 寮舍에

---

34) 시주입산청대중간경(施主入山請大衆看經):『禪苑淸規』卷6「看藏經」(卍續藏111,
　　907, b)"如遇施主請衆看大藏經"

35) 죽시(粥時): 선원에서는 매일 아침 식사로 죽을 먹는다. 그러므로 아침 식사
　　때를 가리켜 粥時라고도 한다.

36) 당사(堂司): 禪院 사무를 총괄하는 主事職인 六知事(監院・維那・典座・直歲・副

걸어 놓는다. 朝食이 끝나면 聖僧前[37])에 좌복을 놓는다. 그 때
가 되면, 僧堂前에 있는 鐘을 세 번 치거나(僧堂前鐘)[38]) 또는
한 번 친다. 住持[39])의 지휘에 따른다. 종소리가 끝난 후 首座
와 대중들은 袈裟를 입고 雲堂[40])에 들어가 被位[41])로 가서 정
면을 향해 앉는다. 그리고 주지도 승당에 들어가 불상을 향해
예배(問訊)[42])하고 향을 피운 후 자리에 앉는다. 다음에 童行[43])

寺・都寺)의 하나로 維那라고도 한다. 僧堂을 맡아 지도하는 책임이 있다. 또
는 維那의 거처를 말하기도 한다. 維那는 次第・悅衆이라고도 하며, 승단의
질서를 바로 잡거나 대중을 기쁘게 하는 자이다. 선원의 중요한 직책으로서
대중의 수행지도, 승당 내의 감독, 독경 때 제목이나 회향문을 읽는 것 등을
주요 직무로 한다.
『勅修百丈淸規』卷3 (大正藏48, 1124,a)"堂司行者鳴僧堂鐘 大衆詣方丈作賀"
『勅修百丈淸規』卷4 (大正藏48, 1155,a)"堂司特爲新舊侍者茶湯"

37) 성승전(聖僧前): 僧堂의 中央에 봉안되어 있는 佛像이다. 일정하지는 않지만
文殊菩薩・觀音菩薩・憍陳如・須菩提・摩訶迦葉을 봉안한다. 그러나 현재 僧
堂에는 문수보살을, 衆寮에는 관음보살을 안치하고 있다.
『禪苑淸規』卷5「僧堂內煎點」(卍續藏111, 907,b)"行法事人先於前門南頰朝聖僧
又手側立徐問訊 離本位於聖僧前當面問訊罷 次到爐前問訊"

38) 승당전종(僧堂前鐘): 『勅修百丈淸規』卷7 (大正藏48, 1155,c)"僧堂鐘凡執衆則擊
之 遇住持每赴衆入堂時鳴七下 齋粥下堂時 放參時 旦望巡堂喫茶下床時 各三下"

39) 주지(住持): 사원의 주관자로 불법이 오래 머물도록 보호하는 임무, 또는 그
임무에 해당하는 직책을 맡은 승려.
『勅修百丈淸規』권2「住持章第五」(大正藏48, 1119,a)"佛敎入中國四百年而達磨
至 又八傳而至百丈 唯以道相授受 或岩居穴處 或寄律寺 未有住持之名 百丈以禪宗
寢盛 上而君相王公 下而儒老百氏 皆嚮風問道 有徒實蕃 非崇其位則師法不嚴 始奉
其師爲住持"

40) 운당(雲堂): 승려들이 모여 있는 僧堂을 가리킨다. 구름같이 많이 모여 있다
는 뜻으로 雲水僧들이 모며 수행하는 곳이라 하여 붙여진 이름이다.
『勅修百丈淸規』卷3「請新住持」(大正藏48, 1123,b)"今辰午刻 就雲堂特煎點"

41) 피위(被位): 승당 내에서 운수승들이 좌선하면서 일어나고 눕고 하는 정해진
각자의 자리이다. 臥位라고도 한다.

42) 문심(問訊): 선문의 예법으로 합장하고 머리 숙여 상대에게 경의를 표하고,

을 시켜서 경을 나누어 주도록 한다. 이 경을 미리 庫院[44]에
배치해 두었다가 때가 되면 나누어 준다. 經은 經函[45]안에서
내주기도 하고, 또는 盤子[46]에 담아 주기도 한다. 대중들은
곧 경을 받아 바로 펴서 읽는다. 이때 知客[47]은 그 시주를 안
내하여 雲堂으로 간다. 시주는 곧 운당 앞에 있는 手爐[48]를 잡
아 두 손으로 받들어서 승당으로 들어간다. 수로는 공공장소
에 둔다. 미리 향을 피우고 行者에게 운당 앞에서 준비하도록

서로 안부를 묻는 것. 후에는 합장하고 머리 숙여 상대에게 경의를 표하는
것만을 말한다.
『禪苑淸規』卷5「僧堂內煎點」(卍續藏111, 907, b) "行法事人先於前門南頰朝聖僧
叉手側立徐問訊 離本位於聖僧前當面問訊罷 次到爐前問訊"

43) 동행(童行): 童子 또는 童子行者를 말한다. 禪林에서 출가를 희망하여 禪院에
들어왔으나, 아직 得度하지 않은 행자. 童侍・僧童・道者라고도 한다.
『禪苑淸規』卷9「訓童行」(卍續藏111, 927, a) "童行初來投院 師主審問根源 若具
正因 方可容納"

44) 고원(庫院): 七堂伽藍의 하나로 사원의 주방. 庫는 물건을 저장하는 창고이
고, 院은 舍의 뜻이다. 본래는 사원의 주방이라는 뜻이었지만, 후에 주방・
寺務・客展 등을 겸하게 되었다. 庫下・庫裡・廚庫・香積局・香積台 등이라고
도 한다. 현재는 승방과 주방을 병칭하여 고원이라고 한다.

45) 경함(經函): 경을 담아두는 상자. 經箱이라고도 한다.
『眞心直說』「跋文」(韓佛典4, 723, b) "辛酉 海舶之載經函 泊荏島"
『南嶽思大禪師立誓願文』(大正藏46, 789a) "瑠璃水精 爲經函"
『寶峰語錄』(卍續藏118, 715b) "施主捨大藏經函"

46) 반자(盤子): 台・經台이다. 특히 經本을 올려놓는 소반이다. 子는 명사접미사
이다.

47) 지객(知客): 선원에서 내방하는 학인이나 賓客에 관한 일체의 사무를 총괄하
는 소임이다. 典客・典賓이라고도 한다.
『禪苑淸規』卷8「龜鏡文」(卍續藏111, 918, a) "爲衆僧迎待檀越 故有知客"
『勅修百丈淸規』卷4 (大正藏48, 1151, b);『禪苑淸規』卷5「知客」(卍續藏111, 895, b)

48) 수로(手爐): 자루가 달린 향로.
『勅修百丈淸規』卷1 (大正藏48, 1113, a) "知客跪進手爐"

하여 시주가 곧 堂에 들어갈 때에 가르쳐서 시주에게 넘겨준다. 수로를 가져오면 지객은 이것을 지도해 준다. 입당할 때에는 지객이 먼저 앞서고 시주는 뒤따라 서서 운당 앞문의 남쪽 측면으로 들어간다.

【 강의 】 11

11. 송나라 시대에 간경의식에 대해서 여러 가지를 얘기하고 있다. 당시에 대표적인 것으로는 재가 신자들이 절에 가서 대중에게 공양을 내면서 간경하기를 청하는 경우도 있었고, 혹은 일상생활에서 스님들이 간경하는 경우도 있었다. 아마도 이때는 조석예불을 모시고 난 뒤에 대중들이 함께 하는 의식일 것으로 생각된다. 또는 스님들이 스스로 발심하여 간경하는 경우(僧衆自發心看經)인데 이것은 오늘날 우리들의 사찰에서 하는 화엄산림이나 법화산림과 같이 스님들의 수행의 일과로서 하는 경우라고 생각된다. 그 이외에도 대중들이 돌아가신 스님을 위해서 간경(大衆爲亡僧看經)하는 경우인데, 이때는 亡僧을 위해서 49재라든지, 아니면 忌日날 간경하는 경우이다.

施主가 산에 들어가 대중에게 간경을 청하는 경우(入山請大衆看經)에 대해서는 자세히 설명하고 있는데 다음과 같다.

먼저 대중공양이 들어오게 되면 공양이 있는 그날 아침 공양 때에 유나스님은 미리 看經牌를 僧堂 앞이나 요사채에 걸어두어야 한다. 아침 공양이 끝난 뒤에 대중들은 발우를 제자리에 두고 양치를 하며 일단 해산한다. 그리고 승당 안에 있는 불전에 좌복을 놓고 간경준비를 하게 된다. 그런 후에 僧堂 앞에 있는 鐘을 세 번 치거나 또는 한 번 친다. 이때에 모든 지휘는 주지스님의 가르침을 따르게 된다. 종소리가 끝난 후 首座와 대중들은 가사를 입고 승당으로 모여 들어와 불상을 향해서 자신의 자리에 앉는다. 대중이 다 앉은 뒤에 주지스님도 승당에 들어가며 그는 불상을 향해 예배(問訊)하고 대중을 대표하여 향을 올린 후에 주지자리에 앉게 된다. 모든 대중이 정좌한 후에 동자를 시켜서 대중들에게 경을 나누어주도록 한다. 이때 나누어주는 경은 승당 옆에 미리 준비해 두었다가 간경할 때에 나누어 준다. 그때에 준비해둔 經은 평소에 經函에 넣어두기도 하고, 아니면 경상 위에 쌓아놓기도 한다. 경함이나 경상 위에 있는 경을 행자는 대중들에게 나누어준다. 그런 후에 대중들은 經을 받아서 바로 펴고 읽게 된다. 경을 독송하는 도중에 知客은 대중공양을 하는 시주를 안내하여 雲堂으로 들어오게 한다. 시주는 운당의 밖에 놓여있는 손으로 잡는 향로를 받아서 두 손으로 머리만큼 올려 받든 후에 승당으로 들어간다. 평소에는 手爐를 공공장소에 두어서 누구든지 볼 수 있게 한다. 대중공양이 들어오게 되면 이 수로에 행자는 미리 향을 피워서 운당 앞에 가져가 준비해 두었다가 시주가 오게 되면 그 향로를 시주에게 넘겨주고 그 향로를 가지고 가는 방법에 대해서 자세히 가르쳐 준다. 시주가 밖에서 향로를 들고 오게 되면 知客은 운당에 들어가서 시주가 해야 될 예법에 대해서 지도해 주게 된다. 이때 운당에 들어올 때는 지객이 먼저 앞서고 시주는 지객의 뒤를 따라 운당에 들어오게 되는데 정면으로 들어오는 것이 아니라 운당 앞문의 남쪽 측면의 문으로 들어가야 한다.

【 역주 】 12

12. 시주가 불전에 나아가 향 하나를 사루고 절을 삼배한다. 절을 할 때에는 수로(手爐)를 가지고 절을 한다. 절하는 동안 지객은 절하는 자리의 북쪽에 서서 얼굴은 남쪽으로 하고 시주를 마주보고 叉手49)하고 서 있는다. 시주는 절을 하고 옆으로 몸을 돌려서 주지를 향하여 수로를 받들어서 曲躬50)하고 揖을 한다. 주지는 의자에 앉아 있으면서 경을 받들어 합장하고 읍을 한다. 그리고 시주는 북쪽을 향하여 읍을 한다. 읍을 한 후에 首座의 앞에서부터 巡堂51)을 한다. 순당을 하는 동안 지객이 앞에서 인도한다. 당을 한 바퀴 돌면서 부처님 앞에 이르게 되면 불전을 향하여 수로를 높이 들고 읍을 한다. 이때에

---

49) 차수(叉手): ① 拱手의 속어. 두 손을 교차한다는 뜻. 선문의 예법. 차수당흉 (叉手當胸)이라고도 함. 왼쪽의 엄지를 구부리고 다른 네 손가락으로 주먹을 만들어 가슴에 붙이고, 오른손으로 감싼 모습. ② 인도의 차수는 합장해서 중지를 맞춘다. 합장하는 것. 양 손바닥을 맞추는 것.
  『長阿含經』卷16 (大正藏1, 105, c) "日月遊行出沒處叉手供養而不能言"
  『禪苑淸規』卷1 「入室」 (卍續藏111, 884, b) "轉身叉手禪椅西南角問訊而立"
  『禪苑淸規』卷5 「僧堂內煎點」 (卍續藏111, 903, b) "於前門南頰朝聖僧叉手側立"

50) 곡궁(曲躬): 몸을 깊게 구부리고 머리를 내리는 것. 곡궁(曲窮)·국궁(鞠躬) 등이라고도 한다. 연장자에게 선 채로 예를 나타낼 때 하는 방법을 말한다.
  『俱舍論』卷14 (大正藏29, 75, a) "或蹲或跪曲躬合掌"
  『宗鏡錄』卷41 (大正藏48, 659, b) "悉向於王曲躬敬禮"
  『禪苑淸規』卷1 「掛搭」 (卍續藏111, 879, b) "兩展三拜參頭曲躬近前云"

51) 순당(巡堂): 승당을 순회하는 것. 순당에는 주지의 순당, 수좌의 순당, 유나의 순당 등 여러 가지의 순당이 있고, 그 목적·작법도 각기 다르다.
  『禪苑淸規』卷5 「僧堂內煎點」 (卍續藏111, 903, b) "聖僧前大展三拜巡堂一帀"
  『禪苑淸規』卷6 「出入」 (卍續藏111, 909, a) "於住持前問訊巡堂一帀"
  『禪苑淸規』卷7 「尊宿入院」 (卍續藏111, 915, b) "參聖僧燒香同參隨大展三拜同巡堂一帀"

지객은 雲堂의 문 안에 배석의 남쪽에서 얼굴을 북쪽으로 하여 차수하고 서 있는다. 시주가 불전을 향해 읍을 한 뒤에 지객을 따라서 운당 앞에 이르고 한 번 순당을 한다. 운당 안에 이르러서는 불전을 향하여 삼배의 절을 한다.

절을 한 뒤에 交椅52)에 앉아서 간경하는 것을 듣는다. 교의는 불전의 옆 기둥 근처에 놓고 남쪽을 향해서 이것을 놓는다. 또는 남쪽 기둥 옆에서 북쪽을 향해서 선다. 시주가 바로 자리에 앉으면 지객은 즉시 시주에게 읍을 한 뒤에 자신의 자리에 앉는다. 혹은 시주가 순당을 하는 동안 梵音53)을 하기도 한다.

---

52) 교의(交椅): 곡록(曲彔)과 같은 말. 胡床의 속칭. 나무를 깎아 구부려서 만든 의자. 곡록(曲錄·曲祿)·곡목(曲木)·곡록목(曲彔木)·곡록좌(曲彔座)·곡록목상(曲彔木床)·원의(圓椅) 등이라고도 한다. 고대 중국에서는 일찍이 의자가 없어 땅에 자리를 깔고 앉았으나, 漢나라·晋나라 때에 胡人과 중원의 관계가 밀접해지자 전래된 것으로, 당시에는 胡床이라고 불렀다. 일반적으로 목재를 사용하였는데, 다리는 네 개였고, 두 다리를 서로 교차시켰으며, 등에 가죽을 대어 기댈 수 있게 하였고, 앞 쪽 아래에 발판이 있었으며, 모양에 굴곡이 있었으므로 곡록이라고 불렀다. 특히 주홍색이나 흑색으로 칠한 것이 많으며, 사원에서 설법이나 法要 때 사용한다.
『大明高僧傳』卷6 (大正藏50, 921, b) "隨分著衣喫飮 二十年來坐曲彔床"
『碧巖錄』卷2 (大正藏48, 155, c-156, a) "據曲彔木床上坐 拾得敎爾打破"
『從容錄』卷1 (大正藏48, 228, a) "那堪上曲彔木弄鬼眼睛"

53) 범음(梵音): ① 브라흐만의 좋은 음성. 범왕의 음성이라는 뜻. ② 맑은 음성. 고귀한 목소리. 부처님의 목소리를 찬양하여 이렇게 이른다. ③ 四個法要의 하나.
四個法要: 대법회시에 반드시 행해야 하는 법회의 작법. 첫 번째는, 사구게의 梵唄를 부르는데, 聲明 중에서 가장 譜面이 길어, 이것에 의해 諦緣을 멈추고 마음을 가라앉힌다. 두 번째는, 散華라고 하여 사구의 게를 부르면서 꽃을 던져 악귀를 쫓아내고, 불상을 깨끗이 한다. 꽃은 下界의 정토를 의미한다. 세 번째는 梵音이라고 하여 8구게의 淨音을 부르며 삼보에게 공양을 올린다. 네 번째는 我執錫杖이라고 하여 손에 석장을 들고, 3절 33구의 게를 부르며, 각 절의 끝에 석장을 흔든다.

범음의 자리는 불전의 오른쪽이나 또는 불전의 왼쪽에 놓기도 하며 그것은 편의에 따른다. 수로에는 침향(沈香)54)이나 잔향(棧香) 등의 좋은 향을 사이사이에 꽂아서 태운다. 이 향은 시주가 스스로 준비해야 한다. 시주가 순당할 때에 중승(衆僧)이 합장을 한다.

【 강의 】 12

12. 대중공양을 하는 시주가 불전에 나아가서 향을 올리고 부처님 전에 절을 삼배한다. 시주는 절을 할 때에 자신이 가지고 있는 향로를 그대로 들고 절을 한다. 시주가 절하는 동안에 안내하는 지객은 시주가 절하는 자리의 북쪽에 서서 얼굴은 남쪽으로 향하여 절을 하고 있는 시주를 마주보고 叉手하고 그대로 서 있어야 한다. 시주는 부처님 전에 절을 하고 난 뒤에는 몸을 옆으로 돌려서 의자에 앉아있는 주지스님을 향하여 절을 하는데, 이 때 수로를 머리 위로 받들어서 허리를 굽히면서 揖을 하는 형태로 절한다. 시주가 주지스님에게 절을 하면 주지스님은 의자에 앉은 그대로 경을 머리 위로 들면서 합장하고 읍을 하면서 시주

『往生要集』卷中 (大正藏84, 56,b) "諸相功德內髻梵音是爲最勝"

『妙法蓮華經』卷7 「觀世音菩薩普門品」 (大正藏9, 58,a) "妙音觀世音梵音海潮音勝彼世間音"

『禪苑淸規』卷9 「沙彌受戒文」 (卍續藏111, 926,a) "聞梵聲秉爐至梵終回向云"

54) 침향(沈香): 沈水香의 준말. 향나무의 이름. 香材 가운데 최상품의 하나. 견고하고 무거워 물에 가라앉으므로 이렇게 부른다.
原子廣宣, 『正法眼藏註解全書』卷3 (東京: 無我山房, 1914) p.68. "沈香棧香 南州異物志云 木香出于日南國欲取之當先斫壞樹著地積久 外自朽爛 心至堅 沈水者名沈香 其次在心白之間置之水不浮 不沈者名棧香"

가 하는 절에 대하여 답례를 한다. 그리고 시주는 북쪽을 향하여
읍을 하는데, 이때는 불전을 향해서 예를 마치는 경우이다. 시주
는 읍을 한 후에 首座들의 앞을 지나가면서 승당을 한 바퀴 돈다.
시주가 승당을 도는 동안 지객은 그의 앞에 서서 인도한다. 승당
을 한 바퀴 돌면서 시주가 부처님 앞에 이르게 되면 시주는 불전
을 향하여 수로를 높이 들고 읍을 한다. 그러므로 반드시 부처님
앞을 지날 때는 허리만 굽히는 것이 아니라 불전을 향해 읍을 하
면서 바로 옆으로 돌아가야 한다. 이때에 지객은 승당의 문 안에
서서 부처님을 향해서 북쪽을 향하여 차수하고 서 있어야 한다.
시주가 불전 앞에서 불전을 향하여 절을 한 뒤에 다시 지객을 따
라서 운당 앞에 오게 되면 승당을 한 바퀴 돌게 되는 것이다. 그
런 뒤에 시주는 불전을 향해 다시 삼배를 해야 한다.
　이와 같이 불전과 주지스님과 대중에게 예를 마친 시주는 부처
님 옆에 마련된 의자에 앉아 대중스님들이 간경하는 소리를 들으
면서 조용히 참여한다. 이때 시주가 앉는 의자는 불전 옆에 있는
기둥의 근처에 남쪽을 향해서 놓게 된다. 또는 남쪽 기둥 옆에서
북쪽을 향해서 서기도 한다. 시주가 이 자리에 앉게 되면 지객스
님은 시주에게 읍을 한 뒤에 자기 자신의 자리에 앉으므로 시주
를 인도하던 지객의 임무는 끝나게 된다. 때로는 시주가 승당을
도는 동안에 범패의 형식으로 염불을 하기도 한다. 이때 범패로
염불하는 스님의 자리는 불전의 오른쪽이나 또는 불전의 왼쪽의
자리에 특별히 준비되기도 하지만 그 승당의 구조에 따라서 편리
하게 마련될 수도 있다. 시주가 수로에 피우는 향은 아주 좋은 沈
香이나 棧香 등을 쓰는데 최고의 향을 써야 한다. 이 향은 사중에
서 마련해주는 것이 아니라 시주가 스스로 준비해야 한다. 시주

가 승당 안을 돌 때에 모든 대중들은 시주를 향하여 합장해야
한다.

【 역주 】 13

13. 다음에 간경의 보시금을 나누는 것이다. 돈의 다소는 시
주의 마음에 따른다. 때때로 천이나 혹은 부채 등의 물자로서
나누기도 한다. 시주자 스스로 나누기도 하고, 때로는 知事55)
가 나누기도 하고, 때로는 행자56)가 나누기도 한다. 나누는
방법은 스님들의 앞에 이것을 놓아두고 스님의 손에 직접 놓
아주지는 않는다. 대중스님들은 보시금을 나누어 주면 보시금
을 앞에 놓을 때에 각자 합장하고 받는다. 보시금은 당일의 齋
時57)에 이것을 나누기도 한다. 만약 재시에 나누어 줄 때는

---

55) 지사(知事): ① 여러 대중의 잡일과 서무를 하는 역할의 이름. 지사는 주로
　　서무를 맡아 승물(僧物:교단의 재물)을 보호해서 여러 대중들이 희망하는 것
　　에 알맞도록 하는 것으로 계를 잘 지키고 공정한 마음을 가진 고승에게 맡겨
　　진다. 悅衆, 營事라고도 한다.
　　② 선종사원에서 사원운영을 맡는 승려의 역할 이름. 知는 맡는다는 뜻. 일
　　을 분담해서 주지를 보좌하는 승려를 말하며 6종류가 있음. 都寺(총감독),
　　監事(사실상의 총감독), 副寺(회계주임, 재정부장), 維那(대중을 보살피는 역,
　　승당을 맡음), 典座(식사 담당자), 直歳(건물 관리, 산림·논·밭의 관리 역)
　　의 6종류. 維那가 교육면을, 그 외의 5명은 경영면을 담당한다고 할 수 있다.
56) 행자(行者): ① 불도를 수행하는 사람. 불도의 수행자. 원시불교의 비구를 말함.
　　② 도에 부지런히 힘쓰는 사람. 특히 요가를 행하는 사람.
　　③ 禪寺에 숙식하며 여러 가지 급사를 하는 사람. 승려는 아니며 선원의 侍者.
　　④ 고행을 수련하는 사람. 受驗道의 행자. 오늘날에는 일정의 행장을 갖추고
　　명산유적을 순례하는 사람을 가리키기도 함.
　　⑤ 염불에 열중하는 사람. 염불하는 사람. 염불행자.
57) 재시(齋時): 출가수행승이 식사할 때. 아침부터 정오까지의 사이를 말함. 또

首座58) 施食59) 후에 판을 한 번 치고, 首座가 보시물을 나눈다. 시주가 회향하는 취지를 종이에 써서 聖僧의 오른쪽 기둥에 붙여 둔다. 운당 안에서 간경할 때는 큰소리로 읽지 않고, 低聲으로 읽는다. 때로는 經典을 펼쳐 문자를 볼 뿐이지 句讀에는 이르지 아니하고 看經할 뿐이다.

이와 같이 간경할 때에는 대부분 『金剛般若經』·『法華經』의 「普門品」·「安樂行品」·『金光明經』 등을 사용하지만 백천 권이나 항상 곁에 두고 있다. 스님 한 분 한 분이 한 권씩을 간경한다. 간경을 마치게 되면 처음의 小盤과 처음의 함을 가지고 자리 앞을 지나가면 대중들은 각자의 경을 넣는다. 경을 받을 때나 놓아둘 때 먼저 합장한다. 경전을 받을 때는 먼저 합장하고 뒤에 집어든다. 놓아둘 때는 먼저 경을 놓고 다음에 합장한다. 그 이후에 각각 합장하고 낮은 소리로 회향한다.

常住公界의 간경 때에는 도감사60)스님이 향을 사르고, 예배

는 점심.

58) 수좌(首座): 上座라고도 함. 많은 수행승의 수석. 수행자들 가운데 수위에 있는 자. 승당의 제일위에 앉는 승려. 최상석에 衆僧의 導師가 되는 자를 말함. 오로지 禪林에서만 쓰며, 또한 이를 제일좌·座元·禪頭·首重이라고도 함. 대중을 이끌고 주지를 대신하여 설법도 한다.
『臨濟錄』(大正藏47, 496c) "僧云. 草賊大敗. 師云. 過在什麽處. 僧云. 再犯不容. 師便喝. 是日兩堂. 首座相見. 同時下喝. 僧問師. 還有賓主也無."

59) 시식(施食): ① 施餓鬼의 뜻. ② 승려에게 식사를 내는 것을 말함. ③ 또는 唱食이라고도 함. 음식을 향하여 주문 암송하는 것을 말함. ④ 베푸는 음식.
『禪林象器箋』卷17 (大藏經補編19, 528,c) "唱食. 又名施食. 與施餓鬼食. 不同. 禪苑淸規云. 首座施食. 粥云. 粥有十利. 齋云. 三德六味. 施食訖. 行者喝食入. 傳燈錄睦州刺史陳操章云. 一日齋僧. 自行食次. 日上座施食. 上座曰. 三德六味. 陳曰錯. 上座無對."
施食偈: 齋時에는 首座가 「三德六味 施佛及僧 法界有情 普同供養」이라고 시식게를 唱하면서 시작한다.

하고, 당을 돌고, 시주물을 올리는 등은 시주자가 하는 방법과
같이 한다. 手爐를 받드는 것도 시주가 하는 것과 같은 방법으
로 한다. 만약 대중 가운데에 어떤 스님이 시주가 되어서 간경
을 청하는 것도 시주와 같은 방법으로 한다. 거기에는 향을 사
르고, 예배하고, 당을 돌고, 시주금을 나누는 것 등이 있다.
지객이 앞장서서 하는 것도 재가자의 시주가 하는 것과 같은
방법으로 한다.

【 강의 】 13

13. 다음에는 간경의 답례로 보시금을 드리는 경우이다. 시주자
들이 돈으로 스님들에게 보시할 경우에는 돈의 액수는 보시자의
마음에 따르는 것이지 정해져 있는 것은 아니다. 때로 보시자가
돈으로 보시하지 아니하고 옷감이나 혹은 부채 등 일상적인 필수
품을 공양하기도 한다. 이때의 시주자는 자신이 나누기도 하고,
때로는 사무를 담당하고 있는 知事스님이 나누기도 하고, 많을 경
우에는 행자가 나누는 것을 돕기도 한다. 스님들에게 대중공양을
드리는 방법은 다음과 같다.

---

60) 도감사(都鑑寺): 都寺와 都監寺를 일컫는 말. 선종사원의 소임명의 하나. 監
院・監寺 위에 있어서 선원 사무의 모든 것을 담당하는 소임. 唐代에는 이
소임은 없었음. 또 도총・도수라고도 함.
　　監寺: 옛날에는 監院이라고 했다. 禪寺에는 6명의 知事가 있고, 이것을 六知
事라 함. 都寺・監寺・副寺・維那・典座・直歲의 여섯이고, 監寺는 주지를 대
신해서 사찰 내의 일체 사무를 감독하는 역할이다. 조동종에서는 監院이라
명칭을 사용함.
　　『禪林象器箋』卷17 (大藏經補編19, 249, a) "忠曰. 卽都寺也. 都監寺. 畧言都寺 而
已. 或以爲雙擧都寺監寺二職者非也."

　　공양 올리는 물건을 스님들 앞에 놓아두면 스님들은 이것을 가
지게 된다. 그런데 어디까지나 물건이나 돈을 스님들 손에 직접
전달해 주지는 아니한다. 이것은 아마도 소승불교에서 얘기하는
시주물을 직접 받지 아니한다는 그러한 전래에서 비롯된 것 같다.
대중스님들은 보시금을 나누어주면 자신의 앞에 놓인 보시금을
두고 먼저 합장한 뒤에 그것을 받는다. 대중들에게 나누어주는
보시금은 당일의 점심공양 때에 나누어주는 것이 일반적인 관례
이다. 점심공양 시간에 이것을 나누어 줄 때는 首座는 공양을 한
후에 문 앞에 달린 나무판자 조각을 한 번 치고, 대중을 총괄하
고 있는 首座가 보시물을 나누어준다. 이때에 시주가 어떠한 뜻에
서 이 공양을 올리게 되었는지에 대하여 종이에 써서 불상의 오
른쪽 기둥에 붙여 둔다. 이것은 시주자의 발원이 담긴 내용이 될
것이다. 승당 안에서 간경할 때에는 큰소리로 내어서 경전을 읽
는 것이 아니라 적은 소리로 남에게 방해가 되지 않도록 경전을
읽는다. 그렇지만 때로는 경전을 적은 소리로도 읽지 아니하고
경전을 펴놓고 글자만을 볼 뿐 내용이나 뜻을 새기지 아니한다.
다시 말하면 경전의 페이지만 보고 넘길 뿐이다. 이때에는 내용
이나 뜻에 대해서는 무관하다.

　　이와 같이 간경할 때에 사용되는 경전으로는 대부분이『금강반
야경』·『法華經』「보문품」·「안락행품」·『금광명경』 등을 독경하
는데 이외에도 수백 권 수천 권이나 항상 쌓아두고 준비하여 둔
다. 이때에 스님 한 분 한 분이 경전 한 권씩 가지고 간경한다.
위와 같은 방법으로 간경을 마치게 되면 처음 경을 모셔두었던
小盤이나 함을 가지고 와서 앉아있는 자리 앞을 지나가게 되면
대중스님들은 각자 자신이 읽은 경전을 그 속에 다시 넣는다. 그

런데 경을 처음 배부 받을 때나 마지막으로 다 독경하고 난 뒤
다시 돌려줄 때는 반드시 먼저 합장한다. 경전을 받을 때에는 경
전이 자기 앞으로 오게 되면 먼저 합장을 하고 뒤에 그 경전을
집어든다. 그리고 독경을 다 마치고 난 뒤에 경을 돌려줄 때는
먼저 경전을 상자나 소반에 넣은 뒤에 마지막으로 합장한다. 그
리고 난 뒤에는 각각 합장하고 낮은 소리로 회향게를 염하면서
마친다.

　그런데 외부에서 보시가 들어오지 아니하고 常住 대중들이 자체
적으로 간경 할 때에는 도감사스님이 먼저 불전에 나아가서 향을
사르고, 예배한 뒤에 대중방을 한 번 돌고, 시주물을 올리게 되는
데 이러한 절차는 앞에서 신도가 시주하는 것과 같은 방법이다.
그리고 만약 대중 가운데 있어서 어떤 스님이 개인적으로 시주자
가 되어 간경을 청하는 경우가 있는데, 이때에도 앞에서 시주자
가 하는 방법과 같이 한다. 즉 다시 말하면 그 스님은 불전에 나
아가 향을 사르고, 부처님께 예배하며, 대중방을 한 번 돌고, 시
주금을 대중들에게 나누어 공양한다. 이때에 대중공양을 내는 스
님이 하지 아니하고 지객스님이 이것을 맡아서 하는 경우도 있는
데 이때에도 재가자의 시주자가 하는 것과 같은 방법으로 하게
된다.

【 역주 】 14

　　14. 聖節에 하는 看經 의식이 있다. 예를 들면 현 천자의 탄
　　생일이 가령 정월 15일이라고 한다면 먼저 12월 15일부터 聖
　　節의 간경을 시작한다. 당일의 上堂은 없다.

佛殿의 석가모니 부처님 앞에 連牀을 두 줄로 놓는다. 이른
바 東·西로 서로 마주보게 하고 각각 南·北으로 길게 놓는
다. 동서 連牀의 앞에 경대를 세워 놓고 그 위에 경을 둔다. 『金
剛般若經』·『仁王經』·『法華經』·『最勝王經』·『金剛明經』 등이
다. 僧堂 안에 스님들을 매일 몇 사람씩 초청하여 齋時 전에
点心을 먹는다. 이때 점심은 국수 한 그릇, 국 한 그릇을 스님
한 분 한 분에게 공양한다. 혹은 만두 예닐곱 개와 국 한 그릇
을 스님 한분 한분에게 드린다. 만두도 그릇에 담고, 젓가락을
옆에다 놓고 숟가락은 놓지 않는다. 이것을 먹을 때는 看經의
자리에 앉아 있으면서 자리를 움직이지 아니하고 이것을 먹는
다. 점심은 經을 놓는 경상에 놓지 다시 탁자를 가져오는 일은
없다. 점심을 먹는 동안에 經은 상에 놔둔다. 점심이 끝나면
스님들은 각각 자리에서 일어나 양치질을 하고 돌아와 앉아서
간경한다. 아침 공양 후부터 재시 때까지 간경한다. 재시에는
북이 세 번 울리면 자리에서 일어난다. 그날의 간경은 재시로
한정한다.

　처음 시작하는 날부터 「建祝聖道場」의 팻말을 佛殿 정면의
동쪽 끝에 걸어 두는데 黃牌이다. 또 佛殿 위의 정면 동쪽 기
둥에 祝聖의 趣旨를 障子牌에 써서 붙인다. 이것은 黃牌이다.
住持人의 이름은 붉은 종이 혹은 흰 종이에 쓴다. 이 두 가지
를 작은 종이에 써서 황패의 年月日 아래에 붙인다. 이와 같이
하여 간경하고 천자의 탄생일이 되면 주지가 상당하여 천자의
생일을 축원한다. 이것이 옛적부터 내려오는 예인데, 지금도
행하여지고 있다.

　스님들이 스스로 발심하여 간경하기도 한다. 사원에서는 본

래부터 공공장소로서 看經堂[61])이 있다. 그 당에 가서 간경한
다. 그 의식은 지금 『선원청규』와 같다.

【 강의 】 14

14. 천자의 생일에 看經하는 의식이 있는데 이를 聖節看經儀式
이라고 한다. 예를 들면 현재 천자의 생일이 가령 정월 15일이라
고 한다면 그보다 한 달 먼저 앞서서 12월 15일부터 聖節의 간경
의식이 시작된다. 이 성절의 간경의식을 하는 동안에는 주지스님
의 상당법문은 없다. 그 의식의 절차는 대략 다음과 같다.

佛殿에서 석가모니 부처님 앞에 상을 두 줄로 놓는다. 이때 상
은 부처님을 가운데로 해서 양옆으로 두 줄을 놓는다. 그래서 동
과 서로 대중들이 마주보게 하고, 상은 남과 북으로 길게 놓는다.
여기서 동서라고 하는 것은 부처님을 가운데로 하여 부처님으로
부터 왼쪽은 동편에 해당하며, 오른 쪽은 서편에 해당한다. 그리
고 부처님 쪽은 북쪽에 해당되며 부처님의 정면 쪽은 남쪽으로
보는 것이지 방향으로서의 동서남북을 얘기하는 것은 아니다. 그
리고 동과 서의 상 앞에 경상을 놓는데 이것은 부처님 앞에 위치
한다. 그 경상 위에 경을 놓는다. 이때 경전은 주로 『금강반야경』・
『인왕경』・『법화경』・『최승왕경』・『금강명경』 등이다. 승당 안에
서 좌선하는 스님들을 매일 몇 명씩 초청하여 불전에서 간경하게
하는데 그들은 齋時(오공) 전에 새참으로서 点心을 먹는다. 여기
서 말하는 점심이란 오공을 의미하는 것이 아니라 말 그대로 간

---

61) 간경당(看經堂): 『禪院淸規』卷6 藏主 (卍續藏111, 907-908)

단하게 먹는 간식을 얘기한다. 이때 먹는 점심으로는 국수 한 그 릇이나 국 한 그릇을 간경하기 위해 초청되어 온 선원의 스님들 한 분 한 분에게 공양을 올린다. 국수 외에도 만두 여섯 개나 일 곱 개와 국 한 그릇을 스님 한 분 한 분에게 올리는 경우도 있다. 만두를 먹을 때에도 그냥 드리는 것이 아니라 그릇에 담아 드리 고, 그 옆에 젓가락을 놓아둔다. 그러나 국이 있다 하더라도 숟가 락은 놓지 않는다. 이것을 먹을 때에는 다른 자리로 옮기는 것이 아니라 간경할 그 자리에 앉아 있으면서 그대로 먹는다. 간식으 로 먹는 점심은 간경을 하다가 중간에 먹는 것이기 때문에 다른 탁자를 가져와서 놓고 먹는 것이 아니라 간경할 때 經을 놓았던 경상을 그대로 두고 그 위에 놓고 먹는다. 그러면서 점심을 먹는 동안에는 간경하던 經을 경상 위에 두되 옆으로 놓아둔다. 간식이 끝나고 나면 스님들은 자리에서 일어나 물로 양치질을 하고 다시 돌아와서 자신이 앉았던 자리에 앉아 그대로 간경한다. 이때 한 달 동안 행해지는 간경의식은 아침 공양이 끝날 때부터 계속하여 오공인 재시 때까지 간경을 계속한다. 다시 말하자면 오전 내내 간경을 하는데 중간에 새참으로 점심을 먹는다는 얘기다. 오공 때에는 북이 세 번 울리면 그 자리에서 일어나 공양을 하러 간다. 이때 행해지는 간경은 매일 오공 때 까지만 하지 오후에는 하지 않는다.

성절간경의식을 처음 시작하는 날에는 「건축성도량」이라고 하 는 팻말을 써서 불전 정면의 동쪽 끝에 걸어 두는데 이것을 황색 팻말이라고 한다. 아마도 천자를 뜻하는 황금색 위에 글을 쓰기 때문일 것이다. 그리고 불전 위의 정면 동쪽 기둥에는 축성의 취 지를 障子牌에 써서 붙이는데 이것도 黃牌라고 한다. 그리고 주지

스님의 이름은 붉은 종이나 흰 종이에 쓰는데 그 스님의 법명 두 자를 작은 종이에 써서 황패의 연월일 아래에 붙인다. 이와 같이 하여 한 달 동안 간경하고 난 뒤 천자의 탄생일이 되는 날에는 주지스님이 법당에 나와서 천자의 탄생일을 축하하는 축원을 하게 된다. 이것이 옛적부터 내려오는 의식인데 도원이 중국에 갔던 당시에도 이와 같은 방법이 행해지고 있었다고 한다.

　그리고 이 외에도 스님들이 스스로 발심하여 간경하기도 한다. 이때에는 대부분 절에서는 본래부터 간경을 할 수 있는 공공장소가 있는데 이를 간경당이라고 한다. 간경을 하고 싶은 사람들은 이 간경당에 가서 한다. 이와 같은 간경의식은 지금 전해지고 있는 『선원청규』의 예와 같다.

【 역주 】 15

　15. 高祖藥山弘道大師께서 高沙彌[62]에게 묻기를,

"그대는 看經해서 얻은 것이 있는가. 請益해서 얻은 것이 있는가?"

고사미가 말하기를,

"간경해서 얻은 것이 없습니다. 또한 청익해서 얻은 것도 없습니다."

---

62) 고사미(高沙彌): 藥山 高沙彌, 생몰 연대 미상. 唐代 스님. 靑原 문하. 약산은 주석한 산명. 藥山 惟儼(745-828)의 제자. 약산을 떠난 뒤, 草庵에 머물며 노상을 왕래하는 사람을 제접하였다고 함.
『傳燈錄』卷14 (大正藏51, 315,c) "藥云. 汝從看經得請益得. 師曰. 不從看經得. 亦不從請益得. 山云. 大有人不看經不請益. 爲什麼不得. 師曰. 不道他無只是他不肯承當."; 『五燈會元』卷5 (卍續藏138, 177,a)

대사가 말하기를,

"대부분 사람들이 간경도 하지 아니하고, 청익도 하지 아니하는데 어찌해서 얻지 못하는가?"

고사미가 말하기를,

"그들이 얻지 못한 것은 말할 수 없고 오직 그들이 眞意를 承當하지 못했을 뿐입니다."

佛祖의 집안에는 승당할 수도 있고 승당하지 아니할 수도 있지만 간경과 請益은 일상적인 調度 방법이다.

정법안장간경

때는 인치 2년(1241년) 신축년 가을 9월 15일에 雍州宇治郡의 興聖寶林寺에 있으면서 중에게 보이시다.

【 강의 】 15

15. 高祖藥山弘道大師께서 高沙彌에게 어느 날 묻기를,

"고사미, 그대는 간경해서 會得했는가. 아니면 법문을 듣는 請益을 하여 회득했는가?"라고 말했다.

高沙彌가 말하기를,

"저는 간경해서 얻은 것도 아니고 청익해서 얻은 것도 아닙니다."

대사께서 말하기를,

"그대는 간경해서 얻은 것도 아니고 청익해서 얻은 것도 아니라고 했는데, 그렇다고 한다면 대부분 사람들이 간경도 하지 아니하고, 청익도 하지 않는데 어찌해서 그대처럼 회득하지 못하는가?"라고 말했다.

高沙彌가 다시 말하기를,

"대부분 사람들이 얻었는지 얻지 못했는지에 대해서 저는 알 수 없습니다. 다만 그들이 불조의 참 뜻을 承當하지 않았을 뿐입니다."라고 하였다.

이와 같이 불교집안에는 승당할 수도 있고 승당하지 못할 경우도 있지만 반드시 간경과 법을 묻는 청익은 조사의 문하에서는 일상적인 하나의 방법으로 사용되고 있다.

21．看經

1．阿耨多羅三藐三菩提の修証、あるいは知識をもちゐ、あるいは経巻をもちゐる。知識といふは、全自己の仏祖なり。経巻といふは、全自己の経巻なり。全仏祖の自己、全経巻の自己なるがゆゑにかくのごとくなり。自己と称ずといへども我儞の拘牽にあらず。これ活眼睛なり、活拳頭なり。

しかあれども念経、看経、誦経、書経、受経、持経あり。ともに仏祖の修証なり。しかあるに、仏経にあふことたやすきにあらず。於無量国中、乃至名字不可得聞（無量国の中に於て、乃至名字だも聞くこと得べからず）なり、於仏祖中、乃至名字不可得聞なり、於命脈中、乃至名字不可得聞なり。仏祖にあらざれば、経巻を見聞読誦解義せず。仏祖参学より、かつかつ経巻を参学するなり。このとき、耳処、眼処、舌処、鼻処、身心塵処、到処、聞処、話処の聞、持、受、説経等の現成あり。為求名聞故説外道論議（名聞を求めんが為の故に、外道の論議を説く）のともがら、仏経を修行すべからず。そのゆゑは、経巻は若樹若石の伝持あり、若田若里の流布あり。塵刹の演出あり、虚空の開講あり。

2．薬山曩祖弘道大師、久不陞堂（薬山曩祖弘道大師、久しく陞堂せず）。

院主白云、大衆久思和尚慈誨（大衆久しく和尚の慈誨を思ふ）。

山云、打鐘著（打鐘せよ）。

院主打鐘、大衆才集（院主打鐘し、大衆才に集まる）。

山陞堂、良久便下座、帰方丈（山、陞堂し、良久して便ち下座し、方丈に帰る）。

院主随後白云、和尚適来聴許為衆説法、如何不垂一言（院主、後に随つて、白して云く、和尚、適来為衆説法を聴許せり、如何が一言を垂れざる）。

山云、経有経師、論有論師、争怪得老僧（経に経師有り、論に論師有り、争か老僧を怪得せん）。

曩祖の慈誨するところは、拳頭有拳頭師、眼睛有眼睛師なり。しかあれども、しばらく曩祖に拝問すべし、争怪得和尚はなきにあらず、いぶかし、和尚是什麼師。

3. 韶州曹谿山、大鑑高祖会下、誦法花経僧法達来参（韶州曹谿山、大鑑高祖の会下に、誦法花経僧法達といふもの来参す）。

高祖為法達説偈云（高祖、法達が為に説偈して云く）、

心迷法華転、心悟転法華、

（心迷は法華に転ぜられ、心悟は法華を転ず）

誦久不明己、与義作讎家。

（誦すること久しくして己れを明らめずは、義と讎家と作る）

無念念即正、有念念成邪、

（無念なれば念は即ち正なり、有念なれば念は邪と成る）

有無俱不計、長御白牛車。

（有無俱に計せざれば、長に白牛車を御らん）

しかあれば、心迷は法花に転ぜられ、心悟は法花を転ず。さらに迷悟を跳出するときは、法花の法花を転ずるなり。

法達、まさに偈をききて踊躍歓喜、以偈賛曰（偈を以て賛じて曰く）、

経誦三千部、曹谿一句亡。

（経、誦すること三千部、曹谿の一句に亡す）

未明出世旨、寧歇累生狂。

　（未だ出世の旨を明らめずは、寧んぞ累生の狂を歇めん）

羊鹿牛権設、初中後善揚。

　（羊鹿牛権に設く、初中後善く揚ぐ）

誰知火宅内、元是法中王。

　（誰か知らん火宅の内、もと是れ法中の王なることを）

そのとき高祖曰、汝今後方可名為念経僧也（汝、今より後、方に名づけて念経僧と為すべし）。

しるべし、仏道に念経僧あることを。曹谿古仏の直指なり。この念経僧の念は、有念無念等にあらず、有無倶不計なり。ただそれ従劫至劫手不釈巻、従昼至夜無不念時（劫より劫に至るも手に巻を釈かず、昼より夜に至りて念ぜざる時無し）なるのみなり。従経至経無不経（経より経に至りて経ならざる無し）なるのみなり。

4. 第二十七祖東印度般若多羅尊者、因東印度国王、請尊者斎次（第二十七祖、東印度の般若多羅尊者、因みに東印度国王、尊者を請じて斎する次に）、

国王乃問、諸人尽転経、唯尊者為甚不転（諸人尽く転経す、ただ尊者のみ甚としてか転ぜざる）。

祖曰、貧道出息不随衆縁、入息不居蘊界、常転如是経、百千万億巻、非但一巻両巻（貧道は出息衆縁に随はず、入息蘊界に居せず、常に如是経を転ずること、百千万億巻なり、ただ一巻両巻のみに非ず）。

般若多羅尊者は、天竺国東印度の種草なり。迦葉尊者より第二十七世の正嫡なり。仏家の調度ことごとく正伝せり。頂顫眼睛、拳頭鼻孔、拄杖鉢盂、衣法骨髄等を住持せり。われらが曩祖なり、われらは雲孫なり。いま

尊者の渾力道は、出息の衆縁に不随なるのみにあらず、衆縁も出息に不随なり。衆縁たとひ頂顆眼睛にてもあれ、衆縁たとひ渾身にてもあれ、衆縁たとひ渾心にてもあれ、担来担去又担来（担ひ来り担ひ去りて又担ひ来る）、ただ不随衆縁なるのみなり。不随は渾随なり。このゆゑに築著磕著なり。出息これ衆縁なりといへども、不随衆縁なり。無量劫来、いまだ出息入息の消息をしらざれども、而今まさにはじめてしるべき時節到来なるがゆゑに不居蘊界をきく、不随衆縁をきく。衆縁はじめて入息等を参究する時節なり。この時節、かつてさきにあらず、さらにのちにあるべからず。ただ而今のみにあるなり。

　蘊界といふは、五蘊なり。いはゆる色受想行識をいふ。この五蘊に不居なるは、五蘊いまだ到来せざる世界なるがゆゑなり。この関棙子を拈ぜるゆゑに、所転の経ただ一巻両巻にあらず、常転百千万億巻なり。百千万億巻はしばらく多の一端をあぐといへども、多の量のみにあらざるなり。一息出の不居蘊界を百千万億巻の量とせり。しかあれども、有漏無漏智の所測にあらず、有漏無漏法の界にあらず。このゆゑに、有智の智の測量にあらず、有知の智の卜度にあらず。無智の知の商量にあらず、無知の智の所到にあらず。仏仏祖祖の修証、皮肉骨髄、眼睛拳頭、頂顆鼻孔、拄杖払子、蹲跳造次なり。

　5.　趙州観音院真際大師、因有婆子、施浄財、請大師転大蔵経（趙州観音院真際大師、因みに婆子有り、浄財を施して、大師に転大蔵経を請ず）。

　師下禅牀、遶一匝、向使者云、転蔵已畢（師、禅牀を下りて、遶ること一匝して、使者に向つて云く、転蔵已畢ぬ）。

　使者廻挙似婆子（使者、廻つて婆子に挙似す）。

　婆子曰、比来請転一蔵、如何和尚只転半蔵（比来転一蔵を請ず、如何が和尚只だ半蔵を転ずる）。

　あきらかにしりぬ。転一蔵半蔵は婆子経三巻なり。転蔵已畢は趙州経一蔵なり。おほよそ転大蔵経のていたらくは、禅牀をめぐる趙州あり、禅牀ありて趙州をめぐる。趙州をめぐる趙州あり、禅牀をめぐる禅牀あり。しかあれども、一切の転蔵は、遶禅牀のみにあらず、禅牀遶のみにあらず。

　6. 益州大隋山神照大師、法諱法真、嗣長慶寺大安禅師。因有婆子、施浄財、請師転大蔵経（益州大隋山神照大師、法諱は法真、長慶寺の大安禅師に嗣す。因みに婆子有り、浄財を施して、師に転大蔵経を請ず）。

　師下禅牀一匝、向使者曰、転大蔵経已畢（師、禅牀を下りて一匝し、使者に向つて曰く、転大蔵経已畢ぬ）。

　使者帰挙似婆子（使者、帰つて婆子に挙似す）。

　婆子云、比来請転一蔵、如何和尚只転半蔵（比来転一蔵を請ず、如何が和尚只だ半蔵を転ずる）。

　いま大隋の禅牀をめぐると学することなかれ、禅牀の大隋をめぐると学することなかれ。拳頭眼睛の団欒圖のみにあらず、作一円相せる打一円相なり。しかあれども、婆子それ有眼なりや、未具眼なりや。只転半蔵たとひ道取を拳頭より正伝すとも、婆子さらにいふべし、比来請転大蔵経、如何和尚只管弄請魂（比来転大蔵経を請ず、如何が和尚只管に請魂を弄する）。あやまりてもかくのごとく道取せましかば、具眼睛の婆子なるべし。

　7. 高祖洞山悟本大師、因有官人、設斎施浄財、請師看転大蔵経。大師下禅牀向官人揖。官人揖大師。引官人俱遶禅牀一匝、向官人

揖。良久向官人云、会麼（高祖洞山悟本大師、因みに官人有り、斎を
設け浄財を施し、師に看転大蔵経を請ず。大師、禅牀より下りて、官人に
向つて揖す。官人、大師を揖す。官人を引いて俱に禅牀を遶ること一匝
し、官人に向つて揖す。良久して、官人に向つて云く、会すや）。

　官人云、不会。

　大師云、我与汝看転大蔵経、如何不会（我れ汝が与に看転大蔵経
せり、如何が不会なる）。

　それ我与汝看転大蔵経、あきらかなり。遶禅牀を看転大蔵経と学するに
あらず、看転大蔵経を遶禅牀と会せざるなり。しかありといへども、高祖の慈
晦を聴取すべし。

　この因縁、先師古仏、天童山に住せしとき、高麗国の施主、入山施
財、大衆看経、請先師陞座（山に入りて財を施し、大衆看経し、先師に
陞座を請ずる）のとき挙するところなり。挙しをはりて、先師すなはち払子をも
ておほきに円相をつくること一匝していはく、天童今日、与汝看転大蔵経。

　便擲下払子下座（便ち払子を擲下して下座せり）。

　いま先師の道処を看転すべし、余者に比準すべからず。しかありといふと
も、看転大蔵経には、壱隻眼をもちゐるとやせん、半隻眼をもちゐるとやせ
ん。高祖の道処と先師の道処と、用眼睛、用舌頭、いくばくをかもちゐきた
れる。究弁看。

8.　曩祖薬山弘道大師、尋常不許人看経。一日、将経自看、因僧
問、和尚尋常不許人看経、為甚麼却自看（曩祖薬山弘道大師、尋常
人に看経を許さず。一日、経を将て自ら看す、因みに僧問ふ、和尚尋
常、人の看経するを許さず、甚麼としてか却つて自ら看する）。

　師云、我只要遮眼（我れは只だ遮眼せんことをを要するのみ）。

僧云、某甲学和尚得麼（某甲和尚を学してんや）。

師云、儞若看、牛皮也須穿（儞若し看せば、牛皮もまた穿るべし）。

いま我要遮眼の道は、遮眼の自道処なり。遮眼は打失眼睛なり、打失経なり、渾眼遮なり、渾遮眼なり。遮眼は遮中開眼なり、遮裡活眼なり、眼裡活遮なり、眼皮上更添一枚皮（眼皮上更に一枚の皮を添ふ）なり。遮裡拈眼なり、眼自拈遮なり。しかあれば、眼睛経にあらざれば遮眼の功徳いまだあらざるなり。

牛皮也須穿は、全牛皮なり、全皮牛なり、拈牛作皮なり。このゆゑに、皮肉骨髄、頭角鼻孔を牛犢の活計とせり。学和尚のとき、牛為眼睛（牛を眼睛と為す）なるを遮眼とす、眼睛為牛（眼睛を牛と為す）なり。

9. 冶父道川禅師云、
　　億千供仏福無邊、
　　争似常将古教看。
　　白紙上邊書墨字、
　　請君開眼目前観。

（億千の供仏福無邊なり、争か似かん、常に古教を将て看ぜんには。白紙上邊に墨字を書す、請すらくは君、眼を開いて目前に観んことを。）

しるべし、古仏を供すると古教をみると、福徳斉肩なるべし、福徳超過なるべし。古教といふは、白紙の上に墨字を書せる、たれかこれを古教としらん。当恁麼の道理を参究すべし。

10. 雲居山弘覚大師、因有一僧、在房内念経。大師隔窓問云、闍梨念底、是什麼経（雲居山弘覚大師、因みに一僧有り、房の内に在つて念経す。大師、窓を隔てて問うて云く、闍梨が念底、是れ什麼の

経ぞ）。

　僧対曰、維摩経。

　師曰、不問儞維摩経、念底是什麼経（儞に維摩経を問はず、念底は是れ什麼の経ぞ）。

　此僧従此得入（此の僧、此れより得入せり）。

　大師道の念底是什麼経は、一条の念底、年代深遠なり、不欲挙似於念（念に挙似せんとは欲はず）なり。路にしては死蛇にあふ、このゆゑに什麼経の問著現成せり。人にあふては錯挙せず、このゆゑに維摩経なり。おほよそ看経は、尽仏祖を把拈しあつめて、眼睛として看経するなり。正当恁麼時、たちまちに仏祖作仏し、説法し、説仏し、仏作するなり。この看経の時節にあらざれば、仏祖の頂顚面目いまだあらざるなり。

　11.　現在仏祖の会に、看経の儀則それ多般あり。いはゆる施主入山、請大衆看経（施主山に入り大衆を請じてする看経）、あるいは常転請僧看経（常に僧を請じて転ずる看経）、あるいは僧衆自発心看経等（僧衆自ら発心してする看経）なり。このほか大衆為亡僧看経（大衆亡僧の為にする看経）あり。

　施主入山、請僧看経は、当日の粥時より、堂司あらかじめ看経牌を僧堂前および衆寮にかく。粥罷に拝席を聖僧前にしく。ときいたりて僧堂前鐘を三会うつ、あるいは一会うつ。住持人の指揮にしたがふなり。

　鐘声罷に、首座大衆、搭袈裟、入雲堂、就被位、正面而坐（首座大衆、袈裟を搭し、雲堂に入り、被位に就き、正面して坐す）。

　つぎに住持人入堂し、向聖僧問訊焼香罷、依位而坐（聖僧に向つて問訊し、焼香罷りて、位に依つて坐す）。

　つぎに童行をして経を行ぜしむ。この経、さきより庫院にととのへ、安排しま

うけて、ときいたりて供達するなり。経は、あるいは経函ながら行じ、あるいは
盤子に安じて行ず。大衆すでに経を請じて、すなはちひらきよむ。

　このとき、知客いまし施主をひきて雲堂にいる。施主まさに雲堂前にて手炉
をとりて、ささげて入堂す。手炉は院門の公界にあり。あらかじめ装香して、
行者をして雲堂前にまうけて、施主まさに入堂せんとするとき、めしによりて施
主にわたす。手炉をめすことは、知客これをめすなり。入堂するときは、知客
さき、施主のち、雲堂の前門の南頬よりいる。

　12. 施主、聖僧前にいたりて、焼一片香、拝三拝あり。拝のあひだ、手
炉をもちながら拝するなり。拝のあひだ、知客は拝席の北に、おもてをみなみ
にして、すこしき施主にむかひて、叉手してたつ。

　施主の拝をはりて、施主みぎに転身して、住持人にむかひて、手炉をささ
げて曲躬し揖す。住持人は椅子にゐながら、経をささげて合掌して揖をうく。
施主つぎに北にむかひて揖す。揖をはりて、首座のまへより巡堂す。巡堂の
あひだ、知客さきにひけり。巡堂一匝して、聖僧前にいたりて、なほ聖僧に
むかひて、手炉をささげて揖す。このとき、知客は雲堂の門限のうちに、拝
席のみなみに、面を北にして叉手してたてり。

　施主、揖聖僧をはりて、知客にしたがひて雲堂前にいでて、巡堂前一匝
して、なほ雲堂内にいりて、聖僧にむかひて拝三拝す。拝をはりて、交椅に
つきて看経を証明す。交椅は、聖僧のひだりの柱のほとりに、みなみにむか
へてこれをたつ。あるいは南柱のほとりに、きたにむかひてたつ。

　施主すでに座につきぬれば、知客すべからく施主にむかひて揖してのち、
くらゐにつく。あるいは施主巡堂のあひだ、梵音あり。梵音の座、あるいは
聖僧のみぎ、あるいは聖僧のひだり、便宜にしたがふ。

　手炉には、沈香箋香の名香をさしはさみ、たくなり。この香は、施主みづ

から弁備するなり。

　施主巡堂のときは、衆僧合掌す。

　13. つぎに看経銭を俵す。銭の多少は、施主のこころにしたがふ。あるいは綿、あるいは扇等の物子、これを俵す。施主みづから俵す、あるいは知事これを俵す、あるいは行者これを俵す。俵する法は、僧のまへにこれをおくなり、僧の手にいれず。衆僧は、俵銭をまへに俵するとき、おのおの合掌してうくるなり。俵銭、あるいは当日の斎時にこれを俵す。もし斎時に俵するがごときは、首座施食ののち、さらに打槌一下して、首座施財す。

　施主回向の旨趣を紙片にかきて、聖僧の左の柱に貼せり。

　雲堂裡看経のとき、揚声してよまず、低声によむ。あるいは経巻をひらきて文字をみるのみなり。句読におよばず、看経するのみなり。

　かくのごとくの看経、おほくは金剛般若経、法華経普門品、安楽行品、金光明経等を、いく百千巻となく、常住にまうけおけり。毎僧一巻を行ずるなり。看経をはりぬれば、もとの盤、もしは函をもちて、座のまへをすぐれば、大衆おのおの経を安ず。とるとき、おくとき、ともに合掌するなり。とるときは、まづ合掌してのちにとる。おくときは、まづ経を安じてのちに合掌す。そののち、おのおの合掌して、低声に回向するなり。

　もし常住公界の看経には、都鑑寺僧、焼香、礼拝、巡堂、俵銭、みな施主のごとし。手炉をささぐることも、施主のごとし。もし衆僧のなかに、施主となりて大衆の看経を請ずるも、俗施主のごとし。焼香、礼拝、巡堂、俵銭等あり。知客これをひくこと、俗施主のごとくなるべし。

　14. 聖節の看経といふことあり。かれは、今上の聖誕の、仮令もし正月十五日なれば、まづ十二月十五日より、聖節の看経はじまる。今日上堂な

し。仏殿の釈迦仏のまへに、連牀を二行にしく。いはゆる東西にあひむかへ
て、おのおの南北行にしく。東西牀のまへに檯盤をたつ。そのうへに経を安
ず。金剛般若経、仁王経、法華経、最勝王経、金光明経等なり。堂裡
僧を一日に幾僧と請じて、斎前に点心をおこなふ。あるいは麺一椀、羹一
杯を毎僧に行ず。あるいは饅頭六七箇、羹一分、毎僧に行ずるなり。饅
頭これも椀にもれり。はしをそへたり、かひをそへず。おこなふときは、看経の
座につきながら、座をうごかずしておこなふ。点心は、経を安ぜる檯盤に安
排せり。さらに棹子をきたせることなし。行点心のあひだ、経は檯盤に安ぜ
り。点心おこなひをはりぬれば、僧おのおの座をたちて、嗽口して、かへりて
座につく。すなはち看経す。粥罷より斎時にいたるまで看経す。斎時三下鼓
響に座をたつ。今日の看経は、斎時をかぎりとせり。

　はじむる日より、建祝聖道場の牌を、仏殿の正面の東の簷頭にかく、黄
牌なり。また仏殿のうちの正面の東の柱に、祝聖の旨趣を、障子牌にかきて
かく、これ黄牌なり。住持人の名字は、紅紙あるいは白紙にかく。その二字
を小片紙にかきて、牌面の年月日の下頭に貼せり。かくのごとく看経して、
その御降誕の日にいたるに、住持人上堂し、祝聖するなり。これ古来の例
なり。いまにふりざるところなり。

　また僧のみづから発心して看経するあり。寺院もとより公界の看経堂あり。
かの堂につきて看経するなり。その儀、いま清規のごとし。

　15. 高祖薬山弘道大師、問高沙弥云、汝従看経得、従請益得（高
祖薬山弘道大師、高沙弥に問うて云く、汝看経よりや得たる、請益よりや
得たる）。

　高沙弥云、不従看経得、亦不従請益得（看経より得たるにあらず、ま
た請益より得たるにあらず）。

　師云、大有人、不看経、不請益、為什麼不得（大いに人有り、看経せず、請益せず、什麼としてか不得なる）。

　高沙弥云、不道他無、只是他不肯承当（他無しとは道はず、只だ是れ他の承当を肯せざるのみ）。

　仏祖の屋裡に承当あり、不承当ありといへども、看経請益は家常の調度なり。

　正法眼藏看経第二十一

　爾時仁治二年辛丑秋九月十五日在雍州宇治郡興聖宝林寺示衆
　寛元三年乙巳七月八日在越州吉田県大仏寺侍司書写之　懐弉

22.

佛　性

22. 佛性[1]

【 해제 】

「佛性」은 예부터 정법안장에 있어서 대단히 중요한 권 중의 하

---

* 玉城康四郎 著, 『現代語譯 正法眼藏』卷2, (大藏出版, 1994. 1. 20) pp.203-204
참조

[1] 불성(佛性): ① 부처님의 성질. 부처로서의 본성. 覺者가 될 수 있는 가능성.
대승불교에서는 이것이 모든 인간, 또는 모든 존재에 갖추어져 있다고 함. 진
정한 인간성. 잠재된 보편적인 인간성. 인간의 기본적인 성격. 본연의 마음.
부처인 본질.
『大般涅槃經』卷25 「獅子吼品」 (大正藏12, 767, a) "一切衆生悉有佛性 如來常住無
有變易"
『大般若經』卷308 (大正藏6, 571, b) "善現 一切如來應正等覺 所有佛性如來性自然
法性一切智智性 皆是不可思議事 甚深般若波羅蜜多"
『佛性論』卷1 (大正藏31, 787, b) "若起此執 正智不生 爲除此執故說佛性 佛性者 卽
是人法二空所顯眞如"
② 禪門에서는 종자라고 보기보다는 부처 자체로 봄. 부처 자체인 불성을 본
래의 있는 그대로의 모습으로 나타내는 것이 수행이라고 설함. 일반으로 대승
불교는 성불을 주로 하므로 소승불교보다는 불성을 중요하게 본다. 그러나 어
떤 종류의 사람이 성불할 수 있느냐 하는 것은 원시불교 때부터 문제가 되었
다. 특히 대승에서는 불성이 온갖 중생에게 普遍하였는가 아닌가의 두 가지
처지에서 중요한 논의를 일으켰다. 유식종에서는 五性이 각각 다르다고 말하
여, 원칙적으로 본래 부처가 될 種性과 되지 못할 것과의 구별이 있다고 주장
한다. 理佛性으로는 법성의 理를 본체로 한 것이므로 모두 불성을 갖추었으나,
行佛性으로는 불성을 갖춘 것과 갖추지 못한 것이 있다고 한다. 이에 대하여
一性皆成說은 어떠한 機類라도 불성을 갖추지 않은 것이 없다고 하는 불성의
本具와 普遍을 주장하여 一闡提도 성불한다고 한다. 불성이 보편한 것이라면
그 불성의 개발은 필연이냐, 우연이냐 하는 문제가 일어나게 되니, 그 설명으
로서 三佛性・三因佛性・五佛性 등을 세움.
『臨濟錄』 (大正藏47, 496, b) "有座主問 三乘十二分敎 豈不是明佛性"
『碧巖錄』14則 (大正藏48, 154, c) "欲知佛性義 當觀時節因緣"

나이다. 분량 면에서 보더라도 「行持」 다음으로 긴 문장이며, 도원의 특징이 매우 철저히 밝혀진 것이다. 그러므로 그 특징을 어느 정도 드러낼 수 있을까. 먼저 도원에게 비판의 대상이 된 것부터 살펴보고자 한다.

　첫 번째는 도원의 불성은 일반적으로 얘기하는 불성에 대한 이미지로부터 확실히 구별된다. 도원도 이 권의 처음에는 '一切衆生悉有佛性'의 말을 들고 있다. 이 말은 보통으로는 일체중생은 모두 불성을 가지고 있다라고 읽는다. 이른바 일체중생은 예외 없이 불성이라고 하는 종자가 숨겨져 있다라고 받아들이고 있다. 그럼에도 불구하고 도원은 이것을 범부의 견해라고 배척하여 한 푼의 가치도 없다라고 보고 있다.

　두 번째로는 불성을 외도가 주장하는 자아와 같다라고 생각하는 견해를 배척하고 있다. 그것은 바람이 불고 불이 타는 것을 인지하는 작용을 불성이라고 보고 있다. 이것은 도원이 밝히고자 하는 것과 같은 불성과는 천지의 차이가 있다.

　세 번째로는 불성을 불교교리의 중요한 여러 가지 개념으로서 이해하는 입장을 비판하고 있다. 그것은 業力이나 因緣이나 法爾를 불성이라고 하는 경우이다. 그렇다고 한다면 제불의 깨달음이나 불조의 眼睛도 모두 업력이나 인연이나 법이가 되고 만다라고 말하고 있다. 그러면 불성은 불교교리와는 전혀 관계가 없는 것이 되고 만다.

　네 번째는 도원은 이 권에서 사조·오조·조주·위산은 높이 평가하면서 육조에 대해서는 고개를 갸우뚱하고, 齊安에 대해서는 상당히 노골적으로 불만을 토로하면서 더구나 방문한 阿育王山의 廣利禪寺에 대해서는 住職·知客 이하 거기에 있는 선승들 전부가 완전히 눈먼 봉사임을 여지없이 말하고 있다.

이상은 비판의 대상이 되는 것이지만, 그런데 도원에 있어서 불성의 기본입장은 무엇일까? 한마디로 말한다면 '盡界는 전부 客塵이 없고 바로 第二因도 없다'. 이것을 긍정적으로 말한다면 '전 세계는 모두 主體界 그것이며 對象物은 一物도 없다. 바로 第一因 뿐이다.'라고 하는 것이다. 도원의 佛性은 이 주체계의 결과물이 아니고 究盡해가는 이외에는 없다. 우선 이 경우를 벗어났다라고 생각하더라도 전 세계가 그 외에 얻을 것이 없기 때문에 직하에 눈을 붙인다면 벗어난 일은 스스로 규제되고 있다.

이와 같은 주체계를 究盡한 것은 「佛性」의 전권에 걸쳐 있지만 특히 사조·오조의 「무엇이 이것인가?」라든가, 오조의 「영남사람에게는 불성이 없다(嶺南人無佛性)」는 것이나, 용수의 '몸에 둥근 달의 모습을 드러내 이것으로써 제불의 체를 나타낸다(身現圓月相以表諸佛體)'는 것이나, 長沙의 '바람에도 불이 흩어지지 않는다(風火未散)'라는 등에 대하여 도원의 가르침은 '생각 없이 숨을 들이켜 법계의 숨을 토해낸다'라는 느낌이 있다. 도원이 말하는 것이나 행하는 곳은 처음부터 불도이지만, 한편으로 말하면 도원은 '인간의 사색은 무엇인가?'라고 하는 것을 몸으로써 보여주고 있다. 근대에서 현대에 이르기까지 인간의 사색은 두뇌의 所作이라고 정착되어 있다. 실존철학이라고 말할지라도 기본적으로는 그 태도를 면하기 어렵다. 도원은 그것을 근원부터 흔들어 놓았다.

【 역주 】 1

1. 석가모니부처님께서 말씀하시기를,

"일체 중생은 모두 불성이 있으므로 여래는 항상 머물러 있으며 변하거나 바뀌지 않는다."[2]

이것은 우리들의 큰 스승이신 석존께서 사자후의 법륜을 굴리신 설법이다. 또한 일체제불과 일체조사의 이마이며 눈동자이다.(頂〈寧+頁, 꼭대기녕〉眼睛) 참학한 지가 이미 2190년[3]이 되었으며(일본의 仁治 2년 신축년, 서기 1241년), 正傳되어온 지는 50代이며(천동여정선사에게 이른 때), 서천으로는 28대에 이르도록 대대로 주지되어 왔고, 東地로는 23세이며, 세세로 주지되어 왔다. 시방의 불조도 같이 주지되어 왔다.

---

2) 『大般涅槃經』卷25「獅子吼品」(大正藏12, 767, a) "一切衆生悉有佛性　如來常住無有變易"

3) 불기(佛紀): 불타의 年紀. 불멸의 기원. 불멸. 석존이 입멸한 때. 불멸 연대에는 여러 가지 다른 설이 있다.
　① 우리나라에서 예로부터 사용해 오던 B.C. 1027(주나라 소왕 26년) 甲寅歲 4월 8일에 탄생하여 B.C. 949(목왕 53년) 임신 2월 15일에 입멸하였다는 설. 『法苑珠林』卷12 (大正藏53, 378, b)
　② 스리랑카에서 전하는 B.C. 543년 설.
　③ 태국과 미얀마 에서 전하는 B.C. 544년 설.
　④ Turnour의 B.C. 485년 설.
　⑤ 『衆聖點記』에 의한 B.C. 485년 설.
　⑥ Cunningham의 B.C. 477년 설. 또 그가 후년에 말한 B.C. 478년 설.
　⑦ Max Muller의 B.C. 477년 설.
　⑧ Fleet의 B.C. 483년 설.
　⑨ V. Smith의 B.C. 487년 설.
　⑩ 1956년 네팔 수도 카트만드에서 열린 제4차 세계불교도우의회에서 불멸 연대를 B.C 544년 설로 통일하여 불멸 후 2500년을 1956년으로 결정하였다. 이러한 여러 가지 설 가운데 여기에서는 ①의 설에 근거한 것이다.

【 강의 】 1

1. 석가모니부처님께서 말씀하시기를,

"일체중생은 모두 불성을 가지고 있으므로 부처님께서는 중생이 있는 한 항상 함께 머물러 있으며, 중생이 가지고 있는 불성은 부처님의 불성과 조금도 다르거나 시간이 지난다 하여도 변하거나 또는 바뀌지 않는다라고 하셨다."

이러한 말씀은 우리들의 대도사이신 석가모니부처님께서 사자후의 법문을 설하시면서 하신 말씀이다. 일체중생은 모두 불성을 가지고 있다라고 하신 말씀이다. 이 말씀은 일체제불과 일체조사의 頂首이며, 정법안장의 안목이다. 이러한 법을 참학한 지가 이미 2190년이 되었다. 이는 北方 佛紀說로서 도원이 「佛性章」을 설할 때인 1241년을 기준으로 한 것이다. 정법안장이 중국의 천동 여정 선사에게 전해진 것은 50代이며, 인도에서 달마에 이르기까지는 28대로 이어져왔고, 달마에서 여정까지는 23世로 정전되어 왔다. 시방의 부처님이나 조사의 법도 모두 이와 같이 정전되어 왔다.

【 역주 】 2

2. 세존께서 말씀하신 '일체 중생은 다 불성이 있다(一切衆生悉有佛性)'라는 것은 어떤 宗旨인가. '어떤 물건이 이렇게 왔는가?(是什麼物恁麼來)'4)라고 한 말은 轉法輪의 말씀이다. 혹

---

4) 시심마물임마래(是什麼物恁麼來): 『傳燈錄』卷5 「南嶽懷讓章」 (大正藏51, 240,c) "祖曰 什麼物恁麼來 曰說似一物卽不中"; 『天聖廣燈錄』卷8 (續藏經135, 650,a)

은 중생이라고 하고, 유정이라고 하며, 群生이라고 하고, 群類라고 한다. 실유라는 말은 중생이며, 群類이다. 곧 실유는 불성이며, 悉有의 전부를 중생이라고 한다. 바로 이러한 때는 중생의 안과 밖이 전부가 불성의 실유이다. 오직 單傳한 皮・肉・骨・髓[5]뿐 아니라, 그대는 나의 피・육・골・수를 얻었기 때문이다.

알아야 한다. 지금 불성에서 悉有라고 하는 有는 有無의 有가 아니다. 悉有는 佛語이고, 佛舌이며, 불조의 눈동자이고, 납승의 鼻孔이다. 悉有라고 하는 말은 다시 始有도 아니고, 本有도 아니며, 妙有 등도 아니다. 하물며 緣有이고 妄有이겠는가. 더욱이 心境・相 등과 관련되는 것도 아니다. 그렇다면 저 중생 悉有의 依正은 業增上力도 아니고 忘緣이 일어남도 아니며 法爾도 아니고, 神通修證도 아니다. 중생의 실유가 만약 業增上力이나 연기 法爾 이라고 한다면, 모든 성현의 證道나 혹은 제불의 菩提나 혹은 불조의 눈동자도 業增上力 및 緣起法爾라고 할 수 있을 것이다. 그러나 그렇지 않다.

盡界는 모두 客塵이 없으며, 여기 지금 제2인자도 아니다. 바로 근원을 끊을지라도(直截根源)[6] 사람들은 알지 못하고, 끊임없이 일어나는 업식은(忙忙業識)[7] 언제 쉴 것인가 라고 하기

"祖云什麼物與麼來師無語經于八載"; 『六祖大師法寶壇經』 "什麼物恁麼來"(大正藏48, 357,b)

5) 피육골수(皮肉骨髓): 대법을 전함. 菩提達磨가 2조 慧可에게 대법을 전한 것을 말함. 『傳燈錄』卷3「達磨章」(大正藏51, 219,c) "汝得吾皮…汝得吾肉…汝得吾骨…汝得吾髓"

6) 직절근원(直截根源): 迷情妄執의 근원을 바로 절단하는 것. 『傳燈錄』30「永嘉眞覺大師證道歌」(大正藏51, 460,a) "直截根源佛所印…摩尼珠人未識"

때문이다. 妄緣이 일어남이 없다고 하는 것은, 徧界不曾藏8)이
기 때문이다. 변계불증장이라고 하는 것은 반드시 온 세계에
가득차 있다라고 하는 것은 아니다. 온 세계에 我가 있다고 하
는 것은 外道의 邪見이다. 本有의 有가 아닌 것은, 亙古亙今이
기 때문이다. 始起의 有가 아닌 것은 不受一塵9)이기 때문이고,
조목조목의 有가 아닌 것은, 合取이기 때문이며, 無始有의 有
가 아닌 것은 어떤 물건이 이렇게 왔는가(是什麽物恁麽來)이기
때문이다. 始起有의 有가 아닌 것은 평상심이 道(平常心是道)10)
이기 때문이다. 확실히 알아야 한다. 실유 중에 중생의 쾌락은
만나기 어렵다. 실유를 얻는 것이 이와 같다면, 실유 그 자체
가 透體脫落11)이다.

---

7) 망망업식(忙忙業識): 不一不異한 진여와 무명이 섞여 있는 중생의 근원적인
   心識.
   『聯燈會要』卷8「仰山章」(卍續藏136, 561,a) "盡大地衆生 業識忙忙 無本可據"
8) 徧界不曾藏: 절대의 심성은 전 세계에 뚜렷하게 드러나 있으며, 전 세계가 절
   대의 심성 그 자체라고 하는 말. 『鎭州臨濟慧照禪師語錄』(大正藏47, 501,c)
   "喚作忙忙業識衆生"
   『聯燈會要』卷20「石霜章」(卍續藏136, 762,a) "我道徧界不曾藏 僧後問雪峯 徧
   界不曾藏意旨如何"
9) 불수일진(不受一塵): 不受一塵 不捨一法이라는 成語로 많이 쓰임. 大悟의 경계
   에서는 꺼려야 할 迷界도 없고, 또 보리로써 구해야 할 것도 없다는 것. 현실
   세계의 사물은 모두 부처와 다르지 않다는 뜻.
   『傳燈錄』卷9「潙山章」(大正藏51, 265,a) "則實際理地不受一塵 萬行門中不捨一法"
10) 평상심시도(平常心是道): 일상의 평범 속에서 누리는 마음의 순일함이 그대로
    불도이며, 어떤 것도 보탤 필요가 없이 나날의 생활에 최선의 진실을 다하는
    것이 바로 불도의 체현이라는 뜻.
    『傳燈錄』卷10「趙州章」(大正藏51, 276,c) "異日問南泉 如何是道 南泉曰 平常心
    是道"
11) 투체탈락(透體脫落): 全身脫落을 의미한다.

【 강의 】 2

2. 부처님께서 말씀하신 '일체 중생은 다 불성이 있다(一切衆生悉有佛性)'라는 말씀의 宗旨는 어떤 것인가. 이에 대해서 육조혜능 스님은 남악스님이 찾아왔을 때 '그 어떤 물건이 이렇게 왔는가?(是什麼物恁麼來)'라고 하였다. 이 말씀은 일체중생은 모두 불성이 있다라고 한 말씀과 같은 것이다. 여기에서 중생이라고도 말하지만 이를 유정이나 群生이나 群類라고 말한다. 중생 다음에 나오는 悉有라고 하는 말은 바로 중생과 같은 말로 사용된 것으로서 郡類라고도 할 수 있다. 그리고 悉有는 바로 불성과도 같은 말로 보아야 한다. 또한 실유는 모든 중생을 의미한다. 그래서 도원은 일체와 중생과 실유와 불성을 하나로 보고 있다. 따라서 중생의 안이나 밖은 모두 불성의 덩어리이며, 그대로가 실유인 것이다. 이것은 오직 부처님께서 정법안장을 전한 것일 뿐만 아니라 달마대사가 혜가에게 전한 皮·肉·骨·髓이고, 또한 내가 그대에게 전한 피·육·골·수이기도 하며, 내가 여정선사로부터 받은 皮肉骨髓이기도 하다.

그러므로 알아야 한다. 지금 불성에서 말하는 悉有라고 하는 有라는 동사는 있고 없음의 상대적인 有가 아니라 절대적인 유인 것이다. 悉有라고 하는 것은 부처님의 말씀이고, 부처님의 혀이며, 불조의 눈동자이고, 불조의 鼻孔이기도 하다.

여기서 실유라고 하는 말은 모두 있다라는 얘기인데, 이는 다시 처음 유인 始有도 아니고, 본래부터 있는 本有도 아니며, 미묘하게 있는 妙有 등도 아니다. 그런데 하물며 인연으로 인해서 생기는 緣有나 망념으로 인해서 생기는 妄有이겠는가. 더욱이 이것은 마음이나 경계와 관련된 것이나 본성이나 실상 등과 연관이 있는 것도 아니다. 그렇다고 하여 모든 중생에게 있는 悉有는 業增上力으로 생긴 것도 아니며, 무명망념에서 일어나는 妄緣도 아닐 뿐만 아니라, 제법도 아니고, 神通이라든지 닦아서 증득한 바도 아니다. 만약에 중생의 실유가 중생의 업으로 생긴 것이나 연기법으로 생긴 것이라고 한다면 부처님의 성불이나 모든 보살들의 깨달음은 업이나 연기로 이루어진 것이라고 할 수 있을 것이다. 그러나 제불보살의 깨달음은 업으로 이루어진 것도 아니고 연기법으로 이루어진 것도 아니기 때문이다.

온 우주 법계에는 쓸모없는 客塵이 없으며, 제2인자도 있을 수 없다. 온 우주 법계는 제불과 같으며, 모두가 부처와 둘이 아니다. 모든 중생들은 자신의 무명번뇌의 근원을 끊을지라도 알지 못하니, 분별망상에 헤매는 업식을 언제나 쉴 수 있을 것인가. 앞에서 妄緣이 일어남이 없다고 하는 것은 근원적으로 볼 때 온 우주법계는 더함도 없고 덜함도 없이 부증불감이며, 텅비어 있다라고도 할 수 있고 가득차 있다라고도 할 수 있을 것이다. 어찌 한 편으로만 치우쳐 얘기할 수 있을 것인가. 그렇다고 하여 온 세계에 변하지 않는 我가 있다고 하는 것은 外道의 견해이지 부처님의 말씀은 아니다. 여기서 有라고 하여 본래부터 있는 有도 아니며, 또한 지금 생긴 것도 아니다. 無始로부터 생긴 有이기 때문에 시작이 없으며, 한 번뇌도 받아들일 수 없다. 그리고 하나하나의 독립된 有가 아닌 것은, 모두가 하나이기 때문이며, 또한 無始의 有가 아닌 데 어떤 것이 오고감이 있을 수 있겠는가. 그래서 육조스님은 남악에게 "그 어떤 물건이 이렇게 왔는가(是什麽物恁麼來)"라고 물었을 것이다. 시작이 없는 有가 아니라고 말한 것은 마조도일이 말한 평상심이 道(平常心是道)이기 때문이다. 우리는 확실히 알아야 한다. 실유에 집착하는 것만으로는 중생은 법열을 만나기 어렵고 그러므로 실유를 얻는 것이 이와 같다고 한다면 실유 자체가 바로 身心脫落이며 脫落身心인 것이다.

【 역주 】 3

3. 불성이라는 말을 듣고, 많은 학자들은 先尼外道[12)]에서 주장하는 我와 같은 邪見을 낸다. 그것은 사람을 만나지 못했고, 자신을 만나지 못했으며, 스승을 만나지 못했기 때문이다. 쓸데없이 바람과 불의 움직이는 것에 집착하는 心·意·識을 불성이 覺知覺了하는 것이라고 생각한다. 불성에 覺知覺了가 있다라고 누가 말했는가? 覺者와 知者는 제불이 되지만 불성은 覺知覺了하는 것이 아니다. 뿐만 아니라 제불을 覺者와 知者라고 말하는 覺知는 그들이 말하는 삿된 견해의 각지와는 다르다. 바람이 불고 불이 타는 모습을 각지하는 것은 아니다. 이 것은 오직 한 둘의 부처의 면목과 조사의 면목을 각지하는 것이다.

---

12) 선니외도(先尼外道): 범어 Senika. 또는 西儞迦·霞尼라고도 한다. 有軍, 勝軍이라고 번역한다. 神我를 믿고 '心常相滅'을 받드는 常見의 외도로 肉體는 消滅하지만 靈魂不滅을 믿는 異敎徒이다.
『涅槃經』卷39 「僑陳如品」 (大正藏12, 594,a) "爾時衆中復有梵志名曰先尼 先尼言瞿曇 我法中我則有二種 一作身我 二者常身我 爲作身我修離惡法不入地獄 修諸善法生於天上 佛言 善男子 如汝說遍一切處 如是我者 若作身中 當知無常 若作身無云何言遍 瞿曇我所立我 亦在作中 亦是常法 瞿曇 如人失火燒舍宅時 其主出去 不可說言 舍宅被燒 主亦被燒 我法亦爾 而此作身 雖是無常 當無常時 我卽出去 是故我我 亦遍亦常"

　　종종 옛날의 先德 가운데에는 서천에 갔다 돌아온 분들이나, 혹은 하늘과 인간을 교화하여 인도한 분들도 있었다. 漢唐에서 宋朝에 이르기까지 稻麻竹葦[13]처럼 선지식들이 많았다. 그런데 그들 대부분은 바람이 불고 불이 타는 모습을 보고 움직이는 것을 불성이 각지하는 것이라고 생각하였다. 애석하게도 도를 배움에 있어서 점차 멀어지게 되었으므로 지금과 같이 잘못에 이르게 되었다. 오늘날 불도를 배우는 초심자들은 그와 같아서는 안된다. 설령 覺知를 학습한다고 할지라도 각지는 움직이는 것이 아니다. 설령 움직이는 것을 배운다고 할지라도 움직임은 이와 같은 것이 아니다. 만약 참된 움직임을 알 수 있다면 참된 覺知覺了를 알 수 있게 될 것이다. 佛과 性은 여기에도 이르고 저기에도 이른다. 佛性은 반드시 悉有이고, 실유는 반드시 불성이다. 실유는 百雜碎[14]도 아니고 실유는 一條鐵[15]도 아니다. 주먹을 쥐기 때문에 大小에 있지 아니하고 모두가

---

13) 도마죽위(稻麻竹葦): 넓은 지역에 군생하는 벼·삼·대나무·갈대와 같이, 셀 수 없이 많은 존재를 형용하는 표현이다.
　　『法華經』「方便品」(大正藏9, 6,a) "又能善說法 如稻麻竹葦 充滿十方刹 一心以妙智 於恒河沙劫 咸皆共思量 不能知佛智"

14) 백잡쇄(百雜碎): 산산조각 남.
　　『宏智禪師廣錄』卷五 (大正藏48, 71,a) "若於一切處百雜碎 大大小小 方方圓圓"
　　『碧巖錄』卷4 (大正藏48, 176,c) "爾才去卽印住 爾才住卽印破 敎爾百雜碎"
　　『聯燈會要』卷21「雪峰章」(卍續藏136, 784,a) "示衆云我這裏如一面古鏡相似 胡來胡現漢來漢現 時有僧出問 忽遇明鏡來時如何 師云胡漢俱隱 玄沙云我卽不然 時有僧問忽遇明鏡來時如何 沙云百雜碎"

15) 일조철(一條鐵): 원래 萬里一條鐵에서 나왔다. 일체평등의 견고한 세계를 말한다.
　　『景德傳燈錄』卷20「石門寺獻禪師」(大正藏51, 366,b) "因般若寺遭焚 有人問曰 旣是般若爲什麼被化燒 師曰萬里一條鐵"

불성이라고 한다. 모든 성인과 어깨를 나란히 할 수 없고, 불
성과도 어깨를 나란히 할 수 없다.

　어떤 부류는 생각하기를 불성은 초목의 종자와 같다라고 한
다. 法의 비를 받아 계속적으로 축축해지면 싹과 줄기가 자라
나고, 가지와 잎과 꽃과 열매도 생기게 되며, 더욱이 과실이
열려 종자를 맺는다. 이와 같은 견해는 범부들의 생각이다. 설
령 이와 같은 견해라 할지라도 종자와 꽃과 열매는 모두 하나
하나의 진심이라고 참구해야 한다. 열매 속에 종자가 있고 종
자는 보이지 않지만 뿌리와 줄기 등을 생성한다. 모여 있지 않
지만 얼마만큼의 가지와 곁가지와 큰 나무가 된다. 안과 밖을
논하지 않고, 고금의 시간에도 비어있지 않다. 그렇다면 설령
범부의 견해에 일임한다고 할지라도 뿌리, 줄기, 가지, 잎은
모두 함께 살고 함께 죽고 함께 悉有하는 불성이다.

【 강의 】 3

3. 佛性이라고 하는 말을 하게 되면 대부분 사람들은 부처님 당
시에 있었던 범지 先尼外道와 같은 주장을 한다. 선니외도들은 손
톱과 머리를 기르기도 하였으며, 그들은 절대적인 我라는 존재가
있다라고 보았다. 불교인들 중에는 이와 같은 생각을 가지고 있
는 사람들이 많은데 그와 같은 사람들은 깨달은 자를 만나지 못
했고, 無我인 자신을 만나지 못했으며, 올바른 스승도 만나지 못
했기 때문이다. 그들은 바람이 불고 불이 타는 것과 같이 움직이
는 마음이 불성이라고 생각을 하고 있다. 불성은 깨달아 알고 깨
달아 요달할 수 있는 것이 아니다. 만약 그런 말을 했다면 잘못

된 말이다. 그러나 깨달은 자와 아는 자는 제불이라고 하지만 불성 그 자체는 覺知覺了하는 것이 아니다. 뿐만 아니라 부처님에 대해서 깨달은 자와 아는 자라고 말하는 覺知는 선니외도들이 말하는 어떤 현상을 보고 움직이는 것과 같다는 삿된 견해의 각지와는 다르다. 바람이 불고 불이 타는 모습을 불성이라고 하는 것은 바람이 불어 흔들리고 불이 타는 모습을 각지하는 것이 아니다. 이것은 오직 부처님과 조사들의 올바른 면목을 각지하는 것이다.

예부터 많은 고승대덕들 가운데에는 인도에 직접 다녀오신 분들도 있고 하늘과 인간을 교화하여 크게 불법을 널리 전파하신 분들도 계신다. 한나라와 당나라와 송나라에 이르기까지 셀 수 없는 고승들의 숫자는 벼·삼·대나무·갈대와 같이 많은 선지식들이 있었다. 그런데 그들 대부분은 앞에서 말한 선니외도와 같이 바람이 불고, 불이 타는 모습을 보고 마음이 움직이는 것이 바로 불성이 각지하는 것이라고 생각하였다. 그러나 애석하게도 이들의 생각은 도를 공부하는데 있어서는 거리가 멀며, 그들의 가르침이 지금까지 잘못되게 전해지고 있다. 오늘날 불도를 배우는 초발심자들은 이와 같은 견해를 보고 배워서는 안된다. 설령 우리가 覺知를 공부한다고 할지라도 그 각지라는 것은 어떤 현상에 따라서 그때그때 움직이는 것이 아니다. 또한 움직이는 것을 우리가 배운다고 할지라도 그러한 움직임은 선니외도들이 말하는 바와 같은 것이 아니다. 만약 참된 움직임을 알 수 있다면 참된 覺知覺了를 알 수 있게 될 것이다. 佛과 性은 온 천지에 가득 차 있는 것이다. 그러므로 佛性은 반드시 悉有이고, 실유는 반드시 불성이다. 따라서 불성과 실유는 둘이 아니다. 불성이 있는 것이 아니라 있는 것이 바로 불성이다. 실유라고 하는 것은 산산조각 낼 수 있는 것도 아니고, 한 덩어리로 뭉쳐있는 것도 아니다. 우리가 주먹을 쥐고 폈다하는 자유자재 그것이기 때문에 큰 것에도 작은 것에도 있지 아니하고 모두가 불성인 것이다. 이는 성인과도 어깨를 나란히 할 수 없으며, 또 불성과도 어깨를 나란히 할 수 없이 온 천지에 가득한 것이다.

　그런데 어떤 사람들은 생각하기를 불성이라고 하는 종자는 어떤 나무의 씨앗이라고 생각한다. 씨앗이 비를 맞으면 싹과 줄기가 자라나고, 가지와 잎과 꽃과 열매를 맺듯이 불성도 이와 같아 法의 비를 받아 계속적으로 축축해지면 싹과 줄기가 자라나고, 가지와 잎과 꽃과 열매도 생기게 되며, 더욱이 과실이 열려 종자를 맺게 된다라고 생각한다. 이와 같은 견해는 깨닫지 못한 범부들의 생각이다. 설령 이와 같은 생각을 한다고 할지라도 그들은 하나하나의 종자와 하나하나의 꽃과 열매는 모두 불성이라고 참구해야 한다. 열매 속에 종자가 있고, 종자 속에는 보이지 않는 뿌리와 줄기와 큰 나무가 될 수 있는 성품을 가지고 있듯이 불성도 이와 같다라고 생각한다. 그런데 불성은 안과 밖에 상관없고 과거와 현재에도 관계없다. 그렇다면 설령 범부의 견해를 받아들인다고 할지라도 그 종자는 모든 것과 살고 죽는 것이다. 불성도 실유와 둘이 아닌 하나인 것으로 보아야 할 것이다.

【 역주 】 4

　4. 부처님께서 말씀하시기를,

"불성의 뜻을 알려고 하면 마땅히 시절의 인연을 觀해야 한다. 만약 시절이 이르면 불성이 현전하리라."

　지금 佛性義[16]를 알려고 한다는 것은 단지 아는 것뿐만이 아니라 행하는 것이고, 證悟하는 것이며, 말하는 것이고, 잊는 것을 말한다. 이것을 설하고 행하며 證悟하고 잊으며 착각하고 착각하지 않는 것 등도 모두 다 시절의 인연이다. 시절의 인연을 관한다는 것은 시절의 인연을 가지고 관하는 것이며, 拂子·拄杖子 등을 가지고 서로 觀하는 것이다. 더욱이 有漏智·無漏智, 本覺·始覺[17]·無覺·正覺 등의 智를 가지고서는 觀할 수 없다.

　當觀[18]이라고 하는 것은 能觀이나 所觀 등에 관계하는 것이 아니고, 正觀·邪觀 등에 準하지 않는 것을 가지고 當觀이라고 한다. 當觀이기 때문에 自觀도 아니고, 他觀도 아니며, 시절의

---

16) 불성의(佛性義): 『聯燈會要』卷7「潙山章」(卍續藏136, 540, b) "經云 欲識佛性義 當觀時節因緣 時節若至 其理自彰 便知已物 不從外得"
　　『大般涅槃經』卷28 「獅子吼品」2 (大正藏12, 530, b) "善男子 我亦不說乳中有酪 酪從乳生故言有酪 世尊一切生法各有時節 善男子 乳時無酪亦 無生蘇熟蘇醍醐…"
　　『碧巖錄』14則 (大正藏48, 154, c) "欲知佛性義 當觀時節因緣"

17) 본각(本覺)·시각(始覺): 무시이래로 迷(번뇌)를 수행에 의해 차례로 닦아 서서히 心源을 깨달은 것을 始覺이라 하고, 번뇌로 더럽혀진 迷의 모습이지만 心의 本性은 본래가 清淨한 覺体인 것을 本覺이라 한다. 일체의 유정과 무정에 통하여 그 자성 본체로서 갖추어 있는 如來藏眞如에 대하여 다시 그 本覺이 수행의 功에 의하여 覺中한 覺을 始覺이라 한다. 그러므로 始覺과 本覺이 覺体는 다르지 아니하나 다만 그 지위가 같지 않으므로 本覺과 始覺의 이름을 붙인 것이다.
　　『大乘起信論』(大正藏32, 576, b) "依此法身說名本覺 何以故 本覺義者 對始覺義 說 以始覺者卽同本覺 始覺義者 依本覺故而 有不覺 依不覺故說有始覺 又以覺心源 故名究竟覺 不覺心源故非究竟覺"

18) 당관(當觀): 『佛說觀經』(大正藏85, 1461, b) "法忍者 當觀諸清淨畢竟空想 心無罣礙能忍 是名法忍也"

因緣 그 자체이고, 시절인연을 초월한 그 자체이다. 불성 그
자체이고 본체를 透脫한 불성이다. 佛佛 그 자체이고, 性性 그
자체이다.

【 강의 】 4

4. 부처님께서 말씀하시기를,

"佛性의 의미를 알려고 하면 마땅히 時節因緣을 觀해야 하지 시절
인연을 알지 못하고는 불성을 알 수 없다. 만약 시절인연이 도래
하게 되면 佛性은 저절로 나타나리라."고 하였다. 이 말씀은『열반
경』에서 우유를 가지고 비유를 들기도 하였으며,『연등회요』의
「위산장」에서도 설하고 있다.

　여기서 佛性義를 알려고 한다는 것은 단순히 지식적으로 이해하
는 것만을 말하는 것이 아니라 그것을 실천하는 것이고, 불성을
증득하는 것이며, 불성에 대해서 설하는 것이고, 또 불성 그 자체
를 잊는 것을 말한다. 불성에 대하여 설법하고, 불성을 실천하며,
불성을 증득하고, 불성을 잊거나 혹은 불성을 착각하기도 하며,
착각하지 않는 것 등 모든 것은 다 시절인연과 관계가 있는 것이
다. 시절인연이 도래하지 않으면 불성이 발현하지 않는 것이다.
따라서 시절인연을 관한다는 것은 시절인연이 도래하였을 때 그
것을 가지고 관하는 것이며, 혹은 선지식들이 상당설법을 할 때
에 拂子를 사용하거나 拄杖子 등을 사용하여 대중들에게 깨달음을
주는 한 방편으로 이용하는데 이것을 관해야 하는 것이다. 더욱
이 有漏智라든지 無漏智나 本覺이나 始覺이나 不覺이나 正覺 등의
智를 가지고서 觀하는 것은 아니다. 즉 다시 말하면 깨달음의 계

기가 되는 것은 어떤 대상의 육경이 육근을 통해 깨달음에 이를 수 있는 것이다. 모든 선지식들은 깨달음을 성취하였을 때 그 시절인연이 된 계기는 보고 깨닫든지, 듣고 깨닫든지, 넘어져서 느끼면서 깨닫게 되었기 때문이다.

마땅히 깨달아야 한다는 當觀이라고 하는 것은 능동적인 觀이나 관의 대상에 관계있는 것이 아니며, 正觀이나 또는 邪觀 등에 있는 것도 아닌 것을 가지고 當觀이라고 한다. 당연히 관하는 것이기 때문에 이것은 스스로 관하는 것도 아니고, 남에 의해서 관해지는 것도 아니며, 시절인연이 도래하면 저절로 관해지는 것이다. 그러므로 불성 그 자체이며 모든 것을 초월한 불성이다. 그것은 모든 부처이며 모든 성품 그 자체를 말하는 것이다.

【 역주 】 5

5. 만약 시절인연이 도래한다라는 말에 대해서 고금의 무리들이 종종 이와 같이 생각하기를,

'佛性이 現前하는 시절이 미래에 올 것을 기다리는 것이라고 생각한다. 이와 같이 修行하면 자연히 佛性이 現前하는 시절을 만난다. 시절이 도래하지 않으면 스승을 찾아 법을 묻거나 참구하여 공부를 할지라도 현전하지 않는다고 말한다.'

이와 같은 생각으로 헛되이 세속으로 돌아가거나 애석하게도 구름처럼 떠돌면서 방황하는 무리들도 있다. 이러한 무리들은 틀림없이 天然外道[19]의 부류들이다. 當觀時節因緣을 말하

---

19) 천연외도(天然外道): 自然外道라고도 한다. 13外道 및 30種外道 가운데 하나이다. 만물은 자연으로부터 발생한다는 것. 『六祖大師法寶壇經』(大正藏48, 357,c)

고, 當知時節因緣을 말하는 것이다. 마땅히 시절인연을 관한다는 것은 의례히 시절인연을 아는 것이라고 한다.

   말하자면 佛性義를 알려고 한다면 마땅히 시절인연을 알려고 하는 것이다. 時節若至라고 하는 것은 이미 시절인연이 도래한 것이며 아무것도 의심할 것이 없는 것이다. 시절인연을 의심할 때조차도 나에게 불성은 돌아오는 것이다.(還我佛性來)

   알아야만 한다. 時節若至라고 하는 것은 十二時中에 헛되이 지냄이 없는 것이다. 若至라고 하는 것은 이미 이르렀다고 하는 것과 같은 것이다. 시절약지는 불성이 이르지 않은 것이며, 그렇다면 곧 시절이 이르렀다고 하는 것은 불성이 현전한 것이다. 혹은 그 이치가 저절로 드러남이다.(其理自彰)[20] 무릇 시절이 약지하지 않는 시절은 아직까지 없다. 불성이 현전하지 않는 불성은 없다.

【 강의 】5

5. 時節若至라고 하는 말에 대해서 옛날이나 지금의 사람들 가운데는 종종 다음과 같이 잘못된 생각을 하는 경우들이 있다. 그들은 말하기를,

‘불성이 저절로 나타나는 때가 앞으로 언젠가는 올 것이라고 생각하고 있다. 이와 같은 생각을 가지고 修行하게 되면 언젠가는 자연히 불성이 현전하여 깨달음을 얻게 되는 때를 만나게 된다.

“威音王已前卽得, 威音王已後, 無師自悟, 盡是天然外道”

20) 기리자창(其理自彰):『聯燈會要』卷7「潙山章」(卍續藏136, 540,b)“經云 欲識佛性義 當觀時節因緣 時節若至 其理自彰 便知己物 不從外得”

그러나 그 때가 멀었으면 아무리 노력하여도 깨달음은 얻지 못한
다. 따라서 시절인연이 도래하지 않았는데도 불구하고 선지식을
찾아다니면서 법을 구하거나 화두를 참구할지라도 깨달음을 얻을
수 없다.'라고 말한다.

　이와 같이 잘못된 생각으로 자신에게 시절인연이 도래하지 않
았으므로 그 때를 기다리기 위하여 세속에 돌아가서 헛되이 시간
을 보내거나, 또는 애석하게도 구름처럼 떠돌아다니면서 방황하
는 무리들을 우리는 많이 보게 된다. 이러한 사람들은 참다운 수
행인이 아니라 틀림없이 숙명론을 믿는 天然外道의 무리들일 것이
다. 마땅히 시절인연을 관한다는 것은 당연히 시절인연을 안다는
것이다. 따라서 이는 시절인연을 항상 관하는 사람을 시절인연을
잘 아는 사람이라고 할 수 있다.

　다시 말하자면 이는 불성의 뜻을 알려고 한다면 마땅히 시절인
연을 알려고 하는 것과 같은 것이다. 만약 시절인연이 도래한다
라고 하는 것은 아직 시절인연이 오지 않은 것을 말하는 것이 아
니라, 이미 시절인연이 도래한 것임을 의심할 필요가 없다. 내가
시절인연을 의심할 때조차도 나에게는 이미 시절인연이 와 있는
것이다.

　마땅히 알아야만 한다. 만약 시절인연이 도래한다라고 하는 것
은 하루 종일 헛된 시간을 보내서는 안 된다는 뜻이다. 여기서
만약 도래한다라고 하는 若至라는 말은 아직 이르지 않았다고 하
는 미래의 뜻이 아니라, 이미 이르렀다고 하는 과거의 뜻을 말한
다. 만약 시절인연에 이른다라고 하는 말은 불성에 이르지 않았
다는 것인데, 그렇다면 곧 시절에 이르렀다고 하는 말은 불성이
이미 현전한 것을 말하는 것이다. 그러므로 불성의 뜻은 저절로

나타나는 것이다. 이 세상에서 시절인연이 이르지 않았다는 시절
은 아직까지 없다. 그러므로 불성도 현전하지 않는 불성은 아직
까지 없는 것이다.

【 역주 】 6

    6. 제12조 馬鳴21)尊者는 13조(迦毘摩羅22))를 위해 佛性海를
설하여 말하기를,

    "산하대지는 서로 의지해서 건립되어 있고 三昧六通 또한 이
것으로 인연하여 발현한다고(山河大地, 皆依建立, 三昧六通, 由
玆發現)"고 하였다.

    그렇다면 이 산하대지는 모두 佛性海이다. 서로 의지하여 건
립해 있다는 것은 건립할 때 山河大地이다. 이미 모두 의지하
여 건립되었다라는 것을 알아야 한다. 佛性海가 이와 같음을
알아야만 한다. 다시 내·외·중간에 있는 것도 아니다. 이와
같다면 산하대지를 보는 것은 바로 불성을 보는 것이며, 불성
을 보는 것은 당나귀의 턱이나 말의 주둥이를 보는 것이다.(驢
腮馬觜23) 모두 의지한다는 것(皆依)은 전체를 의지(全依)한다

---

21) 마명(馬鳴): 고대 인도의 불교 시인. 초기 대승불교 학자로, 불교를 소재로
　　한 산스크리트의 미문체 문학을 창작하여 인도 문학사상 불후의 업적을 남겼
　　다. 대표작으로『불소행찬』,『손타리난타시』등이 있다.
22) 가비마라(迦毘摩羅): 2세기경 인도 마갈타 국 화씨성(華氏城) 사람. 비라(比
　　羅)·위라(韋羅)라고도 한다. 부법장(付法藏) 제12조. 처음에는 3천여명의 제
　　자를 거느린 외도, 마명(馬鳴)에게 설복되어 제자들과 함께 불교에 귀의. 남
　　인도에서 교화에 힘쓰고《무아론(無我論)》100게송을 지어 외도들을 깨우쳤
　　다. 교법을 용수(龍樹)에게 전했다.
23) 여시마자(驢腮馬觜): 당나귀나 말의 입. 일상적으로 어디에서나 볼 수 있는 것.

는 것이고, 의지하는 전체(依全)는 會取하는 것이고, 會取하지
않는 것이다. 三昧六通이 여기에서 發現한다는 것을 알아야 한
다. 모든 삼매가 나타나고 찾아온다. 찾아옴과 동시에 모두 불
성에 의지하는 것이다. 六通義에 의지하는 것도 의지하지 않는
것도 역시 다 佛性을 의지하는 것이다. 六神通이라고 하는 것
은 오직 阿笈摩敎에서 말하는 六神通을 의미하는 것은 아니다.
六이라는 것은 前三三後三三24)을 六神通波羅蜜이라고 하는 것
이다. 그렇다면 육신통을 明明百草頭이며 明明佛祖라고 참구해
서는 안된다. 육신통에 막힘이 있다는 것은 佛性海의 朝宗에
방해가 되는 것이다.

【 강의 】 6

6. 제12조 馬鳴尊者는 13조인 迦毘摩羅를 위해서 佛性海에 대한
말씀을 하신 일이 있다. 그는 '산하대지는 모두가 서로 의지해서
이루어져 있고 三昧六通도 모두 산하대지를 의지하는 인연으로 나
타나고 있다(山河大地, 皆依建立, 三昧六通, 由玆發現)'라고 말했다.
    그렇다면 마명이 말한 산하대지는 바로 모두 불성의 바다인 것

『天童景德寺錄』"黃金妙相 驢腮馬觜"

24) 전삼삼후삼삼(前三三後三三): 三三은 보통의 수가 아니라 무량한 수량이라는
뜻이다.
    『汾陽無德禪師語錄』卷2 (大正藏47, 609, c) "文殊問無著。南方如何住持。著云。
末法比丘。少奉戒律。云多少眾。著云。或三百或五百。無著却問。此間如何住
持。殊云。凡聖同居。龍蛇混雜。云多少眾。殊云。前三三後三三。至晚求宿。殊
云。大德有執心在。某甲無執心。云還曾受戒否。云受戒久矣。云既無執心。何用
受戒。著無語。童子送出。至門遂問。適來大聖道。前三三後三三。是多少。童子
召大德。著迴首。童子云。是多少。"

이다. 그리고 서로 의지해서 이루어져 있다라고 하는 것은 다른 것이 아니라 바로 산하대지인 것이다. 서로 의지해서 건립되었다라고 하는 것은 산하대지와 둘이 아님을 우리는 알아야 한다. 그러므로 그것은 바로 불성의 바다와 같음을 의미한다. 따라서 불성은 산하대지의 모습으로 나투는 것이다. 이 불성은 산하대지의 안이나 중간이나 밖에 있는 것이 아니다. 따라서 산하대지를 바로 불성으로 보는 것이며, 불성을 본다라고 하는 것은 당나귀든 말이든 세간적인 것이나 기세간적인 것 모두 보는 것이다. 그리고 서로 의지한다는 것은 전체를 다 의지한다는 것이 되고, 산하대지가 서로 의지해 있는 전체를 증득하는 것이며, 더 나아가서 증득할 필요조차도 없는 것이다. 왜냐하면 이것은 모두 우리에게 갖추어져 있기 때문이다. 삼매가 나타나고 육통이 나타난다는 것에 대해서 우리는 알아야 한다. 산하대지 두두물물의 모습에서 삼매는 나타나고 거기에서 찾아오게 된다. 이 모든 것은 찾아옴과 나타남이 동시에 모두가 불성을 의지해 있는 것이다. 뿐만 아니라 六通義에 의지하거나 의지하지 않는 것도 모두 불성에 의지하는 것이 된다. 여기서 말하는 육신통이라고 하는 것은 소승불교에서 말하는 육신통만을 의미하는 것은 아니다. 여기서 六이라고 하는 것은 선에서 말하는 前三三後三三으로 무량무변한 것을 말하는 것인데 이를 六神通波羅蜜이라고 할 수 있다. 그렇다면 육신통을 분명하고 분명하게 나타난 삼라만상의 현상이 바로 분명한 佛祖의 뜻이라고 참구해서는 안된다. 육신통에 막힘이 있다라고 하는 것은 불성의 바다에 들어감에 있어서 걸림이 있다는 것이 된다.

【 역주 】 7

7. 五祖大滿禪師[25])는 蘄州黃梅사람이다. 아버지 없이 태어나서 동자일 때 道를 얻었다. 소나무를 재배하는 道人이 되었다. 처음에 기주의 西山에 있을 때에 소나무를 재배하고 있었는데 四祖가 여행을 하다 만나게 되었다. 도인에게 이르기를,

"내가 그대에게 傳法을 하고 싶지만, 그대가 이미 나이가 많다. 만약 그대가 다시 태어난다면 내가 그대를 기다리겠다."라고 했다.

대사가 이를 허락하였다. 드디어 周씨 가문의 여인에게 의탁해서 태어났다. 이로 인해 濁港이라고 하는 항구에 버려졌다. 천신의 보살핌으로 7일이 지났음에도 아무런 손상이 없었다. 따라서 아이를 데려다 길렀다. 7세 동자가 되었을 때, 黃梅의 길에서 四祖大医禪師를 만나게 되었다. 사조가 대사를 보았을 때 어린 동자임에도 불구하고 骨相이 기이하게 생겼음을 보고 보통의 어린 아이가 아님을 알았다.

사조께서 보고 물었다.

"너의 姓은 무엇인가?"[26)]

---

25) 오조대만선사(五祖大滿禪師): 『景德傳燈錄』卷3 「祖道信大師」 (大正藏51, 222, b) "一日往黃梅縣. 路逢一小兒. 骨相奇秀. 異乎常童. 師問曰. 子何姓. 答曰. 性卽有不是常性. 師曰是何性. 答曰是佛性. 師曰汝無姓耶. 答曰性空故. 師默識其法器. 卽俾侍者. 至其家於. 父母所乞. 令出家. 父母以宿緣故. 殊無難色. 遂捨爲弟子. 以至付法傳衣. 偈曰 華種有生性. 因地華生生. 大緣與信合. 當生生不生."

26) 사조도신사문지자(四祖道信師問之子): 『聯燈會要』卷2 「四祖道信禪師」 (卍續藏136, 461, a) "師問之子何姓. 云姓卽有. 不是常姓. 師云. 是何姓. 云是佛性. 師云. 汝無姓耶. 云姓空故. 師默器之. 卽受出家落髮. 俾令給侍. 後付法眼而說偈云. 花種有生地. 因地花生生. 大緣與信合. 當生生不生."

대사가 대답하였다.

"姓은 있지만 보통 성이 아닙니다."

사조가 말하였다.

"그러면 무슨 성인가?"

대사가 대답하였다.

"이것은 佛性입니다."

사조가 말하였다.

"그대는 불성이 없다"

대사가 대답하였다.

"불성이 空하기 때문에 이른바 無라고 하셨습니다."

　　사조가 그 法器를 알고 시자로 삼았는데, 후에 正法眼藏을 부촉했다. 黃梅山 東山에 머물면서 크게 玄風을 진작시켰다.

【 강의 】7

　　7. 오조대만선사는 기주현의 황매산 사람이었다. 그는 아버지 없이 태어나서 동자로서 출가하여 큰 깨달음을 얻게 되었다. 그가 아버지가 없게 된 이유가 설화로 전해져 오고 있다. 원래 그는 전생에 쌍봉산에서 소나무를 가꾸며 사는 장씨라는 노인이었다. 이 장씨 노인은 나이가 70이 넘어 출가하기 위해 4조 도신스님을 찾아갔으나, 나이가 많다는 이유로 출가를 허락받지 못하였다. 그러면서 도신스님은 두 번씩이나 찾아온 장씨 노인에게 몸을 바꾸어서 동자로 출가할 것을 권유하게 되었다. 이 이야기를 들은 노인은 몸을 바꾸어서 周씨 처녀에게 의탁하여 생을 받게 되었다. 주씨 처녀는 효성이 지극한 사람으로 노부모를 정성껏

모셨다. 그런데 이 처녀가 애기를 배어 배가 부르게 되었으므로 부모는 할 수 없이 집을 떠나게 하였다. 그녀는 황매를 떠나 문전걸식하면서 애기를 낳게 되었는데, 濁港이라고 하는 항구에서 살게 되었다. 처음 이 애기를 저자거리에 버렸지만 신비스럽게도 새들이나 동물들이 이 애기를 보호함으로써 잘 자라게 되었다. 이를 본 주씨 여인은 7일 만에 애기를 데려다 다시 기르게 되었는데, 그 애기에게는 아버지가 없었으므로 성도 없고 이름도 없었으며 無姓兒라고 불렀을 뿐이다. 7세가 되는 때에 주씨 여인과 동자는 외가가 있는 황매로 돌아오게 되었다. 도신은 이 동자의 얘기를 전해 들었는데, 어느 날 길거리에서 우연히 동자를 만나게 되었다. 골상이 특이하게 생긴 모습을 보고 이 어린아이가 그 동자임을 알아차리게 되었다. 그래서 도신은 동자에게 묻기를,

"너의 姓은 무엇이냐?"하였다.

그러자 동자가 말하기를,

"성은 있지만 보통 성이 아닙니다." 라고 하였다.

다시 도신이 말하였다.

"그러면 그대의 성은 무엇인가?"

동자가 대답하였다.

"저의 성은 불성입니다."

도신이 말하였다.

"원래 불성이라는 것은 없는 것이다"

동자가 대답하였다.

"스님께서 불성이 없다라고 한 것은 불성이 본래 空하기 때문에 없다라고 하였습니다."

이와 같이 대답을 하는 동자를 본 도신은 그가 바로 장씨 노인

이 몸을 바꾸어서 그의 후신으로 태어난 동자임을 알아보고 그 동자에게 출가할 것을 권유하였다. 그래서 도신은 주씨 여인을 찾아가서 이 동자를 출가시키라고 하였다. 이에 대해 주씨 여인은 그 동자가 태어날 때부터 범상치 않은 것을 알고 아무런 반대도 없이 출가를 허락하였다. 그래서 사조도신을 따라온 동자에게 弘忍이라고 이름을 지어주었으며, 그는 4조도신의 正法眼藏을 받아 5조가 되었다. 그러면서 쌍봉산 동쪽에 거주하면서 東山法門을 널리 펼쳤다. 그의 나이 50대부터 법을 널리 폈으며 700여 명의 제자를 두었는데 대표적인 사람이 혜능과 신수 등 11명의 제자가 있었다. 그의 어머니에 대해서는 중국에서 聖母로 추앙하였으며, 오늘날도 많은 사원이나 민가에서 주씨 여인을 모신 聖母殿을 여기저기서 볼 수 있다고 한다.

【 역주 】 8

8. 그렇다면 곧 4祖가 말한 것을 참구해야 하는데 사조가 말한 '그대의 성은 무엇이냐.'라고 한 것에 대한 그의 宗旨를 참구해야 한다. 옛날에는 '그대는 어느 나라 사람이며 성은 무엇인가.'라고 하면서, 다시 말하면 '그대의 성은 무엇인가.'라고 말한다. 예를 들면,

'내가 그와 같고 그대도 또한 이와 같다.(吾亦如是, 汝亦如是)'[27]라고 하는 말과 같은 것이다. 오조가 말하기를,

---

27) 여역여시(汝亦如是): 『景德傳燈錄』卷5 (大正藏51, 240,b) "祖曰 只此不汚染諸佛之所護念 如旣如是吾亦如是 西天般若多羅讖 祖云 秖此不汚染是諸佛之念念 吾亦如是如亦如是 西天二十七祖般若多羅讖"; 『廣燈錄』卷8 (卍續藏136, 650,a)

'姓은 있으나 普通 姓이 아닙니다. 이른바 있는 성은 보통 성이 아니며 보통 성이다.'고 하는 것은 있지만 그렇지 않다. 사조가 말하길,

'있는 성이 무엇이냐.' 라는 것은 무엇은 이것이며 이것은 무엇이며, 이것은 성이다. 무엇이냐 하는 것은 이것이며 성은 이것이고 무엇이다. 이것은 쑥을 끓이고, 茶를 끓이고 매일 차와 밥을 먹는 것이다.

오조가 '이것이 불성이다.'라고 말하였다. 여기에서 말한 종지는 '이것이 바로 佛性이다.'라는 것이다. 왜냐하면 부처가 되기 때문이다. '이것은 성만을 궁구하는 것이겠는가.' 이것은 이미 그렇지 않을 때에 불성이 되는 것이다. 그렇다면 이것은 무엇이 되며, 부처가 된다라고 할지라도 脫落하고 透脫하게 되며 반드시 姓이 된다. 그 姓는 周씨이다. 그렇지만 아버지께도 받지 않았으며, 조상에게도 받지 않았다. 어머니의 성도 닮지 않았으므로 방관자와 같겠는가. 사조가 말한 '그대는 佛性이 없다.'라는 이 말은 그대는 누구도 아니며 그대에게 맡길지라도 불성이 없다라고 개연하게 된다. 알아야 하고 배워야 한다. 지금은 어떠한 때인데 無佛性이라고 하겠는가. 佛頭에서 無佛性인가, 佛向上으로서의 無佛性인가. 七通을 막지 말고, 八達을 모색하지 말라. 無佛性은 일시의 삼매가 된다고 수행한다. 불성이 성불했을 때 無佛性이 되는가. 佛性이 보리심을 발했을 때 無佛性이 되는가라고 물어보아야 하며 대답해야 한다. 露柱에게 묻도록 해야 하고, 노주에게 물어야 하며, 불성에게도 묻도록 해야 한다.

【 강의 】 8

8. 위에서 4조 도신과 5조 홍인의 이야기에 대해서 도원은 부연하여 설명하였다, 그는 4조가 말씀하신 것에 대해서 깊이 참구하였는데 '그대의 성은 무엇이냐.'라고 한 것에 대하여 여러 가지로 해석을 하고 있다. 도원은 말하기를,

"옛날에는 사람을 만나게 되면 먼저 묻는 말이 '그대는 어느 나라 사람이며 그대의 성은 무엇인가.'"라고 하였다. 이는 다시 말하면 '그대의 성은 무엇인가.'라고 묻게 되는 것이다. 여기서 나와 그대는 하나이며, 그대도 나와 또한 하나인 것이다라고 하는 뜻이다. 이러한 4조의 물음에 대하여 오조가 말하기를, "姓은 있으나 普通姓이 아닙니다."라고 하였는데 여기서는 성명의 姓에 대하여 성품의 性으로 받아들이고 있다. 아마도 5조에게 올바른 성이 있었다고 한다면 그런 대답은 하지 않았을 것이다. 그러나 그는 아버지가 없이 태어난 無姓兒였기 때문에 이러한 대답을 하지 않았을까 생각할 수 있다. 여하튼간에 무엇은 이것이며, 이것은 무엇이고, 이것은 성이다. 무엇과 이것과 성에 대한 것에 대해서 서로 구분하지 않고 하나로 사용하고 있다. 이러한 말은 바로 우리가 쑥을 끓여 마시고 茶를 마시는 것과 같이 일상적인 일을 의미하는 것이다. 즉 다시 말하자면 그대의 성은 무엇인가라고 하는 것은 일상적 물음이 아니라 특별한 물음을 의미한다고 생각할 수 있다.

이와 같은 4조의 물음에 대하여 오조홍인대사는 '이것이 불성이다.'라고 대답하였다. 이 말의 본래 의미는 이것이 바로 불성이라는 것이다. 여기서 이것이라고 하는 것은 무엇일까. 그 의미는 대

단히 중요하다. 왜냐하면 그것은 부처이기 때문이다. 여기서 이것이라고 하는 것은 일상적으로 말하는 성씨만을 얘기하는 것이다. 그러나 그렇지 않다. 그 성이라는 것도 바로 불성과 다른 것이 아니기 때문에 그것은 바로 불성이라고 하였던 것이다. 이것은 무엇이 되며, 이것이 부처가 된다라고 할지라도 신심이 脫落하고 본체가 透脫하게 되므로 그것은 성씨와 불성이 둘이 아님을 의미하게 된다. 홍인이 아버지에게서 받은 성씨는 없지만 어머니의 성이 주씨였기 때문에 주씨라고 하는 것이 옳을 것이다. 그렇지만 이것은 아버지에게서도 받은 것이 아니며, 조상에게서 물려받은 성도 아니다. 그렇다고 하여 어머니의 성을 따르지 않으므로 그를 이 세상의 방관자라고 할 수 있겠는가. 그가 말한 자신의 성이 불성이라고 한 것은 바로 그는 부처님으로부터 성을 받았다라고 보고 있는 것이다. 이에 대하여 사조도신이 말한 '그대는 佛性이 없다.'라고 한 말의 뜻은 여기서 그대라고 하는 것은 홍인만을 의미하는 것도 아니며, 또 다른 누구를 의미하는 것도 아니다. 그대에게는 이미 불성이 없다라는 말로써 4조는 큰 가르침을 주었던 것이다. 이러한 뜻을 우리는 알아야 하고 배워야 한다. 지금이 어떠한 때인데 無佛性이라고 하며, 그 무불성이라고 한다고 해서 佛頭에서 온 것인지 아니면 부처가 되기 위한 向上一路에서 오는 것인지 여기에 대해서 우리는 七通八達로 찾으려고 하지 말아야 한다. 무불성이라고 하는 것이 바로 無佛性三昧가 되는 것이다. 무불성이라는 말에 얽매여서 有佛性인데 성불을 했을 때 無佛性이 되는 것인가, 아니면 불성이 보리심을 발했을 때 無佛性이 되는가. 이러한 물음을 스스로 묻고 대답해야 한다. 법당 앞에 있는 당간지주에게도 묻도록 해야 하고, 그대가 스스로 당간지주에

게 무불성에 대해서 물어보아야 한다. 더 나아가서 그대 스스로
의 불성에게도 묻도록 해야 한다.

【 역주 】 9

　9. 그렇다면 곧 無佛性이라고 하는 말은 저 멀리 사조의 조
실로부터 연유된 말이다. 黄梅28)에게 見聞하였고, 趙州29)가

---

28) 황매오조홍인(黃梅五祖弘忍, 黃梅: 594-674): 五祖 弘忍의 별호. 黃梅山 東禪
院에 있었기 때문에 黃梅라고 칭한다. 중국 당나라 승려. 중국 禪宗의 제5조.
호북성 기주(蘄州) 黃梅縣 사람으로 속성은 周씨. 4조 道信을 만나 제자가 되
어 오랫동안 그의 회하에서 수행하고 그 心印을 받다. 쌍봉산 동쪽 빙무산
(憑茂山, 東山)으로 건너가 법문 선포에 힘씀. 弘忍의 사상은 심성의 본원에
철저히 함을 본지로 하여, 守心을 참학의 요체로 삼음. 제자로 大通神秀・6
조 慧能 외에도 안주현색(安住玄賾)・자주지선(資州智詵)・혜장(慧藏)・현약
(玄約)・숭산법여(嵩山法如) 등이 있는데, 특히 혜능이 그의 법을 이어 남방
으로 가 법문을 선양, 그의 한 파가 東山法門이 됨. 肅宗 上元 2년 입적. 세
수 74세. 시호는 大滿禪師. 황매산 동산에 탑을 세움. 저술로는『蘄州忍大師導
凡趣聖悟解脫宗修心要論』1권이 있음. 弘忍의 전기 자료는 다음과 같다.
『傳燈錄』卷3 (大正藏51, 222,c);『宋高僧傳』卷8 (大正藏50, 754,a);『祖堂集』
卷2 (高麗藏45, 247,c);『聯燈會要』卷2 (卍續藏136, 461,a);『五燈會元』卷1
(卍續藏138, 35,b);『歷代法寶記』(大正藏51, 182,a);『楞伽師資記』(大正藏85,
1289,b);『天聖廣燈錄』卷7 (卍續藏135,664,b);『續燈錄』卷1 (卍續藏136, 46,b);
『嘉泰普燈錄』卷1 (卍續藏137, 42,b);『佛祖統紀』卷29 (大正藏49, 291,c)

29) 조주(趙州, 趙州從諗: 778-897): 唐代 임제종 스님. 南嶽 문하. 趙州는 주석
地名. 속성은 郝(학)씨. 산동성 曹州(조주) 郝鄉(학향)출신. 어린 시절에 출가
하여 南泉普願에게 참학하여 開悟한 다음, 戒를 받고 남전의 法을 받아 그 門
下에서 이십년 동안 있었다. 여러 곳을 유력하다가 나이 80이 되어서야 趙州
城(조주성) 동쪽 觀音院에 머물면서 40년 동안 枯淡着實(고담착실)한 禪風을
드날림. 당나라 昭宗乾寧 4年 11月 2日에 120세로 入寂함. 諡號(시호)는 眞際
大師. 그의 어록인『趙州錄』은 禪家에서 널리 참구되고 있음. 趙州의 전기자
료는 다음과 같다.
『傳燈錄』卷10 (大正藏51, 276,c);『宋高僧傳』卷11 (大正藏50, 775,c);『祖堂集』

流通하였으며, 大潙[30)가 拳揚하였다. 무불성이라고 하는 말을
반드시 정진해야 하며, 주저[趑趄]31)하지 말아야 한다. 무불성
에 대해서 의심할지라도 무엇인가(何)라고 하는 표준이 있으
며, 너(汝)라고 하는 시절이 있으며, 그것(是)이라고 하는 投機
가 있으며, 周라고 하는 同姓이 있으며, 바로 추구하게 된다.
　오조가 말하기를,

　"불성이 空하기 때문에 이른바 無라고 합니다.(佛性空故 所以
言無)"라고 분명하게 말했듯이 空은 無가 아니며, 불성이 空하
다는 말에는 半斤도 말하지 못하였고, 八兩도 말하지 못하였
다. 말하지 못하였으니 無라고 말한 것이다. 공이기 때문에 空
이라고 말하지 아니하고, 無라고 말하지 아니하며, 佛性이 空
이기 때문에 無라고 말한 것이다. 그러므로 無의 조각조각은

卷18 (高麗藏45, 343,b);『聯燈會要』卷6 (卍續藏136, 525,b);『五燈會元』卷4
(卍續藏138, 127,b)

30) 대위(大潙, 潙山靈祐: 771-853): 唐代 스님. 남악(南嶽) 문하. 潙山은 주석 산
명. 중국 潙仰宗의 初祖. 속성은 趙씨. 복건성 복주 장경(長慶)사람. 15세에
출가하여 본군 건선사 法常에게 출가하여 절강성 항주 용흥사(龍興寺)에서
經·律을 배우고, 23세에 강서성 진주의 百丈懷海의 제자가 되다. 원화 말년
懷海의 명을 받아 장사로 가던 도중 호남성 담주 大潙山을 지나다가 머물렀
더니 군민이 다투어 와서 드디어 절을 짓고 종풍을 거양하기 40여 년. 大中
7년 정월 9일 입적 하함. 시호는 大圓禪師. 세수 83, 법랍 64세. 뒤에 제자
仰山慧寂은 仰山에서 敎를 드날렸으므로 영우·혜적의 파를 潙仰宗이라 한
다. 그의 저술로는 『潙山警策』1권·『潭州潙山靈祐禪師語錄』1권이 있음. 그의
전기자료는 다음과 같다.
『傳燈錄』卷9 (大正藏51, 264,b);『宋高僧傳』卷11 (大正藏50, 777,b);『祖堂集』
卷16 (高麗藏45, 334,b);『聯燈會要』卷7 (卍續藏136, 540,b);『五燈會元』卷9
(卍續藏138, 315,a);『釋氏稽古略』卷3 (大正藏49, 839,c)

31) 자저(趑趄): ① 나아가고자 하면서도 나아가지 못하는 모양. 의심하여 두려워
하노라 머뭇거리며 관망함의 형용
② 방종하여 멋대로 소란을 피움.

空을 말하는 標榜이며, 空은 無를 말하는 力量이다.

　소위 空이라고 하는 것은 色卽是空[32)]의 空이 아니다. 색즉시 공이라고 하는 것은 色을 억지로 空이라고 하지 않는다. 空을 구별하여 色을 만들지 아니하며, 空이 곧 공한 것을 空이라고 할 뿐이다. 공이 곧 공한 것을 공이라고 한 것은 공의 속에 한 개의 돌이 있는 것이다.(空裏一片石)[33)] 그러므로 곧 佛性無와 佛性空과 佛性有에 대해서 사조와 오조는 묻고 대답하였다.

【 강의 】 9

9. 그렇다고 한다면 위에서 말한 無佛性이라고 하는 말의 연유 는 사조도신으로부터 시작된 것이다. 이러한 무불성에 대하여 황 매산의 4조 도신이 처음 알았으며 이것을 조주스님께서 널리 유 통하였고, 대위영우선사가 이 법으로 拳揚하여 제자를 접인하였 다. 무불성이라고 하는 말을 반드시 참구하고 이것을 가지고 정 진해야 한다. 뿐만 아니라 여기에 대한 믿음을 분명히 가지고 주 저[趑趄]하지 말아야 할 것이다. 무불성에 대하여 설사 의심할지 라도 무엇인가(何)라고 하는 것에 대한 기준이 있고, 너(汝)라고 하는 것에 대한 시절이 있으며, 그것(是)이라고 하는 것에 대해서

---

32) 색즉시공(色卽是空): 【산】 Rūpani Śūnyatā.
　①空卽是色의 상대어. 色에 의하여 표현된 온갖 현상은 평등 무차별한 空, 곧 實相과 相卽하여 둘이 없다는 뜻. 色空不二・眞空妙有의 뜻을 말함.
　②온갖 존재는 空한 것이어서 아무 것도 없는 것이란 뜻으로 쓰는 말.
　『般若心經』(大正藏8, 848,c) "色不異空 空不異色 色卽是空 空卽是色"
33) 공리일편석(空裏一片石): 『傳燈錄』卷15「石霜章」(大正藏51, 320,c) "僧問 如何 是西來意 師曰 空中一片石 僧禮拜"

우리는 投機해야 하고, 오조 홍인이 周라고 하는 것에 대하여 同
姓이 있음을 바로 추구해야지 망설이거나 의심하거나 주저해서는
안 된다.

오조홍인대사가 말하기를,

"불성이 空하기 때문에 이른바 無라고 합니다.(佛性空故 所以言
無)"라고 분명하게 밝히고 있다. 그렇다고 하여 여기서 空이라고
하는 것이 바로 無라고 이해해서도 아니 되고, 불성이 空하다라고
하는 말 그것은 半에도 미치지 못하고 팔할도 말하지 못하였다.
그 불성이 공하다라고 하는 것에 대해서 전체를 말할 수 없기 때
문에 그것을 가지고 無라고 말한 것이다. 그러므로 無가 산산조각
난 그 조각을 가지고 우리는 공이라고 말한다. 공은 無를 말하는
하나의 역량이 될 수 있다.

여기서 소위 空이라고 말한다고 해서 『반야심경』에서 얘기하는
색즉시공의 空이 아니다. 왜냐하면 색즉시공의 공이라고 하는 것
은 受·想·行·識의 공과도 같이 연결된다. 그러므로 五蘊이 공
한 공과는 다르다. 뿐만 아니라 색즉시공이라고 하는 것은 色을
억지로 空이라고 표현하기 위해서 쓴 것은 아니다. 공과 구별을
짓기 위해서 색을 말하지 않고, 空이 곧 공한 것이기 때문에 空이
라고 할 뿐이다. 공이 곧 공한 것을 공이라고 말하는 것은 그 공
가운데도 한 개의 돌이 있으므로(空裏一片石) 眞空妙有가 되는 것
이 아니겠는가. 그러므로 곧 佛性無와 佛性空과 佛性有에 대해서
사조도신대사가 오祖홍인대사에게 물었고 오조홍인대사는 사조도
신대사에게 대답하였다.

【 역주 】 10

10. 震旦第六祖曹谿山大鑑禪師[34]는 옛날에 처음으로 황매산을 참배하였을 때 五祖가 묻기를,

"그대는 어디에서 왔는가?"라고 하였다.

육조가 말하기를,

"嶺南사람입니다."

---

34) 육조대감혜능선사(六祖大鑑慧能禪師, 慧能: 638-713): 中國禪宗의 六祖. 姓은 盧씨. 范陽(河北省) 사람. 薪洲(廣東省 新興縣)에서 났다. 大鑑禪師의 諡號로부터 大鑑慧能이라 불렸으며, 또한 六祖大師라고도 불렸다. 어려서부터 어렵게 자라나 항상 나무를 베어다 팔아 어머니를 봉양했다. 하루는 시장에서 金剛經 독송을 듣고 출가의 마음을 품어 후에 智遠에게 參하고, 그의 권장에 의하여 24세 때 蘄州東山(湖北省 黃梅縣)의 東山院으로 가서 五祖弘忍을 參하였다. 碓房에 있기를 8개월, '菩提本無樹 明鏡亦非臺 本來無一物 何處有塵埃'라는 유명한 偈를 짓고, 夜半에 스승인 弘忍의 衣法을 相傳하여 南으로 도피했다. 16년간 弘忍의 가르침을 지키면서 사냥꾼들 틈에서 隱遁하고, 儀鳳元年(677)에 南海(廣東省)의 法性寺에 가서 印宗에 의하여 출가하고 구족계를 받았다. 다음 해에 曹溪寶林寺로 옮겨 크게 禪風을 發揚하였다. 神龍元年(705) 中宗이 勅使를 보내 불렀으나 병을 핑계로 응하지 않았다. 또한 勅으로 寶林寺를 고쳐 中興寺로 삼고 나아가 法泉寺라는 額을 내렸다. 또한 新州의 고향집을 國恩寺로 만들고 거기에 報恩塔을 건립했으며, 先天2年(713) 8월 3일 同寺에서 入寂하였다. 元和11年(816) 憲宗은 大鑑禪師라는 諡號를 내리고 塔을 元和靈照之塔이라 하였으며 유종원은 '塔銘'을 撰하였다. 太平興國3年(978) 太宗은 大鑑眞空禪師, 太平興國之塔이라 加諡했고, 天聖10年(1032) 仁宗은 六祖의 眞身과 衣鉢을 入內하여 供養했으며, 大鑑眞空普覺禪師라 加諡하였다. 또한 元豊5年(1082)에는 神宗에 의하여 大鑑眞空普覺圓明禪師라는 加諡를 받았다. 慧能은 韶州(廣東省)과 廣州에서 교화하기를 40여년 하였다. 그 가운데서도 韶州大梵寺에서 행한 說法을 編輯한 것이 후에 『六祖檀經』이라는 이름으로 널리 퍼졌다. 慧能의 門弟가운데 뛰어난 자로는 靑原行思(740寂) 南岳懷讓(677-744) 荷澤神會(684-758) 永嘉玄覺(675-713) 南陽慧忠(775寂) 등이다. 후세에 발전한 소위 五家七宗은 모두 慧能의 法系로부터 전개된 宗派들이다. 전기는 『祖堂集』卷2; 『宋高僧傳』卷8; 『景德傳燈錄』卷5; 『廣燈錄』卷7; 『聯燈會要』卷2; 『五燈會元』卷1; 『佛祖統紀』卷29; 『佛祖歷代通載』卷13 등에 수록되어 있다.

　　오조가 말하기를,

　　"무엇을 구하기 위해 여기에 왔는가?"

　　"부처가 되기 위해 왔습니다."

　　오조가 말하기를,

　　"영남사람에게는 불성이 없는데 어째서 부처가 되고자 하는
가?

　　이 嶺南人無佛性이라고 하는 말은 영남사람은 불성이 없다라
고 하는 것도 아니고 또한 영남사람에게는 불성이 있다라고
말하는 것도 아니며, 오직 영남사람은 無佛性일 뿐이다. 어찌
하여 그대가 부처가 되고자 하는가라고 하는 것은 어떠한 부
처가 되기를 구하고자 하는 것이다.

　　무릇 불성의 도리에 대해서 밝힌 선배들이 없다. 모든 阿含
經이나 경론의 논사들도 여기에 대해서 알지 못했다. 불조의
兒孫만이 오로지 전[單傳]하고 있다. 불성의 도리라고 하는 것
은 불성은 성불보다도 앞에 구족하는 것이 아니고 성불한 뒤
에 구족하는 것이다. 불성은 반드시 성불35)과 동시에 오는 것
이다. 이 도리는 깊이깊이 참구하여 공부해야 하며 삼십 년,
이십 년도 공부하고 참학해야 한다. 十聖三賢36)이 얻을 수 있

---

35) 성불(成佛): 부처가 되는 것, 菩薩이 自利利他의 덕을 완성해서 究極的인 깨달
음의 경지를 실천하는 것으로 作佛·得佛·成道·得道·成正覺·成菩提·證菩
提·現等覺이라고도 한다. 부처님이 되기까지 긴 세월에 걸쳐 여러 가지 수
행의 階位를 밟아야 한다.
　『妙法蓮華經』「序品」(大正藏9, 4,b) "佛滅度後 妙光菩薩 持妙法蓮華經 滿八十
小劫爲人演說 日月燈明佛八子 皆師妙光 妙光教化 令其堅固阿耨多羅三藐三菩提
是諸王子 供養無量百千萬億佛已 皆成佛道 其最後成佛者 名曰燃燈"

36) 삼현십성(三賢十聖): 대승에서 세운 것으로 보살수행의 지위인 十住·十行·
十廻向의 三位가 三賢이 되고, 初地 이상에서 十地까지의 보살이 十聖이 된다.

는 것도 아니다. 衆生有佛性과 衆生無佛性이라고 말하는 것은
바로 이 도리이다. 성불한 이후에 구족한다는 법을 참구한다
는 것이 정확하다. 이와 같이 배우지 아니하면 오늘날까지 불
법이 전해지지 못했을 것이다. 만약 이 도리를 밝히지 못한다
면 성불을 할 수 없고, 견문할 수도 없다. 그러므로 오조는 다
른 사람에게 영남인무불성이라고 말했다. 처음으로 부처를 친
견하고 법문을 들었을 때 이해하기 어렵고 듣기가 어려운 것
은 衆生無佛性이기 때문이다. 혹 선지식을 따르거나, 혹 경권
을 따라서 듣고 기뻐하는 것도 중생이 무불성이기 때문이다.
일체중생무불성이라고 하는 것을 견문각지로서 가득히 느낄
정도로 경험하지 못하는 것은 불성을 아직도 견문각지 하지
못했기 때문이다. 육조가 일념으로 부처가 되고자 하였을 때
오조는 육조를 성불하도록 했지만 그것은 바른 말이나 방편이
아니었다. 오직 영남인무불성이라고 하는 말을 했을 뿐이다.
알아야 한다. 무불성이라고 설하는 것이나 들은 것은 이것이
성불을 바로 가르친 말임을 알아야 한다. 그러나 무불성일 때
에 곧 성불하는 것이다. 무불성을 아직 보고 듣지 못했다라고
말하는 것은 아직 성불하지 못했기 때문이다.

【 강의 】 10

10. 중국의 六祖曹谿山의 大鑑慧能禪師는 처음 출가하기 위하여

『佛說仁王般若波羅蜜經』卷上「菩薩教化品」(大正藏7, 827, b-828, a) "三賢十聖
忍中行 唯佛一人能盡源"
『仁王護國般若波羅蜜經』(大正藏8, 838, a) "三賢十聖住果報 唯佛一人居淨土"

황매산을 찾아가 오조홍인대사를 참알하였다. 이때에 오조홍인대
사가 혜능에게 묻기를,

"그대는 어디에서 왔는가?"라고 하였다.

이 말에 대하여 육조혜능스님은,

"嶺南사람입니다."라고 하였다.

그러자 오조홍인대사가 다시 말하기를,

"무엇을 얻기 위해 여기에 왔는가?"

"부처가 되기 위해 왔습니다."

그러자 오조가 말하기를,

"영남사람에게는 불성이 없는데(嶺南人無佛性) 어째서 부처가 되
고자 하는가?"라고 하였다.

여기서 오조홍인이 말한 嶺南人無佛性이라고 하는 말은 어떤 특
정한 지역을 지정하여 말한 것이 아니다. 즉 영남사람만은 불성
이 없다라고 하는 것도 아니고, 그렇다고 하여 또 영남사람에게
는 불성이 있다라고 말한 것도 아니다. 이 뜻은 오직 영남사람은
無佛性일 뿐이다. 다시 말하면 무불성에 대한 해석이 불성이 없다
있다라고 하는 無字를 동사로 해석하는 것이 아니라 무불성 그
자체를 한 단어로 보아야 하는 것이다. 그러면서 어찌하여 그대
가 부처가 되고자 하는가라고 말한 것은 혜능이 원하는 부처는
어떤 부처를 원하는가라고 하는 것이다.

그런데 지금까지 많은 사람들이 이 불성의 도리에 대해서 밝힌
사람들이 없다. 또한 모든 阿含經을 비롯해서 경론의 논사들도 이
불성의 도리에 대해서 잘 알지 못하고 있다. 여기에 대하여 참으
로 이해하는 사람들은 부처나 조사의 법을 이어받은 후손들 뿐[單
傳]이다. 여기서 말하는 불성의 도리라고 하는 것은 불성은 성불

하기 이전에는 구족되는 것이 아니고 성불해야만이 갖추어지는 것이다. 그러므로 불성은 반드시 성불과 동시에 오는 것이다. 우리가 아무리 불성이 있다라고 하더라도 본인이 불성을 체험했을 때 확실히 알 수 있는 것이다. 다시 말하자면 여인이 어머니가 되기 위해서는 자식을 낳아야 어머니가 되는 것이다. 그러므로 어머니와 자식은 동시에 탄생하는 것이다. 이와 같이 불성을 가지고 있다고 할지라도 그 불성이 참된 가치를 발휘하기 위해서는 성불했을 때만 가능한 것이다. 이러한 도리를 깊이깊이 참구하여 공부해야 하며 삼십 년, 이십 년이든 이것을 참학해야 한다. 이러한 깨달음은 十聖三賢이라고 하여 얻을 수 있는 것도 아니다. 오직 선수행을 하였을 때만이 가능한 것이다. 다시 말하자면 앞에서 말한 衆生有佛性과 衆生無佛性이라고 하는 것도 바로 이러한 도리이다. 그러므로 성불한 이후에만이 불성을 구족할 수 있다는 법을 참구해야 한다는 것은 분명한 것이다. 이와 같이 배우지 아니하였고 수행하지 아니하였다면 오늘날까지 정법안장이 전해지지 못했을 것이다. 그러므로 오조홍인대사는 다른 사람에게 영남인무불성이라고 말하였다. 만약 육조혜능이 호남인이라고 할지라도 무불성이라고 하였을 것이다.

여러분들이 처음으로 부처님을 친견하고 부처님의 법문을 들었을 때 그 가르침이 이해하기 어렵고 듣기 어려운 것은 중생이 無佛性이기 때문이다. 그렇다고 하여 선지식을 따르거나, 경전을 보고 그 가르침을 듣고 기쁜 마음이 우러나는 것도 또한 중생이 무불성이기 때문이다. 일체중생이 무불성이라고 하는 것을 우리가 눈으로 보고 귀로 들으며 마음으로 깨닫고 머리로 아는 것이 내 온 몸으로 가득히 느낄 정도로 경험하지 못하는 것은 불성을 아

직까지 확실히 보고 듣고 깨닫고 알지 못했기 때문이다. 육조혜
능대사가 일념으로 부처가 되고자 하였을 때 오조홍인대사는 육
조가 성불하도록 해주기 위하여 올바른 말로 지도하였지 방편을
쓴 것은 아니다. 그 올바른 말이 바로 嶺南人無佛性이라고 하는
것이다. 우리는 바로 알아야 한다. 여기서 무불성이라고 말하는
것이나 들은 것은 바로 성불하도록 가르쳐준 가장 친절한 말임을
알아야 한다. 무불성을 바로 알았을 때 우리는 곧 성불하는 것이
다. 우리가 무불성의 의미를 바로 알지 못했기 때문에 우리들이
아직도 성불하지 못한 것이다.

【 역주 】 11

11. 육조대사가 말하기를,
"사람에게는 남북이 있지만 불성에는 남북이 없다.[人有南北
佛性無南北]37)"라고 했다. 이 말을 참구하여 이 구절에 담긴
뜻을 공부해야 한다. 남북이라고 하는 말을 본심[赤心]으로 돌
이켜 보아야[照顧] 한다. 육조가 말한 이 가르침에 宗旨가 담
겨 있다. 소위 사람은 부처가 되지만 불성은 부처가 되지 못한
다라고 하는 이 말은 단면에 지나지 않는다. 육조는 이것을 이
해한 것인지 아닌지?
사조와 오조가 말씀하신 無佛性이라는 말은 훨씬 더 한계가
있는 역량으로써 한 면을 받아들인 것이고, 迦葉佛38) 및 석가

---

37) 인유남북(人有南北): 『景德傳燈錄』卷3 (大正藏51, 222,c) "於破頭山咸亨中有一
居士 姓盧名慧能 自薪州來參謁師 問曰 汝自何來 曰嶺南 師曰 欲須何事 曰有求作
佛 師曰 嶺南人無佛性 若爲得佛 曰人卽有南北佛性豈然 師知是異人"

모니불 등의 제불은 부처가 된다라고 전법하였으니 悉有佛性
이라고 말하는 역량이 있는 것이다. 悉有의 有를 어찌 無無의
無로 법을 전했을까? 그렇다면 無佛性이라는 말은 멀리 사조
와 오조의 방에서부터 나온 것이다. 만약 이 때에 육조였다면
無佛性의 말을 공부했을 것이다. 有無의 無는 잠시 놓아두고,
    "어떤 것이 불성입니까?"라고 물었을 것이다.
    "무엇이 불성입니까?"라고 물을 것이다. 지금 사람들도 불성
이라고 들으면 다시,
    "무엇이 불성입니까?"라고 묻지 않겠는가. 불성의 有無 등의
뜻을 묻는 것과 같은 것은 너무 성급한 것이다. 그렇다면 諸無
의 無는 無佛性의 無에서 배워야 한다. 육조가 말한 '사람에게
는 남북이 있지만 불성에는 남북이 없다.'는 말을 오랫동안 두
번, 세 번 깊이 참학해야 한다. 진실로 온 힘을 집중하지 않으
면 안 될 것이다. 육조가 말한 '사람에게는 남북이 있지만 불
성에는 남북이 없다.'라는 말을 조용히 참구[拈放]해야 한다.
어리석은 사람들이 생각하기를,
    "사람은 물질로 되어있으므로 남북이 있지만 불성은 虛融하
므로 남북을 논할 수가 없다."라고 육조는 말하지 않았을까라
고 추측하는데, 이는 분별없는 얼간이들이다. 이 삿된 견해를

---

38) 가섭불(迦葉佛): 迦葉은 梵語 Kāśyapa, 巴利語 Kassapa의 音譯으로 迦葉波·
迦攝波이라고도 함. 飮光·護光·大飮光이라 번역하며, 過去七佛의 第六佛이다.
『祖堂集』卷1 (高麗藏45, 234,b) "第六迦葉佛 姓迦葉 婆羅門種 父字阿枝達耶婆
母字壇明越提耶 所治國名婆羅私 偈曰 一切衆生性淸淨 從本無生無可滅 卽此身心
是幻生 幻化之中無罪福"
『景德傳燈錄』卷1 (大正藏51, 205,a) "迦葉佛賢劫第三尊偈曰 一切衆生性淸淨 從
本無生無可滅 卽此身心是幻生 幻化之中無罪福"

버리고 바로 참학[直須勤學]해야 한다.

【 강의 】 11

11. 육조대사가 오조 홍인을 만났을 때, 홍인의 질문에 대하여 육조는 말하기를,

"사람에게는 남북이 있지만 불성에는 남북이 없다.[人有南北 佛性無南北]"라고 했다. 육조가 말한 이 말을 참구하여 여기에 담긴 그 뜻을 공부해야 한다. 여기서 남북이라고 하는 말에 대해서 본심으로 돌이켜 보고 참구해야 한다. 남종선의 모든 종지는 육조의 이 가르침에 담겨 있다. 말하자면 사람은 부처가 될 수 있지만 불성은 본래 불성이므로 부처가 되지 못한다라고 하는 이 말은 육조가 말한 전체 가운데 한 부분에 지나지 않는다. 육조가 말한 이것을 우리는 참으로 이해한 것인지 아닌지 모른다.

사조와 오조가 말씀하신 '無佛性'이라고 하는 말은 육조가 말한 남북의 문제보다도 훨씬 더 한계가 있는 것으로써 한 부분을 나타내고 있으며, 이와 반대로 가섭불 이나 석가모니불 등 모든 부처님들은 무불성이라고 말하기 이전에 사람이 부처가 된다라고 전법하였으니, 이는 바로 일체 중생은 悉有佛性이라고 하는 말에 역점을 둔 것이라고 해야 할 것이다. 다시 말하면 사조나 오조 등의 중국의 조사들은 불성에 역점을 두어 무불성이라고 했지만, 가섭불이나 석가모니불 등의 제불은 중생에 역점을 두어서 실유불성이라고 하였다. 여기서 悉有의 有를 어찌하여 無無의 無로 법을 전하였을까? 이 말은 제불은 悉有의 有로 전하였는데, 중국의 조사들은 절대의 無로 법을 전하였다는 뜻이다. 다시 말하면 절대

의 無나 절대의 有는 둘이 아니라 하나인 것이다. 그러므로 悉有
의 有를 無無의 無로 법을 전한 것이다. 그렇다고 본다면 無佛性
의 문제의 시작은 중국의 사조와 오조에서부터 나온 것이라고 할
수 있다. 만약 사조와 오조 때에 육조가 있었다고 한다면 무불성
의 말을 공부했을 것이다. 육조는 有無의 無에 대해서는 잠시 접
어두고,

"어떤 것이 불성입니까?"라고 물었을 것이다.

다시 말하면,

"불성이 무엇입니까?"라고 물었을 것이다. 이 말은 육조는 오조
에게 불성의 문제보다는 남북의 문제로서 질문했기 때문에 도원
은 이러한 문제를 제기하고 있다. 요즘 사람들도 불성이라고 하
는 말을 듣게 되면,

"무엇이 불성입니까?"라고 묻지, 본질에서 벗어난 남북의 문제
를 가지고 질문하지는 않을 것이다. 불성이 있느냐 없느냐라고
하는 유무로 보는 것은 너무 성급한 일이다. 그렇다면 일체 無의
無는 無佛性의 無에서 배워야 絶對無의 경지에 이를 수 있다. 육
조가 말한 '사람에게는 남북이 있지만 불성에는 남북이 없다.'는
말을 오랫동안 깊이깊이 참학하고 공부해야 한다. 참으로 모든
힘을 다 집중해서 이것을 참학하지 않으면 안 될 것이다. 다시
말하지만 육조가 말한 '사람에게는 남북이 있지만 불성에는 남북
이 없다.'라는 말을 우리는 조용히 참구해야 한다. 그러나 어리석
은 사람들은 생각하기를, '사람에게는 남북이 있지만 불성에는 남
북이 없다.'라고 하는 뜻에 대하여,

"사람은 물질로 이루어져 있으므로 남과 북을 구분하고 있지만
불성은 텅 비어 있으므로 남과 북을 나눌 수 없다."라고 육조는

말하지 않았을까라고 생각하고 있는데, 이와 같은 것은 아무것도 모르는 얼간이들의 짓이다. 이러한 삿된 견해를 버리고 바로 육조가 말한 것을 참학해야 한다.

【 역주 】 12

12. 육조대사가 문인인 行昌[39])에게 보여 말하기를,

"無常은 즉 佛性이다. 有常은 즉 善惡一切諸法의 분별심이 된다."고 하였다.[六祖示門人行昌云　無常者卽佛性也　有常者卽善惡一切諸法分別心也.]

소위 육조가 말한 無常은 外道・二乘 등이 헤아릴 수 없다. 이승・외도 모두가 무상이라고 말하지만, 그들도 궁극적인 것까지는 알지 못한다. 그런데 무상 그 스스로가 무상을 설하고・행하고・증득하는 것은 모두 무상일 것이다. 지금 자신을 나투어서 得度하는 자는 곧 자신을 나투어서 설법하게 되는데(今以現自身得度者卽現自身而爲說法)[40]), 이것이 불성이다. 때로는

---

39) 행창(行昌: 江西志徹): 생몰 연대 미상. 唐代 스님. 육조혜능의 제자. 江西는 주석 산명. 이름은 行昌. 속성은 장씨이며, 강서성 출신이다. 北宗 大通神秀 선사의 문인들이 혜능을 시기하여 행창으로 하여금 혜능을 참살토록 하였으나 오히려 감화를 받고 그의 문하에 들어가 열반의 了義를 깨닫고 志徹이라는 이름을 받았다.
　　『景德傳燈錄』卷5 (大正藏51, 238, c) "江西志徹禪師者江西人也. 姓張氏. 名行昌. 少任俠. 自南北分化. 二宗主雖亡彼我. 而徒侶競起愛憎. 時北宗門人自立秀師爲第六祖. 而忌能大師伝衣爲天下所聞. 然祖是菩薩預知其事. 即置金十兩於方丈. 時行昌秀北宗門人之嘱. 懷刀入祖室將欲加害. 祖舒頸而就."

40) 금이현자신득도자(今以現自身得度者):『妙法蓮華經』卷7 (大正藏9, 57, a-b) "應以自在天身得度者　卽現自在天身而爲說法　應以大自在天身得度者　卽現大自在天身而爲說法　應以天大將軍身得度者　卽現天大將軍身而爲說法…"

長法身[41])으로 나투고, 때로는 短法身으로 나툰다. 常聖도 무상
이며, 常凡도 무상이다. 범부와 성인이 정해져 있는 것은 불성이
아니다. 이것은 小量의 어리석은 견해이며 헤아림의 管見이
다. 佛이란 적은 몸[小量身]이고 性이란 적은 작용[小量作]이
다. 그러므로 육조가 말한 무상은 불성이다.

항상[常]하다는 것은 바뀌지 않는 것이다[未轉]. 바뀌지 않는
다[未轉]라고 하는 것은 예를 들면 능히 끊고 바뀌거나 혹은
자르고 바뀌는 것이고, 짤리고 변화될지라도 반드시 오고 감
의 종적이 남지 않는 것이다. 그러므로 항상(常)이라고 한다.

그러므로 草木叢林이 무상인 것이 바로 불성이다. 人物身心
이 무상인 것이 바로 불성이다. 國土山河가 무상인 것이 바로
불성이다. 阿耨多羅三藐三菩提가 무상인 것이 바로 불성이다.
大般涅槃이 무상이기 때문에 불성인 것이다. 모든 이승의 소견
이나 經論師의 삼장 등도 이 육조스님의 말씀을 듣고 놀라고
두려워할 것이다. 만약 놀라고 두려워하는 사람들은 邪魔・外
道의 부류일 것이다.

【 강의 】 12

12. 육조혜능대사가 門人인 行昌에게 말하기를,
"무상은 즉 불성이다. 유상은 곧 선악일체제법의 분별심이 된
다."라고 하셨다. 이 말은 불성과 무상이 둘이 아니며, 불성은 항

---

41) 혹현장법신(或現長法身): 『嘉泰普燈錄』卷2 (卍續藏137, 57, b) "曰趙州對栢樹 問
如何是長法身 曰拄杖長六尺云如何是短法身 曰算子短三寸云恁麼則法身有二去也
曰更有方圓在…"

상하지 않다는 것이다. 그런데 항상한 것을 추구하는 것은 바로 모든 분별심에서 나온다는 것이다. 여기에 대해 도원은 육조가 말한 무상과 불성에 대하여 재해석하고 있다.

소위 육조가 말한신 무상은 외도나 성문, 연각 등의 이승은 알 수 없다. 그러나 그들도 무상이라고 하는 단어는 사용하고 있다. 그렇지만 육조가 말한 무상은 바로 불성이다라고 하는 그 궁극적인 의미까지는 알지 못한다. 그 무상이 스스로 무상을 설하고 있으며, 무상을 행하고 있으며, 무상을 증득하는 것은 모두가 무상이기 때문이며 모두가 불성이기 때문이다. 『법화경』「보문품」에서 설하고 있는 지금 자신을 나투어서 得度하는 자는 곧 그 자신이 설법하게 된다라고 말하고 있는데, 이것 또한 불성이기 때문이다. 그 불성은 때로는 큰 법신으로 나투기도 하고 때로는 작은 법신으로 나투기도 한다. 그러므로 그것은 성인의 모습으로 나투어도 무상이며, 범부의 모습으로 나투어도 무상인 것이다. 범부와 성인이 정해져 있는 것은 불성이 아니다. 다시 말하자면 범부는 범부로서 영원히 머물러야 하며, 성인은 성인으로 영원히 머물러야 하는 것은 아니다. 그러므로 불성이 무상이기 때문에 범부가 성인이 되고 성인이 부처가 될 수 있는 것이다. 그런데 범부와 성인이 정해져 있다라고 하는 것은 어리석은 생각이며 분별심의 견해이다. 부처라고 하는 것은 작은 몸이며, 불성이라고 하는 것은 작은 작용이다. 이것은 너무나 작고 미약하기 때문에 볼 수도 없고 헤아릴 수도 없는 것이다. 또한 고정된 것도 아니기 때문에 무상이라고 하는 것이며 무상은 곧 불성인 것이다.

그런데 항상하다는 것은 바뀌지 않는다는 것을 뜻하며, 바뀌지 않는다라고 하는 것은 능히 번뇌를 끊고 망상을 자르고 변화시킬

지라도 그 흔적을 남기지 않는 것이다. 그러한 것을 우리는 항상 하다고 한다. 즉 불성이 무상이라고 하는 것은 바로 연기법이기 때문이다. 연기법은 고정불변한 법이 아니므로 무상이며 불성 또한 고정불변한 것이 아니므로 무상이라고 한다. 다시 말하면 연기법은 무상이며 불성이고, 무상은 연기법이며 불성이고, 불성 또한 이와 같다.

그러므로 산천초목이나 모든 나무들 대자연도 바로 무상이며 불성이다. 사람이나 존재들이나 생명체들도 바로 무상이며 불성이다. 산하대지도 바로 무상이며 불성이다. 아뇩다라삼막삼보리 저 깨달음도 바로 무상이며 불성이다. 대반열반에 이르는 것도 바로 무상이며 불성이기 때문이다. 그러므로 이승들이나 經論師들이나 교학을 공부하는 사람들은 이와 같은 육조스님의 말을 듣고 도저히 이해하지 못하고 놀라며 두려워할 뿐이다. 만약 그들이 모든 것은 무상이고 불성이라는 것을 듣고 놀라며 두려워한다면 그들은 외도이며 마군의 부류라고 할 수 있을 것이다.

【 역주 】 13

13. 제14조 龍樹尊者42)는 범어로는 那伽閼剌樹那라고 한다.

---

42) 용수존자(龍樹尊者): 생몰 연대 미상. 범어로는 Nagarjuna, 龍猛 또는 龍勝이라고 함. 남인도 비달바 출신, 서천 부법장 제14조. 처음에는 바라문 교학을 배우고 후에 서북인도에서 대승교학으로 전향함. 만년에 남인도 샤다바하나 왕조의 보호를 받아 크리슈나강 중류의 흑봉산에 머물렀고 나가르쥬나 콘다에서 입적. 저서로는 『中論頌』·『廻靜論』·『六十頌如理論』·『大智度論』·『十住毘婆沙論』 등이 있음. 후세 중국 등의 북방불교에서는 8종의 조사로 존경을 받음.
『景德傳燈錄』卷1 (大正藏 51, 210, a) "第十四祖龍樹尊者 西天竺國人也. 亦名龍

唐에서는 龍樹라고 하며, 또는 龍勝 또는 龍猛이라고도 한다.
서천축국 사람인데 남천축국에 왔다. 이 나라 사람들은 모두
福業을 믿었다. 존자는 대중을 위하여 묘법을 설했다. 이를 들
은 사람들이 여기저기서 서로 말하기를,

"사람에게 복업이 있는 것이 세간에서 제일이라고 한다. 한
갓 불성이라고 말하지만 누가 능히 볼 수 있겠는가?"라고 하
였다. 존자가 이르기를,

"그대들이 불성을 보고자 한다면 먼저 모름지기 아만심을
버려야 한다."고 했다. 그 사람이 말하기를,

"불성이 큽니까 작습니까?"했다. 존자가 이르기를,

"佛性은 크지도 않고 작지도, 않으며 넓지도 않고 좁지도 않
으며, 복도 없고 과보도 없으며, 死도 없고 生도 없다"라고 했
다. 그들은 수승한 말씀을 듣고 모두 초심으로 돌아갔다. 존자
가 다시 자리에 앉으시어 自在身으로 나투시니 둥근달[滿月]과
같았다. 일체 대중들은 오직 法音은 들었으나 존자의 形相은
보지 못하였다. 대중 가운데 장자의 아들인 迦那提婆43)가 있

勝 始於毘羅尊者得法 後至南印度. 彼國之人多信福業. 聞尊者爲說妙法. 遞相謂曰.
人有福業世間第一. 徒言佛信誰能覩之. 尊者曰 汝欲見仏性 先須除我慢. 彼人曰
佛性大小. 尊者曰 非大非小 非廣非狹 無福無報 不死不生. 彼聞理勝悉廻初心. 尊
者復於座上 現自在身 如滿月輪. 一切衆唯聞法音 不覩師相. 彼衆中有長者子. 名
迦那提婆. 謂衆曰 識此相否. 衆曰 目所未覩安能辨識 提婆曰 此是尊者現佛性體相
以示我等. 何以知之. 蓋以. 無相三昧 形如滿月 佛性之義 廓然虛明. 言訖. 輪相卽
隱. 復居本坐 而說偈言 身現圓月相 以表諸佛体 說法無其形 用弁非聲色."
『祖堂集』卷1 (高麗大藏經45, 240, c)

43) 가나제바(迦那提婆): 생몰 연대 미상. 서천 付法藏 제15조. 성은 毘舍羅, 남인
도 출신. 용수의 법을 이어 라후라다에게 전함. 용수와의 첫 대면에서 용수
가 물이 가득 찬 발우를 놓아두고 그의 근기를 시험해 보자, 그가 발우에 바
늘을 던지니 이 기연에 의해 사제는 선뜻 계합함. 또한 범마정덕이라는 장자

었는데 그들은 대중에게 말하기를,

"이 모습이 보이느냐 보이지 않느냐?"고 하였다.

대중들이 말하기를,

"지금 우리들의 눈에는 보이는 바가 없으며, 귀에 들리는 바가 없고, 마음에 아는 바가 없으며, 몸에 머무는 바가 없다."라고 하였다.

제바가 말하기를,

"이것이 바로 尊者께서 佛性의 모습을 나툰 것이며 우리들에게 보인 것이다. 어찌 우리들이 알겠는가. 無相三昧의 모습은 滿月과 같은데 이것이 불성의 뜻이며 확연하여 텅 빈 밝음이다."라고 하였다.

말을 마치고 모습을 감추고 다시 본래자리에 돌아와 게송을 말하였다.

몸은 둥근 달과 같이 나투니,

의 집 정원에 난 버섯의 예를 들어 출가하고도 도리에 통달하지 못하면 반드시 공양 받은 빚을 갚게 된다는 법어를 범마정덕의 아들인 라후라다에게 설함. 나무 버섯을 예로 든 인과의 설법은 선가에 널리 알려져 『임제록』示衆 등에도 인용되고 있음. 『전등록』卷2에서는 그의 입적 연도를 前漢 文帝 19년 (BC 161)으로 적고 있어 중관파 성제파의 생몰연대와는 다소 차이가 있음. 전법게는 다음과 같다. "本對傳法人 爲說解脫理 於法實無證 無終復無始"
『景德傳燈錄』卷2 (大正藏 51, 211, b) "第十五祖 迦那提婆者. 南天竺國人也. 姓 毘舍羅. 初求福業兼樂辯論. 後謁龍樹大士將及門. 龍樹知是智人. 先遣侍者. 以滿 鉢水置於坐前. 尊者覩祉卽以一鍼投之而進. 欣然契會. 龍樹卽爲說法. 不起於坐見 月輪相. 唯聞其聲不見其形. 尊者語衆曰. 今此瑞者. 師現佛性表說法非聲色也. 尊 者旣得法. 後至毘羅國. 彼有長者曰梵摩淨德. 一日園樹生大耳如菌. 味甚美. 唯長 者與第二子羅睺羅多取而食之…"
『祖堂集』第1 (高麗藏45, 240, c)

이것은 제불의 본체를 나타내는 것이며,

법을 설함에 형체가 없으니,

用辨은 소리나 색이 아니니라.

[身現圓月相 以表諸佛体 說法無其形 用弁非聲色]

【 강의 】 13

13. 제14조인 용수존자는 범어로는 那伽閼刺樹那라고 하며, 한문으로는 龍樹·龍勝·龍猛이라고도 한다. 그는 본래 서인도의 비달바 출신인데 남인도로 갔다. 그런데 일반적으로 용수는 남인도 사람으로 알려져 있다. 그가 남인도에 갔을 때, 그 지방의 사람들은 모두 福에 대한 믿음을 가지고 있었다. 그들에게 용수보살은 대승의 묘법을 설했다. 이를 들은 남인도 사람들은 여기저기서 서로 말하기를,

"사람에게는 복 많은 사람이 이 세상에서 제일이라고 하는데, 지금 용수존자는 불성이라고 말하지만 누가 그 불성을 본 사람이 있느냐?"라고 반문하여 물었다.

그러자 존자는 말하기를,

"만약 그대들이 불성을 보고자 한다면 먼저 모름지기 자신들이 가지고 있는 아만심을 다 버려야 불성을 볼 수 있다."라고 했다.

그러자 남인도 사람들은 말하기를,

"그러면 불성은 큽니까 작습니까?"라고 했다.

존자가 이 말을 듣고,

"불성은 크지도 않고 작지도 않으며, 넓지도 않고 좁지도 않으며, 그 불성에는 복도 없고 또한 과보도 없으며, 그 불성은 죽지

도 않고 태어나지도 않는다."라고 했다.

　이러한 용수보살의 말을 듣고 그들은 모두 초발심으로 돌아가게 되었다.

　용수보살은 다시 법좌에 앉아 자유자재한 몸으로 나투어 둥근 달[滿月]과 같이 되었다. 거기에 모인 대중들은 오직 용수보살의 설법은 들었으나 만월과 같이 된 존자의 모습은 보지 못하였다. 그런데 설법을 듣던 대중 가운데 큰 부자의 아들인 迦那提婆라고 하는 사람이 있었다. 그는 용수보살의 법을 이어 제15조가 되었는데, 그는 한쪽 눈을 신에게 보시한 외눈박이였다. 그는 대승불교에 있어서 용수보살과 함께 中觀學을 일으킨 대표적인 인물이다. 그가 대중에게 말하기를,

　"지금 용수보살의 모습이 보이느냐 보이지 않느냐?"라고 하였다.

　그러자 대중들이 말하기를,

　"지금 우리들의 눈에는 용수보살의 모습은 보이지 않고, 우리 귀에는 그의 설법이 들리지 않으며, 우리들의 마음에는 아는 바가 없고, 몸은 머무는 바가 없다."라고 하였다.

　그러자 제바가 말하기를,

　"이것이 바로 존자가 불성의 모습을 나툰 것이며, 우리들에게 보인 것이다. 불성이란 무상이기 때문에 그 모습을 볼 수도 없고 그 말을 들을 수도 없다. 미혹한 우리들이 그것을 어찌 알 수 있겠는가. 無相三昧의 모습으로 나툰 것이 바로 둥근 달과 같은데 이것이 바로 불성이며 분명히 텅 빈 밝음이다."라고 하였다.

　이러한 말씀을 마치고 용수보살은 무상삼매에서 나와 다시 법좌에 앉아 게송을 읊었다.

내 몸이 둥근 달과 같이 나투니,

이것은 바로 제불의 본체를 나타내는 것이니라.

내가 법을 설한 것은 형체가 없으며,

또한 나는 소리나 모습을 쓰지 않느니라.

【 역주 】 14

14. 眞箇의 用弁은 소리와 색으로 나타나지 않음을 알아야 한다. 眞箇의 설법은 형상이 없는 것이다. 존자는 일찍이 널리 불성을 설함에 있어서 가히 헤아릴 수 없을 정도로 많이 설했다. 지금 잠시 한 가지를 가지고 간단하게 예를 들고자 한다. 네가 만약 불성을 보고자[見佛性] 한다면 모름지기 아만을 없애야 한다. 이 가르침의 宗旨를 오래도록 참구해야 한다. 見이라고 하는 것은 없는 것이 아니다. 이 見은 아만을 없애는 것이다. 我라는 것도 하나가 아니고 慢도 많은 것이며, 제법도 또한 수많은 차별이 있다. 그렇지만 이 모든 것은 見佛性이며, 눈으로 직접 보는 것[眼見目覩]이다. 불성은 크지도 않고 작지도 않다라고 하는 말을 세상의 일반 범부나 이승에 연관시켜서는 안 된다. 우리들은 한쪽으로 치우치고 완고한[偏枯] 생각으로 불성은 광대하다라고 생각하는데 이것은 잘못된 생각이다. 불성은 크지도 않고 작지도 않다라고 하는 바로 이러한 말에 걸림이 있다는 도리를 지금 들어서 사량해야 한다. 사량한다라고 하는 말을 듣고 그 말을 사량하기 때문이다.

잠시 존자가 말한 偈를 들어보아야 한다.

몸이 圓月相으로 나투는데

제불의 體를 나타낸 것이다.[身現圓月相 以表諸佛體]

이미 모든 제불의 체를 보여준 것은 몸으로 나투었기 때문에 그것은 圓月相이다. 그러므로 일체의 長短과 方圓이 바로 몸이 나툰 것[身現]임을 배워야 한다. 身과 現에 대해서 어두운 것은 원월상만 모르는 것이 아니라 제불의 체도 모르는 것이다. 어리석은 사람은 생각하기를, 존자가 화신으로 나툰 것이 바로 원월상이라고 생각하는데, 이것은 불도를 상승하지 못한 사람들의 삿된 생각이다. 언제 어디서나 몸이 아닌 다른 것으로서 나툴 수 있겠는가. 참으로 알아야 한다. 이때 존자는 높은 자리에 앉아 있을 뿐이다. 지금 身現의 모습은 누구라도 모두 앉아있는 그 모습이다. 여기서 몸이라고 하는 것은 원월상이 나툰 것이다. 身現은 모나거나 둥근 것도 아니고, 있고 없음도 아니며, 숨거나 드러내는 것도 아니고, 팔만사천의 蘊도 아니며, 오직 身現일 뿐이다. 원월상이라고 하는 이 말의 뜻은 어디에 있는가. 미세한 달인가 거친 달인가. 이 身現은 모름지기 아만을 제거하는 것이기 때문에 용수가 아니고 제불의 체이다. 보여주기[以表] 때문에 제불의 체를 투탈하는 것이다. 그러므로 부처님의 주변[佛邊]도 아니다. 불성이 滿月을 닮은 것은 분명할지라도 원월상과 나란하지는 않다. 하물며 用弁도 소리와 색이 아니고, 身現도 色心이 아니며, 蘊·處·界도 아니다. 온·처·계와 비슷하다고 할지라도 以表이며 諸佛體이다. 이것은 설법이며 형상이 없는 것이다. 형상이 없으므로 無相三昧일 때 身現한다. 여기에 모인 일체 대중이 원월상을 본다고 할지라도 눈으로 보이지 않는 것은 說法蘊이 轉機되어 自在身으로 나투므로 소리나 색이 아니다. 卽隱卽現하는

것은 輪相이 나아가고 물러감이다. 다시 座上에서 自在身으로
나투었을 때 일체대중은 법음을 들었을 뿐이지 모습을 본 것
은 아니다.

【 강의 】 14

　14. 진리의 쓰임은 그 모습이 어떤 소리나 물질로써 나타나지
않음을 알아야 한다. 진리의 설법은 바로 형상이 있는 것이 아니
다. 용수보살은 일찍이 불성에 대해서 여러 가지로 수없이 설했
다. 그런데 여기서 용수보살이 불성에 대해서 설한 많은 이야기
가운데 한 가지를 가지고 간단하게 예를 들고자 한다.
　"그대가 만약 불성을 보고자 한다면 모름지기 我慢을 없애야 한
다."라고 하였다. 이러한 용수보살의 가르침을 깊이깊이 참구해야
한다. 여기서 見이라고 하는 것은 보지 않는 것이 아니다. 이 見
은 아만을 없애라는 것인데 아만을 보아야 아만을 없앨 수 있지
않은가. 그렇다고 하여 여기서 我라는 것은 하나만 존재하는 것도
아니고, 慢이라는 것도 수없이 많은 것이며, 없애야 할 것도 천차
만별이다. 이러한 모든 것을 보는 것은 바로 불성을 보는 것이며,
그 불성을 느끼는 것이 아니라 우리의 눈으로 직접 보는 것[眼見
目觀]이다. 불성은 크다고 할 수도 없고 작다고 할 수 없다라고
하는 것은 세상의 일반 범부나 이승과 관련 있는 것은 아니다. 大
乘法이나 禪法을 알았을 때 가능한 것이다. 한편으로 우리들은 한
쪽으로 치우쳐서 완고하게 생각하기를, 불성이라고 하는 것은 광
대무변하다라고 하는데, 이것 또한 잘못된 생각이다. 불성은 크지
도 않고 적지도 않다라고 하는 바로 이러한 말에 또 걸림이 있어

서 거기에 매어서도 안 됨을 알아야 한다. 여기서 용수가 사량한
다는 말을 했는데 그 말을 수없이 생각해야 한다. 즉 그것은 그
말에 매여서는 안 된다는 뜻이다.

다시 한 번 생각하여 용수보살이 설한 게송을 돌이켜보아야
한다.

> 그는 법상에 앉아서 몸을 감추고 둥근 달의 모습으로 나투게
> 되었는데,
> 그것은 바로 제불의 체라고 하였다.

이미 이 게송에서 모든 제불의 체를 보여주기 위해 그는 온 몸
으로 나투었으며, 그것이 둥근 달의 모습으로 나툰 것이다. 둥근
달의 모습에는 길고 짧고 모나고 둥근 것이 없음을 보여준 것이
며, 그 모습이 바로 용수보살이 몸을 나툰 것임을 알아야 한다.
여기서 身과 現에 대해서 알지 못하기 때문에 둥근 달의 모습을
모를 뿐만 아니라 제불의 체도 모르는 것이다. 그런데 어리석은
사람은 생각하기를, 원월상으로 나툰 것이 용수보살의 화신으로
생각하게 되는데 이것은 불도를 바르게 이해하지 못한 삿된 생각
이다. 언제 어디서나 어떠한 모습으로 나투더라도 몸이 아닌 것
이 어디 있겠는가.

참으로 알아야 한다. 이때 용수보살은 오직 높은 자리에 앉아
있었을 뿐이다. 그가 身現한 모습은 다른 사람과 똑같이 앉아 있
는 그 모습일 뿐이다. 여기서 그는 둥근 달의 모습으로 나툰 것
이며, 원월상의 신현은 모나거나 둥근 것도 아니고, 있고 없음도
아니며, 숨거나 드러나는 것도 아니고, 팔만사천 가지의 모습도

아니며, 오직 용수보살이 身現한 것일 뿐이다. 그런데 원월상이라고 하는 이 말의 뜻은 어디에 있는가. 그 달은 미세한 달인가 거친 달인가. 그가 나툰 모습은 바로 아만을 다 제거한 것이기 때문에 용수의 모습이 아니고 제불의 체이다. 그는 모든 모습을 보여주었기 때문에 제불의 체로 하나가 되었다. 그러므로 부처님의 주위를 맴도는 것이 아니라 부처님 그 자체인 것이다. 불성이 둥근 달을 닮긴 하였지만 원월상과 똑같은 것은 아니다. 그러므로 불성의 활용도 소리나 색으로 나툼도 아니고, 身現도 또한 물질도 마음도 아니며, 오온·십이처·십팔계도 아니다. 온·처·계와 비슷하다고는 할지라도 나툼이며 諸佛의 體이다. 이것은 설법이지만 형상이 없는 것이다. 형상이 없기 때문에 無相三昧로 몸을 나투는 것이다. 용수보살이 설법할 때 모인 일체 대중들이 원월상을 보았다고 할지라도 눈으로 본 것이 아니며 설법을 듣고 그 뜻을 알았다고 할지라도 그것은 자재한 몸으로 나투었기 때문에 소리나 색이 아니다. 마음대로 숨고 마음대로 나투는 것은 달의 모습이 나아가고 물러간 것이다. 다시 座上에서 용수보살이 自在身으로 나투었을 때 일체대중은 용수보살의 설법을 들었을 뿐이지 용수보살의 모습을 본 것은 아니다.

【 역주 】 15

15. 존자의 법제자인 가나제바존자는, 분명히 滿月相에 대해서도 알았고, 圓月相에 대해서도 알았으며, 身現도 알았고, 제불의 性도 알았으며, 제불의 体도 알았다. 入室瀉瓶한 대중들은 많았을지라도 제바와 어깨를 나란히 할 사람은 없었다. 제

바는 半座의 존자이고, 대중의 지도자이며, 부처님과 자리를
함께 나눈 사람이다. 영산회상에서 마하가섭존자의 위치와 같
은 것이다. 용수보살이 불교를 알기 전에 외도의 법을 닦았을
때 제자들이 많았지만 모두 물리쳤다. 용수는 이미 佛祖로 되
었을 때는 오직 제바에게만 법을 부촉하여 正嫡으로 삼았으며
大法眼藏을 바르게 전했다. 이것이 바로 無上佛道의 單傳이다.
그런데 거짓되고 삿된 무리들이 그대로 자칭하기를, 우리들도
용수대사의 법을 이어 받았다고 한다. 그래서 論을 만들기 위
해 뜻을 모아서 용수의 손을 빌렸다고 하지만 용수가 만든 것
은 아니다. 오래 전에 버림받은 무리들이 人天을 현혹시킨다.
불제자들은 오로지 제바의 所傳이 아닌 것은 용수의 도가 아
닌 것을 알아야 한다. 이것이 바로 正信을 얻은 것이라고 할
수 있다. 그런데 거짓인 줄 알면서도 그 법을 받는 사람들이
많다. 대반야를 비방하는 중생들의 행동은 어리석은 것이며,
참으로 슬픈 일이로다.

【 강의 】 15

15. 용수보살의 법을 이은 가나제바존자는 용수보살이 법상에
서 그 모습을 숨기고, 둥근 달의 모습으로 나투었을 때 그는 분
명히 滿月相에 대해서도 알았고, 圓月相에 대해서도 알았고, 그것
이 용수보살의 몸으로 나투었음도 알았고, 제불의 불성임도 알았
으며, 그 만월상이 제불의 체임도 알았다. 용수보살에게는 많은
제자들이 入室을 하여 법을 받았다라고 하는데, 어느 누구라도 제
바와 어깨를 나란히 할 만한 사람은 없었다. 제바는 용수보살의

자리를 半을 차지한 존자이고, 그는 대중의 선지식이었으며, 부처님께서 마하가섭에게 분반좌하였을 때 함께 나란히 앉았던 것과 같은 사람이다. 그러므로 부처님께서 영산회상에서 마하가섭존자에게 전한 법을 받은 것과 같은 위치인 것이다.

용수보살이 불교에 귀의하기 이전에 외도의 법을 닦고 있었을 때 그를 따르던 제자들이 있었지만 그들과 헤어지게 되었다. 그 뒤 용수보살이 불도를 수행한 후 불조의 지위가 되었을 때는 그는 오직 제바에게만 그의 법을 부촉하였으며, 그의 적제자로 삼았다. 그리하여 대법의 정법안장을 제바에게 바르게 전하였다. 이것이 바로 용수가 제바에게 전한 無上佛道의 單傳이다.

그런데 거짓되고 삿된 무리들이 스스로 자칭하기를, '우리들도 용수보살의 법을 이어 받았다.'고 한다. 그들은 이것을 정당화하기 위하여 論을 만들고자 의견을 모았으며, 그들이 만든 논을 가지고 용수보살의 저술이라고 이름을 假託하게 되었다. 그러나 그것은 眞撰이 아니고 僞書인 것이다. 그들은 오래 전부터 버림받은 무리들인데, 이렇게 하여 사람과 하늘을 현혹시키고 있다. 불제자들은 반드시 알아야 한다. 제바존자가 직접 所傳한 것이 아닌 것은 용수보살의 가르침이 아님을 알아야 한다. 용수와 제바로 이어지는 가르침을 바로 아는 것이 올바른 믿음을 얻는 것이라고 할 수 있다. 그런데 용수나 제바의 법이 아닌 줄 알면서도 거짓된 법을 받는 사람들이 많다. 이러한 얘기가 나오게 된 것은 용수보살은 八祖의 조사라고 하기 때문에 여기서는 禪法이외에 다른 법은 용수의 傳法이 아니라고 하는 의미에서 말하고 있다. 용수의 가르침인 대반야를 비방하는 중생들의 행동은 어리석은 것이며, 참으로 슬프고 통탄스러운 일이다.

【 역주 】 16

16. 가나제바존자가 부연해서 용수존자의 身現에 대해서 대중들에게 말하였다.

"이것은 존자께서 불성의 모습을 드러내어 우리들에게 보여주신 것인데 우리들이 어떻게 알 수 있겠는가?[此是尊者現仏性相]44) 대개 無相三昧45)의 형태는 둥근 달과 같으며 佛性의 뜻은 분명히 텅 빈 밝음이다."

지금 천상과 인간, 三千大千法界에 가득 차 있는 불법을 보고 들은 사람들이 있으면 누군가 말해보아라. 現身相이 불성이라고. 삼천대천법계에서는 오직 가나제바존자만이 그렇게 말씀하셨다.

다른 사람들은 오직 불성은 눈으로 보고 귀로 듣고 마음으로 아는 것이 아니라고 말한다. 身現은 불성임을 알지 못하기 때문에 말하지도 못한다. 조사의 가르침이 아니라 할지라도 눈과 귀를 가렸으니 보고 들을 수가 없다. 몸으로 알 수 있는 의식이 없기 때문에 구별할 수가 없다. 無相三昧의 형태가 만월과 같음을 보고 예배할지라도 눈으로 보이지 않는다. 불성의 뜻은 분명히 텅 빈 밝음이다.

그러므로 身現은 說佛性이고, 虛明이며, 廓然이다. 說佛性은 身現이고, 以表諸佛의 體이다. 어찌 한 불, 두 불만이겠는가?

---

44) 차시존자현불성상(此是尊者現佛性相): 『景德傳燈錄』卷2 (大正藏51, 211b) "師現佛性表說法非聲色也"

45) 무상삼매(無相三昧): 차별의 상을 벗어난 삼매 三三昧. 본래의 면목을 실증하고 수행하는 것. 무상은 형태가 없는 것이 아니라, 감각 이전의 본래면목의 실태를 말함.

이 以表를 佛体라고 하지 않겠는가. 佛体는 身現이고 佛性은 身現이다. 四大·五蘊이라고도 말하며, 회득한 불조의 역량도 身現의 순간적인 나툼이다. 모든 諸佛體라고도 하며, 온·처·계도 이와 같다. 일체의 功德이라고 하는 것은 이 공덕이다. 불공덕은 이 身現을 완전히 깨달은 것이다. 一切無量無邊 공덕의 왕래는 이 身現의 한 순간이다.

【 강의 】 16

16. 용수보살께서 佛性體를 滿月로 나투었을 때, 가나제바존자는 龍樹존자가 몸으로 나툰 것에 대해서 대중들에게 부연하여 설명하였다.

"용수보살이 둥근달의 모습으로 나투었는데 이것은 존자의 불성을 드러내어 우리들에게 보여 주신 것이지만 우리들은 이것을 알지 못하고 있다. 그 이유는 無相三昧의 모습은 둥근 달과 같으며 佛性은 명명백백한 것이다."

이에 대해서 도원선사는 말하기를,

"지금 천상의 사람들이나 지상의 사람이나 三千大千法界에 가득 차 있는 불법의 참모습을 보고들은 사람들이 있으면 말해보아라." 고 하였다. 몸으로 나투는 것이 바로 불성이라고 말할 수 있는 사람은 이 삼천대천법계에 있어서 오직 가나제바존자 뿐이라고 도원스님은 말하였다. 그러나 다른 사람들은 불성이라고 하는 것은 눈으로 볼 수도 없고, 귀로 들을 수도 없으며, 마음으로 인식할 수 없는 것이라고 말한다. 그들은 몸으로 나투는 것이 바로 불성이라고 하는 것을 알지 못하기 때문에 말하지도 못하는 것이다. 일찍이 조사들께서 가르친 말씀이 아니라 할지라도 세상 사람들은 눈과 귀를 가리고 있으니 어찌 보고 들을 수가 있겠는가. 그들은 몸으로 생각조차 할 수 없기 때문에 참다운 불성을 분별할 수도 없다. 無相三昧의 모습은 둥근달과 같아서 그것을 보고 예배할지라도 그 모습은 눈으로 보이지 않는다. 왜냐하면 불성의 뜻은 분명히 텅 빈 밝음임이 명명백백하기 때문이다.

그러므로 몸을 나투는 것은 바로 불성을 설하는 것이고, 밝음이며, 텅 빔이다. 불성을 설하는 것은 바로 몸으로 나투는 것이고 제불의 체를 나타내는 것이다. 따라서 이러한 것이 어찌 한 불, 두 불만으로 나투는 것이겠는가? 그 모습을 어찌 부처의 본체라고 하지 않겠는가. 佛体는 바로 모습으로 나툼이고, 불성 또한 몸으로 나툼이다. 그것을 가지고 지·수·화·풍의 사대라고도 하며 색·수·상·행·식의 오온이라고도 말한다. 그러므로 부처나 조사가 성취한 무량한 공덕도 몸으로 나투는 한 순간에 지나지 않는 것이다. 이것을 가지고 모든 제불의 體라고도 하며, 오온·십이처·십팔계라고도 한다. 일체 모든 공덕이라고 하는 것은 바로 이러한 공덕을 말하는 것이다. 부처의 공덕은 몸으로 나투는 것을 완전히 깨닫는 것이다. 그러므로 일체무량무변한 공덕의 왕래도 바로 부처가 몸으로 나툰 한 순간에 지나지 않는다.

【 역주 】 17

17. 그러므로 용수·제바의 師資相承 이후에 삼국의 제방에 있는 前代·後代 혹은 佛學이 있는 인물 중에서 지금까지 용수·제바와 같이 말한 사람은 없었다. 얼마나 많은 經師, 論師등이

佛祖의 가르침을 잘못 알았는가. 大宋國은 예부터 이러한 인연을 그림으로 그리고자 해서 몸에 그리기도 하고, 마음에 그리기도 하며, 허공에 그리기도 하고, 벽에 그리기도 하였지만, 어디까지나 붓으로 그린 것으로서 法座의 위에 거울과 같은 一輪相을 그려서 지금 용수의 身現圓月相이라고 했다. 이미 수백년의 세월이 흘러왔기 때문에 사람들의 눈에 있는 금가루[金屑]46)와 같을지라도 잘못되었다고 하는 사람은 없었다. 애석한 일이다. 萬事가 잘못된 것은 이와 같다. 만약 身現圓月相을 一輪相이라고 이해한다면 이것은 한 장의 그림의 떡과 같을 것이다. 타인을 희롱하는 일이 된다. 우스운 일이로다. 웃어죽을 지경이다.[笑也笑殺人] 슬픈 일이다. 大宋一國의 재가자·출가자 어느 누구도 용수의 말을 듣지도 못하고 알지도 못했다. 제바의 말도 통하지 않고 보지 못한 것이다. 하물며 몸으로 나툼이 얼마나 친절한 일인가. 둥근 달이 어두워졌고 만월이 이지러지는구나. 이것이 옛 것을 소홀히 하고 옛 것을 중요하게 여기지 않은 것이다. 古佛·新佛은 모두 참된 身現이며, 그림의 떡을 보는 어리석음을 범하지 말아라. 알아야 한다. 身現圓月相의 모습을 그리려고 한다면 법좌 위의 身現相을 그려야 한다. 揚眉瞬目한 모습을 바로 그려야 한다. 皮·肉·骨·髓의 正法眼藏은 반드시 바르게 앉아야 한다. 破顔微笑해야 하는데 이는 作佛作祖하기 때문이다. 이 그림들 가운데에 지금까지 달의 모습이 아닌 것은 형상도 아니며, 설법도 아니고, 소리도 아니며, 움직임도 없는 것이다. 만약 身現을 그리고자 한다면

---

46) 금설(金屑): 『聯燈會要』卷8 「襄州常侍王公敬」 (卍續藏136, 569,b) "濟云 總教伊成佛作祖去 王云 金屑雖貴 落眼成瞖 濟云 我將謂你是箇俗漢"

원월상을 그려야 한다. 원월상을 그리고자 한다면 원월상을
그려야 한다. 身現은 원월상이기 때문이다. 원월상을 그릴 때
에는 滿月相을 그려서 만월상을 나타내야 한다. 身現을 그리지
않고, 圓月을 그리지 않으며, 만월상을 그리지 않고, 諸佛体를
그리지 않으며, 以表를 체득하지 아니하고, 說法도 그리지 아
니하며, 어디까지 그림의 떡을 그린다. 어디에 쓸 것인가. 급
히 눈으로 보려고 한다면[急著眼看][47] 누가 바로 지금과 같이
배가 불러 배고프지 않겠는가?[直至如今飽不飢][48] 달은 둥근
현상이고, 圓은 신현이다. 圓을 배우고자 한다면 한 푼의 돈으
로 배우려고 하지 말 것이며, 한 개의 떡과 같은 모습이 아니
다. 身相圓月身이니 형상은 만월의 형상과 같다. 한 푼의 돈과
한 개의 떡은 圓으로 배워야 한다.

【 강의 】 17

17. 그러므로 용수보살의 법이 제바존자에게 師資相承된 이후에
인도·중국·한국·일본 등 여러 나라에 불법이 널리 유통되어
많은 사람들이 부처님의 가르침을 배웠지만 지금까지 용수·제바
처럼 불성이 몸으로 나툰 사람은 없었다. 수많은 經師·論師들이
불조의 가르침을 잘못 이해하고 있었는가. 중국 송나라에서는 용

---

47) 급착안간(急著眼看): 『從容庵錄』卷3 「第三十三則三聖金鱗」 (大正藏48, 249,c)
   "浪級初昇 雲雷相送 (恨天不到)騰躍稜稜看大用(速禮三拜) 燒尾分明度禹門(急著眼
   看) 華騰未肯淹鰲甕"

48) 직지여금포불기(直至如今飽不飢): 『天聖廣燈錄』卷13 (卍續藏135, 712,b) "師住
   後上堂示衆云 我在臨濟爺爺處 得半杓 末山孃孃處 得半杓 共成一杓喫了 直至如今
   飽餉餉"

수의 身現의 인연에 대한 것을 그림으로 그리고자 하여 몸에 그리기도 하고, 때로는 마음에 새기기도 하며, 허공에 그리기도 하였고, 벽에 벽화로 그리기도 하였지만, 어디까지나 붓으로써 그림을 그려서 나타내었다. 그 붓으로 그린 그림은 법좌 위에 둥근 거울과 같은 一輪相을 그려두고서 이것이 바로 용수의 身現圓月相이라고 이름붙이기도 했다. 그 그림이 수백 년의 세월이 흘러왔지만 사람들은 눈에 든 금가루[金屑]와 같이 장애물인지도 모르고 그것이 용수의 신현원월상이 아니라고 말한 사람은 없었다.

애석한 일이로다. 모든 것이 잘못된 것이 이와 같거늘, 아무도 잘못을 지적하지 않고 있다. 만약 용수의 신현원월상을 법상 위의 一輪相이라고 이해한다면 이것은 진짜 먹을 수 있는 떡이 아니라 한 장의 그림의 떡과 같을 것이다. 이것을 가지고 용수의 身現이라고 말한다면 다른 사람의 눈을 멀게 하는 일이 되므로 참으로 우스운 일이며 우스워서 죽을 지경이다.[笑也笑殺人]. 슬픈 일이로다. 송나라의 재가자이든 출가자이든 어느 누구도 용수의 말을 듣지도 못하고, 알지도 못하며, 참된 가르침을 바르게 이해한 자는 없었다. 제바의 말도 통하지 않고 보지도 못하는 것이다. 하물며 몸으로 나툰다는 것이 얼마나 친절하게 가르쳐 준 것인가. 그러나 그것은 잘못된 것이다. 그 친절하게 가르친 것이 바로 둥근 달이 어두워졌고, 만월이 이지러지는구나. 이것은 옛 것을 소홀히 한 결과이며 옛 것을 중요하지 않게 여긴 것이다. 옛 부처나 새 부처나 모두 참된 몸으로 나툼이니, 진면목을 보지 못하고 그림의 떡을 보는 어리석음을 범하지 말아야 한다.

우리는 알아야 한다. 신현원월상의 모습을 그리려고 한다면 법좌 위의 몸을 나투는 모습을 그려야 하는 것이다. 그 그림은 눈을 바로 뜨고 분명한 모습을 나타내는 그러한 그림이어야 한다.
온 몸으로 전한 정법안장은 반드시 정좌하고 앉아야 한다. 그 모
습이 훤히 웃는 모습인데, 이는 부처를 만들고 조사를 만드는 표
본이기 때문이다. 이러한 그림들 가운데에 지금까지 달의 모습이
아닌 것들은 모두 身現의 형상도 아니고, 용수의 설법도 아니며,
용수의 가르침도 아니고, 용수의 불성의 움직임도 아닌 것이다.
만약 身現을 그리고자 한다면 반드시 둥근 달의 모습으로 그려야
한다. 身現은 둥근 달의 모습이기 때문이다. 둥근 달의 모습을 그
릴 때에는 滿月相을 그려서 그것이 뚜렷이 나타나도록 해야 한다.
身現도 그리지 아니하고, 圓月을 그리지 않으며, 만월상을 그리지
않고, 제불의 체도 그리지 못한다는 것은 以表를 체득하지 아니하
고는 참된 그림을 그릴 수 없고, 거기에 살아 움직이는 설법도
그릴 수 없으며, 이것은 어디까지나 그림의 떡을 그릴 뿐이다. 이
러한 생명력이 없는 그림의 떡을 어디에 쓸 것인가. 급히 눈으로
보려고 한다면(急著眼看) 우선은 배가 불러서 배고프지 않을 것이
지만 그것은 헛배이다.[直至如今飽不飢] 달은 둥근 현상이며 圓은
바로 몸을 나툰 것이다. 용수의 몸을 나툰 圓을 배우고자 한다면
한 푼의 돈으로 되는 것도 아니고, 한 개의 떡과 같은 것도 아니다.
몸은 둥근 달과 같은 몸이니 형상은 滿月과 같다. 한 푼의 돈과
한 개의 떡은 圓으로 배워야 하므로 모든 것은 圓으로 귀결된다.

【 역주 】 18

18. 나는 운수행각을 할 당시 大宋國에 갔다. 嘉定 16년 癸
未 가을 경에 처음으로 阿育王山 廣利禪寺에 갔다. 서쪽 회랑

벽에 西天東地三十三祖變相을 그린 벽화를 보고 그때 이해하지
못했다. 뒤에 寶慶 元年 乙酉 夏安居 때에 다시 한 번 갔는데,
西蜀의 지객을 맡고 있는 成桂와 함께 낭하를 걸어가고 있다가
나는 지객에게 말했다.

"이것은 무슨 變相圖입니까?[這箇是什麽變相]"

知客은 대답하였다,

"용수보살이 몸으로 원월상을 나툰 것입니다.[龍樹身現圓月相]"

말하는 지객의 안색에는 콧구멍이 없는 듯 하였고 목소리에
는 자신감이 없었다. 나는 말했다.

"정말 이것은 한 장의 그림의 떡 같구나[眞箇是一枚畫餠相似]"

그때에 知客이 크게 웃었지만 웃음 속에는 예리한 칼이 없었
고, 그림의 떡을 자를 수 있는 힘도 없었다.[笑裏無刀、破畫餠
不得] 곧 知客과 나는 舍利殿과 六殊勝地 등을 둘러보는 동안
수 차례 얘기를 했지만 의문을 해결하지 못했다. 몸소 설명하
는 승려도 대체로 알지 못했다. 나는 말했다.

"내가 堂頭에게 가서 물어봐야겠다."

그때 堂頭는 大光和尙이었다. 知客은 말하기를,

"그는 콧구멍이 없는 사람으로 대면해도 얻을 것이 없을 것
입니다. 어떻게 알 수 있겠습니까?[他無鼻孔、對不得、如何得
知]"라고 했다. 그래서 대광화상에게 묻지 않았다. 이와 같이
말할 지라도 成桂兄 자신도 알지 못했다. 듣는 사람마다 알지
못했다. 前後의 粥飯頭들도 알지 못했고, 이것을 보고 고치지
않았다. 또 그림으로 그려서는 안 되는 法은 모두 그리지 않아
야 한다. 그림으로 그리려고 한다면 바르게 그려야 한다. 몸으
로 나툰 圓月相이라고 하는 것을 일찍이 그린 사람이 없다.

　　무릇 불성은 지금 생각하고 알며 念하고 깨닫는다[慮知念覺]
라고 하는 견해에서 눈을 뜨지 못했기 때문에 有佛性이라고도
말하고 無佛性이라고도 말하는데, 이것은 깨닫지 못했기 때문
이다. 말이나 학습으로 하는 것이 아니다. 알아야 한다. 이러
한 게으름은 버려야 한다. 제방의 粥飯頭는 모두 불성에 대한
이야기를 일생동안 말하지 않고 죽는 사람도 있다. 어떤 사람
들은 말하기를, 교학자들은 불성에 대해서 논하지만 참선하는
운수납자들은 불성에 대해서 말하지 않는다. 이와 같은 무리
들은 정말 축생과 같은 사람들이다. 이와 같이 말하는 魔黨들
은 우리 佛如來의 道에 섞여 있는가. 聽敎에 佛道가 있는가. 參
禪이라고 하는 것에 佛道가 있는가. 아직까지 청교·참선이라
고 하는 것은 불도에는 없다.

【 강의 】 18

　18. 도원스님이 운수행각을 할 당시 그는 송나라에 유학을 갔
다. 가정 16년(1223) 계미년 가을 경에 阿育王山의 廣利禪寺에 그
는 도착했다. 그가 아육왕산에 갔을 당시에는 서쪽 회랑 벽에 인
도와 중국의 혜능에 이르기까지 西天東地三十三祖의 變相圖가 벽
에 그려져 있는 것을 보게 되었는데, 그는 그때 별다른 의미가
없이 보게 되었고 그 뜻도 알지 못했다. 그러다가 2년 뒤 보경
원년 을유(1225) 하안거 때에 다시 한 번 야육왕산의 광리사에
가게 되었는데, 이때 그는 서촉에서 와서 지객을 맡고 있는 成桂
라고 하는 스님과 함께 여기를 방문하였다. 그는 같이 낭하를 걸
어가고 있다가 이 변상도를 보고는 그 지객에게 물었다.

"이것은 무슨 변상도입니까?[這箇是什麽變相]"

지객은 대답하였다,

"이것은 용수보살이 몸으로 원월상을 나툰 것입니다.[龍樹身現圓月相]"

그런데 그렇게 설명하는 지객의 얼굴에는 그 그림의 의미에 대해서 알고 듯한 모습이 전혀 아니었고 그의 목소리에는 자신감도 없어 보였다. 그래서 도원은 말하기를,

"정말 이것은 한 장의 그림의 떡 같구나.[眞箇是一枚畵餅相似]"라고 하였다.

그러자 이 말을 들은 지객이 크게 웃었는데, 그 웃음 속에는 용수의 원월상에 대해서 알고서 웃는 예리한 지견도 없었고, 그 그림을 부셔버릴 힘도 없어 보였다.[笑裏無刀、破畵餅不得] 그래서 도원은 그 지객과 함께 광리사의 舍利殿과 六殊勝地 등을 둘러보았는데 그 동안에도 수많은 사람들을 만나서 용수의 원월상에 대해서 물어보았지만 그 의문을 해결하지 못했다. 그것에 대해서 안내하는 승려나 설명하는 승려들도 그 뜻은 전혀 알지 못하고 안내만 할 뿐이었다. 그래서 도원은 말했다.

"내가 이 절의 주지인 堂頭에게 가서 물어봐야겠다."

그때 당시의 당두로는 大光和尙이었다. 그런데 이 말을 들은 지객인 성계는 말하기를,

"주지인 대광화상은 콧구멍이 없는 사람처럼 아직 깨닫지 못했기 때문에 도원스님이 그를 만나도 얻을 것이 없을 것입니다. 그런데 그를 만나서 어떻게 용수의 원월상에 대해서 알 수 있겠습니까?[他無鼻孔、對不得、如何得知]"라고 했다. 그래서 대광화상을 만나지 않고 묻지도 않았다. 그러나 이와 같이 말한 成桂 자신도

알지 못하는 것 같았다. 내가 여러 사람들을 만나서 圓月相圖에 대해서 물어보았지만 아무도 알지 못했다. 이렇게 본다면 과거의 역대 주지들도 대중들에게 밥이나 제공해주는 粥飯頭들에 지나지 않았으므로 이 변상도가 있었지만 참뜻을 알지 못했고, 이것을 보고도 고치지 않았다. 하물며 그림으로 그려서는 안 되는 法은 그림으로 그리지 말아야 하는데 그것을 그림으로 그려두었기 때문에 문제가 되는 것이다. 참으로 그림으로 그리려고 한다면 변상도를 바르게 그려야 한다. 용수보살이 몸으로 둥근 달의 모습을 나툰 것에 대해서 올바르게 그린 사람은 지금까지 없었다.

  지금까지 많은 사람들은 불성이라고 하는 것은 우리가 머리로 생각하고 이해하며 念하고 깨닫는 것이라고 하는 생각에서 벗어나지 못했기 때문에 어떤 사람은 불성이 있다라고도 말하고, 어떤 사람은 불성이 없다라고도 말하는데 이것은 불성을 참으로 알지 못했기 때문이다. 불성이라고 하는 것은 말이나 배워서 아는 것이 아니다. 우리는 참으로 알아야 한다. 불성이라고 하는 것을 말로 배워서 알거나 학문을 통해서 알려고 하는 그러한 게으른 태도는 버려야 한다. 제방에 있는 대중들에게 밥이나 제공하는 粥飯頭들은 모두 불성에 대한 이야기를 일생동안 한 마디도 말하지 못하고 죽는 사람들도 있었다. 중국총림에서의 주지의 소임은 대중들을 외호하는 것뿐만 아니라 방장역할도 해야 하기 때문에 깨달은 안목이 없이는 주지를 할 수 없음에도 불구하고 그러한 경지에 이르지 못한 사람이 정치적으로 주지를 했기 때문에 이러한 비판을 하는 것이다. 어떤 사람들은 말하기를, 교학을 하는 사람들은 불성에 대해서 여러 가지 말할 수 있지만 참선하는 운수납자들은 불성에 대해서 말하지 못한다라고도 한다. 이와 같이 말하는 무리들은 정말 축생과 같은 사람들이지 사람이라고 할 수 없다. 이와 같이 말하는 무리들은 불법 중에 마구니요 부처님의 道를 빙자한 마군의 무리들이 아니겠는가. 교학에 불도가 있는가. 參禪에 佛道가 있는가라고 하는 것은 잘못된 것이다. 아직까지 부처님의 가르침에서 청교 즉 교학이나 참선이라고 말하는 것은 불도에 한마디도 없다. 그러므로 참선에만 불도가 있는 것도 아니요 교학에만 불도가 있는 것도 아니다.

【 역주 】 19

19. 杭州 塩官縣의 齋安國師49)는 馬祖門下의 尊宿이다. 인연 있는 대중에게 나타나 일체중생은 불성이 있다라고 하였다. 소위 일체중생이라고 하는 말을 바로 참구해야만 한다. 일체중생이라고 하는 것은 그 業道에 따라서 동일하게 나투는 것이 아니라 그 견해는 가지가지이다. 범부와 외도와 三乘과 五乘 등 여러 가지이다. 지금 불도에서 말하는 일체중생은 유심자가 모두 중생이며 마음이 중생이기 때문이다. 마음이 없는 자도 똑같이 중생이다. 중생이 곧 마음이기 때문이다. 그렇다면 마음은 모두 중생이며 중생은 모두 有佛性이다. 草·木·國

---

49) 제안국사(齋安國師: ?-842): 唐代 스님, 南嶽門下. 염관은 주석지명, 속성은 이씨이며 해문군 출신. 향리의 雲琮에게로 출가하여 南嶽智嚴에게 구족계를 받고 강서성 남강의 마조도일에게 참구하여 그의 법을 이어받음. 절강성 월주 숙산 法樂寺 항주 염관 진국 해창원에 머묾. 悟空大師 서상지탑이라 시호하고 추모의 시를 지음. 신라 범일국사가 염관의 법을 계승함.
『聯燈會要』卷4 (卍續藏經136, 501,a) "杭州塩官齋安國師 海門郡李氏子也 示衆云虛空爲鼓 須彌爲搥甚麼人打得 衆無對南泉云王老師 不打這破鼓"

土도 모두 마음이고 마음이기 때문에 衆生이다. 중생은 모두
有佛性이다. 日·月·星·辰도 마음이며 마음이기 때문에 중생
이고 중생이기 때문에 有佛性이다. 國師께서 말씀하신 有佛性
이라는 것은 이와 같은 것이다. 만약 이와 같지 않다면 불도에
서 말하는 有佛性은 없다. 지금 國師가 말한 宗旨는 오직 일체
중생은 有佛性일 뿐이다. 다시 중생이 없다면 有佛性이 아닌
것이다. 잠시 국사가 말한 것을 들어보자. 일체제불은 불성이
있느냐 없느냐. 이와 같이 묻는 것은 시험하기 위함인 것이다.
일체중생은 바로 불성이라고 말하지 않고, 일체중생은 有佛性
이 있다라고 참학해야 한다. 有佛性의 有는 확실히 탈락해야만
한다. 탈락은 一條鐵[50]이고, 일조철은 鳥道[51]이다. 그렇다면
一切佛性有衆生이다. 이러한 道理는 중생을 설명할 뿐만 아니
라 불성도 설명하는 것이다. 국사가 깨달은 것을 말로써 承當
한 것은 아니라고 할지라도 承當한 시기가 없었던 것은 아니
다. 지금 말한 것은 헛된 宗旨가 없는 것도 아니다. 또 자기가
갖추어 있는 도리는 지금까지 스스로 會得한 것이 아니라고

---

50) 일조철만리일조철(一條鐵萬里一條鐵): 일체평등의 견고한 세계.
『景德傳燈錄』卷20 (大正藏51, 366,b) "師曰石戶非關銷 問如何是石門境 師曰 烏
鳶飛叫頻 曰如何是境中人 師曰 風射舊簾櫳 因般若寺遭焚 有人問曰 旣是般若爲什
麽被火燒 師曰萬里一條鐵"

51) 조도(鳥道): 새가 아니면 통과할 수 없을 만큼 험한 또는 좁은 길.
동산양개가 제창한 학인을 지도하는 세 가지 수단. 三路의 하나로 鳥道는 새
가 날아가듯이 수행자는 자유자재해야 함을 말한다. 나머지는 둘은 玄路와
展手이다.
『筠州洞山悟本禪師語錄』(大正藏47, 511,a-b) "師示衆曰 我有三路接人 鳥道玄路
展手 僧問師尋常敎學人行鳥道 未審如何是鳥道 師曰不逢一人 云如何行 師曰直須
足下無私去 云祇如行鳥道 莫便是本來面目否 師曰闍黎因甚顚倒 云甚麽處是學人顚
倒 師曰若不顚倒 因甚麽却認奴作郞 云如何是本來面目 師曰不行鳥道"

할지라도 四大·五蘊도 있고 皮·肉·骨·髓도 있다. 이와 같은 말도 일생동안 말로 있을 수도 있으며 말에 걸려 世世生生을 지낼 수도 있다.

【 강의 】 19

19. 항주 염관현의 齋安國師는 마조문하에 있어서 장자격에 속하는 존숙이다. 그는 항상 인연 있는 대중에게 말하기를 일체중생은 불성이 있다라고 하였다. 그런데 그가 말한 일체중생이라고 하는 말을 우리는 참구해야 한다. 여기서 일체중생이라고 하는 것은 중생 각각의 업에 따라서 여러 가지로 나투는 것이지 동일한 모습으로 나투는 것이 아니다. 뿐만 아니라 그들의 견해는 가지가지이다. 그들의 모습은 범부와 외도와 삼승과 오승 등 여러 가지 수많은 차별로 나투는 것이다. 지금까지 불도에서 말하는 일체중생이라고 하는 것은 마음이 있는 자들을 말하고, 마음이 있기 때문에 이들을 중생이라고 한다. 마음이 없는 자는 중생이 아니라고 하는 것은 아니다. 마음이 없는 자도 똑같이 중생이라고 하는 것이다. 중생이 곧 마음이기 때문이다. 그렇다고 한다면 마음은 있든 없든 간에 모두가 중생이며, 중생은 모두가 불성이 있는 것이다. 기세간적인 초·목·국토도 모두 마음이고, 마음이 있기 때문에 그것을 우리는 중생이라고 한다. 따라서 중생은 모두가 불성이 있는 것이다. 일·월·성·신도 마음이며 이들에게도 마음이 있기 때문에 중생이라고 하며, 따라서 중생이기 때문에 불성이 있다라고 한다. 다시 말하면 세간과 기세간을 막론하고 모든 것에는 마음이 있는 것이다. 따라서 불성이 있다.

제안국사께서 말씀하신 有佛性이라는 것은 이와 같은 의미이다. 만약 이와 같은 뜻이 아니라고 한다면 불도에서 말하는 유불성은 있을 수 없다. 앞에서 제안국사가 말한 종지는 오직 모든 중생에게는 불성이 있을 뿐이다. 다시 말하면 중생이 없다면 불성도 없는 것이다. 잠깐 제안국사가 말한 것을 들어보고자 한다. 일체제불은 불성이 있는가 없는가라고 물은 것은 상대방을 시험하기 위한 것이다. 그러나 일체중생은 바로 불성이라고는 말하지 않고, 일체중생에게는 불성이 있다라고만 말했다. 이것을 우리는 참학해야 한다. 有佛性의 有는 확실히 버려야만 한다. 버린다는 것은 바로 초월한다는 것이다. 따라서 이것은 일체평등의 견고한 세계에 들어가는 一條鐵이며, 一條鐵은 바로 새가 험난한 길에 구애받지 않고 자유자재로 날아갈 수 있듯이 수행자의 자유자재한 鳥道이다. 그렇게 하였을 때 一切佛性은 바로 有衆生이다. 이와 같이 설명하는 것은 중생에 대한 설명일 뿐만 아니라 바로 불성에 대한 설명이기도 하다. 제안국사께서 깨달은 내용을 말로써 전수한 것이 아니라고 할지라도 그는 깨달음을 전승시킨 것이다. 지금 도원이 말한 것 가운데 제안국사의 宗旨에 어긋나는 것도 없지는 아니하다. 또한 자기 자신에게 갖추어 있는 道理는 자신이 會得하지 못했다고 할지라도 그 깨달음은 사대·오온 속에도 있고 皮·肉·骨·髓 속에도 있다. 지금 도원이 설명한 이와 같은 말도 일생동안 말로도 남아 있을 수도 있으며 말에 걸려 世世生生 윤회를 벗어나지 못하고 지낼 수도 있다.

【 역주 】 20

20. 大潙山 大圓禪師[52])는 어느 때에 대중들에게 말하기를,
"일체중생은 불성이 없다.(一切衆生無佛性)"라고 하셨다. 이
러한 말씀을 듣고 인간계와 천상계 사람 가운데에는 기뻐하는
대근기도 있었으며, 놀라고 의심하는 무리들이 없는 것도 아
니었다. 석존은 '一切衆生悉有佛性'이라고 말씀하셨다. 대위는
'一切衆生無佛性'이라고 말했다. '有'와 '無'의 말의 뜻은 크게
차이가 난다. 어느 말이 맞는가 틀리는가. 그렇지만 '一切衆生
無佛性'만이 佛道의 장점이다. 塩官(齊安國師)의 '有佛性'이라는
말은 부처님과 함께 한 손을 내미는 것과 같다. 이것은 하나의
주장자를 둘이서 들고 있는 것과 같다. 지금 대위는 그렇지 않
다. 한 개의 주장자를 두 사람이 집어 삼켜버린 것과 같다. 게
다가 제안국사는 마조도일의 법제자이고 대위는 마조도일의
법손이다. 그렇지만 법손 대위는 마조의 道보다도 더 크게 깨
쳤으며, 제안국사는 스승 마조의 道보다도 뒤떨어진다. 지금
대위가 말한 이치는 '一切衆生無佛性'이라고 하는 이치가 된다.
아직 격외도리[曠然繩墨外]는 아니다. 자기 집 깊숙이 있던 경
전을 이와 같이 수지했다. 다시 모색해 보자. 일체중생이 어떻
게 하여 불성이 있는가. 만약 불성이 있다면 이는 魔의 무리가
될 것이다. 말하자면 마구니 하나를 데리고 와서 일체중생에

---

52) 대위산대원선사(大潙山大圓禪師): 唐代 스님. 南嶽문하. 복건성 복주 장경(長
慶)출신으로 15세에 출가하여 경·율을 배우고 百丈懷海 문하로 들어가서 법
을 이어 받음. 앙산혜적·향엄지한·연경법단 등 뛰어난 제자들을 배출함.
저술로는 「潙山警策」·「潭州潙山靈祐禪師語錄」이 있음. 『聯燈會要』卷7 「潭州大
潙靈祐禪師」 (卍續藏136, 540.b)

게 뒤집어 놓을 것이다. 불성은 불성이며 중생은 중생이다. 중
생은 본래 불성을 갖추고 있지 않다. 설사 구족해 있다고 할지
라도 불성이 처음부터 있었다고 할 수 없는 종지이다. 예를 들
면 '장공이 술을 마시면 이공이 취한다.[張公喫酒李公醉]'53)라
고 말할 수 없다. 만약 본래 불성이 있었다면 중생이 되지 않
았을 것이다. 이미 중생이라고 한다면 다시 불성은 없다. 백장
선사가 말하기를,

　"일체중생은 불성이 있다.[衆生有佛性]라고 설하여도 비방하
는 것이 되고, 일체중생은 불성이 없다라고 설하여도 또한 비
방하는 것이 되느니라.[衆生無佛性]54)"고 하였다. 그렇다면 '有
佛性'이라고 해도, '無佛性'이라고 해도 모두 비방하는 것이 된
다. 비방이라고 하더라도 말의 뜻은 합당하지 않다. 또한 大潙
와 百丈에게 물어 봐라. "비방이라고 하는 것이 없는 것은 아
니지만 불성은 설할 수가 있느냐, 없느냐?" 만약 설한다고 하
더라도 그것은 說에 집착이 있는 것이고, 설하는 것에 집착한
다면 듣는 것에 집착하는 것과 같다. 대위에게 물어보아야 한
다. 설사 '一切衆生無佛性'이라고 말할지라도 '一切佛性無衆生'
이라고는 말하지 않았다. '一切佛性無佛性'이라고도 말하지 않
았다. 하물며 一切諸佛이 불성이 없다고 하는 것은 꿈에도 보

53) 장공끽주이공취(張公喫酒李公醉):『聯燈會要』卷26 (卍續藏136, 864,b): 장노
　인이 술을 마시면, 이노인이 취함. 상식이나 사량분별을 초월한 깨달음의 자
　재무애한 소식을 비유한 말. 장씨와 이씨는 중국의 가장 흔한 성이다.
　"僧問新年頭還有佛法也無 師云無 僧云日日是好日年年是好年爲甚麽却無 師云張公
　喫酒李公醉 云老老大大龍頭蛇尾 師云明教今日失利"
54) 중생유불성(衆生有佛性):『天聖廣燈錄』卷9 (卍續藏135, 668,a) "百千萬億佛出
　世間如不聞相似亦不依住不聞亦不作不依住知解說他者箇人退不得量數管他不著是
　佛當住世間而不染世間法說佛轉法輪退是謗佛法僧說 佛不轉法輪不退亦是謗不法僧"

지 못한 것이 된다. 다시 보도록 해라.

【 강의 】 20

20. 大潙山 大圓靈祐禪師(771-853)는 어느 날 대중들에게 말하기를,

"일체중생에게는 불성이 없다.(一切衆生無佛性)"라고 하셨다. 영우선사의 이러한 말씀을 듣고 인간계나 천상계 사람들 가운데에 근기가 뛰어난 사람들은 기뻐하기도 하였지만, 근기가 하열한 사람들은 이 말의 뜻이 무엇인지 몰라 놀라고 의심하는 무리들이 많이 있었다. 즉 이 말씀은 석존께서 『열반경』에서, '一切衆生悉有佛性'이라고 말씀하셨는데, 대위선사는 '一切衆生無佛性'이라고 말했기 때문이다. 여기서 석존이 말씀하신 有佛性의 '有'와 대위선사의 無佛性의 '無'의 말에는 그 뜻이 크게 차이가 난다. 이 두 말씀 중에서 어느 말이 맞고 어느 말이 틀리는가라고 분별하는 것은 의미가 없다. 영우선사가 말한 '一切衆生無佛性'도 불도에 있어서는 수승한 점이 된다. 영우선사의 스승인 염관제안국사는 '有佛性'이라고 하는 말은 부처님과 함께 손을 잡는 것과 같다라고 했다. 이 有佛性이라고 하는 말은 예를 들면 한 개의 주장자를 가지고 두 사람이 드는 것과 같다라고 하였다. 그러나 대위영우선사는 無佛性이라고 말하므로 그렇지 않다고 하였다. 이는 마치 한 개의 주장자를 두 사람이 통째로 집어삼켜버린 것과 같다. 이러한 것을 계위로 따진다면 제안국사는 마조도일의 법제자이고 대위는 마조도일의 법손에 해당한다. 다시 말하면 마조도일-제안국사-대위영우로 이어진다. 그렇지만 無佛性이라고 말한 대위는 마조의

손제자 임에도 불구하고 마조의 도보다도 더 크게 깨쳤으며, 염관제안국사는 마조의 도보다도 뒤떨어진다고 할 수 있다. 지금 대위영우가 말한 이치는 '일체중생에게는 불성이 없다'라고 하는 말이 된다. 그렇다고 하여 이것이 선에서 말한 어떤 격외의 도리[曠然繩墨外]는 아니다. 단지 대위영우가 자기 내면 속에 깊숙이 숨겨두었던 깨달음을 이와 같이 드러내었을 뿐이다.

다시 여기에 대해서 살펴보기로 하자. 일체중생이 어떻게 해서 불성이 있는가. 만약 일체중생에게 불성이 있다고 한다면 이는 魔의 무리가 될 것이다. 일체중생에게 불성이 있었다고 한다면 어떻게 중생이 되느냐 하는 것이다. 만약 중생에게 본래 불성이 있었다고 한다면 중생이 될 수 없다는 것이다. 그러므로 이것을 마구니 무리라고 한다. 말하자면 마구니 하나를 데리고 와서 일체중생에게 뒤집어 씌워서 불성이 있다라고 하는 것과 같은 뜻이다. 불성은 불성이며 중생은 중생이지 불성이 중생이 될 수 있다거나 중생이 불성이 될 수 있는 것은 아니다. 따라서 중생에게는 본래 불성을 갖추고 있지 않다는 것이다. 설사 중생에게 불성이 구족해 있다고 할지라도 처음부터 불성이 있었다고는 할 수 없다는 것이 대위영우의 종지이다. 예를 들면 이는 마치 '장공이 술을 마시면 이공이 취한다[張公喫酒李公醉]'라고 말할 수 없는 것이다. 왜냐하면 장공이 마셨는데 이공이 취한다고 한다면 이치에 맞지 않는 이야기이다. 물론 선에서는 이러한 말을 무애자재하게 깨달은 뜻으로 쓰기도 하지만 불성은 부처에게 있고 중생에게는 없다는 것이다. 만약 본래부터 불성이 있었다고 한다면 그것은 부처이지 중생이 아닌 것이다. 이미 중생이라고 한다면 그 중생에게는 다시 불성은 없다.

백장선사가 말하기를 "일체중생은 불성이 있다라고 설하여도 이
것은 부처를 비방하는 것이 되고 衆生에게 佛性이 없다라고 해도
이것 또한 부처를 비방하는 것이 된다."고 하였다. 그렇다면 '有佛
性'이라고 해도, '無佛性'이라고 해도 모두가 부처를 비방하는 것
이 된다. 그 말을 비방이라고 말해도 그것은 옳은 말은 아니다.
설사 이 말을 대위나 백장에게 물어보더라도 "비방이라고 하는 것
이 아닌 것은 아니지만 불성을 설할 수 있느냐, 없느냐?"라는 것
은 또한 다른 문제이다. 만약 불성을 설한다고 하더라도 그것은
설한다는 것에 집착하는 것이고, 설한다는 것에 집착한다면 불성
을 듣는 것에 집착하는 것이 된다. 또한 대위에게 물어본다고 할
지라도 그는 '一切衆生無佛性'이라고 했을 것이다. 그러나 대위는
'一切佛性無衆生'이라고는 말하지 않았을 것이다. 또한 '一切佛性無
佛性'이라고도 말하지 않았을 것이다. 그러면 일체중생에게 불성
이 없다는 것과 일체불성이 중생에게는 없다는 것과 일체불성이
불성에게는 없다는 것은 어떤 말일까? 더 나아가서 일체제불에게
는 불성이 없다고 하는 도리는 꿈에도 보지 못한 것이 될 것이다.
이 점을 다시 참구하도록 해보자.

【 역주 】 21

21. 百丈山 大智禪師가 대중에게 말하였다.
"부처는 最上乘이며, 上上智이며, 이것은 불도가 이 사람을
세운 것이다. 이 사람은 부처이며, 불성이다. 이것은 導師이고
자유자재해서 씀에 있어서 걸림이 없고 걸림 없는 지혜이다.
뒤에 능히 인과를 쓰고 복덕과 지혜에 있어서 자유롭다. 이것

은 차로 만들어 인과를 운반한다. 生하지만 生에 머물지 않고, 죽지만 죽음에 걸림이 없다. 五陰에 처함에 문을 여는 것과 같고, 오음에 걸림이 없다. 가고 머무름에 자유로우며, 나고 듦에 어려움이 없다. 만약 능히 이와 같다면 상하우열[階梯勝劣]을 논할 필요가 없고, 내지 개미의 몸에 이르기까지도 이와 같다면 모두 淨妙國土가 될 것이다. 불가사의한 일이다.”

이것은 백장선사의 가르침이다.

이를테면 오온은 不壞身이다. 지금의 일상생활은[造次] 문이 열려있다. 오음에 걸림이 없다. 생을 얻음에 생에 머무르지 않고, 죽음에도 머무르지 않는다. 쓸데없이 생을 사랑하지도 말라. 함부로 죽음을 두려워하지도 말라. 이미 불성이 있으며, 움직임에 집착하고 싫어함은 외도이다. 눈앞에 있는 여러 가지 인연을 인정하면 씀에 있어 걸림이 없다. 이것이야말로 최상승인 부처이다. 이러한 부처님이 계시는 곳이야말로 淨妙國土이다.

【 강의 】 21

21. 백장산 大智懷海 선사께서 대중에게 말씀하셨다.

“부처는 最上乘이고, 부처는 지혜가운데 가장 높은 上上智이며, 이것은 佛道가 이 사람을 세운 것이다. 이 사람은 부처로서 존재하며, 그는 바로 불성이다. 그는 大導師이고 어디에도 걸림이 없이 자유자재해서 사용함에 있어서 걸림이 없고, 또한 걸림 없는 지혜이다. 그는 능히 인과를 마음대로 쓰고 복덕과 지혜를 씀에 있어서도 자유롭게 할 수 있다. 이것은 車를 만들어 인과를 운반

하는데 사용하기도 한다. 이것은 태어났지만 태어남에 머물지 아니
하고, 죽지만 죽음에도 걸림이 없이 자유자재하다. 색·수·상·
행·식의 오음에 있어서도 자유자재하여 문을 여는 것과 같고 오
음에 걸림이 없어 마음대로 할 수 있다. 또한 가고 머무름에 있
어서 집착함이 없이 자유로우며, 출입에 있어서도 어려움이 없다.
만약 능히 이와 같다면 어찌 상하와 우열을 논할 필요가 있겠는
가, 이러한 자유자재한 것이 개미의 몸에 이르기까지도 이와 같
다면 그것이야말로 부처님의 국토가 될 것이다. 참으로 불가사의
한 일이다."

이것은 백장선사의 가르침이다.

이에 대해 도원은 다시 설명하였다. 이를테면 오온이라고 하는
것은 不壞의 몸이며, 회멸되지 않는 것이다. 지금 우리들의 행·
주·좌·와·어·묵·동·정 간의 일상생활은[造次] 문이 활짝 열
려있다. 그러므로 오음에 걸림이 없다. 생을 얻었으나 생에 머무
르지 않고, 죽음에 임해서도 죽음에 머무르지 않는다. 쓸데없이
생을 사랑해서도 되지 아니하므로 생을 사랑하지 말라. 그렇다고
하여 죽음에 대해서도 두려워할 필요가 없다. 이미 모두에게 불
성이 있으니, 움직임에 집착하고 싫어함이 있다고 한다면 이는
외도의 무리이다. 눈앞에 벌어지고 있는 여러 가지 인연들을 인
정하면 사용함에 있어서 아무런 걸림이 없다. 이렇게 되었을 때
야말로 최상승인 부처이다. 이와 같은 부처님이 계시는 곳이 바
로 淨妙國土인 불국토라고 할 수 있다.

【 역주 】 22

22. 黃檗55)이 남전의 다실에 앉았다. 남전이 황벽에게 묻기를,

"定慧等學이면 분명히 불성을 볼 수 있다고 하는데, 이것은 어떠한 도리입니까?"

황벽이 말하기를,

"12시 중에 한 물건이라도 의지하는 바가 없으면 처음으로 얻을 수 있느니라."

남전이 물었다.

"그것은 長老의 見處는 아니지 않습니까?"

황벽이 대답했다

"천만의 말씀이니라."

남전이 말했다.

"醬水錢은 잠시 접어두고 짚신 값은 누구에게 돌려주어야 하겠습니까?"

황벽이 멈추었다.

소위 定慧等學의 종지는 定學이 慧學을 방해하지 않으면 동 등하게 배우는데서 분명히 불성을 볼 수 있다고 하는 의미는

---

55) 황벽(黃檗, 황벽희운: ?-855)『天聖廣燈錄』卷8 (卍續藏135, 656,a) "黃檗到師 處一日云欲禮拜馬祖去 師云馬祖已遷化也 檗云未審有何言句 師遂擧再參馬祖竪拂 因緣 檗聞?不覺吐舌 師云子已後莫承嗣馬祖去麼 檗云不然今日因師去得見馬祖大機 之用然且不識馬祖若嗣馬祖已後喪我兒孫" 당대스님. 남악(南嶽) 문하. 황벽은 주석 산명. 복건성 복주 민현 출신. 복주의 황벽산에 출가한 후, 강서성 백 장산의 백장 회해의 제자가 되어 그의 현지를 이어받음. 大安寺에 머물며 많 은 제자를 가리치다가 상공 배휴의 청에 응하여 강서성 종릉에 가서 자신의 출가지인 복주 황벽산의 이름을 따서 황벽이라 이름짓고 개조가 됨. 이로부 터 황벽의 문풍이 크게 일어남.

아니고 분명히 불성을 볼 수 있다라고 하면 정혜등학을 배울
수 있다. 이것이 남전이 말한

"이 도리는 어떠한가?"라고 하는 것이다. 예를 들면 분명히
불성을 본다라고 하는 것은 누군가의 짓인가 하는 것과도 같
은 것이다. 佛性等學과 明見佛性과 此理如何라고 하는 말도 이
러한 말이다. 황벽이 말한 12시중에 한 물건도 의지하지 않는
다고 하는 종지는 12시중에 있다고 하더라도 의지하는 바는
아니다. 한 물건에도 의지하지 않는다는 것은 12시중에 있기
때문에 불성을 분명히 보는 것이다. 이 12시중이라고 하는 것
은 어떤 시절에 오는 것도 아니고, 어떤 국토에 오는 것도 아
니다. 지금 말하는 12시라고 하는 것은 인간의 12시인가. 他方
의 12시인가. 白銀世界56)의 12시가 잠깐 온 것인가? 예를 들
면 此土일지라도 他方일지라도 어디에도 의지하지 않는 것이
다. 이미 12시중이다. 어디에도 의지하지 않는 것이다.

"그것은 長老의 見處는 아니지 않습니까?"라고 하는 것은 이
것을 見處라고 말하는 것과 같은 것이다. 長老의 見處라고 하
는 말도 자기에게 돌아가는 것이 아니다. 자기에게 적중한다
라고 할지라도 이것은 황벽이 아니다. 황벽이 아니라고 할지
라도 자기만을 얘기하는 것은 아니다. 長老見處는 모든 사람에
게 다 해당되는 것이다.

---

56) 백은세계(白銀世界): 『景德傳燈錄』卷13 (大正藏51, 305,a) "은 빛 세계의 금
빛 몸이니 유정과 무정이 동일하게 참되다. 밝음과 어둠이 다하여 모두 비치
지 않으니 해가 기운 오후에야 온 몸을 보리라 白銀世界金色身 情與非情共一
眞 明暗盡時俱不照 日輪午後見全身"

【 강의 】 22

22. 어느 날 황벽선사가 남전의 다실을 방문하여 좌정하였다. 이때 남전선사가 황벽에게 묻기를,

"定慧과 慧學을 동등하게 배운다면 분명히 불성을 볼 수 있다고 하는데 이것은 어떠한 도리를 말하는 것입니까?"

황벽이 말하기를,

"하루 종일 한 물건이라도 의지하는 바가 없으면 처음으로 그 도리를 얻을 수 있느니라."

이렇게 말하자 남전이 다시 물었다.

"지금 그렇게 말한 것은 황벽선사의 見處는 아니지 않습니까?"

황벽이 대답했다.

"천만의 말씀이다.(아니야 아니야, 그렇지 않느니라)"

남전이 다시 말했다.

"간장 값은 잠시 놓아두고 짚신 값은 누구에게 돌려주어야 하겠습니까?"

그러자 황벽이 여기에서 문답을 멈추었다.

소위 여기서 말하는 定學과 慧學을 동등하게 배운다라고 하는 가르침은 선정이 지혜를 방해하지 않게 되면 정학과 혜학을 동등하게 공부함으로써 분명히 불성을 볼 수 있다고 하는 의미는 아니다. 이것은 오히려 반대로 분명히 불성을 보았을 때만이 선정과 지혜를 동등하게 배울 수 있다는 것이다. 이것이 바로 남전이 말한 '이 도리는 어떠한 것입니까?'라고 하는 말이다. 다시 말해서 정학과 혜학을 통해서 불성을 분명히 보는 것이 아니라 불성을 분명히 보았을 때만이 정학과 혜학을 참되게 닦을 수 있다는

것이다.

예를 들면 분명히 불성을 본다라고 하는 것은 누군가가 그러한 행위를 하는 것인가라고 하는 것과도 같은 것이다. 누가 분명히 불성을 본다는 것인가. 따라서 불성을 동등하게 배운다는 것과 분명히 불성을 본다는 것과 이 도리는 어떠한 것인가라고 하는 말은 모두 같은 것이다. 다시 말하면 정혜를 닦는 것과 불성을 보는 것과 이것은 둘이 아니다. 정혜를 닦아서 불성을 보는 것이 아니라 정혜를 닦는 것이 불성을 보는 것이다.

황벽이 말한 12시중에 한 물건도 의지하지 않는다라고 하는 이 가르침은 하루 종일 12시중에 있다고 하더라도 어디에도 의지하는 것이 아니다. 한 물건에도 의지하지 않는다는 것은 불성은 어디에도 의지하여 존재하는 것이 아니다. 이것을 보았을 때 불성을 분명히 보는 것이 된다. 여기에서 말하는 12시중이라고 하는 것은 현대의 24시가 주야의 하루를 얘기하는 것으로써 어떤 시절에 오는 것도 아니고, 어떤 국토에 해당되는 것도 아니다. 지금 여기서 말하는 12시라고 하는 것은 인간세계의 12시인가, 다른 세계의 12시인가, 혹은 극락세계의 12시인가. 예를 든다면 어느 세계의 12시라고 할지라도 이것은 어디에도 의지하지 않는 것이다. 이 12시는 어느 세계를 지칭한 12시가 아니다. 오직 12시일뿐이다. 어디에도 의지하지 않는 것이다.

"그것은 長老의 見處는 아니지 않습니까?"라고 하는 것은 황벽이 깨달은 바를 말하는 것과 같은 것이다. 그렇다고 하여 장로의 견처라고 말은 할지라도 황벽에게만 해당되는 것은 아니다. 설사 황벽이 깨달았다고 할지라도 이것은 황벽만의 독자적인 것이 아니고 황벽만이 소유하는 전유물도 아니다. 장로견처는 모든 사람,

모든 중생, 모든 조사, 모든 제불보살에게 다 해당되는 것이다.

【 역주 】 23

23. 黃檗이 말한 '不敢57)'이라는 말은 송나라에서 자신에게 있는 능력을 물었을 때에 능력을 능력이라고 말하는 것으로써 불감이라고 한다. 그러므로 불감이라는 말은 불감을 의미하는 것이 아니다. 이 말의 표현이 이것을 말한다고 추측해서는 안 된다. 長老의 見處가 설사 장노라 할지라도, 장로의 견처가 설사 황벽이라 할지라도 말로 할 때는 不敢이라고 할 수 밖에 없었을 것이다. 한 마리 물소가 와서 우는 것과 같다.(一頭水牯牛出來道吽吽)58) 이와 같이 말한 것은 바른 말이다. 이 말의 뜻은 다시 말을 말로써 시험삼아 한 것으로 보아야 할 것이다.

南泉이 말한 '간장 값은 잠시 접어두고 짚신 값은 누구에게 돌려주어야 하겠습니까?'라는 것은 이른바 '간장 값은 잠시 접어두고 짚신 값은 누구에게 주어야 하겠습니까.'라는 이 말의 뜻을 오랫동안 생생(生生59)) 참구해야 한다. 간장 값은 얼마인지에 대해서는 잠시 상관하지 말라고 한 것을 마음으로 열심히 공부[留心勤學]해야 한다. 짚신 값을 왜 걱정해야 하는가?

---

57) 불감(不敢): 천만의 말씀 또는 아니야 아니야 라는 뜻이다. 겸손의 말로써 쓰인다.

58) 일두수고우출래도우우(一頭水牯牛出來道吽吽):『傳燈錄』卷9「潙山章」(大正藏51, 152) "노승이 백년 후에 산 밑에 가서 한 마리 검정암소가 되어 왼쪽 겨드랑 밑에다 위산의 중 아무라 쓰겠는데 老僧百年後向山下作一頭水牯牛 左脇書五字 云潙山僧某甲"

59) 생생(生生): 물건이 끊임없이 생기는 모양

오래도록 行脚하는데 있어서 얼마나 많은 짚신이 떨어지게 했
는가. 지금 말하는 것은 돈을 지불하지 않고는 짚신을 신은 적
이 없다고 하는 것이고, 또 두세 켤레라고도 하는 말이다. 이
것이 앞에서 말한 종지이다.

  황벽은 다시 쉬었고 이것은 쉰 것이다. 확신이 없어서 쉴 수
도 있었고 확신이 없어서 쉬지 않을 수도 있다. 이것이 본래
衲子의 모습이다. 알아라. 침묵 가운데 말이 있으며 웃음 속에
칼[休裏有道 笑裏有刀]이 있는 것과 같다. 이것은 바로 佛性明
見으로 죽도 충분하고 밥도 충분[粥足飯足]60)하여 모든 것이
부족함이 없다는 뜻이다.

【 강의 】 23

23. 앞에서 황벽이 말한 '不敢'이라는 말은 우리나라말로 천만
의 말씀입니다. 아니야 아니야 그렇지 않습니다라는 뜻으로 이
말은 송나라에서는 자신에게 있는 능력을 물었을 때 겸손을 말로
써 사용하는 것을 不敢이라고 한다. 그러므로 不敢이라고 하는 말
은 부정을 뜻하는 말이 아니라 겸손을 뜻하는 말이다. 자기를 긍
정하는 말이기도 하다. 따라서 이 말이 부정을 뜻한다고 추측해
서는 안 된다. 예를 들어 어른이 아랫사람을 칭찬했을 때 천만의
말씀입니다라고 하는 것은 이미 그 능력이 칭찬 속에서 인정되고

---

60) 죽족반족(粥足飯足): 『聯燈會要』卷22 (卍續藏136, 421,a) "師云粥足飯足 僧無
   對洞山代云 粥足飯足" "스승이 이르되 죽족반족이니라, 승이 동산을 대하여
   말없이 이르되 죽족반족". 선원에서 승려들에게 매일 식사를 빼지 않고 공급
   하는 것을 말함 일상다반사의 뜻.

있다. 그러나 칭찬받는 아랫사람은 겸손하게 천만의 말씀입니다
라고 하게 된다. 이러한 말이 長老의 見處가 설사 장로라 할지라
도 불감이라고 말할 것이며, 그 장로의 견처가 황벽이라 할지라
도 그가 말할 때는 불감이라고 할 수 밖에 없었을 것이다. 이것
은 마치 한 마리 물소가 와서 우는 것과 같은[一頭水牯牛出來道吽
吽] 그러한 일상적인 용어라고 해석해야 만이 옳을 것이다. 이 불
감이라고 하는 말의 뜻은 그렇지 않습니다라고 하는 인사치레의
말로써 시험삼아 한 것일 뿐으로만 보아야 할 것이다.

　南泉이 말한 '간장 값은 잠시 접어두고 짚신 값은 누구에게 돌
려주어야 하겠습니까?'라고 하는 것은 이른바 '간장 값에 대해서
는 문제삼지 아니하고 짚신 값은 누구에게 주어야 하겠습니까'라
는 것으로 받아들여야 한다. 이 말에 대해서는 쉽게 해석하려고
하지 말고 오랫동안 생생하게 참구하고 또 참구해야 한다. 여기
서 간장 값이 얼마인지에 대해서는 상관하지 말라고 한 것은 간
장 값 자신에 대해서 상관하지 말라는 것이 아니라 그 말 자체를
열심히 참구하라는 것이다. 그러면 짚신 값은 왜 걱정해야 하는
가? 운수납자가 오랜 세월동안 여기저기 행각하는데 있어서 얼마
나 많은 짚신을 신어야 하며 소비해야 하겠는가. 선지식을 찾아
헤매는 데는 끊임없는 정진과 노력이 필요할 것이다. 지금 남전
이 말한 것은 자신은 돈을 지불하지 않고는 짚신을 신은 적이 없
다고 하는 것이고, 또는 두세 켤레라고 하는 말이기도 하다. 이
말이 바로 앞에서 말한 '간장 값은 잠시 접어두고 짚신 값은 누구
에게 돌려주어야 하겠습니까?'라고 하는 말의 본래의 의미일 것
이다.

　그러자 황벽은 말을 그쳤다. 여기서 쉬었다라고 하는 것은 말의

종지부를 찍었다는 것이다. 그것은 황벽이 자신이 없어서 말을
그칠 수도 있었고, 자신이 없을지라도 말을 쉬지 않고 계속 할
수도 있을 것이다. 이쯤 해서 문답을 멈추는 것이 본래 운수납자
의 모습이다. 우리는 알아야 한다. 말이 없는 침묵 가운데서도 깊
은 말이 있을 수 있으며, 웃는 웃음 속에도 예리한 칼[休裏有道
笑裏有刀]이 있는 것과 같음을. 황벽이 말을 그친데서 찾아야 한
다. 이것이 바로 불성을 보는 도리로 모든 것이 완벽하게 갖추어
져 있다는 뜻이다. 다시 말해서 남전과 황벽의 짧은 문답에서 성
불의 도리는 충분히 설해졌다고 볼 수 있다.

【 역주 】 24

> **24.** 이 인연을 들어서 潙山이 仰山에게 묻기를,
> "이 황벽이 저 南泉의 상대수는 못되지 않느냐.[莫是黃檗搆他
> 南泉不得麼]"[61]고 하였다.
> 앙산이 말하기를,
> "그렇지 않습니다. 황벽에게는 호랑이를 잡는 덫[陷虎之機][62]
> 이 있다는 것을 알아야 합니다.[不然, 須知黃檗有陷虎之機]"라

---

61) 막시황벽구타남천부득마(莫是黃檗搆他南泉不得麼): 『天聖廣燈錄』卷8 (卍續藏135,
   658,b) "潙山後擧此因緣 問仰山 莫是黃檗搆他 南泉不得麼 仰山云不然須知黃檗有
   陷虎之機"

62) 함허지기(陷虎之機): 호랑이를 잡는 덫. 선사가 제자를 양성하기 위해서 사용
   하는 방편을 말한다.
   『從容錄』卷1 (大正藏48, 233,b) "臺山路上有一婆子(傍城庄家夾道免) 凡有僧問
   臺山路向什麼處去(一生行脚去處也不知) 婆云驀直去(未當好心) 僧纔行(著賊也不
   知) 婆云 好箇阿師又恁麼去也(爾早侯白) 僧擧似趙州(人平不語) 州云 待與勘過(水
   平不流) 州亦如前問(陷虎之機) 至來日上堂云 我爲汝勘破婆子了也(我更侯黑)"

고 하였다.

　위산이 말하기를,

"그대가 뛰어난 見處를 얻었구나![子見處得恁麽長]"하였다.

　대위의 말은, 그 당시 황벽은 남전의 상대수가 되지 못한 것이 아닌가라고 말했다.

　앙산은 말하기를,

"황벽은 호랑이를 잡는 덫[陷虎之機]이 있습니다."라고 하였다. 이미 호랑이를 잡았다면 호랑이의 머리를 쓰다듬어야 할 것이다. 호랑이를 잡아서 호랑이를 쓰다듬는 것이 異類中行63)이라면 불성을 분명히 보는 것은 한쪽 눈을 뜨는 것인가. 불성을 분명히 보는 것이 한쪽 눈을 잃는 것인가. 속히 이르고 속히 일러라. 불성의 견처는 이와 같이 훌륭함을 얻는 것이니라. 그러므로 반개이든 전체이든 의지할 곳이 없으며, 백 개든 천 개든 의지할 곳이 없으며, 百時든 千時든 의지할 곳이 없다. 그러므로 말하기를,

"광주리(籮籠)는 한 개이며, 시간은 12시인데 의지하기도 하고 의지하지 아니하기도 하는 것이 마치 등나무가 나무를 의지하는 것과 같느니라. 허공계와 전우주는 말해서 무엇하랴. [籮籠一枚, 時中十二, 依倚不依倚, 如葛藤倚樹. 天中及全天 後頭未有語]64)"라고 한 것이다.

---

63) 이류중행(異類中行): 異類는 인간 이외의 生流를 말하는데, 수행자를 포함한 중생 일반이라고 해석하기도 함. 결국, 異類中行이란 선사가 수행자나 일반인들과 함께 생활하면서 지도교화에 힘쓰는 일이다.

64) 후두미유어(後頭未有語):『天聖廣燈錄』卷8 (卍續藏135, 659,a) "師云 老僧昨日後頭未有語在 作麽生 其僧無語"

【 강의 】 24

24. 앞에서 남전과 황벽의 문답에서 남전이 '간장 값은 잠시 접어두고 짚신 값은 누구에게 돌려주어야 하겠습니까?'하니, 황벽이 '그렇지 않습니다.'라고 하는 인연을 들어서 위산이 제자인 앙산에게 묻기를, '황벽은 사숙인 남전과는 상대수가 되지 못하는 것이 아니냐[莫是黃檗搆他南泉不得麼]'라고 하였다.

그러자 앙산이 말하기를, '그렇지 않습니다. 얼른보면 황벽이 남전보다 훨씬 못한 것 같지만 황벽이 말한 그렇지 않습니다라고 하는 대답에는 호랑이를 잡는 덫[陷虎之機]이 있다는 것을 알아야 합니다.[不然, 須知黃檗有陷虎之機]'라고 하였다.

이 말을 들은 위산은 제자인 앙산에게 말하기를, "그대는 이미 뛰어난 見處를 얻었구나![子見處得恁麼長]"하면서 앙산을 칭찬하였다.

앞에 말을 다시 되새겨 본다면 위산의 말은 그 당시 황벽은 남전의 도에 미치지 못하여 남전의 상대수가 되지 못하는 것이 아닌가라고 말했다. 그러나 위산의 이러한 말에 대해서 제자인 앙산은 말하기를, '황벽은 남전의 상대수가 되지 못하는 것이 아니라 황벽의 대답에는 남전이 갖지 못하는 호랑이를 잡는 덫[陷虎之機]이 있습니다.'라고 하였다. 이 뜻은 남전에게는 중생교화의 방편이 없음에 대하여 황벽에게는 모든 중생을 제도할 수 있는 덫을 가졌다는 것이다. 따라서 황벽이 남전의 상대수가 되지 못하는 것이 아니라 남전보다도 한 수 더 높다라고 앙산은 보고 있었다. 이러한 앙산의 견처에 대하여 위산도 그것을 인정하였다.

이러한 위산과 앙산의 문답에 대하여 도원선사는 평하기를 다음과 같이 하였다. 만약 황벽이 호랑이의 덫을 놓아 호랑이를 잡았다고 한다면 그 호랑이를 길들여서 머리를 쓰다듬어야 할 것이다. 호랑이를 잡아서 호랑이의 머리를 쓰다듬는 것은 바로 호랑이를 교화한 것이라고 할 수 있는데 그러한 경지에 이른 것을 가지고 불성을 분명히 보았다고 하여 견성이라고 한다면 그것은 한쪽 눈을 뜨는 것인가. 아니면 불성을 분명히 보는 것이 한쪽 눈을 잃는 것인가라고 하면서 여기에 대해서 속히 말하고 말해라. 불성의 견처라고 하는 것은 이와 같이 훌륭함을 얻는 것이니라고 하였다. 다시 도원은 그것이 반쪽이든, 전체이든 어디에도 의지할 곳이 없으며, 백 개든 천 개든 간에 또한 의지할 곳이 없으며, 百時 간이든 千時 간이든 그것은 어디에도 의지할 곳이 없다고 하였다.

그러므로 도원은 말하기를,

"삼라만상은 한 개의 대나무 광주리(籮籠)와 같으며, 온 우주의 시간은 12시인데 그것은 의지하기도 하고 의지 아니하기도 하는 것이 마치 등나무가 죽은 고목을 의지하여 하늘을 오르는 것과 같느니라. 삼라만상과 온 우주의 시간이 그럴진대 허공계와 전 우주는 말하여 무엇 하겠느냐.[籮籠一枚, 時中十二, 依倚不依倚, 如葛藤倚樹. 天中及全天 後頭未有語]"라고 하였다.

【 역주 】 25

25. 趙州眞際大師에게 어떤 승려가 와서 묻기를,

"개에게는 또한 불성이 있습니까? 없습니까?[狗子還有佛性也無]65)"

　　이 질문의 뜻을 알아야 한다. 狗子라고 하는 것은 개를 말한
다. 그것은 불성이 있는가라고 하는 물음도 아니고 없는가라
고 하는 물음도 아니다. 이것은 정진을 하는 사람도[鐵漢]66)
도를 배워야하는가라고 묻는 것이다. 잘못하여 毒한 질문에
걸려들어서 원망할지라도 삼십 년67) 후에는 다시 半箇의 聖人
을 만나는 風流이다.

　　조주가 말하기를, '無'라고 했다. 習學하면 方法이 있다. 佛
性을 자칭하는 無도 이와 같은 말이 되는 것이고 狗子를 자칭
하는 無도 이와 같은 말이 되는 것이다. 방관자의 無도 이와
같은 말이 되는 것이다. 그러한 無도 돌을 닳아 없애는데 날이
필요하듯이 참구해야 한다.

　　어떤 승려가 말하기를,

　　"일체중생은 다 불성이 있는데 개에게는 어찌하여 없습니
까?"라고 하였다.

　　이른바 이러한 宗旨는 일체중생이 無라고 한다면 佛性도 無

---

65) 구자환유불성야무(狗子還有佛性也無): 『宏智禪師廣錄』卷2 (大正藏48, 20,a) "擧
僧問趙州. 狗子還有佛性也無. 州云有. 僧云. 旣有. 爲什麼却撞入這箇皮袋. 州云.
爲他知而故犯. 又有僧問. 狗子還有佛性也無. 州云無. 僧云. 一切衆生皆有佛性.
狗子爲什麼却無. 州云. 爲伊有業識在.

66) 철한(鐵漢): 의지가 굳은 남자라는 뜻으로 불도 수행을 잘하는 수행자를 뜻함.
『嘉泰普燈錄』卷22 (卍續藏137, 309,a) "都尉李遵勗居士字用和 探索宗要 有年聞
慈照 所擧因緣 頓明大法 述偈曰 參禪須是鐵漢著手心頭便判直趣無上菩提 一切是
非莫管照詰而印之後作照塔名"

67) 삼십년(三十年): 『景德傳燈錄』卷14 (大正藏51, 316,b) "潼州三平義忠禪師福州人
也. 姓楊氏. 初參石鞏 石鞏常張弓架箭以待學徒 師詣法席 鞏曰看箭 師乃撥開胸云
此是殺人箭 活人箭又作麼生 鞏乃扣弓絃三下 師便作禮 鞏云 三十年一張弓兩隻箭
只謝得半箇聖人 遂拗折弓箭 師後擧似大顚 顚云 旣是活人箭 爲什麼向弓絃上辨 師
無對 顚云 三十年後要人擧此話也難"

이며, 狗子도 無인 것이다. 이 종지는 무엇인가라고 하는 것이다. 狗子의 불성이 어찌하여 無를 의존할 수 있는가.

조주가 말한 "그것은 業識이 있기 때문이다."라고 했다. 이 말의 뜻은 爲他有는 業識이며 업식이 있는 것은 爲他有일지라도 구자의 無는 불성의 無이다. 아직까지 업식은 아직 구자를 만나지 못했으니 구자에게 어찌 불성이 있겠는가. 예컨대 서로 주고받을지라도 또한 업식의 始終(전체)이 된다.

【 강의 】 25

25. 다시 도원선사는 조주선사의 불성에 대한 문제를 제기하였다. 조주진제대사에게 어떤 승려가 와서 묻기를,

"개에게도 불성이 있습니까? 없습니까?"라고 하였다.

이 질문의 뜻에 대해서 도원은 설명하기를 다음과 같이 하였다. "이 질문의 뜻을 잘 알아야 한다. 여기서 狗子라고 하는 것은 다름 아니라 개를 말하고 있다. 이 질문은 불성이 있는가, 없는가 라고 하는 그러한 물음이 아니다. 이것은 올바르게 정진하여 어느 정도 견처를 얻은 鐵漢도 도를 배워야하는 가라고 하는 질문이다. 그러나 이 질문을 접한 사람들은 조주의 지독한 질문에 걸려들어서 앞이 캄캄하고 수많은 방황을 할 것이다. 그러나 그 화두를 가지고 삼십 년 동안 끈질기게 잡고 늘어진다면 마치 석공화상이 30년 동안 빈 활을 잡고 있다가 의충선사를 만난 것과 같이 半사람의 聖人을 만나는 기쁨을 얻을 수 있을 것이다.

조주가 말한 '無'에 대하여 돌을 갈아서 없애듯이 끊임없이 참구하면 거기에는 방법이 나오는 것이다. 여기에서 무라고 하는

것은 佛性을 말하기도 하며 狗子를 말하기도 하는 것이다. 무는 불성에만 해당되는 것이 아니고, 구자에도 해당되고 이 말을 한 조주 역시 무에 해당되는 것이다. 오직 무자만을 들고 돌을 갈아서 없애는데 많은 날짜가 필요하듯이 끊임없이 참구하면 반드시 얻음이 있을 것이다.

다음에 또 어떤 승려가 조주선사를 찾아와서 묻기를, '일체중생은 다 불성이 있다라고 했는데 어찌하여 개에게는 없습니까?'라고 하였다.

여기에서 말한 뜻을 새겨본다면 만약 일체중생을 無라고 한다면 불성도 無이며, 狗子도 無인 것이다. 이 가르침은 과연 무엇인가라고 하는 것이다. 어찌하여 개의 불성만이 無를 의존할 수 있겠는가. 일체중생도 불성도 개도 조주도 전부 무인 것이다. 그런데 조주가 말한 것은 '業識이 있기 때문이다.'라고 했는데 여기에서 말한 뜻은 모든 것은 다른 것을 의지하여 존재하는 爲他有는 모두 업식으로 생긴 것이며, 숙업으로 생긴 존재들은 모두 다른 것을 의지하는 위타유인 것이다. 그러므로 구자의 무는 불성의 무일 수밖에 없다. 왜냐하면 그 업식은 아직도 구자를 만나지 못했으니 개에게 어찌 불성이 있을 수 있겠는가. 예컨대 위타유와 업식이 서로 주고받는다라고 할지라도 그 모든 것은 업식의 덩어리이며, 업식의 전체이다. 그러므로 구자의 불성은 무인 것이다.'

【 역주 】 26

26. 조주에게 어떤 승려가 묻기를,

"개에게도 불성이 있습니까, 없습니까?"[趙州 有僧問 狗子還

有佛性也無]

　　이 질문은 승려는 조주의 도리를 끌어당긴 것이다. 따라서 불성에 대한 말과 물음은 佛祖의 家風에 있어서 늘 있는 일이다. 조주는 '有'라고 하였다.

　　이 有라는 것은 敎家의 論師 등의 有도 아니고, 有部의 論에서 말하는 有도 아니다. 나아가 佛有를 배워야 한다. 佛有는 조주의 有이고, 조주의 有는 狗子의 有이며, 狗子의 有는 佛性의 有이다.

　　승려가 말하기를,

　　"이미 있다라고 한다면 왜 가죽 주머니 속에 들어가 있습니까?[既有爲甚麽却撞入這皮袋]"라고 하였다. 이 승려의 말은 현재에 있는 것인가, 옛날부터 있었던 것인가? 이미 있는 것인가라고 하는 질문이다. 既有는 諸有와 닮은 것이라고 말할지라도 既有는 홀로 분명한 것이다. 既有는 들어가 있는 것인가, 들어가 있지 않은 것인가. 육신 속에 들어가 있는 일상생활을 떠나서 쓸데없이 찾을 공부는 아니다.

【 강의 】 26

　　26. 어떤 승려가 조주에게, '개에게도 불성이 있습니까?'라고 물었을 때 무라고 대답하였다. 그 이튿날 어떤 승려가 조주에게 '개에게도 불성이 있습니까, 없습니까?'라고 물었다. 이 질문에 대하여 이번에는 조주스님은 유라고 대답하였다.

　　지난날의 질문에 대하여 조주가 무라고 대답한 것을 잘 알고 있었던 승려가 다시 조주에게 똑같은 질문을 하였을 때 조주는 그 반대되는 유라는 대답을 한 것이다. 여기에 대한 조주의 대답을 이 승려는 잘 이해하고 있었다. 불성에 대한 질문과 대답은 불교에 있어서 근본적인 문제인데 선종의 가풍은 이것을 늘 문제로 삼고 있다. 따라서 불성이나 부처에 대한 질문과 대답은 항상 있는 일이다. 이에 대하여 조주는 유라고 하였다.

그가 유라고 한 것은 교종의 논사들이 말하는 유·무의 유가 아니고, 또 소승의 설일체유부 등에서 말하는 영원한 존재론적인 유도 아니다. 따라서 우리들은 부처의 존재를 배워야 한다. 부처의 존재는 조주가 말하는 유이고, 조주가 말한 유는 개의 존재이며, 개의 존재는 불성의 존재이다. 그러므로 부처와 조주와 개와 불성은 모두 하나이다. 승려가 말하기를, '이미 있다라고 한다면 왜 그것은 육체 속에 들어가 있습니까?[既有 爲甚麼却撞入這皮袋]'라고 하였다. 여기서 승려가 말한 있다라고 하는 것은 현재에 여기 있는 것인지, 아니면 옛날부터 지금까지 있어왔던 것인지, 이미 있는 것인지에 대한 질문이다. 이미 존재한다는 것은 모든 것에 존재하는 것과 비슷한 것이라고 할지라도 이미 존재한다는 것은 홀로 그것이 분명하게 존재하는 것이다. 이미 존재하였다고 한다면 그것은 육체 속에 들어가 있는 것인가, 들어가 있으면서 존재하는 것인가 아니면 들어가 있지 않으면서 달리 존재하는 것인가. 그런데 불법은 육신 속에 들어가 있는 일상생활의 모든 동작을 떠나서 다른 곳에서 찾아서는 되지 않는다. 일상생활 속에 바로 불법의 참된 도리가 있는 것이다.

【 역주 】 27

27. 조주가 말하길,

"그가 알면서도 짐짓 범했느니라.[爲他知而故犯]"68)라고 하였다.

이 말은 세속적인 말로 오래전부터 세속에 유포되었지만 여기서는 조주의 말이다. 이 말은 알면서도 범했다는 것이다. 이 말에 대해서 의심할 것은 조금도 없다. 지금 한 글자인 '入'字는 밝히기가 어렵지만 入의 이 한 글자도 사용할 필요는 없다[入之一字也不用得]69). 하물며 '암자 속에 죽지 않는 사람을 알고자 한다면, 어찌 지금 이 가죽주머니를 떠나서 있으랴.[欲識庵中不死人]70)"라고 한다. 죽지 않는 사람[不死人]은 설사 누구

---

68) 위타지이고범(爲他知而故犯): 『宏智禪師廣錄』卷2 (大正藏48，20，a) "學僧問趙州. 狗子還有佛性也無. 州云有. 僧云. 既有. 爲什麽却撞入這箇皮袋. 州云. 爲他知而故犯. 又有僧問. 狗子還有佛性也無. 州云無. 僧云. 一切衆生皆有佛性. 狗子爲什麽却無. 州云. 爲伊有業識在.

69) 입지일자야불용득(入之一字也不用得): 『聯燈會要』卷8 (卍續藏136，565，b) 師向陸郞中. 承聞郞中. 看經得悟. 是否. 陸云. 弟子因看涅般經. 有云. 不斷煩惱. 而入涅般. 得箇安樂處. 師豎起拂子云. 只如這箇. 作麽生入. 陸云. 入之一字也不用得. 師云. 入之一字. 不爲郞中. 陸便起去.

70) 욕식암중불사인(欲識庵中不死人): 『景德傳燈錄』卷30 (大正藏51，461，c) "石頭和尙草庵歌.
吾結草庵無寶貝 飯了從容圖睡快. 成時初見茆草新 破後還將茆草蓋.
住庵人鎭常在 不屬中間與內外. 世人住處我不住 世人愛處我不愛.
庵雖小 含法界 方丈老人相體解. 上乘菩薩信無疑 中下聞之必生怪.
問此庵壞不壞 壞與不壞主元在. 不居南北與東西 基址堅牢以爲最.
靑松下 明窓內 玉殿朱樓未爲對. 衲帔幪頭萬事休 此時山僧都不會.
住此庵 休作解 誰誇鋪席圖人買. 迴光返照便歸來 廓達靈根非向背.
遇祖師 親訓誨 結草爲庵莫生退. 百年抛却任縱橫 擺手便行且無罪.
千種言 萬般解 只要教君長不昧. 欲識庵中不死人 豈離而今這皮袋.

라 할지라도 항상 어느 때든지 가죽주머니를 떠나서는 있을
수 없다. 짐짓 범했다[故犯]라고 하는 것은 결코 가죽주머니에
들어있는 것은 아니다. 가죽주머니에 들어있다는 것[撞入]71)은
반드시 알고 있으면서도 짐짓 범한 것이 아니다. 알고 있기 때
문에 짐짓 범한다는 것이다. 알아야 한다. 여기서 짐짓 범한다
[故犯]는 것은 즉 몸의 자유를 얻은 일상생활이 전체에 덮여져
있는 것이다. 이것을 撞入이라고 한다. 몸의 자유를 얻은 일상
생활은 전체를 덮고 있을 때 자기에게도 덮여져 있고, 다른 사
람에게도 덮여져 있다. 이와 같다고 할지라도 지금까지 벗어
나지 못했다고는 말하지 말라. 이 종 같은 놈아[驢前馬後漢]72)

내가 모은 토굴엔 보배가 없어 먹고 나면 잠자는 것 가장 즐겁다.
새로 지었을땐 띠가 새로더니 부서진 뒤에도 띠를 갖다 덮는다.
토굴에 사는 사람 항상 있으니 중간에도 안팎에도 매이지 않았네
세상 사람 머무는 곳 나는 안 살고 세상사람 사랑한 것 사랑치 않네
토굴은 작으나 법계를 머금으니 방장의 노인이나 알 수 있으리
상승의 보살은 의심 없이 믿지만 중등과 하등은 반드시 의심을 한다.
토굴이 무너질까 무너지지 않을까 묻지만 무너지건 말건 간에 원래의 주인
은 항상 있네
남북에도 동서에도 있는 것 아니니 터가 단단함이 가장 알맞네
푸른 솔 밑이요 밝은 창안이니 옥의 대궐과 단청한 누각으론 견줄수 없어라
누더기를 머리까지 덮어쓰면 만사가 그만이니 이 때에 산승은 아무 것도 몰
랐네
이 토굴에 살려면 알음알이를 내지 말라 뉘라서 가게를 벌려 사람을 팔려든가
광채를 돌이키면 곧 돌아오나 툭 트인 영특히 근기는 등지거나 향함이 없다.
조사를 만나면 친히 가르쳐 주나니 띠를 떼어 토굴 모으기를 게을리 말라
백년 동안 버려 두어도 걸림이 없고 손을 털고 떠나간들 죄가 안되네
천가지 말과 만가지 해석은 오직 그대가 영원히 어둡히지 말라는 것뿐이니
토굴 속의 죽지 않는 사람을 알고자 한다면 어찌 지금의 이 가죽주머니를 떠
나서 있으랴."

71) 당입(撞入): 돌입함, 돌입시킴. 『從容錄』卷18 (大正藏48, 233, b) "僧云 既有爲
甚麼 却撞入這箇皮袋"

하물며 雲居高祖73)께서 말한, '설사 불법의 주위에서 배운한다고 할지라도 일찍부터 잘못된 마음을 써왔다.'74). 그러므로 불법을 반 정도 공부할지라도 오래 전부터 잘못된 길을 걸어온 것이 날이 거듭되고 달이 거듭해왔다. 이것은 가죽주머니 속에 들어있는 狗子이다. 또한 알고도 짐짓 범했다고 할지라도 이것은 불성이 있기 때문이다.

【 강의 】 27

27. 어떤 승려가 묻기를, '불성이 있다고 한다면 어찌하여 저러한 가죽주머니 속에 들어가 있습니까.'라고 하니, 조주가 말하길, '그가 알면서도 짐짓 범했느니라.[爲他知而故犯]'라고 하였다. 여기서 짐짓 범했다라고 하는 것은 개에게 불성이 있으면서도 가죽주머니에 들어가 있는 일을 가지고 범했다라고 하는 것이다.

---

72) 여전마후한(驢前馬後漢): 나귀와 말의 전후를 쫓는 사람. 주인에게 딸려있는 종. 『景德傳燈錄』卷12 (大正藏51, 291,C)
　　"師問新到僧。什麽處來。僧瞪目視之。師云。驢前馬後漢。"

73) 운거고조(雲居高祖, 雲居道膺: ?~902): 조동종. 운거는 주석산명, 속성은 왕씨. 유주(幽州, 河北省), 옥전현(玉田縣)출신. 어려서 출가하여 제방을 편력한 다음에, 다음3년 동안 취미무학(翠微無學)에게 참학하고, 다시 동산양개(洞山良价)에게 수학하여 대오함. 운거산에 머물면서 동상의 법도를 선양하여. 비로소 운거파가 조동종 조산 본적의 문류로됨. 天復2년 1월3일 입적.(祖堂集8, 宋高僧傳12, 禪林僧寶傳6, 聯燈會要22, 五燈會元13, 佛祖歷代通載17)
　　『聯燈會要』卷22 (卍續藏136, 796,b)
　　幽州玉田王氏子。謁洞山。山問。汝名甚麽。師云。道膺。洞云。向上更道。師云。若向上道。卽不名道膺。洞云。與吾在雲巖時祇對。無異也。師乃服勤席下

74) たとひ佛法邊事を學得する、はやくこれ錯用心了也;『聯燈會要』卷22 (卍續藏136, 797,a)
　　示衆云。汝等直饒學得佛法邊事。早是錯用心了也。

　이 말은 조주가 처음으로 쓴 말이 아니라 세간에서 오래 전부터 유포되어 온 말이다. 그러나 여기서 범했다라고 하는 것은 조주가 사용한 말이다. 이 말은 가죽주머니인 줄 알면서도 그 속에 들어가는 일을 범했다는 것이다. 조주의 이런 말에 대하여 의심할 것은 조금도 없다. 지금 여기서 말한 가죽주머니에 들어갔다는 말의 한 글자인 ‘入’字는 밝히기가 어렵지만 사실은 이 入자를 쓸 필요조차도 없는 것이다. 이에 대하여 석두화상은 [초암가]에서 ‘암자 속에 죽지 않는 사람을 알고자 한다면, 어찌 지금 이 가죽주머니를 떠나서 있으랴.[欲識庵中不死人　豈離只今這皮袋]’라고 하였다. 그가 말한 죽지 않는 사람[不死人]은 설사 누구라 할지라도 인간의 육신을 떠나서 있을 수 없는 것이다. 즉 살아있는 사람의 영혼이 육신을 떠나서 존재할 수 없는 것이다. 항상 어느 때든지 가죽주머니를 떠나서는 있을 수 없다. 여기서 짐짓 범했다[故犯]라고 하는 것은 가죽주머니에 들어가는 그 자체를 가지고 이야기하는 것은 아니다. 가죽주머니인 육체 속에 들어있다는 것은 알고 있으면서도 사실은 짐짓 범한 것은 아니다. 또한 알고 있기 때문에 그것은 짐짓 범했다는 것이다. 우리는 알아야 한다. 여기서 짐짓 범한다[故犯]는 것은 몸으로부터 대자유를 얻은 것이며, 그것은 일상생활 속에 가득 차 있는 것이다. 이것을 가지고 조주는 撞入이라고 하였다. 깨달음을 얻어 몸의 대자유를 얻었을 때 일상생활 그 자체는 자유로운 생활이며, 모든 것이 다 그 속에 들어있고, 자신도 그 해탈 속에 들어있으며, 다른 사람도 해탈케 하는 것이다. 그러므로 지금까지 벗어나지 못했다고는 말하지 말라. 이 얼간이 같은 종놈아 [驢前馬後漢].

　하물며 『연등회요』의 「雲居章」에서 말씀한 운거의 말씀은, 설사 그대들이 佛法의 주위에서 배운다고 말은 하여 왔지만 그대들은 일찍부터 잘못된 마음을 써왔다[示衆云, 汝等直饒學得佛法邊事, 무是錯用心了也]라고 하였다. 그러므로 우리들은 지금까지 불법을 공부한다고 열심히 하여왔지만, 지금까지 한 것은 처음부터 잘못된 길을 걸어온 것이고, 이것이 날이 가고 달이 갈수록 더욱더 거듭해 왔다. 잘못된 길을 걸어온 우리들은 바로 가죽주머니 속에 들어있는 狗子이다. 또한 알고도 짐짓 가죽주머니 속에 들어가는 잘못을 범했다고 할지라도 이것은 우리들에게 불성이 있기 때문에 그러한 것이다.

【 역주 】 28

28. 長沙景岑和尙의 문하에서 竺尙書가 묻기를,
"지렁이를 두 토막으로 잘랐을 때 양편의 머리가 함께 움직입니다. 그러나 불성이 어느 머리에 있는지 확실하지 않습니다."라고 하였다.

長沙가 말하기를,
"망상을 피우지 말라."라고 하였다.

축상서가 묻기를,
"그러나 움직이는 것을 어찌 합니까."라고 하였다.

장사가 말하기를,
"오직 지수화풍은 흩어지지 않았을 뿐이다."고 하였다.

[蚯蚓斬爲兩端, 兩頭俱動. 未審, 佛性在何那箇頭 莫妄想 爭奈動何 只是風化未散]75)

지금 상서가 말한 지렁이를 두 토막으로 잘랐다[蚯蚓斬爲兩

端]고 하는 것은 자르기 전에 하나라고 결정한 것인가. 불조의 가풍은 항상 그렇지 않느니라. 지렁이는 본래 하나도 아니고, 지렁이는 둘도 아니다. 하나, 둘이라고 하는 말을 공부하고 참학해야 한다. 두 개의 머리가 함께 움직인다[兩頭俱動]라고 하는 두 개의 머리[兩頭]는 자르기 전에는 한 개의 머리라고 한다. 부처마저도 초월한 것[佛向上][76]을 한 개의 머리라고 하고, 두 개의 머리라는 말은 가령 축상서가 이해했거나 이해하지 못했다고 하더라도 관계할 필요는 없다. 그러나 이와 같은 말을 무시해서는 아니 된다. 잘린 두 토막은 한 개의 머리가 있고 다시 한 개의 머리가 따로 있는가. 여기에서 움직인다라고 말하는 것 중에서 함께 움직인다라고 하는 말은 선정으로 번뇌를 흔들어 움직여서 지혜로써 번뇌를 뽑는다[定動智拔]라고 하는 말로써 함께 움직인다라는 뜻이다.

확실하지 않다. 불성이 어느 쪽에 있는지.[未審, 佛性在何那箇頭] 불성이 둘로 잘라졌다.[佛性斬爲兩端], 확실하지 않다[未審]. 지렁이의 어느 쪽에 있는지라고 한다. 이 말을 깊이깊이 새겨봐야 한다. 두 머리가 함께 움직인다. 불성이 어느 쪽에 있는지[佛性在何那箇頭]라고 하는 말은 함께 움직인다면 불성의 소재는 알 수 없다고 하는 것인가. 함께 움직인다면 움직이는 것은 함께 움직인다고 하지만 불성의 소재는 그 속에 어느 쪽에 있는 가라고 하는 것인가.

---

75) 구인참위량단(蚯蚓斬爲兩端): 『景德傳燈錄』(大正藏51, 275,c)

76) 불향상(佛向上): 부처는 수행의 모범, 목표이지만 참 수행은 거기에 집착하지 않고, 부처마저도 수행해야 한다는 뜻.
  『趙州錄 中』"問 如何是佛向上人 師下禪床 上下觀瞻相云 者漢如許長大 截作三橛 也得 問什麼向上向下"

【 강의 】 28

28. 남전보원의 제자인 長沙景岑和尚의 문하에서 어느 날 竺尙書라고 하는 관리가 와서 이와 같이 물었다.

"스님. 지렁이를 만약 두 토막으로 자른다면 두 쪽에 다 머리가 있어서 잘린 상태에서도 서로 움직이고 있습니다. 만약 이때에 그 지렁이의 불성은 어느 머리에 있는지 저로서는 알 수 없습니다."

도원은 이와 같은 질문을 한 사람이 축상서라고 하는 지방 관리로 이야기하였지만 『경덕전등록』에서는 승려라고 되어 있다. 이점에서는 차이가 있는 것으로 보인다.

長沙가 말하기를,

"그대는 망상을 피우지 말게."라고 하였다.

축상서가 묻기를,

"그러나 두 토막이 서로 움직이는 것을 어찌 합니까."라고 하였다.

그러자 장사가 다시 말하기를,

"오직 지렁이의 몸을 이루고 있는 지·수·화·풍이 흩어지지 않았을 뿐이다."고 하였다.[蚯蚓斬爲兩端, 兩頭俱動. 未審, 佛性在何那箇頭 莫妄想 爭奈動何 只是風化未散]

이상과 같은 문답에 대해서 도원은 다음과 같은 견해를 폈다. 지금 축상서가 말한 지렁이를 잘랐다[蚯蚓斬爲兩端]라고 하는 이 문장에 대해 그는 평하기를, 그러면 지렁이를 자르기 전에는 본래 하나로 결정되어 있는 것인가. 그러나 그렇지 않다. 불조의 가풍에는 항상 고정불변하고 변하지 않는 하나만이 있는 것은 아니다. 다시 본다면 지렁이는 본래 하나도 아니었고, 그렇다고 하여 둘도 아니다. 여기서 하나, 둘이라고 하는 분별심을 우리는 잘 알고 공부하고 참학해야 한다. 어찌 지렁이가 둘 뿐이겠는가. 셋으로 자르면 셋이 되고, 넷으로 자르면 넷이 되는 것이다.

두 개의 머리가 함께 움직인다[兩頭俱動]라고 하는 말 가운데서 두 개의 머리[兩頭]라고 하는 말은 다시 말하자면 자르기 전에는 한 개의 머리라고 하는 말과 같은 것이다. 이 한 개, 두 개라고 하는 이러한 말은 부처마저도 다시 참구해야 될 일이며, 축상서가 한 개, 두 개라고 하는 것을 이해하지 못했다고 하더라도 그의 분별심에 대해서 이해를 시키려고 하거나 거기에 너무 집착할 필요는 없다. 그렇다고 하여 그가 질문한 이 말을 완전히 무시하라는 것은 아니다. 그가 말한 분별 망상의 경계를 떠나라는 것이다. 지렁이가 두 토막으로 잘렸다고 해서 본래 머리가 하나인데 둘이 되었다고 하는 그러한 뜻은 아닐 것이다.

여기서 움직인다라고 하는 것은 함께 움직인다라고 하는 말로도 볼 수 있는데 단순히 지렁이가 둘로 나누어져서 두 토막이 함께 움직이는 것만을 의미하는 것이 아니라『열반경』에 나오는 정동지발(定動智拔)을 뜻하고 있다. 『열반경』에서는 "선남자야, 견고한 나무를 뽑을 적에 먼저 손으로 흔들어주고, 나중에 뽑으면 곧 쉽게 빠지는 것처럼, 보살도 또한 선정과 지혜를 함께 움직이면 쉽게 뽑을 수 있는 것이다. 먼저 선정으로 번뇌를 흔들어 두고 나중에 지혜로써 번뇌를 뽑는[定動智拔]것과 같은 것이다."

확실하지 않다. 불성이 어디에 있는지.[未審, 佛性在何那箇頭]라고 하는 말과 불성이 둘로 잘라졌다.[佛性斬爲兩端]라고 하는 말은 지렁이의 어느 쪽에 불성이 있는지 확실하지 않다라는 것이다. 이 말에 대해서 우리는 깊이깊이 새겨봐야 한다.

두 머리가 함께 움직인다. 불성이 어느 쪽에 있는 지[佛性在何

那箇頭]라고 하는 말은 움직이기만 한다면 불성이 있다는 것인가. 함께 움직이면 불성의 소재를 알 수 없다라고 하는 것인가, 여기서 함께 움직인다면 함께 움직이는 것을 가지고 말하지만 그 불성의 소재는 움직이는 그 속에 어느 쪽에 있는 것인가라고 하는 의문을 가지게 될 수 있다.

【 역주 】 29

29. 장사가 말한 '妄想을 하지 말라[莫妄想]'고 하신 그 宗旨는 무엇인가, 망상을 피우지 말라고 한 것이다. 그렇다면 두 개의 머리가 함께 움직인다[兩頭俱動]라고 하는 것에 대해서 망상이 없다는 것인가. 망상이 아니다라고 하는 것인가. 불성에는 망상이 없다는 것인가, 불성도 論하지 아니하고 兩頭도 論하지 않는다. 오직 망상이 없다라고 말하는 것인가. 이들을 모두 참구해야 한다. 움직이는 것을 어떻게 할 것 인가라고 말하는 것은, 움직이는 것은 다시 불성 하나를 중하게 여긴다는 말인가. 움직인다는 것은 불성이 아니라고 하는 말인가.

풍・화가 흩어지지 않았다라고 하는 말[風火未散]은 佛性이 出現했다는 것이다. 佛性이라고 할 것인가. 풍・화라고 할 것인가. 불성과 풍・화가 함께 출현한다라고는 말할 수 없다. 하나가 나투고 하나가 나투지 않는다라고 말할 수 없다. 풍・화가 곧 불성이라고도 말할 수도 없다. 그러므로 장사는 지렁이에게 불성이 있다라고도 말하지 않았고, 지렁이에게 불성이 없다라고도 말하지 않았다. 오직 망상을 피우지 말라고 말하였으며 풍・화가 흩어지지 않았다라고만 말했다. 불성이 살아 움직이는 것은 장사의 말을 기준으로 삼아야 한다. 風火未散이라는 말을 조용히 공부해보아야 한다. 未散이라는 말은 어떤 도리가 있는가. 풍·화의 쌓임으로써 흩어지지 않은 시기를 말해서 未散이라고 할 것인가?

결코 그렇지는 아니할 것이다. 風火未散은 부처님이 법을 설하는 것이고 未散風火는 법이 부처님을 설하는 것이다. 예를 들면 一音의 法[77]을 설하는 시절이 도래하면 설법은 一音이 되며 도래의 시절이 오면 법은 一音이 된다. 一音의 법은 법이기 때문이다. 또 불성은 살아있을 때만 있으며, 죽으면 없어진다라고 생각하는 것은 대단히 少聞薄解한 것이다. 살아 있을 때도 有佛性이고 無佛性이다. 죽었을 때도 有佛性이고 無佛性이다. 풍·화가 흩어지거나 흩어지지 않는다라고 논하는 것은 불성이 흩어졌거나 흩어지지 않은 것을 論하는 것이다. 예를 들면 흩어졌을 때도 불성은 있다라고도 하고, 불성은 없다라고도 한다. 또 흩어지지 않았을 때에도 未散일 때에도 불성이 있기도 하고, 불성이 없기도 하다. 그러므로 불성은 움직이거나 움직이지 않는다고 하거나, 있다거나 없다라고 하거나, 알거나 모른다라고 하거나, 신령스럽다거나 신령스럽지 않다거나, 안다거나 모른다거나, 본성이 있다거나 본성이 없다고 말하는 것은 잘못된 것을 집착하는 외도이다. 無始劫來의 어리석은 사람들은 대부분 識神을 인식하는 것을 불성이라고 하고 本來人이라고도 하였는데 이것은 포복절도할 일이다. 나아가 불성을 말하는 데는 진흙탕에 들어가 물에 빠질 것[拕泥滯水][78]

---

77) 일음(一音):『維摩詰所說經』「佛國品」(大正藏卷38, 380,b) "佛以一音演說 衆生隨類各得解 皆謂世尊同其語 斯則神力不共法"

은 아니지만 牆·壁·瓦·礫이기도 하다. 佛向上의 말이라고
한다면 불성이 아닌 것은 무엇인가. 돌이켜 본다면 三頭·八臂
가 모두 불성이다.

정법안장 불성
인치 2년(1241) 10월 14일
경도 관음도리흥성보림사에서 僧衆에게 보이다

【 강의 】 29

29. 계속하여 도원선사는 장사와 축상서의 대화내용을 평하고
있다. 여기서 장사가 말한 '망상을 일으키지 말라[莫妄想]'고 하신
그 宗旨는 무엇인가 하면 그것은 망상을 피우지 말라고 하는 것
이다. 지렁이의 두 개가 움직인다고 하는 것은 바로 망상에 해당
된다. 그렇다면 두 개의 머리가 함께 움직인다[兩頭俱動]라고 하
는 것에 대해서 망상이 없다라고 하는 것인가. 아니면 그 자체가
망상이 아니다라고 하는 것인가. 또 더 나아가서 불성에는 망상
이 없다라고 하는 것인가, 망상을 피우지 말라고 하는 것은 불성
도 논하지 말고 두토막 난 지렁이의 두 머리에 대해서도 논하지
않는다는 것이다. 그러면서 오직 망상을 피우지 말라 라고 말하
는 것인가. 이 모든 것들을 우리는 참구해야 한다. 다음으로 움직
이는 것을 어떻게 해야 할 것인가라고 말하는 것은, 움직이는 것

---

78) 타니대수(拖泥滯水): 『從容錄』卷48 「79則」 (大正藏 249,b) "又朗州山澧州水.
此語乃拖泥滯水邊事"또 낭주의 산과 풍주의 물이라고 말한 이 말은 남을위해
진흙에 뛰어들고 물을 묻힌다는 拖泥滯水를 가리킨다.

은 불성 그 하나만을 중하게 여긴다는 말인지 움직인다는 것은
불성이 아니라고 말하는 것인지. 불성과 움직이는 것이 다른 것
인지 같은 것인지 여기에 대해서도 우리는 참구해야 한다.

風·火가 흩어지지 않았다라고 하는 말[風火未散]은 불성이 출
현했다는 것일 것이다. 그러면 그 풍·화 자체가 불성이라고 할
것인지. 풍·화라고 할 것인지. 불성과 풍·화가 함께 출현했다라
고 말할 수는 없을 것이다. 그렇다고 하여 불성과 풍·화 중 어
느 하나가 나타나고 하나가 나타나지 않는다라고 말할 수 없을
것이다. 더 나아가서 풍·화가 바로 불성이라고도 말할 수 없을
것이다. 그래서 장사는 지렁이에게 불성이 있다고도 말하지 않았
고, 불성이 없다라고도 말하지 않았다. 축상서는 불성과 지렁이와
두 토막 난 지렁이를 구분해 보았지만 장사는 오직 망상을 피우
지 말라고 말하였을 뿐이며 이 말을 알아듣지 못한 장사가 또 질
문하였을 때 풍·화가 흩어지지 않았다라고만 말했을 뿐이다. 그
러므로 우리들은 불성이 살아 움직이는 것에 대해서 장사가 말한
망상을 피우지 말라고 하는 말에 대해서 공부의 기준을 삼아야
한다. 또 한편 장사의 風火未散이라는 말을 조용히 참구하고 참구
해야 할 것이다. 여기서 말한 흩어지지 않는다라고 하는 말은 어
떤 도리가 있는가. 그것은 지렁이의 몸을 형성하고 있는 지·수
·화·풍 사대의 풍·화의 모임을 얘기한 것인지 흩어지는 시기
를 말해서 未散이라고 하는 것인지 잘 음미해야 한다.

그러나 결코 그렇지는 아니할 것이다. 장사가 말한 風火未散은
부처님께서 法을 설한 것이고 바꾸어 말해서 未散風火 또한 法이
부처님을 설한 것이다. 이러한 것을 예로 든다면 『유마경』에 나
오는 일음연설을 설할 수 있는 시절이 도래하면 그 설법은 바로

一音이 되어서 모든 중생이 알아듣게 되며 또한 중생의 근기가
수승해지는 시절이 도래하면 법은 바로 一音이 되는 것이다. 일음
연설은 법이기 때문이다.

그렇다고 한다면 지렁이가 살아서 꿈틀거릴 때만 불성이 있으
며 지렁이가 죽어서 움직이지 못하면 불성이 없는 것이라고 생각
하는 것은 대단히 옹졸한 생각이다. 불성이라고 하는 것은 살아
있을 때도 유불성이고 무불성이다. 죽었을 때도 유불성이고 무불
성이다. 지·수·풍·화 사대가 흩어지거나 흩어지지 않는다라고
논하는 것은 불성이 흩어졌거나 흩어지지 않는 것을 논하는 것이
다. 다시 말하자면 사대가 흩어지든 흩어지지 않든 여기에는 불
성과는 아무런 상관이 없고 불성이 흩어지든 흩어지지 않든 사대
와는 아무런 상관이 없다. 예를 들면 사대가 흩어졌을 때도 불성
은 있다라고도 하기도 하고, 불성은 없다라고 하기도 한다. 또 사
대가 흩어지지 않았을 때에도 불성이 있다고도 하며 없다고도 하
는 것이다. 따라서 불성은 지렁이가 꿈틀거리거나 꿈틀거리지 않
거나 때에 따라서 불성이 있다거나 없다거나 하지도 아니 하며,
그것이 신령스럽거나 신령스럽지 않다거나, 불성을 안다거나 모
른다거나, 본성의 유무에 대해서도 아무런 상관이 없다. 만약 이
러한 것에 집착하는 것은 잘못된 것이며 외도들의 견해인 것이다.
과거의 많은 어리석은 사람들은 대부분 識神을 인식하는 것이 불
성이라고 했고, 우리의 인식작용을 가지고 그것을 本來人이라고도
하였지만 이것은 포복절도할 정도로 우스운 일이다. 나아가 불성
을 말하기 위해서 진흙탕에 빠져서 물속에 빠질 필요까지는 없지
만, 이 세상에 있는 牆·壁·瓦·礫이나 미물에 이르기까지 불성
아닌 것이 없다. 佛向上이라는 말과 같이 부처님도 다시 수행해야

한다고 말한다면 불성아닌 것이 무엇이 있겠는가. 돌이켜 본다면 불성은 三頭·八臂의 관음보살의 모습으로 나툴 수 있으며, 한 포기의 풀이나 돌로도 그 모습을 나툴 수 있는 것이다. 그러므로 이 세상 모습 모두가 불성 아닌 것이 어디에 있겠는가.

22. 佛性

1. 釈迦牟尼仏言、一切衆生、悉有仏性、如来常住、無有変易。

これ、われらが大師釈尊の師子吼の転法輪なりといへども、一切諸仏、一切祖師の頂顆眼睛なり。参学しきたること、すでに二千一百九十年［当日日本仁治二年辛丑歳］正嫡わづかに五十代［至先師天童浄和尚］、西天二十八代、代代住持しきたり、東地二十三世、世世住持しきたる。十方の仏祖、ともに住持せり。

2. 世尊道の一切衆生、悉有仏性は、その宗旨いかん。是什麼物恁麼来（是れ什麼物か恁麼に来る）の道転法輪なり。あるいは衆生といひ、有情といひ、群生といひ、群類といふ。　悉有の言は衆生なり、群有也。すなはち悉有は仏性なり。悉有の一悉を衆生といふ。正当恁麼時は、衆生の内外すなはち仏性の悉有なり。単伝する皮肉骨髄のみにあらず、汝得吾皮肉骨髄なるがゆゑに。

しるべし、いま仏性に悉有せらるる有は、有無の有にあらず。悉有は仏語なり、仏舌なり。仏祖眼睛なり、衲僧鼻孔なり。悉有の言、さらに始有にあらず、本有にあらず、妙有等にあらず、いはんや縁有妄有ならんや。心境性相等にかかはれず。しかあればすなはち、衆生悉有の依正、しかしながら業増上力にあらず、妄縁起にあらず、法爾にあらず、神通修証にあらず。もし衆生の悉有、それ業増上および縁起法爾等ならんには、諸聖の証道および諸仏の菩提、仏祖の眼睛も、業増上力および縁起法爾なるべし。しかあらざるなり。尽界はすべて客塵なし、直下さらに第二人あらず、直截根源人未識、忙忙業識幾時休（直に根源を截るも未だ識らず、忙忙た

る業識幾時か休せん）なるがゆゑに。妄縁起の有にあらず、徧界不曾蔵のゆゑに。徧界不曾蔵といふは、かならずしも満界是有といふにあらざるなり。徧界我有は外道の邪見なり。本有の有にあらず、亘古亘今のゆゑに。始起の有にあらず、不受一塵のゆゑに。条条の有にあらず、合取のゆゑに。無始有の有にあらず、是什麼物恁麼来のゆゑに。始起有の有にあらず、吾常心是道のゆゑに。まさにしるべし、悉有中に衆生快便難逢なり。悉有を会取することかくのごとくなれば、悉有それ透体脱落なり。

　3．仏性の言をききて、学者おほく先尼外道の我のごとく邪計せり。それ、人にあはず、自己にあはず、師をみざるゆゑなり。いたづらに風火の動著する心意識を仏性の覚知覚了とおもへり。たれかいふし、仏性に覚知覚了ありと。覚者知者はたとひ諸仏なりとも、仏性は覚知覚了にあらざるなり。いはんや諸仏を覚者知者といふ覚知は、なんだちが云云の邪解を覚知とせず、風火の動静を覚知とするにあらず、ただ一両の仏面祖面、これ覚知なり。
　往往に古老先徳、あるいは西天に往還し、あるいは人天を化導する、漢唐より宋朝にいたるまで、稲麻竹葦のごとくなる、おほく風火の動著を仏性の知覚とおもへる、あはれむべし、学道転疎なるによりて、いまの失誤あり。いま仏道の晩学初心、しかあるべからず。たとひ覚知を学習すとも、覚知は動著にあらざるなり。たとひ動著を学習すとも、動著は恁麼にあらざるなり。もし真箇の動著を会取することあらば、真箇の覚知覚了を会取すべきなり。仏之与性、達彼達此（仏と性と、彼に達し、此に達す）なり。仏性かならず悉有なり、悉有は仏性なるがゆゑに。悉有は百雑砕にあらず、悉有は一条鉄にあらず。拈拳頭なるがゆゑに大小にあらず。すでに仏性といふ、諸聖と斉肩なるべからず、仏性と斉肩すべからず。
　ある一類おもはく、仏性は草木の種子のごとし。法雨のうるひしきりにうるほ

すとき、芽茎生長し、枝葉花果もすことあり。果実さらに種子をはらめり。か
くのごとく見解する、凡夫の情量なり。たとひかくのごとく見解すとも、種子およ
び花果、ともに条条の赤心なりと参究すべし。果裏に種子あり、種子みえざ
れども根茎等を生ず。あつめざれどもそこばくの枝条大囲となれる、内外の
論にあらず、古今の時に不空なり。しかあれば、たとひ凡夫の見解に一任
すとも、根茎枝葉みな同生し同死し、同悉有なる仏性なるべし。

　4.　仏言、欲知仏性義、当観時節因縁、時節若至、仏性現前。（仏
性の義を知らんと欲はば、まさに時節の因縁を観ずべし。時節若し至れば、
仏性現前す。）
　いま仏性義をしらんとおもはばといふは、ただ知のみにあらず、行ぜんとおも
はば、証せんとおもはば、とかんとおもはばとも、わすれんとおもはばともいふな
り。かの説、行、証、忘、錯、不錯等も、しかしながら時節の因縁なり。
時節の因縁を観ずるには、時節の因縁をもて観ずるなり、払子拄杖等をもて
相観するなり。さらに有漏智、無漏智、本覚、始覚、無覚、正覚等の智
をもちゐるには観ぜられざるなり。
　当観といふは、能観所観にかかはれず、正観邪観等に準ずべきにあら
ず、これ当観なり。当観なるがゆゑに不自観なり、不他観なり、時節因縁
齾なり、超越因縁なり。仏性齾なり、脱体仏性なり。仏仏齾なり、性性齾
なり。

　5.　時節若至の道を、古今のやから往往におもはく、仏性の現前する時節
の向後にあらんずるをまつなりとおもへり。かくのごとく修行しゆくところに、自然
に仏性現前の時節にあふ。時節いたらざれば、参師問法するにも、弁道
功夫するにも、現前せずといふ。恁麼見取して、いたづらに紅塵にかへり、

むなしく雲漢をまぼる。かくのごとくのたぐひ、おそらくは天然外道の流類なり。
いはゆる欲知仏性義は、たとへば当知仏性義といふなり。当観時節因縁と
いふは、当知時節因縁といふなり。いはゆる仏性をしらんとおもはば、しるべ
し、時節因縁これなり。時節若至といふは、すでに時節いたれり、なにの疑
著すべきところかあらんとなり。疑著時節さもあらばあれ、還我仏性来（我れ
に仏性を還し来れ）なり。しるべし、時節若至は、十二時中不空過なり。
若至は、既至といはんがごとし。尅時節若至すれば、仏性不至なり。しか
あればすなはち、時節すでにいたれば、これ仏性の現前なり。あるいは其理
自彰なり、おほよそ時節の若至せざる時節いまだあらず、仏性の現前せざる
仏性あらざるなり。

6．第十二祖馬鳴尊者、第十三祖のために仏性海をとくにいはく、

山河大地、皆依建立、三昧六通、由茲発現。（山河大地皆依つて建
立し、三昧六通茲に由つて発現す。）

しかあれば、この山河大地、みな仏性海なり。皆依建立といふは、建立
せる正当恁麼時、これ山河大地なり。すでに皆依建立といふ、しるべし、
仏性海のかたちはかくのごとし。さらに内外中間にかかはるべきにあらず。恁
麼ならば、山河をみるは仏性をみるなり、仏性をみるは驢腮馬觜をみるなり。
皆依は全依なり、依全なりと会取し不会取するなり。

三昧六通由茲発現。しるべし、諸三昧の発現来現、おなじく皆依仏性
なり。全六通の由茲不由茲、ともに皆依仏性なり。六神通はただ阿笈摩教
にいふ六神通にあらず。六といふは、前三三後三三を六神通波羅蜜とい
ふ。しかあれば、六神通は明明百草頭、明明仏祖意なりと参究することな
かれ。六神通に滞累せしむといへども、仏性海の朝宗に罣礙するものな
り。

7. 五祖大満禅師、蘄州黄梅人也。無父而生、童児得道、乃栽松道者也。初在蘄州西山栽松、遇四祖出遊。告道者、吾欲伝法与汝、汝已年邁、若待汝再来、吾尚遅汝。（五祖大満禅師は、蘄州黄梅の人なり、父無くして生る、童児にして道を得たり、乃ち栽松道者なり。初め蘄州の西山に在りて松を栽ゑしに、四祖の出遊に遇ふ。道者に告ぐ、吾れ汝に伝法せんと欲へば、汝已に年邁ぎたり。若し汝が再来を待たば、吾れ尚汝を遅つべし。）

師諾。遂往周氏家女托生。因抛濁港中。神物護持、七日不損、因収養矣。至七歳為童児、於黄梅路上逢四祖大医禅師。（師、諾す。遂に周氏家の女に往いて托生す。因みに濁港の中に抛つ。神物護持して七日損せず。因みに収りて養へり。七歳に至るまで童児たり、黄梅路上に四祖大医禅師に逢ふ。）

祖見師、雖是小児、骨相奇秀、異乎常童。（祖、師を見るに、是れ小児なりと雖も、骨相奇秀、常の童に異なり。）

祖見問曰、汝何姓。（汝何なる姓ぞ。）

師答曰、姓即有、不是常姓。（姓は即ち有り、是れ常の姓にあらず。）

祖曰、是何姓。（是れ何なる姓ぞ。）

師答曰、是仏性。（是れ仏性。）

祖曰、汝無仏性。（汝に仏性無し。）

師答曰、仏性空故、所以言無。（仏性空なる故に、所以に無と言ふ。）

祖識其法器、俾為侍者、後付正法眼蔵。居黄梅東山、大振玄風。（祖、其の法器なるを識つて、侍者たらしめて、後に正法眼蔵を付す。黄梅東山に居して、大きに玄風を振ふ。）

8.　しかあればすなはち、祖師の道取を参究するに、四祖いはく、汝何性は、その宗旨あり。むかしは何国人の人あり、何姓の姓あり。なんぢは何姓と為説するなり。たとへば吾亦如是、汝亦如是と道取するがごとし。

　五祖いはく、姓即有、不是常姓。

　いはゆるは、有即姓は常姓にあらず、常姓は即有に不是なり。

　四祖いはく是何姓は、何は是なり、是を何しきたれり。これ姓なり。何ならしむるは是のゆゑなり。是ならしむるは何の能なり。姓は是也、何也なり。これを薺湯にも点ず、茶湯にも点ず、家常の茶飯ともするなり。

　五祖いはく、是仏性。

　いはくの宗旨は、是は仏性なりとなり。何のゆゑに仏なるなり。是は何姓のみに究取しきたらんや、是すでに不是のとき仏性なり。しかあればすなはち是は何なり、仏なりといへども、脱落しきたり、透脱しきたるに、かならず姓なり。その姓すなはち周なり。しかあれども、父にうけず祖にうけず、母氏に相似ならず、傍観に斉肩ならんや。

　四祖いはく、汝無仏性。

　いはゆる道取は、汝はたれにあらず、汝に一任すれども、無仏性なりと開演するなり。しるべし、学すべし、いまはいかなる時節にして無仏性なるぞ。仏頭にして無仏性なるか、仏向上にして無仏性なるか。七通を逼塞することなかれ、八達を摸揉することなかれ。無仏性は一時の三昧なりと修習することもあり。仏性成仏のとき無仏性なるか、仏性発心のとき無仏性なるかと問取すべし、道取すべし。露柱をしても問取せしむべし、露柱にも問取すべし、仏性をしても問取せしむべし。

9.　しかあればすなはち、無仏性の道、はるかに四祖の祖室よりきこゆるものなり。黄梅に見聞し、趙州に流通し、大潙に挙揚す。無仏性の道、かなら

ず精進すべし、趑趄することなかれ。無仏性たどりぬべしといへども、何なる標準あり、汝なる時節あり、是なる投機あり、周なる同生あり、直趣なり。

五祖いはく、仏性空故、所以言無。

あきらかに道取す、空は無にあらず。仏性空を道取するに、半斤といはず、八両といはず、無と言取するなり。空なるゆゑに空といはず、無なるゆゑに無といはず、仏性空なるゆゑに無といふ。しかあれば、無の片片は空を道取する標榜なり、空は無を道取する力量なり。いはゆるの空は、色即是空の空にあらず。色即是空といふは、色を強為して空とするにあらず、空をわかちて色を作家せるにあらず。空是空の空なるべし。空是空の空といふは、空裏一片石なり。

しかあればすなはち、仏性無と仏性空と仏性有と、四祖五祖、問取道取。

10.　震旦第六祖曹谿山大鑑禅師、そのかみ黄梅山に参ぜしはじめ、五祖とふ、なんぢいづれのところよりかきたれる。

六祖いはく、嶺南人なり。

五祖いはく、きたりてなにごとをかもとむる。

六祖いはく、作仏をもとむ。

五祖いはく、嶺南人無仏性、いかにしてか作仏せん。

この嶺南人無仏性といふ、嶺南人は仏性なしといふにあらず、嶺南人は仏性ありといふにあらず、嶺南人、無仏性となり。いかにしてか作仏せんといふは、いかなる作仏をか期するといふなり。

おほよそ仏性の道理、あきらむる先達すくなし。諸阿笈摩教および経論師のしるべきにあらず。仏祖の児孫のみ単伝するなり。仏性の道理は、仏性は

成仏よりさきに具足せるにあらず、成仏よりのちに具足するなり。仏性かならず
成仏と同参するなり。この道理、よくよく参究功夫すべし。三二十年も功夫
参学すべし。十聖三賢のあきらむるところにあらず。衆生有仏性、衆生無
仏性と道取する、この道理なり。成仏以来に具足する法なりと参学する正的
なり。かくのごとく学せざるは仏法にあらざるべし。かくのごとく学せずば、仏
法あへて今日にいたるべからず。もしこの道理あきらめざるには、成仏をあき
らめず、見聞せざるなり。このゆゑに、五祖は向他道するに、嶺南人無仏
性と為道するなり。見仏聞法の最初に、難得難聞なるは、衆生無仏性な
り。或従知識、或従経巻するに、きくことのよろこぶべきは衆生無仏性なり。
一切衆生無仏性を、見聞覚知に参飽せざるものは、仏性いまだ見聞覚知
せざるなり。六祖もはら作仏をもとむるに、五祖よく六祖を作仏せしむるに、
他の道取なし、善巧なし。ただ嶺南人無仏性といふ。しるべし、無仏性の
道取聞取、これ作仏の直道なりといふことを。しかあれば、無仏性の正当
恁麼時すなはち作仏なり。無仏性いまだ見聞せず、道取せざるは、いまだ
作仏せざるなり。

11. 六祖いはく、人有南北なりとも、仏性無南北なり。この道取を挙して、
句裏を功夫すべし。南北の言、まさに赤心に照顧すべし。六祖道得の句に
宗旨あり。いはゆる人は作仏すとも、仏性は作仏すべからずといふ一隅の構
得あり。六祖これをしるやいなや。

　四祖五祖の道取する無仏性の道得、はるかに導礙の力量ある一隅をうけ
て、迦葉仏および釈迦牟尼仏等の諸仏は、作仏し転法するに、悉有仏性
と道取する力量あるなり。悉有の有、なんぞ無無の無に嗣法せざらん。しか
あれば、無仏性の語、はるかに四祖五祖の室よりこゆるなり。このとき、六
祖その人ならば、この無仏性の語を功夫すべきなり。有無の無はしばらくお

く、いかならんかこれ仏性と問取すべし、なにものかこれ仏性とたづぬべし。いまの人も、仏性とききぬれば、いかなるかこれ仏性と問取せず、仏性の有無等の義をいふがごとし、これ倉卒なり。しかあれば、諸無の無は、無仏性の無に学すべし。六祖の道取する人有南北、仏性無南北の道、ひさしく再三撈摝すべし、まさに撈波子に力量あるべきなり。六祖の道取する人有南北仏性無南北の道、しづかに拈放すべし。おろかなるやからおもはくは、人間には質礙すれば南北あれども、仏性は虚融にして南北の論におよばずと、六祖は道取せりけるかと推度するは、無分の愚蒙なるべし。この邪解を抛却して、直須勤学すべし。

12. 六祖示門人行昌云、無常者即仏性也、有常者即善悪一切諸法分別心也。（六祖、門人行昌に示して云く、無常は即ち仏性なり、有常は即ち善悪一切諸法分別心なり。）

いはゆる六祖道の無常は、外道二乗等の測度にあらず。二乗外道の鼻祖鼻末、それ無常なりといふとも、かれら窮尽すべからざるなり。しかあれば、無常のみづから無常を説著、行著、証著せんは、みな無常なるべし。今以現自身得度者、即現自身而為説法（今、自身を現ずるを以て得度すべき者には、即ち自身を現じて而も為に法を説く）なり、これ仏性なり。さらに或現長法身、或現短法身なるべし。常聖これ無常なり、常凡これ無常なり。常凡聖ならんは、仏性なるべからず。小量の愚見なるべし、測度の管見なるべし。仏者小量身也、性者小量作也。このゆゑに六祖道取す、無常者仏性也（無常は仏性なり）。

常者未転なり。未転といふは、たとひ能断と変ずとも、たとひ所断と化すれども、かならずしも去来の蹤跡にかかはれず、ゆゑに常なり。

しかあれば、草木叢林の無常なる、すなはち仏性なり。人物身心の無常

なる、これ仏性なり。国土山河の無常なる、これ仏性なるによりてなり。阿耨多羅三藐三菩提これ仏性なるがゆゑに無常なり、大般涅槃これ無常なるがゆゑに仏性なり。もろもろの二乗の小見および経論師の三蔵等は、この六祖の道を驚疑怖畏すべし。もし驚疑せんことは、魔外の類なり。

　13.　第十四祖竜樹尊者、梵云那伽閼剌樹那。唐云竜樹亦竜勝、亦云竜猛。西天竺国人也。至南天竺国。彼国之人、多信福業。尊者為説妙法。聞者逓相謂曰、人有福業、世間第一。徒言仏性、誰能覩之。（第十四祖竜樹尊者、梵に那伽閼剌樹那と云ふ。唐には竜樹また竜勝と云ふ、また竜猛と云ふ。西天竺国の人なり。南天竺国に至る。彼の国の人、多く福業を信ず。尊者、為に妙法を説く。聞く者、逓相に謂つて曰く、人の福業有る、世間第一なり。徒らに仏性を言ふ、誰か能く之を覩たる。）

　尊者曰、汝欲見仏性、先須除我慢。（汝仏性を見んと欲はば、先づ須らく我慢を除くべし。）

　彼人曰、仏性大耶小耶。（仏性大なりや小なりや。）

　尊者曰く、仏性非大非小、非広非狭、無福無報、不死不生。（仏性大に非ず小に非ず、広に非ず狭に非ず、福無く報無く、不死不生なり。）

　彼聞理勝、悉廻初心。（彼、理の勝たることを聞いて、悉く初心を廻らす。）

　尊者復於座上現自在身、如満月輪。一切衆会、唯聞法音、不覩師相。（尊者、また坐上に自在身を現ずること、満月輪の如し。一切衆会、唯法音のみを聞いて、師相を覩ず。）

　於彼衆中、有長者子迦那提婆、謂衆会曰、識此相否。（彼の衆の中に、長者子迦那提婆といふもの有り、衆会に謂つて曰く、此の相を識るや

否や。）

衆会日、而今我等目所未見、耳無所聞、心無所識、身無所住。（衆会曰く、而今我等目に未だ見ざる所、耳に聞く所無く、心に識る所無く、身に住する所無し。）

提婆日、此是尊者、現仏性相、以示我等。何以知之。蓋以無相三昧形如満月。仏性之義、廓然虚明。（此れは是れ尊者、仏性の相を現して、以て我等に示す。何を以てか之を知る。蓋し、無相三昧は形満月の如くなるを以てなり。仏性の義は廓然虚明なり）

言訖輪相即隠。復居本座、而説偈言、（言ひ訖るに、輪相即ち隠る。また本座に居して、偈を説いて言く、）

身現円月相、

以表諸仏体、

説法無其形、

用弁非声色。

（身に円月相を現じ、以て諸仏の体を表す、説法其の形無し、用弁は声色に非ず。

14. しるべし、真箇の用弁は声色の即現にあらず。真箇の説法は無其形なり。尊者かつてひろく仏性を為説する、不可数量なり。いまはしばらく一隅を略挙するなり。

汝欲見仏性、先須除我慢。この為説の宗旨、すごさず弁肯すべし。見はなきにあらず、その見これ除我慢なり。我もひとつにあらず、慢も多般なり、除法また万差なるべし。しかあれども、これらみな見仏性なり。眼見目覩にならふべし。

仏性非大非小等の道取、よのつねの凡夫二乗に例諸することなかれ。

偏枯に仏性は広大ならんとのみおもへる、邪念をたくはへきたるなり。大にあら
ず小にあらざらん正当恁麼時の道取に罣碍せられん道理、いま聴取するが
ごとく思量すべきなり。思量なる聴取を使得するがゆゑに。

　しばらく尊者の道著する偈を聞取すべし、いはゆる身現円月相、以表諸
仏体なり。すでに諸仏体を以表しきたれる身現なるがゆゑに円月相なり。し
かあれば、一切の長短方円、この身現に学習すべし。身と現とに転疎なる
は、円月相にくらきのみにあらず、諸仏体にあらざるなり。愚者おもはく、尊
者かりに化身を現ぜるを円月相といふとおもふは、仏道を相承せざる党類の
邪念なり。いづれのところのいづれのときか、非身の他現ならん。まさにしる
べし、このとき尊者は高座せるのみなり。身現の儀は、いまのたれ人も坐せる
がごとくありしなり。この身、これ円月相現なり。身現は方円にあらず、有無
にあらず、隠顕にあらず、八万四千蘊にあらず、ただ身現なり。円月相とい
ふ、這裏是甚麼処在、説細説麤月（這裏是れ甚麼の処在ぞ、細と説
き、麤と説く月）なり。この身現は、先須除我慢なるがゆゑに、竜樹にあら
ず、諸仏体なり。以表するがゆゑに諸仏体を透脱す。しかあるがゆゑに、
仏邊にかかはれず。仏性の満月を形如する虚明ありとも、円月相を排列す
るにあらず。いはんや用弁も声色にあらず、身現も色身にあらず、蘊処界に
あらず。蘊処界に一似なりといへども以表なり、諸仏体なり。これ説法蘊な
り、それ無其形なり。無其形さらに無相三昧なるとき身現なり。一衆いま円
月相を望見すといへども、目所未見なるは、説法蘊の転機なり、現自在身
の非声色なり。即隠、即現は、輪相の進歩退歩なり。復於座上現自在身
の正当恁麼時は、一切衆会、唯聞法音するなり、不覩師相なるなり。

　15.　尊者の嫡嗣迦那提婆尊者、あきらかに満月相を識此し、円月相を識
此し、身現を識此し、諸仏性を識此し、諸仏体を識此せり。入室瀉餅の

衆たとひおほしといへども、提婆と斉肩ならざるべし。提婆は半座の尊なり、衆会の導師なり、全座の分座なり。正法眼蔵無上大法を正伝せること、霊山に摩訶迦葉尊者の座元なりしがごとし。竜樹未廻心のさき、外道の法にありしときの弟子おほかりしかども、みな謝遣しきたれり。竜樹すでに仏祖となれりしときは、ひとり提婆を附法の正嫡として、大法眼蔵を正伝す。これ無上仏道の単伝なり。しかあるに、僣偽の邪群、ままに自称すらく、われらも竜樹大士の法嗣なり。論をつくり義をあつむる、おほく竜樹の手をかれり、竜樹の造にあらず。むかしすてられし群徒の、人天を惑乱するなり。仏弟子はひとすぢに、提婆の所伝にあらざらんは、竜樹の道にあらずとしるべきなり。これ正信得及なり。しかあるに、偽なりとしりながら稟受するものおほかり。謗大般若の衆生の愚蒙、あはれみかなしむべし。

16.　迦那提婆尊者、ちなみに竜樹尊者の身現をさして衆会につげていはく、此是尊者、現仏性相、以示我等。何以知之。蓋以無相三昧形如満月。仏性之義、廓然虚明（此れは是れ尊者、仏性の相を現じて、以て我等に示すなり。何を以てか之れを知る。蓋し、無相三昧は形満月の如くなるを以てなり。仏性の義は、廓然として虚明）なり。

　いま天上人間、大千法界に流布せる仏法を見聞せる前後の皮袋、たれか道取せる、身現相は仏性なりと。大千界にはただ提婆尊者のみ道取せるなり。余者はただ、仏性は眼見耳聞心識等にあらずとのみ道取するなり。身現は仏性なりとしらざるゆゑに道取せざるなり。祖師のをしむにあらざれども、眼耳ふさがれて見聞することあたはざるなり。身識いまだおこらずして、了別することあたはざるなり。無相三昧の形如満月なるを望見し礼拝するに、目未所覩なり。仏性之義、廓然虚明なり。

　しかあれば身現の説仏性なる、虚明なり、廓然なり。説仏性の身現な

る、以表諸仏体なり。いづれの一仏二仏か、この以表を仏体せざらん。仏
体は身現なり、身現なる仏性あり。四大五蘊と道取し会取する仏量祖量
も、かへりて身現の造次なり。すでに諸仏体といふ、蘊処界のかくのごとくな
るなり。一切の功徳、この功徳なり。仏功徳はこの身現を究尽し、囊括する
なり。一切無量無邊の功徳の往来は、この身現の一造次なり。

17.　しかあるに、竜樹提婆師資よりのち、三国の諸方にある前代後代、
ままに仏学する人物、いまだ竜樹提婆のごとく道取せず。いくばくの経師論
師等か、仏祖の道を蹉過する。大宋国むかしよりこの因縁を畫せんとする
に、身に畫し心に畫し、空に畫し、壁に畫することあたはず、いたづらに筆
頭に畫するに、法座上に如鏡なる一輪相を図して、いま竜樹の身現円月相
とせり。すでに数百歳の霜華も開落して、人眼の金屑をなさんとすれども、あ
やまるといふ人なし。あはれむべし、万事の蹉跎たることかくのごときなる。もし
身現円月相は一輪相なりと会取せば、真箇の畫餅一枚なり。弄他せん、
笑也笑殺人なるべし。かなしむべし、大宋一国の在家出家、いづれの一
箇も、竜樹のことばをきかずしらず、提婆の道を通ぜずみざること。いはんや
身現に親切ならんや。円月にくらし、満月を齟齬せり。これ稽古のおろそか
なるなり、慕古いたらざるなり。古仏新仏、さらに真箇の身現にあうて、畫餅
を賞翫することなかれ。
　しるべし、身現円月相の相を畫せんには、法座上に身現相あるべし。揚
眉瞬目それ端直なるべし。皮肉骨髄正法眼藏、かならず兀坐すべきなり。
破顔微笑つたはるべし、作仏作祖するがゆゑに。この畫いまだ月相ならざる
には、形如なし、説法せず、声色なし、用弁なきなり。もし身現をもとめ
ば、円月相を図すべし。円月相を図せば、円月相を図すべし、身現円月
相なるがゆゑに。円月相を畫せんとき、満月相を図すべし、満月相を現す

べし。しかあるを、身現を畫せず、円月を畫せず、満月相を畫せず、諸仏体を図せず、以表を体せず、説法を図せず、いたづらに畫餅一枚を図す、用作什麼（用て什麼にか作ん）。これを急著眼看せん、たれか直至如今飽不飢ならん。月は円形なり、円は身現なり。円を学するに一枚銭のごとく学することなかれ、一枚餅に相似することなかれ。身相円月身なり、形如満月形なり。一枚銭、一枚餅は、円に学習すべし。

18. 予、雲遊のそのかみ、大宋国にいたる、嘉定十六年癸未秋のころ、はじめて阿育王山広利禅寺にいたる。西廊の壁間に、西天東地三十三祖の変相を畫せるをみる。このとき領覧なし。のちに宝慶元年乙酉夏安居のなかに、かさねていたるに、西蜀の成桂知客と、廊下を行歩するついでに、

予、知客にとふ。這箇是什麼変相（這箇は是れ什麼の変相ぞ）。

知客いはく、竜樹身現円月相（竜樹の身現円月相なり）。かく道取する顔色に鼻孔なし、声裏に語句なし。

予いはく、真箇是一枚畫餅相似（真箇に是れ一枚の畫餅に相似せり）。

ときに知客、大笑すといへども、笑裏無刀、破畫餅不得（笑裏に刀無く、畫餅を破すること不得）なり。

すなはち知客と予と、舎利殿および六殊勝地等にいたるあひだ、数番挙揚すれども、疑著するにもおよばず。おのづから下語する僧侶も、おほく都不是なり。

予いはく、堂頭にとふてみん。ときに堂頭は大光和尚なり。

知客いはく、他無鼻孔、対不得。如何得知（他は鼻孔無し、対へ得じ。如何でか知ることを得ん）。

ゆゑに光老にとはず。恁麼道取すれども、桂兄も会すべからず。聞説す

る皮袋も道取せるなし。前後の粥飯頭みるにあやしまず、あらためなほさず。又、畫することうべからざらん法はすべて畫せざるべし。畫すべくは端直に畫すべし。しかあるに、身現の円月相なる、かつて畫せるなきなり。

　おほよそ仏性は、いまの慮知念覚ならんと見解することさめざるによりて、有仏性の道にも、無仏性の道にも、通達の端を失せるがごとくなり。道取すべきと学習するもまれなり。しるべし、この疎怠は癈せるによりてなり。諸方の粥飯頭、すべて仏性といふ道得を、一生いはずしてやみぬるもあるなり。あるいはいふ、聴教のともがら仏性を談ず、参禅の雲衲はいふべからず。かくのごとくのやからは、真箇是畜生なり。なにといふ魔党の、わが仏如来の道にまじはりけがさんとするぞ。聴教といふことの仏道にあるか、参禅といふことの仏道にあるか。いまだ聴教参禅といふこと、仏道にはなしとしるべし。

　19.　杭州塩官県斉安国師は、馬祖下の尊宿なり。ちなみに衆にしめしていはく、一切衆生有仏性。

　いはゆる一切衆生の言、すみやかに参究すべし。一切衆生、その業道依正ひとつにあらず、その見まちまちなり。凡夫外道、三乗五乗等、おのおのなるべし。いま仏道にいふ一切衆生は、有心者みな衆生なり、心是衆生なるがゆゑに。無心者おなじく衆生なるべし、衆生是心なるがゆゑに。しかあれば、心みなこれ衆生なり、衆生みなこれ有仏性なり。草木国土これ心なり、心なるがゆゑに衆生なり、衆生なるがゆゑに有仏性なり。日月星辰これ心なり、心なるがゆゑに衆生なり、衆生なるがゆゑに有仏性なり。国師の道取する有仏性、それかくのごとし。もしかくのごとくにあらずは、仏道に道取する有仏性にあらざるなり。いま国師の道取する宗旨は、一切衆生有仏性のみなり。さらに衆生にあらざらんは、有仏性にあらざるべし。しばらく国師にとふべし、一切諸仏有仏性也無（一切諸仏、有仏性なりや也無や）。かく

のごとく問取し、試験すべきなり。一切衆生即仏性といはず、一切衆生、
有仏性といふと参学すべし。有仏性の有、まさに脱落すべし。脱落は一条
鉄なり、一条鉄は鳥道なり。しかあれば、一切衆生有衆生なり。これその
道理は、衆生を説透するのみにあらず、仏性をも説透するなり。国師たとひ
会得を道得に承当せずとも、承当の期なきにあらず。今日の道得、いたづ
らに宗旨なきにあらず。又、自己に具する道理、いまだかならずしもみづから
会得せざれども、四大五陰もあり、皮肉骨髄もあり。しかあるがごとく、道取
も、一生に道取することもあり、道取にかかれる生生もあり。

20. 大潙山大円禅師、あるとき衆にしめしていはく、一切衆生無仏性。
　これをきく人天のなかに、よろこぶ大機あり、驚疑のたぐひなきにあらず。釈
尊説道は一切衆生悉有仏性なり、大潙の説道は一切衆生無仏性なり。有
無の言理、はるかにことなるべし、道得の当不、うたがひぬべし。しかあれど
も、一切衆生無仏性のみ仏道に長なり。塩官有仏性の道、たとひ古仏とと
もに一隻の手をいだすににたりとも、なほこれ一条拄杖両人昇なるべし。
　いま大潙はしかあらず、一条拄杖呑両人なるべし。いはんや国師は馬祖
の子なり、大潙は馬祖の孫なり。しかあれども、法孫は、師翁の道に老大
なり、法子は、師父の道に年少なり。いま大潙道の理致は、一切衆生無
仏性を理致とせり。いまだ曠然縄墨外といはず。自家屋裏の経典、かくの
ごとくの受持あり。さらに摸捺すべし、一切衆生なにとしてか仏性ならん、仏
性あらん。もし仏性あるは、これ魔党なるべし。魔子一枚を将来して、一切
衆生にかさねんとす。仏性これ仏性なれば、衆生これ衆生なり。衆生もとより
仏性を具足せるにあらず。たとひ具せんともとむとも、仏性はじめてきたるべき
にあらざる宗旨なり。張公喫酒李公酔（張公酒を喫すれば李公酔ふ）とい
ふことなかれ。もしおのづから仏性あらんは、さらに衆生あらず。すでに衆生

あらんは、つひに仏性にあらず。

　このゆゑに百丈いはく、説衆生有仏性、亦謗仏法僧。説衆生無仏性、亦謗仏法僧。（衆生に仏性有りと説くもまた仏法僧を謗ず。衆生に仏性無しと説くもまた仏法僧を謗ずるなり）。しかあればすなはち、有仏性といひ無仏性といふ、ともに謗となる。謗となるといふとも、道取せざるべきにはあらず。

　且問儞、大潙、百丈しばらくきくべし。謗はすなはちなきにあらず、仏性は説得すやいまだしや。たとひ説得せば、説著を罣礙せん。説著あらば聞著と同参なるべし。また、大潙にむかひていふべし。一切衆生無仏性はたとひ道得すといふとも、一切仏性無衆生といはず、一切仏性無仏性といはず、いはんや一切諸仏無仏性は夢也未見在（夢にもまた未だ見ざること在る）なり。試挙看（試みに挙げて看よ）。

　21.　百丈山大智禅師示衆云、仏是最上乗、是上上智。是仏道立此人、是仏有仏性、是導師。是使得無所碍風、是無碍慧。於後能使得因果、福智自由。是作車運載因果。処於生不被生之所留、処於死不被死之所碍、処於五陰如門開。不被五陰碍、去住自由、出入無難。若能恁麼、不論階梯勝劣、乃至蟻子之身、但能恁麼、尽是浄妙国土、不可思議。（百丈山大智禅師、衆に示して云く、仏は是れ最上乗なり、是れ上上智なり。是れ仏道立此人なり、是れ仏有仏性なり、是れ導師なり。是れ使得無所碍風なり、是れ無碍慧なり。於後能く因果を使得す、福智自由なり。是れ車となして因果を運載す。生に処して生に留められず、死に処して死に碍へられず、五陰に処して門の開るが如し。五陰に碍へられず、去住自由にして、出入無難なり。若し能く恁麼なれば、階梯勝劣を論ぜず、乃至蟻子之身も、但能く恁麼ならば、尽く是れ浄妙国土、不可思議なり）。

これすなはち百丈の道処なり。いはゆる五蘊は、いまの不壊身なり。いまの造次は門開なり、不被五陰碍なり。生を使得するに生にとどめられず、死を使得するに死にさへられず。いたづらに生を愛することなかれ、みだりに死を恐怖することなかれ。すでに仏性の処在なり、動著し厭却するは外道なり。現前の衆縁と認ずるは使得無碍風なり。これ最上乗なる是仏なり。この是仏の処在、すなはち浄妙国土なり。

22.　黄檗南泉在茶堂内坐。南泉問黄檗、定慧等学、明見仏性。此理如何。（黄檗南泉の茶堂の内に在つて坐す。南泉、黄檗に問ふ、定慧等学、明見仏性。此の理如何。）

黄檗云、十二時中不依倚一物始得。（十二時中一物にも依倚せずして始得ならん。）

南泉云く、莫便是長老見処麼。（便ち是れ長老の見処なることなきや。）

黄檗曰く、不敢。

南泉云、醤水銭且致、草鞋銭教什麼人還。（醤水銭は且く致く、草鞋銭は什麼人をしてか還さしめん。）

黄檗便休。（黄檗便ち休す。）

いはゆる定慧等学の宗旨は、定学の慧学をさへざれば、等学するところに明見仏性のあるにはあらず、明見仏性のところに、定慧等学の学あるなり。此理如何と道取するなり。たとへば、明見仏性はたれか所作なるぞと道取せんもおなじかるべし。仏性等学、明見仏性、此理如何と道取せんも道得なり。

黄檗いはく、十二時中不依倚一物といふ宗旨は、十二時中たとひ十二時中に処在せりとも、不依倚なり。不依倚一物、これ十二時なるがゆゑに仏性明見なり。この十二時中、いづれの時節到来なりとかせん、いづれの

国土なりとかせん。いまいふ十二時は、人間の十二時なるべきか、他那裏に十二時のあるか、白銀世界の十二時のしばらくきたれるか。たとひ此土なりとも、たとひ他界なりとも、不依倚なり。すでに十二時中なり、不依倚なるべし。

莫便是長老見処麽といふは、これを見処とはいふまじやといふがごとし。長老見処麽と道取すとも、自己なるべしと回頭すべからず。自己に的当なりとも、黄蘗にあらず。黄蘗かならずしも自己のみにあらず、長老見処は露廻廻なるがゆゑに。

23. 黄蘗いはく、不敢。

この言は、宋土に、おのれにある能を問取せらるるには、能を能といはんとても、不敢といふなり。しかあれば、不敢の道は不敢にあらず。この道得はこの道取なること、はかるべきにあらず。長老見処たとひ長老なりとも、長老見処たとひ黄蘗なりとも、道取するには不敢なるべし。一頭水牯牛出来道吽吽（一頭の水牯牛出で来りて吽吽と道ふ）なるべし。かくのごとく道取するは、道取なり。道取する宗旨さらに又道取なる道取、こころみて道取してみるべし。

南泉いはく、醬水銭且致、草鞋銭教什麽人還。

いはゆるは、こんづのあたひはしばらくおく、草鞋のあたひはたれをしてかかへさしめんとなり。この道取の意旨、ひさしく生生をつくして参究すべし。醬水銭いかなればかしばらく不管なる、留心勤学すべし。草鞋銭なにとしてか管得する。行脚の年月にいくばくの草鞋をか踏破しきたれるとなり。いまいふべし、若不還銭、未著草鞋（若し銭を還さずは、未だ草鞋を著かじ）。またいふべし、両三輪。この道得なるべし、この宗旨なるべし。

黄蘗便休。これは休するなり。不肯せられて休し、不肯にて休するにあらず。本色衲子しかあらず。しるべし休裏有道は、笑裏有刀のごとくなり。こ

れ仏性明見の粥足飯足なり。

24．この因縁を挙して、潙山、仰山にとうていはく、莫是黄檗搆他南泉不得麼（是れ黄檗他の南泉を搆すること得ざるにあらずや）。

仰山いはく、不然。須知、黄檗有陥虎之機（然らず。須く知るべし、黄檗陥虎之機有ることを）。

潙山いはく、子見処、得恁麼長（子が見処、恁麼に長ずること得たり）。

大潙の道は、そのかみ黄檗は南泉を搆不得なりやといふ。

仰山いはく、黄檗は陥虎の機あり。すでに陥虎することあらば、捋虎頭なるべし。

陥虎捋虎、異類中行。明見仏性也、開一隻眼。仏性明見也、失一隻眼。速道速道。仏性見処、得恁麼長（虎を陥れ虎を捋る。異類中に行く。仏性を明見しては一隻眼を開き、仏性明見すれば一隻眼を失す。速やかに道へ、速やかに道へ。仏性の見処、恁麼に長ずることを得たり）なり。

このゆゑに、半物全物、これ不依倚なり。百千物、不依倚なり、百千時、不依倚なり。このゆゑにいはく、蘿籠一枚、時中十二。依倚不依倚、如葛藤倚樹。天中及全天、後頭未有語（蘿籠は一枚、時中は十二、依倚も不依倚も、葛藤の樹に依が如し。天中と全天と、後頭未だ語あらず）なり。

25．趙州真際大師にある僧とふ、狗子還有仏性也無（狗子にまた仏性有りや無や）。

この問の意趣あきらむべし。狗子とはいぬなり。かれに仏性あるべしと問取せず、なかるべしと問取するにあらず。これは、鉄漢また学道するかと問取

するなり。あやまりて毒手にあふ、うらみふかしといへども、三十年よりこのか
た、さらに半箇の聖人をみる風流なり。

　趙州いはく、無。

　この道をききて、習学すべき方路あり。仏性の自称する無も恁麼なるべ
し、狗子の自称する無も恁麼道なるべし、傍観者の喚作の無も恁麼道なる
べし。その無わづかに消石の日あるべし。

　僧いはく、一切衆生皆有仏性、狗子為甚麼無（一切衆生皆仏性有
り、狗子甚麼としてか無き）。

　いはゆる宗旨は、一切衆生無ならば、仏性も無なるべし、狗子も無なる
べしといふ、その宗旨作麼生、となり。狗子仏性、なにとして無をまつことあ
らん。

　趙州いはく、為他有業識在（他に業識在ること有るが為なり）。

　この道旨は、為他有は業識なり。業識有、為他有なりとも、狗子無、仏
性無なり。業識いまだ狗子を会せず、狗子いかでか仏性にあはん。たとひ
双放双収すとも、なほこれ業識の始終なり。

　26.　趙州有僧問、狗子還有仏性也無。（趙州に僧有って問ふ、狗子に
また仏性有りや無や）。

　この問取は、この僧、搆得趙州の道理なるべし。しかあれば、仏性の道
取問取は、仏祖の家常茶飯なり。

　趙州いはく、有。

　この有の様子は、教家の論師等の有にあらず、有部の論有にあらざるな
り。すすみて仏有を学すべし。仏有は趙州有なり、趙州有は狗子有なり、
狗子有は仏性有なり。

　僧いはく、既有、為甚麼却撞入這皮袋（既に有ならば、甚麼としてか

却このひ袋に撞入する）。

　この僧の道得は、今有なるか、古有なるか、既有なるかと問取するに、既有は諸有に相似せりといふとも、既有は孤明なり。既有は撞入すべきか、撞入すべからざるか。撞入這皮袋の行履、いたづらに蹉過の功夫あらず。

27. 趙州いはく、為他知而故犯（他、知りて故に犯すが為なり）。

　この語は、世俗の言語としてひさしく途中に流布せりといへども、いまは趙州の道得なり。いふところは、しりてことさらをかす、となり。この道得は、疑著せざらん、すくなかるべし。いま一字の入あきらめがたしといへども、入之一字も不用得なり。いはんや欲識庵中不死人、豈離只今這皮袋（庵中不死の人を識らんと欲はば、豈只今のこの皮袋を離れんや）なり。不死人はたとひ阿誰なりとも、いづれのときか皮袋に莫離なる。故犯はかならずしも入皮袋にあらず、撞入這皮袋かならずしも知而故犯にあらず。知而のゆゑに故犯あるべきなり。しるべし、この故犯すなはち脱体の行履を覆蔵せるならん。これ撞入と説著するなり。脱体の行履、その正当覆蔵のとき、自己にも覆蔵し、他人にも覆蔵す。しかもかくのごとくなりといへども、いまだのがれずといふことなかれ、驢前馬後漢。いはんや、雲居高祖いはく、たとひ仏法邊事を学得する、はやくこれ錯用心了也。

　しかあれば、半枚学仏法邊事ひさしくあやまりきたること日深月深なりといへども、これ這皮袋に撞入する狗子なるべし。知而故犯なりとも有仏性なるべし。

28.　長沙景岑和尚の会に、竺尚書とふ、蚯蚓斬為両段、両頭倶動。未審、仏性在阿那箇頭（蚯蚓斬れて両段と為る、両頭倶に動く。未審、仏性阿那箇頭にか在る）。

　師云く、莫妄想（妄想すること莫れ）。

書曰く、争奈動何（動をいかがせん）。

師云く、只是風火未散（只是れ風火の未だ散ぜざるなり）。

いま尚書いはくの蚯蚓斬為両段は、未斬時は一段なりと決定するか。仏祖の家常に不恁麼なり。蚯蚓もとより一段にあらず、蚯蚓きれて両段にあらず。一両の道取、まさに功夫参学すべし。

両頭倶動といふ両頭は、未斬よりさきを一頭とせるか、仏向上を一頭とせるか。両頭の語、たとひ尚書の会不会にかかはるべからず、語話をすつることなかれ。きれたる両段は一頭にして、さらに一頭のあるか。その動といふに倶動といふ、定動智抜ともに動なるべきなり。

未審、仏性在阿那箇頭。仏性斬為両段、未審、蚯蚓在阿那箇頭といふべし。この道得は審細にすべし。両頭倶動、仏性在阿那箇頭といふは、倶動ならば仏性の所在に不堪なりといふか。倶動なれば、動はともに動ずといふとも、仏性の所在は、そのなかにいづれなるべきぞといふか。

29.　師いはく、莫妄想。この宗旨は、作麼生なるべきぞ。妄想することなかれ、といふなり。しかあれば、両頭倶動するに、妄想なし、妄想にあらずといふか、ただ仏性は妄想なしといふか。仏性の論におよばず、両頭の論におよばず、ただ妄想なしと道取するか、とも参究すべし。

動ずるはいかがせんといふは、動ずればさらに仏性一枚をかさぬべしと道取するか、動ずれば仏性にあらざらんと道著するか。

風火未散といふは、仏性を出現せしむるなるべし。仏性なりとやせん、風火なりとやせん。仏性と風火と、倶出すといふべからず、一出一不出といふべからず、風火すなはち仏性といふべからず。ゆゑに長沙は蚯蚓有仏性といはず、蚯蚓無仏性といはず。ただ莫妄想と道取す、風火未散と道取す。仏性の活計は、長沙の道を卜度すべし。風火未散といふ言語、しづ

かに功夫すべし。未散といふは、いかなる道理かある。風火のあつまれりけるが、散ずべき期いまだしきと道取するに、未散といふか。しかあるべからざるなり。風火未散はほとけ法をとく、未散風火は法ほとけをとく。たとへば一音の法をとく時節到来なり。説法の一音なる、到来の時節なり。法は一音なり、一音の法なるゆゑに。

　又、仏性は生のときのみにありて、死のときはなかるべしとおもふ、もとも少聞薄解なり。生のときも有仏性なり、無仏性なり。死のときも有仏性なり、無仏性なり。風火の散未散を論ずることあらば、仏性の散不散なるべし。たとひ散のときも仏性有なるべし、仏性無なるべし。たとひ未散のときも有仏性なるべし、無仏性なるべし。しかあるを、仏性は動不動によりて在不在し、識不識によりて神不神なり、知不知に性不性なるべきと邪執せるは、外道なり。

　無始劫来は、痴人おほく識神を認じて仏性とせり、本来人とせる、笑殺人なり。さらに仏性を道取するに、拕泥滞水なるべきにあらざれども、牆壁瓦礫なり。向上に道取するとき、作麼生ならんかこれ仏性。還委悉麼（また委悉すや）。

　三頭八臂。

正法眼蔵仏性第二十二

同四年癸卯正月十九日書写之　懐弉
爾時仁治二年辛丑十月十四日在雍州観音導利興聖宝林寺示衆
再治御本之奥書也
正嘉二年戊午四月二十五日以再治御本交合了

23.

行佛威儀

23. 行佛威儀

【 해제 】

이 『행불위의』 권은 道元이 42세 때에 10월 중순 경에 쓴 것이다. 같은 해에 10월 14일에는 『불성』 권을 설법하였다. 『불성』 권은 정법안장 중에서도 가장 뛰어난 것이라고 말할 필요조차도 없다. 이 권은 거의 그것에 이어서 기록되어 있다. 또 그 전 달인 9월 9일에는 정법안장 중에서 걸작이라고 하는 『고경』 권이 설법되었으며, 다음달 11월 16일에는 『신통』 권이 선보이게 되었다.

이러한 상황을 생각할 때 도원의 42세 가을에는 三世에 통하고 시방을 뛰어넘는 무위의 열풍과 무성의 굉음으로 도원의 뼈를 말리는 때였으며, 당시 사색하는 그의 두뇌도 청정한 빛으로 빛나고 있었을 것이라고 생각된다. 40대 초년의 도원에게는 초월의 성과 내재의 성으로 경탄할만한 힘으로 가득 차 있었다고 생각된다.

이 권은 문장이나 술어에 있어서 그다지 난해한 것으로 보이지는 않는다. 그러나 이 속의 한 문장 한 문장은 눈에 보이지 않는 세계의 이면이 있으며, 따라서 독자들은 여기에 지금 보이고 있는 무위의 열풍에 휩싸이지 아니하고는 참 眞意을 모두 놓쳐버릴 수도 있다라고 염려된다. 동시에 한편으로는 다시 이 권을 배우면 우리에게 닥쳐온 몇 세대의 생사가 그대로 행불의 이면이었다는 확신과 편안한 마음을 가졌다고 하지 않을 수가 없다.

* 玉城康四郎 著, 『現代語譯 正法眼藏』卷2, (大藏出版, 1994, 1, 20) pp.271-275 참조

　먼저 '행불위의'라고 하는 것은 실천하는 부처의 모습이고, 혹은 부처를 실천하는 모습이라고 이해할 수 있다. 결국 철두철미하게 부처를 실천하는 것이다. 이와 같은 이해는 극히 표면적이지만 그것이 실은 심상치 않은 의미로 알려져 있다. 간단하게 이 권의 요지를 말해보고자 한다.

　첫 번째, 행불은 부처의 경지도 초월한 것을 말하고 있다. 말하자면 깨달은 것을 중요시하지 않는다. 왜냐하면 행동 하나하나가 이미 부처로서 나타나 있으며 몸의 행동이나 말의 표현으로도 나타나고 있다. 다시 바꾸어 말하면 부처의 경지조차도 집착하지 말라고 말할 수 있을 것이다. 이것을 비유적으로 말하자면 영원으로부터 지금까지 한 개의 쇠가 이음새가 없이 그대로 동시에 종횡무진으로 계속 쏘아댄다고 말하는 것이다.

　두 번째, 이와 같은 모습은 드디어 어떠한 형태로도 오염되지 않는다고 할 수 있다. 나도 이와 같으며 그대도 이와 같다. 그러나 나라고 하는 개인과 너라고 하는 개인도 떠나 있는 것이다. 이 떠나 있는 것이라고 하는 것이 오염되지 않았다라는 것이다. 또한 이와 같은 나와 이와 같은 그대가 그대로 제불에 의해서 호념되고 있다고 한다. 이 제불의 호념이라고 하는 것에 굴절하고 있는 점에 깊이깊이 유의해야 할 것이다. 이와 같이 보면 법을 위해서 몸을 버릴 뿐만 아니라 몸을 위해서 법도 버려야 하며, 身命을 아끼지 않을 뿐만 아니라 또한 신명을 아껴야 하는 것이다.

　세 번째, 행불은 부처의 측면에서도 마음의 측면에서도 규정할 수가 없다. 부처도 마음도 행불의 한 면에 지나지 않는다. 부처라고 하는 것은 깨달은 자이며 꽃이 핀 것과 같은 것이다. 여기에 대해서는 첫 번째 항목에서 말했다. 마음이라고 하는 것은 세계의 크기와 같다. 한 포기의 풀의 크기는 불조의 마음의 크기와 같으며, 일심의 크기는 無量佛을 다 포함하고 있다고도 말한다. 그러나 행불의 모습은 그와 같은 마음의 크기를 초월해 있다. 대소로서는 헤아릴 수 없다.

네 번째, 행불이라고 하는 것은 '어떤 것을 체득하면서 다른 곳으로 가는 모습이다.'라고 한다. 이 점을 수긍하는 말이다. 바꾸어 말하면 거기에도 가고, 여기에도 오며, 잡아오고 잡아가기도 한다. 이와 같이 보면 모든 일과 모든 신체와 모든 행위와 모든 부처가 아주 절친한 사이로 되고 그 하나하나가 탈락해서 온다는 것이 느껴진다. 실은 이것 자체가 몽환이며, 공화이다. 태어나는 것도 행불이며, 죽는 것도 행불이다. 결국 생사의 전체가 마치 珠玉이 구르는 것과 같은 모습이다. 여기까지 이르게 되면 무어라고 말할 것조차 없다. 통쾌하기 짝이 없고, 통철하기 짝이 없구나.

다섯 번째, 이와 같이 보면 천지 전체와 전 세계가 감춤이 없는 부처의 모습이지만 그것은 모습 하나에 지나지 않는다라고 말한다. 예를 들면 생에 대해서 생각해보자.

生이라고 하는 것은 태·난·습·화의 사생이 있지만 우리들이 경험하고 있는 것은 별도의 사생이 있다라고 正傳되고 있다. 또 죽음에 대해서도 2死·3死·4死·千死·萬死가 있음과 혹은 死가 있는가 生이 있는가 없는가라고 하는 것도 충분히 생각하지 않으면 안 된다. 또 부처도 인간세계만의 부처가 아니라 천상세계의 부처도 있고 불계의 부처도 있다. 석가는 인간세계에만 나타나는 것이 아니라 천상계에도 올라가기도 했고, 지금도 천변만화로 교화하고 있음은 틀림없다.

여섯 번째, 지금 설한 것은 인간계와 천상계, 불계와 같이 다른 것으로 들리지만 그것은 동시에 있는 그대로 자기주체에 관련되고 있다. 우리들은 진흙투성이가 되어 물에 들어가서 활로를 엶으로써 저절로 자유자재에 이른다. 꽃이 피면 거기에서부터 세계가 처음 시작되고, 그것은 한 부분에 지나지 않는다. 결국, 그대로가 도솔천에 가기도 하고, 도솔천으로부터 오기도 하며, 도솔천 그대로이기도 하다. 안락정토도 그와 같은 것이다. 도솔천도 또 안락세계도 그대로가 초탈하고 있다. 결국 도솔천도 또 안락세계도 있는 그대로 윤회하고 있는 것이다. 깨달음이라고 하면 깨달음이고, 미혹이라고 하면 미혹이다. 깨달음도 또 미혹도 행불의 행적을 가르치는 손가락의 움직임에 지나지 않는다. 때로는 한 번의 방귀소리이며, 때로는 똥냄새이기도 하다. 도원은 이와 같은 표현을 사용하지만, 우리들은 이것을 禪者의 洒脫이라고 볼 수 있지 않을까? 그런데 선자가 스스로 쇄탈이라고 의식할 때는 그는 이미 지옥으로 떨어질 것이다.

일곱 번째, 이와 같이 보면 우리들은 생사를 마음에 맡기고, 몸에 맡기며, 불도에 맡기고, 생사자체에 맡길 수밖에 없다. 그러면 행불의 모습이 바로 나타나고, 生死나 身心의 의미가 이음새 없이 전체로서 수긍된다. 이것을 구명하면 결국 만법이라는 것은 마음을 밝히는 것이고, 달리 표현한다면 자신의 고향에서 활동하는 것이며, 자신의 삶 그대로이다. 그래서 세우더라도 또그리고 놓아버리더라도 또 무한히 남아있는 것이라고 눈치 챌 것이다.

여덟 번째, 최후의 도원은 운봉·현사·원오 三人의 달인의 말로써 결론짓고 있다. 도원은 원오의 설법을 경탄의 눈으로 칭찬하고 있다. 부처님이 법을 설한 것은 배웠지만 법이 부처님을 설했다는 원오의 가르침에 새삼 開眼했다고 고백하고 있다.

【 역주 】 1

1. 諸佛은 반드시 威儀를 구족해 있다. 이것을 行佛이라고
한다. 행불은 報佛도 아니고 化佛도 아니다. 自性身佛도 아니
고 他性身佛도 아니다. 始覺·本覺[1])도 아니고 性覺[2])·無覺[3])도
아니다. 이와 같은 부처는 결코 行佛과 어깨를 견줄 수가 없
다. 알아야 한다. 제불이 불도를 행할 때 깨달음을 구할 필요
가 없다. 佛向上[4])의 道로써 行履[5])를 통달하는 것은 오직 행불
뿐이다. 自性佛 등은 꿈에도 본 일이 없다. 이 행불은 하나하
나[頭頭][6])의 위의를 나투기 때문에 몸으로 행동하기 이전에
위의를 나투기도 하고, 말하기 이전에 중생교화가 흘러나온다
[化機漏泄]. 모든 때[亘時], 모든 장소[亘方], 모든 부처[亘佛],
모든 행동[亘行]이다. 행불에 있지 않다면 佛縛·法縛으로부터

---

1) 시각본각(始覺本覺): 『大乘起信論』 (大正藏32, 576, b) "法界一相卽是如來平等法
身. 依此法身說名本覺. 何以故. 本覺義者 對始覺義說 以始覺者卽同本覺. 始覺義者
依本覺故而有不覺 依不覺故說有始覺"
2) 성각(性覺): 『楞嚴經』卷4 (大正藏19, 120, a) "性覺妙明本覺明妙"
3) 무각(無覺): 『方便心論』 (大正藏32, 24, b) "若言一切法有故一者. 有法二種 一有
覺二無覺. 云何爲一 因不同故… 若言一者則墮苦邊 若言異者則墮樂邊. 是故有說.
若一若異必墮二邊 非佛法義. 復次如有說言 涅槃之性 無苦無樂 何以知之 凡一切法
以有覺故故有苦樂 涅槃無覺云何言樂. 復有說者而言有樂"
　　『解脫道論』卷5 (大正藏32, 418, b) "心成一性無覺無觀"
4) 불향상(佛向上): 부처는 수행의 모범이고 목표이지만 참 수행은 거기에 집착하
지 않고 부처마저도 수행해야 한다는 뜻.
　　『筠州洞山悟本禪師語錄』 (大正藏47, 510, a) "師示衆曰體得佛向上事方有些子語話
分僧便問如何是"
5) 행리(行履): ① 일상의 생활, 수도생활 ② 行業, 行狀, 언동
6) 두두(頭頭): 하나하나, 모두『碧巖錄』第2則 "頭頭是道物全眞"

자유롭게 될 수 없고, 결국은 佛魔·法魔의 무리들과 같은 것
이다.

【 강의 】1

1. 이 行佛威儀라고 하는 것은 바로 성불한 뒤에 부처는 어떻게
행동해야 할 것인가 말하고 있다. 어찌 보면 불교의 실천을 강조
하고 있다고 볼 수 있다. 행동하지 않는 부처는 부처가 아니라는
것이다. 그래서 모든 부처는 반드시 행·주·좌·와의 사위의를
구족해 있다. 이것을 가지고 行佛이라고 말한다. 행불이라고 하는
것은 과거에 수행의 과보로써 얻어진 報身佛도 아니고, 중생교화
의 모습으로 나툰 변화신불도 아니다. 그렇다고 하여 자수용신인
自性身佛도 아니고 타수용신인 他性身佛도 아니다. 이 말은 지금
까지 불타론에서 주장하던 법신불·보신불·화신불의 삼신설과
자수용신·타수용신에 머물지 않고 선불교에서 새롭게 주장하는
행신불을 말하고 있다. 따라서 불타론적인 입장에서 본다면 대승
불교의 불타론을 넘어서 새롭게 실천하는 부처라는 모델을 제시
하고 있다. 그러므로 불타론적인 입장에서도 행불은 대단히 중요
하다고 볼 수 있다.

도원은 더 나아가서 이 행불을 기신론에서 애기하는 始覺·本覺·
不覺도 초월하며, 性覺이나 究竟覺에 이른 無覺까지도 아니라고
주장하고 있다. 지금까지 대승불교에서 주창했던 삼신설의 부처
와 깨달음에 대한 주장보다도 선불교에서 애기하는 행불이라고
하는 것은 비교할 수 없다라고 하고 있다. 그러면서 도원은 제불
이 불도를 행할 때에는 깨달음을 더 이상 구할 필요가 없다. 부

처가 성불한 이후에도 불도를 행하고 수행생활을 계속해야 한다는 것을 주장하고 있다. 이것이 바로 오직 행불뿐이다. 이러한 사상은 임제선에서 말하는 돈오돈수와는 다른 조동선에서 주장하는 돈오점수설을 입증하고 있다고도 볼 수 있다. 행동하지 않는 부처는 부처라고 할 수도 없으며, 본래 부처라고 주장하는 자성불을 꿈에도 본 일이 없다고 할 수 있다. 이 행불은 두두물물에서 위의를 나투기 때문에 몸으로 행동하기 이전에 이미 부처의 위의를 나투기도 하고, 설법하기 이전에 이미 중생교화를 하게 되는 것이다. 어느 때[亙時]든, 어느 장소[亙方]든, 어느 부처[亙佛]든, 어떤 행동[亙行]이든 행불을 하지 않는다면 그것은 부처에게 매이는 것이고 법에 속박당하는 것이기 때문에 결코 자유롭게 될 수 없을 뿐만 아니라, 결국에는 부처의 모습을 나타낸 마구니이며, 불법을 훼방하는 마구니의 무리들과 다를 바가 없을 것이다.

【 역주 】 2

  2. 佛縛이라고 하는 것은 菩提를 菩提라고 知見으로 解會하는 것이다. 곧 知見과 곧 解會에 속박되는 것이다. 一念 동안이라도 해탈의 시기를 기약하지 못하고 헛되이 잘못 아는 것이다. 보리를 보리라고만 이해하는 것은 그 보리에 상응하는 지견이니 누가 이것을 사견이라고 하겠는가. 내 생각으로는 이것도 곧 無繩自縛이다. 縛縛綿綿하는 것으로 나무가 넘어져도 등나무는 마르지 않는다(樹倒藤枯). 헛되이 부처님 주변의 소굴에서 생활할 뿐이다. 법신이 병들어 가는 줄 모르고 보신이 窮해지는 줄 모른다.

教家·経師·論師 등이 불도를 멀리서 듣고 고쳐서 말하기를 "법성에 대해서 법성이라는 견해를 일으키는 것은 곧 무명이다(即於法性 起法性見 即是無明)."라고 했다. 이와 같은 教家의 말은 법성에 대해서 법성이라는 견해를 일으키는 것을 법성의 속박이라고 하지 아니하고 무명의 속박이라고 하는 것이다. 법성의 속박임을 알지 못하고 슬프게도 무명의 속박임을 아는 것은 보리심을 발하는 종자가 될 것이다.

지금 행불이라는 것은 결코 그와 같은 속박에 얽매이지 않는다. 그 때문에 내가 과거로부터 보살도를 행하여(我本行菩薩道)[7] 성취한 수명은 아직도 다하지 아니하였으며, 또한 上數의 倍가 된다.(我本行菩薩道 所成壽命 今猶未盡 復倍上數) 알아야 한다.

보살의 수명은 지금도 계속 이어지는 것이 아니며, 부처님의 수명도 과거에까지 布遍되는 것은 아니다. 지금 여기에서 말하는 上數는 완전한 성취이다. 지금 말한 今猶라는 것은 완전한 수명이다. 나의 본행(我本行)이 萬里一條鐵[8]이라고 할지라도 백년을 종횡무진으로 누비는 것이다.(百年抛却任縱橫)[9]

그렇더라도 修証은 없지도 않고, 수증은 있지도 않고, 수증은 오염되지도 않는다. 無佛無人[10]의 처소에 백 천만이 있다고

---

7) 아본행보살도(我本行菩薩道): 『妙法蓮華經』卷第五 (大正藏9, 42,c)
　　"諸善男子. 我本行菩薩道所成壽命. 今猶未盡復倍上數. 然今非實滅度. 而便唱言當取滅度. 如來以是方便教化衆生."
8) 만리일조철(萬里一條鐵): 일체평등의 견고한 세계.
9) 백년포각임종횡(百年抛却任縱橫): 石頭希遷의 『草庵歌』(大正藏51, 461,c) "遇祖師親訓誨 結草爲庵莫生退 百年抛却任縱橫 擺手便行且無罪 千種言萬般解"
10) 무불무인(無佛無人): 永嘉玄覺의 『證道歌』(大正藏51, 461,a) "我今解此如意珠

할지라도 행불을 오염시키지 않는다. 따라서 행불의 수증에는 염오될 것이 없다. 수증이 염오되는 않는 것은 없다. 이 不染汚는 없는 것이 아니다.

【 강의 】 2

2. 부처에게 속박된다라고 하는 것은 깨달음을 깨달음이라고 知見으로만 이해하는 것을 말한다. 知見만 열린다해서 깨달음을 성취하는 것은 아니다. 지견을 견성이라고 한다면 깨달음은 悟道인 것이다. 만약 우리가 어떤 이치를 터득했다고 할지라도 그것을 실천하는 것과는 다르다. 곧 지견과 아는 것(解會)에 매이는 것을 가지고 부처에게 속박된다라고 한다. 이는 지견이 열렸다고 하는 그 순간동안이라도 거기에 속박됨으로 인하여 해탈의 시기를 기약할 수 없으며, 헛되이 지견만 가지고 해탈로 잘못 아는 것이다.

보리를 보리라고만 이해하는 것은 그 보리에 상응하는 지견이므로 이것을 가지고 邪見이라고는 말하지 않는다. 그러나 사견은 아니지만 知見만 열렸을 뿐이지 해탈을 성취한 것은 아니다. 도원의 생각으로는 지견을 얻은 것을 가지고 깨달음을 이해한다라고 하는 것은 바로 매이지 않는데 스스로 매이는 것이다. 즉 번뇌에 매이는 것이 아니라 보리에 속박되는 것이다. 그러한 속박은 계속하여 이어지는데 이는 마치 등나무 넝쿨이 감겨져 있는 나무가 설사 넘어져서 죽는다 할지라도 그 나무를 감고 있는 등나무는 마르지 않고 죽지 않는 것과 같다.(樹倒藤枯) 이는 보리의 나무가

信受之者皆相應 了了見無一物 亦無人亦無佛 大千世界海中漚 一切賢聖如電拂.”
黃檗希運의『傳心法要』(續藏經69, 13,a);『宛陵錄』(續藏經69, 16,b)

넘어졌다 할지라도 그것을 감고 있는 知見解會의 등나무는 죽지 않는 것과 같다. 이러한 지견해회는 부처님의 주변에 있으면서도 부처님이라고 하는 작은 굴속에 갇혀서 생활하는 것과 같은 것이다. 이러한 사람은 법신이 병들어 가는 줄도 모르고 보신이 그 공덕력을 다하여 능력을 상실해가는 것조차도 모른다.

교가나 경사나 논사 등이 불법을 한다면서도 진수에는 들어가지 못하고 변두리에 얽매여 있으면서 말하기를,

"法性에 대해서 法性의 견해를 일으키는 것은 곧 무명이다(卽於法性 起法性見 卽是無明)."라고 하고 있다. 그들은 법성에 대해서 법성이라는 견해를 일으키는 것이 무명이라고 하면서, 법성의 견해를 일으키는 것은 바로 법성이 아니라 무명의 속박이라고 말하는 것이다. 그런데 사실은 그들이 말하는 무명의 속박이라고 하는 것은 잘못된 것이고, 이것은 법성의 속박임을 알아야 한다. 그러나 무명의 속박이든 법성의 속박이든 간에 속박임을 아는 그것은 바로 보리심을 발하는 종자가 될 것이다.

지금 부처의 행위라고 하는 것은 바로 그와 같이 보리의 속박이나 무명의 속박에 얽매이지 않는 것을 말한다. 그 때문에 『법화경』「여래수량품」에서 말하는 것과 같이 여래의 수명은 영원하다라고 하였다. 그러면서 여래께서는 본생에 보살도를 행하면서 받은 수명보다도 더 배가 되는 수명을 지니고 있음을 알아야 한다.(我本行菩薩道 所成壽命 今猶未盡 復倍上數)

보살의 수명은 지금 이어지는 것이 아니며, 과거에도 널리 있었던 것은 아니다. 여래의 수명은 과거와 현재와 미래를 초월하여 영원한 것이다. 즉 무시이래로 시작하여 무종에 이르기까지 끝이 없는 것을 무량수라고 한다. 번뇌는 시작이 없는 과거에서부터

일어나지만 반드시 끝은 있으나, 여래는 시작이 없는 과거에서 끝이 없는 미래에까지 연결되는 것이다.

여기에서 말하는 上數라고 하는 것은 어떤 숫자적인 개념이 아니라 완전한 성취를 의미한다. 또 今猶라고 하는 것도 완전한 수명을 말한다. 부처님의 본행(我本行)은 일체평등의 견고한 세계라 할지라도 시공을 초월하여 종횡무진하게 중생계를 누비는 것이다.(百年抛却任縱橫)

그렇더라도 닦음과 깨달음은 없지도 않고, 있지도 않는 것이며, 그것은 오염되지도 않는 것이다. 본래 닦을 것도 없고 깨달을 것도 없는 것이다. 도원의 묵조선은 본래 부처이기 때문에 본래 부처를 찾을 뿐이지 달리 깨달음을 인정하지 아니하기 때문에 이와 같은 견해가 나왔을 것이다. 깨달은 사람도 없고 깨닫지 못한 사람도 없는 그러한 곳에 수많은 사람이 있다고 할지라도 부처의 행을 오염시키지는 못한다. 따라서 행불의 수증에는 염오될 것도 없고 염오되지 않을 것도 없다. 이는 항상 오염되지 않는 것을 의미하는 것은 아니다.

【 역주 】3

3. 조계대사께서 말씀하시기를,

"오직 여기에 물들지 않는 것이 있으니, 이것은 諸佛이 護念하는 바이며, 그대도 또한 그와 같고, 나도 또한 그와 같으며 내지 서천의 모든 조사도 또한 그와 같느니라.(祇此不染汙[11]),

---

11) 지차불오염(只此不汚染):『傳燈錄』卷5 (大正藏51, 240,c)"祖曰 只此不汚染諸佛之所護念 汝旣如是 吾亦如是 西天般若多羅識"

是諸佛之所護念, 汝亦如是, 吾亦如是, 及至西天諸祖亦如是)"라고
하였다.

그러므로 그대도 이와 같기 때문에 제불이고, 나도 이와 같
기 때문에 제불이다. 진실로 '나'도 아니고 '그대'도 아니기 때
문에 물들지 않는 것이다. 그러므로 나는 나이고 그대는 그대
이기 때문에 제불이 호념하는 바이니, 이것이 행불의 威儀이
다. 스승이 훌륭하고, 제자가 강한 것이 행불의 明行足이다.
알아야한다, 제불의 호념하는 바는 나이며, 그대이기도 하다.
曹溪古佛께서 말씀하시기를,

"어찌 내가 아니고 그대도 아니라고 할 수 있을까? 그것이
행불이 호념하는 바이고 행불이 통달하는 바가 이와 같다."라
고 하였다.

이와 같기 때문에 알아라. 修證은 性相本末[12]등에 있지 않
다. 행불의 去就는 그 과로서 부처를 실천하는 것이고, 부처는
곧 행동하는 것이다. 여기에 법을 위하여 몸을 버리기도 하
며,(爲法捨身) 몸을 위하여 법을 버리기도(爲身捨法) 한다. 목
숨[身命]을 아끼지 않기도 하며,(不惜身命)[13] 또 목숨을 아끼기
도 한다. 법을 위하여 법을 버릴 뿐만 아니라 마음을 위하여
법을 버리는 威儀이기도 하다. 버린다는 것은 무량한 것이며,
잊어버리지 않는 것이다. 佛量으로써 大道를 측량하거나 헤아
려서 안된다. 불량이라고 하는 것은 한 구석이며, 꽃이 피는

---

12) 성상본말(性相本末): 『法華經』卷4 (大正藏9, 5,c) "唯佛與佛乃能究盡諸法實相
所謂諸法如是相 如是性 如是體 如是力 如是作 如是因 如是緣 如是果 如是報 如
是本末究竟等"

13) 불석신명(不惜身命): 『法華經』卷4 (大正藏9, 36,a) "我等當起大忍力讀誦此經 持
說書寫種種供養不惜身命"

것(華開)14)과 같은 것이다. 心量으로서 위의를 찾지 말고 헤아
리지 말라. 심량은 일면이며 세계와 같은 것이다. 풀 한 포기
는 불조의 마음(佛祖心量)과 같다. 이것이 행불이 蹤迹을 인정
하는 한 단면이다. 한 마음 속에 무량제불을 포함하고 있음을
見徹하고 있다고 할지라도 행불의 容止動靜을 헤아리는 것은
본래모습을 초월한 것이다. 초월한 행동이기 때문에 적중하지
아니하며, 사용할 수도 없고 헤아릴 수 없는 것이다.

【 강의 】3

3. 조계육조혜능이 남악회양에게 말하기를,

"오직 여기에 물들지 않는 한 물건이 있으니, 이것은 모든 부처
님이 호념하는 바이고, 그대에게도 호념하는 바이며, 나에게도 호
념하는 바이고, 내지 서천의 모든 조사들에게도 호념하는 바이
다.(祇此不染污, 是諸佛之所護念, 汝亦如是, 吾亦如是, 及至西天諸祖
亦如是)"라고 하였다.

그러므로 남악회양 그대도 이와 같기 때문에 모든 부처님과 같
으며, 나 혜능도 이와 같기 때문에 諸佛과 같다. 그러나 이것은
진실로 말하자면 나 혜능도 아니고 그대 회양도 아니다. 그러기
때문에 이 한 물건은 물들지 않는 것이다. 한편으로 이것은 나는
나인 혜능이고 그대는 그대인 회양이기 때문에 모든 부처님이 각
각의 모습대로 호념하는 바이다. 나의 모습 속에서도 제불이 나

---

14) 화개(華開):『傳燈錄』卷2 (大正藏51, 216, b) "如來以正法眼付大迦葉 如是展轉乃
　　至於我 我今囑汝 聽吾偈曰 心地生諸種 因事復生理 果滿菩提圓 華開世界起 尊者
　　付法已"

투고, 그대의 모습 속에서도 제불이 나투기 때문에 이것이 바로 행불의 위의이다. 그러므로 스승은 훌륭하고, 이를 따르는 제자인 회양은 강하다. 따라서 이를 가지고 행불의 明行足이라고 한다. 그대는 알아야 한다. 모든 부처님이 호념하는 바는 나이며, 그대 이기도 하다. 또 조계육조대사는 말하기를,

"그러므로 어찌 행불의 위의가 내가 아니고 그대도 아니라고 할 수 있겠는가? 그것이 바로 행불이 호념하는 바이고 행불이 통달하는 바가 이와 같기 때문이다."라고 하였다.

이상의 말은 육조혜능이 제자인 회양에게 한 말이다.

이와 같기 때문에 도원은 다음과 같이 해석하고 있다.

반드시 알아야 한다. 깨달음과 증득은 性과 相의 시작과 끝에 있는 것이 아니다. 행불의 움직임은 그 결과로서 말하는 것이다. 부처는 이론의 부처가 아니라 실천하는 부처를 말하며, 부처님은 곧 행동하는 실천자이다. 이것이 바로 보살도라고 말할 수 있다. 때로는 깨달음을 위하여 몸을 바치기도 하지만 이 법을 위하여 집착하는 것이 아니라 몸을 보호하기 위하여 법을 과감히 버릴 수도 있는 것이다. 이러한 예는 계율에서 여인의 몸에 손이 닿으면 안 된다고 하지만, 물에 빠져 허우적거리는 여인을 보았을 때 계율에 어긋나는 일이 있더라도 여인의 목숨을 구해내는 일이 더 중요할 것이다. 또는 목숨을 아끼지 아니하고 법을 돌보기도 하지만, 때로는 더 큰 깨달음과 보살도를 실천하기 위해서 목숨을 아껴야 하기도 한다. 법을 위하여 법을 버릴 뿐만 아니라 마음을 위하여 법을 버리는 위의를 나투기도 한다. 이는 법에 집착하지 말라는 것이다. 법에 집착하여 있다면 그것은 진정으로 깨달은 자가 아닌 것이다. 법이라는 것은 중생을 제도하기 위한 것이지

법을 위해서 중생이 존재하는 것은 아니다. 여기서 버린다라고 하는 것은 집착을 버림으로 무량한 것을 얻을 수 있지만, 잊어버리는 것은 아니다. 버린다고 하여 진리를 잊어버리고 마음대로 행동하라는 것은 아니다. 부처님을 어떤 모습이나 佛量으로 대도를 측량하거나 헤아려서 안 된다. 부처님이 무량하다고 할지라도 그것은 한 구석에 불과한 것이며, 한 송이의 꽃이 피는 것(華開)과 같다. 마음으로만이 위의를 찾지 말고 헤아리지 말아야 한다. 이는 관념적인 것에만 매달려서 이론적으로만 보살행을 전개할 것이 아니라 실천하라는 것이다. 우리의 마음은 한 부분이며, 그 한 부분은 전 세계와 같은 것이다. 풀 한 포기에서 불조의 모습을 볼 수 있으며, 행불의 자취를 찾을 수 있다. 한 마음 속에 무량한 제불이 있음을 철견하였다고 할지라도 행불의 사위의를 헤아리는 것은 부처의 본래모습에서 벗어난 일이다. 다시 말하자면 제불의 모습을 본 지견에 이르렀다 할지라도 행불의 위의를 다 알 수 있다는 것은 불가능한 일이다. 그렇기 때문에 지견에 이른 사람에게조차도 행불의 위의는 초월된 행동이기 때문에 우리로서는 어떤 말로 표현하더라도 적중할 수 없고, 그것을 사용할 수도 없으며, 헤아릴 수 있는 경계가 아니다.

【 역주 】 4

4. 자, 이제부터 行佛威儀에 대하여 구명해보자.
'부처가 즉 자기라고 하는 말(卽佛卽自)과 어떤 물건이 이렇게 왔는가.(恁麼來)15)'라고 하는 것은 나도 또한 그렇고 너도 또한 그렇다고 하는 위의이며, 또한 그것은 나 자신의 능력에 달려있다고(唯我能)16) 할지라도 즉 그것은 시방부처님이 脫落한 것이고, 이것은 같은 것이 아니다. 그러므로 古佛이 말하시기를, 저곳의 일을 체득하면 이 속의 行履로 돌아오게 된다고 하였다(体取那邊事 却來這裏行履).17)

　이미 이와 같이 保任을 하면 제법·제신·제행·제불과 가까워지는 것이다. 이 行·法·身·佛은 각각의 받아들이는 것(承當)에 걸림이 있을 뿐이다. 받아들이는 것에 걸림이 있기 때문에 받아들이는 것에 탈락될 뿐이다. 눈에 눈병이 있으면(眼礙)18) 분명하게 있는 백 가지 초목(明明百草頭)19)이라도 일법도 보지 못하고,(不見一法)20) 한 물건도 보지 못한다(不見一物)고 하지 말라. 저 법에 도달한 것과 같으며 이 법에 도달한 것과 같은 것이다. 가지고 오고 가지고 가며 한 문으로 출입하는 행리이다. 일찍이 법계에 두루하여 감춰져 있지 않기 때문에 세존의 은밀한 말(密語)·은밀한 증득(密證)·은밀한 행동(密行)·은밀한 부촉(密附)21) 등이 있는 것이다.

---

15) 심마불임마래(甚麼物恁麼來): 『傳燈錄』卷5 (大正藏51, 240,c) "勸師謁崇山安和尙. 安啓發之. 乃直詣曹谿參六祖. 祖問. 什麼處來. 曰嵩山來. 祖曰. 什麼物恁麼來"

16) 유아지시상(唯我知是相): 『法華經』卷1 (大正藏9, 6,a) "又告舍利佛 無漏不思議甚深微妙法 我今已具得 唯我知是相 十方佛亦然"

17) 체취나변사(體取那辺事): 『宏智禪師廣錄』卷5 (大正藏48, 69,c) "只教爾了却那邊却來者邊行履 若那邊不了"

18) 안애(眼礙): 『聯燈會要』 (卍續藏136, 439,a) "師開井泉眼不通 問僧泉眼不通被沙塞道眼不通被甚麼礙 僧無對師代云被眼礙"

19) 명명백초두(明明百草頭): 『龐居士語錄』卷上 (卍續藏120, 31,b) "居士一日坐次問靈照曰 古人道明明百草頭 明明祖師意 如何會 照曰老老大大作這箇語話士曰 你作麼生 祖曰明明百草頭 明明祖師意士乃笑"

20) 불견일법(不見一法): 『證道歌』 (續藏經114, 443,b) "不見一法卽如來 春至群花胃雨開是色是心人 不曾撞鐘擊鼓上高臺"

　　문을 나가면 문득 이 풀이고, 문에 들어와도 다시 이 풀이
다. 만 리에 이르도록 한 포기(一寸)의 풀도 없다.(出門便是草,
入門便是草, 万里無寸草)22) 入이라고 하는 한 글자나 出이라고
하는 한 글자도 저것도 사용할 수 없고, 이것도 사용할 수 없
다(這頭也不用得, 那頭也不用得). 지금 이와 같이 파악하는 것
은 放行을 하였다고 할지라도 꿈속의 환영이고 허공의 꽃이다
(夢幻空華). 누군가 이것을 夢幻・空華라고 잘못 위에 더욱 잘
못을 거듭하면 안 된다.(將錯就着)23) 앞으로 나아가도 잘못이
고, 되돌아 와도 잘못이다. 한 걸음도 잘못된 것이고, 두 걸음
도 잘못된 것일 뿐만 아니라, 잘못되고 잘못된 것이다. 天地懸
隔24)이기 때문에 지극한 도(至道)는 어렵지 않다. 威儀와 儀威
는 대도의 본체가 넓음을 구명해야할 것이다.

---

21) 밀부(密附): 『聯燈會要』卷1 (卍續藏136, 220,c-221,a) "世尊在靈山會上 拈華示
　　衆 衆皆黙然 唯迦葉破顔微笑 世尊云 吾有正法眼藏涅槃妙心 實相無相微妙法文 不
　　立文字 教外別傳 咐囑摩訶迦葉. 世尊昔至多子塔前 命摩訶迦葉分半座 以僧伽梨圍
　　之 乃告云 吾有正法眼藏 密付於汝 汝當護持 傳付將來無令斷絶"

22) 출문편시초(出門便是草): 『宏智禪師廣錄』卷1 (大正藏48, 11,a) "兄弟初秋夏末
　　或東去或西去 直須向萬里無寸草處去始得 又日 只如萬里無寸草處 且作麼生去 師
　　聞之乃曰 出門便是草"

23) 장착취착(將錯就着): 『從容錄』卷4 (大正藏48, 262,b) "師云 雪峰低頭歸庵 德山
　　便歸方丈 最好參祥 巖頭密啓其意 爾且道 道甚麼 德山又休去 可謂相逢不拈出 擧
　　意便知有 山室來日上堂 果與尋常不同 也是將錯就着"

24) 천지현격(天地懸隔): 『信心銘』(大正藏48, 376,b) "至道無難 唯嫌揀擇 但莫憎愛
　　洞然明白 豪釐有差 天地懸隔"

【 강의 】4

4. 도원이 말하기를, 지금부터 行佛威儀에 대하여 더 자세히 구명하고자 하였다. 그는 육조가 말한, '부처가 즉 자기라고 하는 말(卽佛卽自)과 어떤 물건이 이렇게 왔는가(恁麼來)'라고 하는 것에 대해서 다시 설명하였다. 도원은 이 설명에 대하여 나도 또한 그렇고 너도 또한 그렇다는 것으로 하였으며, 이 모든 것은 나 자신의 능력에 달려있다고(唯我能) 하였다. 즉 그것은 시방삼세 부처님이 해탈한 것이지만, 그렇다고 하여 모두가 꼭 같다는 것은 아니다. 그러므로 육조스님이 말하기를, '저곳의 일을 체득하면 이 속의 行履로 돌아오게 된다.(体取那邊事 却來這裏行履)'고 하였다. 이 말은 하나를 통하면 전체에 다 통할 수 있다는 것이다.

이미 이와 같은 마음으로 保任을 하게 되면 모든 法이나 모든 불신이나 모든 行이나 모든 부처님과 가까워지는 경계가 될 것이다. 이러한 行·法·身·佛은 각각 그것을 받아들여서 스스로 확인할 뿐이다. 받아들여서 확인하는데 걸려 있을 뿐이다. 받아들여서 확인하는데 걸려 있기 때문에 그것조차도 해탈되어야 한다. 눈병이 난 사람에게는 이 세상 삼라만상의 현상계가 분명히 있다고 하더라도 하나도 보지 못한다고 한다.

그러나 그렇게만 말하지 말라. 한 물건도 보지 못한다(不見一物)고 하지 말라. 여기서 눈병이라고 하는 것은 무명의 번뇌에 가려져 있는 것을 말하기 때문에 진리는 자유자재하게 여기에도 해당되며 저기에도 해당되는 것이다. 부처님의 위의는 오고 가고 함이 한 문으로 드나드는 행동이다. 문은 하나지만 그 문으로 들어올 수도 있고, 그 문으로 나갈 수도 있는 것이다. 들어오는 것은 입문이 되고 나가는 것은 출문이 되는 것과 같다.

이러한 법은 온 법계에 두루 나타나 있지 어디 한 곳도 비밀스럽게 감춰져 있는 것은 없다. 그렇기 때문에 오히려 부처님께서는 은밀하게 이것을 말씀하셨고, 은밀하게 증득하셨으며, 은밀하게 행동하셨고, 은밀하게 부촉하셨다. 우리 중생들이 보면 은밀한 위의이지만 부처님의 입장에서는 모든 것이 드러나 있는 현상계의 그대로인 것이다.

마음의 문을 열고 나가면 번뇌의 풀이 그대로 있고, 문을 열고 들어와도 번뇌의 풀이 그대로 있다. 그러나 본래는 어디 한 곳도 번뇌의 풀은 존재하지 않는다. 그러므로 깨달음을 어찌 들어왔다 할 수 있고, 또 벗어났다라고 할 수 있겠는가. 이러한 말조차도 사용할 수 없다. 지금 여기에서 이렇게 말하는 것도 모두 잘못된 것이며, 부처님의 위의를 행한다는 것도 잘못된 것이다. 본래는 불행의 위의가 따로 있지 않은데 우리 중생은 부처님의 위의와 중생의 행위를 나누어 보고 있다.

이와 같은 것은 처음에는 머리카락만큼의 차이가 끝에 가서는 하늘과 땅의 차이로 벌어지기 때문에 우리는 주의하여야 할 것이다. 본래 도에 이르는 것은 어렵지 않다. 부처님의 행·주·좌·와의 위의와 어·묵·동·정의 위의는 큰 도의 본체가 두루함을 구명해야 할 것이다.

【 역주 】 5

5. 알아라. 이 세상에 태어나는 것도 도에 의해서 태어나며, 죽는 것도 또한 도에 의해서 죽는 것이다.(出生合道出, 入死合

道入) 이와 같은 시작과 끝(生死)은 마치 둥근 구슬이 구르는
것과 같은 모습으로 나툰다. 佛威의 한 모습을 나투는 것은 天
地 전체이고, 生死去來 전체이며, 사바세계이고, 연화장세계이
다. 이와 같은 사바세계와 연화장세계도 각각의 부처님의 모
습이다.

　많은 학인들이 盡乾坤이라고 하는 것은 바로 南贍部洲를 말
하는 것이 아닌가라고 생각하며, 또 이 四大洲25)를 말하는 것
이 아닌가라고 생각하기도 한다. 또 神丹國이라고 생각하며,
日本國이라고 생각하기도 한다. 盡大地라고 하는 것도 오직 三
千大千世界26)를 생각하거나, 겨우 한 州나 한 縣이라고도 생각
한다.

　盡大地・盡乾坤이라고 하는 말을 참학하기를 세 번, 다섯 번
도 더 생각해야 한다. 그것은 오직 넓이로만 단정하지 말라.
이 말은 지극히 작은 것은 큰 것과 같고(極小同大), 지극히 큰
것은 작은 것과 같으며(極大同小)27), 부처도 초월하고 조사도
초월한 것이다. 이것은 大가 있음도 아니고 小가 있음도 아니

---

25) 사대주(四大洲):『阿毘達磨俱舍論』卷8（大正藏29，41, a）“謂四大洲 一南贍部洲
　　二東勝身洲 三西牛貨洲 四北俱盧洲”

26) 삼천대천세계(三千大千世界): 古代 印度人의 세계관과 우주관으로 수미산을
　　중심으로 해서 주변에 사대주가 있고, 그 주변에 九山・八海가 있다. 이것이
　　각각 머무는 세계로 하나의 小千世界라고 한다. 위로는 色界의 初禪天으로부
　　터 아래로는 大地의 밑에 風輪에 이르기까지 미치는 범위를 말한다. 이 하나
　　의 세계를 千을 모은 것을 小千世界라 하고, 이 하나의 소천세계를 千을 모
　　은 것을 中千世界라 하며, 中千世界를 千을 합한 것을 大千世界라 하고, 대천
　　세계에다 千을 붙인 것을 삼천대천세계라 한다.

27) 극대동소(極大同小):『信心銘』（大正藏48，377, a）“極小同大 妄絶境界 極大同小
　　不見邊表(지극히 작은 것이 큰 것과 같아서 상대적 경계는 모두 끊어지고 지
　　극히 큰 것은 작은 것과 같아서 그 끝과 곁을 볼 수 없다.)”

다. 의심한다고 할지라도 그것 또한 威儀行佛이다.

불불조조께서 말씀하신 盡乾坤의 威儀와 盡大地의 威儀들은 모두 함께 감추어져 있지 아니하고(偏界不曾藏) 온 법계에 편만해 있음을 참학해야 한다.   온 우주에 편만해 있어 감추어져 있지 않을 뿐만 아니라 이것도 行佛威儀 중 하나이다.

【 강의 】 5

5. 알아라. 이 세상에 태어난다는 것도 도에 의해서 태어나며, 또한 도에 의해서 죽는 것이다.(出生合道出, 入死合道入) 여기에서 도라고 하는 것은 과연 무엇일까. 이것을 부처님은 연기법이라고 하였다. 그러므로 이 세상에 태어나는 것도 연기에 의해서 태어나고, 죽는 것도 연기의 원리를 벗어나지 않는 것이다. 이와 같이 우리가 태어나고 죽는 것은 마치 둥근 구슬이 구르는 것과 같이 시작도 없고 끝도 없는 모습으로 나투는 것이다. 부처님의 위의가 나투는 것은 온 천지이고, 생사거래 또한 부처님의 위의 그대로이며, 그 모습은 사바세계의 모습으로 나투기도 하고, 연화장세계의 모습으로 나투기도 한다. 이와 같이 사바세계도 부처님의 모습이고 연화장세계도 또한 부처님의 모습이다.

불법을 공부하는 학인들은 말하기를, 盡乾坤이라고 하는 것은 바로 우리가 사는 사바세계의 南贍部洲를 의미하는 것이 아닌가라고 생각하며, 이것은 동·서·남·북의 사대주를 말하는 것으로 생각하기도 한다. 또 어떤 사람은 이것은 중국을 가리키는 것이라고 생각하며, 일본을 가리키는 것이라고 생각하기도 한다. 한편 盡大地라고 하는 것에 대해서도 이것은 오직 삼천대천세계를 말하는 것으로 생각하거나, 또 어떤 사람은 한 州나 한 縣이라고도 생각하는 사람도 있다.

그러므로 진대지나 진건곤이라고 하는 말의 뜻을 잘 참학해야 하며, 두고두고 계속 그 가르침의 본의를 생각해야 한다. 이것을 오직 넓이로나 크기로만 생각해서는 안 된다. 이 말의 뜻은 지극히 작은 것은 지극히 큰 것과 같으며,(極小同大) 지극히 큰 것은 지극히 작은 것과 같은 것이다.(極大同小) 뿐만 아니라 부처에게 매여서도 아니 되고, 조사에게 묶여서도 아니 된다. 불조마저도 초월해야 한다. 여기에는 大가 존재한다거나 小가 존재하는 것이 아니다. 이러한 참구와 의심은 모두 行佛의 위의이다.

모든 부처님과 조사가 말한 진건곤의 위의와 진대지의 위의는 어디에도 감추어져 있지 아니하고 온 우주 법계에 편만해 있음을 항상 참학해야 한다. 온 우주에 편만해 있어서 어느 구석도 감추어져 있지 않을 뿐만 아니라 드러난 그대로가 바로 행불위의의 모습 중 하나이다.

【 역주 】 6

6. 佛道를 말함에 있어서 胎生과 化生에 대해서는 불도의 行履라고 하지만, 아직까지 濕生과 卵生을 佛道의 행리라고는 말하지 않았다. 하물며 胎·卵·濕·化生[28] 이외에 다른 生이 있음을 꿈에도 보지 못했다. 그러므로 말할 것도 없이 태·난·

---

28) 태난습화생(胎卵濕化生): 『金剛般若波羅蜜經』(大正藏8, 749, a) "佛告須菩提. 諸菩薩摩訶薩 應如是降伏其心. 所有一切衆生之類. 若卵生若胎生若濕生若化生. 若有色若無色. 若有想若無想. 若非有想非無想. 我皆令入無餘涅槃而滅度之."

습·화생 외에 다른 태·난·습·화생이 있다는 것을 見·聞·
覺·知하지 못했다. 지금 佛佛祖祖들의 大道에는 태·난·습·
화생 이외에 태·난·습·화가 있음을 숨김없이 正傳했으며
친밀하게 정전했다. 이 말을 듣지도 못했고 배우지도 못했으
며 알지도 못하고 깨닫지도 못했다는 자들은 도대체 어떤 무
리들인가? 이미 四生은 들은 바 있지만, 죽음에 대해서는 얼마
나 많은 종류가 있을까. 四生에는 四死가 있는가, 아니면 三死·
二死가 있는가? 아니면 五死·六死·千死·萬死가 있는가? 이
도리를 잠시라도 의심해보고 참학해야 한다.

  자 이제 공부해 보라. 이 四生衆類 중에 生은 있으나 死가
없는 것이 또 있을까? 또는 오직 死만 單傳하고 生을 단전하지
않는 것이 있을까? 單生單死하는 무리들의 유무를 반드시 참
학해야 한다. 겨우 無生이라는 말을 듣고 밝히지는 못하고 身
心의 공부를 내버려두는 사람도 있다. 이것은 대단히 우둔한
것이다. 信·法·頓·漸을 논함에도 이르지 못하는 축생의 무
리라고 할 것이다. 이유를 말하자면 설사 無生이라고 들었다할
지라도, 이 의미는 무엇일까? 다시 無佛·無道·無心·無滅일
까? 또는 無生이 없는 것일까? 法界가 없고 法性이 없는 것일
까? 無死일까라는 공부를 해보지도 않고 쓸데없이 水草但念[29]
이기 때문이다.

---

29) 수초단념(水草但念): 『妙法蓮華經』卷2 (大正藏9, 15,c) "若作馳駝 或生中驢 身
   常負重 加諸杖捶 但念水草 餘無所知"

【 강의 】 6

6. 부처님의 도에 대해서 말할 때 흔히 胎生과 化生은 부처님의 모습이라고 말하지만, 지금까지 濕生이나 卵生에 대해서는 부처님의 모습이라고 말하지 아니하였다. 그러다 보니 태·난·습·화생 四生 이외에 다른 생이 있다는 것은 꿈에도 생각하지 못했다. 이런 말은 태생은 부처님께서 인간 세상에 모습을 나투었음을 얘기하고 化生은 극락세계 연꽃에서 태어남을 말한다. 그러나 부처님이 濕生이나 卵生으로 태어났다는 말은 없다. 따라서 태·난·습·화 이외의 다른 모습으로 태어난다는 것은 보지도 듣지도 깨닫지도 알지도 못했다. 지금 佛佛祖祖의 大道에는 태·난·습·화의 사생 이외에 또 다른 태·난·습·화가 있음을 남김없이 전부 正傳했으며 분명하고 친밀하게 전해주었다 라고 하는 말은 아직도 듣지도 못하고 배우지도 못했으며 알지도 못하고 깨닫지도 못했다는 것은 도대체 어떤 종류의 무리인가. 참으로 한심하고 답답한 노릇이 아닐 수 없구나. 이미 앞에서 태·난·습·화의 사생에 대해서는 들은 바가 있지만 죽음에 대해서는 도대체 얼마나 많은 종류가 있을까. 이에 대해서 곰곰이 생각해 보아야 한다. 태·난·습·화 사생에는 태·난·습·화 四死가 있는가. 아니면 三死나 二死가 있는가. 그것도 아니면 五死·六死·千死·萬死가 있는가. 이러한 도리를 잠깐이라도 의심해 보고 참구해 보아야 한다.

자 이제부터 공부해 보자 태·난·습·화의 사생의 중생 가운데에는 生은 있으나 죽음이 없는 것이 또 있을 수 있을까? 오직 한번 죽고 다시는 태어나지 않는 것이 있을까?

한번만 태어나고 한번만 죽는 무리들이 있는지 없는 지를 반드시 참구해보아야 한다. 어떤 사람들은 겨우 無生이라고 하는 말을 한마디 듣고는 그 뜻을 밝히지는 못하고 無生이므로 몸과 마음의 공부를 내버려두는 사람도 간혹 있다. 이러한 사람은 대단히 어리석은 짓이며 단견에 빠진 것이다. 사람의 根機에는 信根·法根·頓根·漸根의 네 가지 根機가 있는데 이러한 부류에도 이르지 못하는 축생의 무리들과도 같이 어리석은 부류라고 할 것이다.

그 이유를 말하자면 설사 無生이라고 하는 말을 들었다할지라도 그 의미는 무엇인지, 남이 없다는 것인지, 다시는 태어나지 않는다는 것인지, 부처도 없고 道도 없고 마음도 없으며 소멸함도 없는 것인지, 더 나아가서 무생마저도 없는 것인지, 또는 법계도 없고 법성조차도 없는 것인지, 죽음도 없는 것인지, 이에 대해서 참구하는 공부는 해보지도 않고 쓸데없이 당나귀나 말이 항상 물과 풀 등의 먹는 것만을 생각하는 것과 같기 때문이다.

【 역주 】 7

7. 알아야 한다. 생사는 불도의 行履이며, 생사는 佛家의 도구이다. 이것을 사용하고자 하면 사용할 수 있고, 밝히고자 하면 밝힐 수 있다. 그러므로 제불은 이 막히고 통함에 분명하고, 사용함에 만족하게 얻는다. 이 생사의 세계에 어둡다면 누가 그대를 그대라고 말할 것이며, 누가 그대를 생사에 요달한 사람이라고 말하겠는가? 생사에 빠져 있다고 들어서도 안 되고, 생사에 놓여있다고 알아서도 안 된다. 생사를 생사라고 信受해서도 안되고, 얻지 못한다고 해서도 안 되며, 알지 못한다고 해서도 안 된다.

혹은 말하기를, 오직 人道만을 위해서 제불이 출세하셨으며, 다른 세계에는(余方余道) 나투시지 않는다고 생각한다. 그렇게 생각한다면 부처님이 계시는 곳은 모두 인간세계 만인가? 이것은 인간세계의 부처님이 唯我獨尊이라고 말하는 것이다. 천상의 부처님도 계시며, 불불의 세계에도 부처님이 계신다. 제불이 오직 인간세계에만 출현한다고 한다면 불조의 문 안에 들지 못한다. 조사들의 가르침에 의하면, 석가모니불은 가섭불로부터 정법을 받고, 도솔천에 가서 도솔천을 교화하다가 지금에 이르렀다.(釋迦牟尼, 自從迦葉仏所伝正法 往兜率天 化兜率陀天 于今有在)30)

【 강의 】 7

7. 알아야 한다. 생사의 문제는 불교에 있어서 가장 중요하게 다루어지는 것이다. 그러므로 생사는 불교에 있어서 해결해야 될 방편이며, 깨달음에 들어가는 관문이다. 생사를 해결하는 사람은 생사를 자유자재로 할 수 있으며, 분명하게 밝힐 수도 있다. 그러므로 모든 부처님은 생사를 자유자재로 하므로 막히고 통함에 분명하고, 태어나는 곳을 마음대로 선택할 수 있다. 왜냐하면 중생은 생사를 자유로이 할 수 없으므로 업에 의해서 윤회를 하게 되지만, 부처님은 생사를 자유로이 할 수 있으므로 원력에 의해서

---

30) 정확한 출처는 찾을 수 없으나 이에 가까운 내용을 찾아보면,
『雜阿含』卷41 (大正藏2, 303,b-c) "不告迦葉 如當受我糞掃衣 我當受汝僧伽梨 佛卽自手授我糞掃衲依 我卽奉佛僧伽梨 如是漸漸敎授 我八日之中 以學法受於乞食 至第九日起於無學 阿難 若有正問 唯是世尊法子 從佛口生 從法化生付以法財 諸禪解脫四昧正受 應答我是"

어디든지 새로운 생을 자신의 의지에 의해 선택할 수 있는 것이다. 이것을 가지고 여기에서는 사용함에 만족하게 얻는다라고 하고 있다. 만약 부처님을 생사의 세계에 어둡다고 한다면 누가 제불을 제불이라고 말할 것이며, 누가 제불을 생사에 요달한 사람이라고 말하겠는가? 그러므로 제불은 생사에 빠져 있다고 들어서도 안 되고, 제불은 생사에 머물러 있다고 알아서도 안 된다. 제불이 태어나고 열반에 드는 것을 가지고 중생이 태어나고 죽는 것과 같은 것이라고 믿거나 받아들여서도 아니 되고, 제불이 얻지 못한다고 해서도 안 되며, 제불은 생사를 알지 못한다고 해서도 아니 된다.

혹은 어떤 사람들은 말하기를, 오직 제불은 사람만을 위해서 이 세상에 출세하신다고 하며, 다른 세상에는(余方余道) 제불이 나투시지 않는다고 생각한다. 오늘날 많은 사람들은 부처님을 인간만을 위한 부처님으로 생각하며, 인간적인 부처님으로만 생각하는 경우들이 많이 있다. 그러나 부처님께서 설하신 것은 10류 중생을 위해서 설법하셨다. 즉 말하자면 육도윤회와 성문·연각·보살·불의 세계를 통 털어서 설하고 있다.

그럼에도 불구하고 원시불교 중심적인 인간세상만을 위한 부처님으로 주장하는 것은 대단히 잘못된 견해인 것이다. 여기서 도원이 말하는 것은 이러한 점을 우려하여 설하고 있다고 보여진다. 만약 인간세상만을 위한 부처님이라고 한다면, 이것을 가지고 인간세계만을 위한 부처님인 唯我獨尊이라고 말하는 것과 다름이 없을 것이다. 많은 부처님께서는 천상에 계시는 분도 계시며, 부처님들이 머무는 불계에 머무는 부처님도 계신다. 만약 제불이 오직 인간세계에만 출현했다라고 한다면 그 사람은 불조의 근처에도 가지 못한 것이다.

　그래서 일찍이 조사들의 가르침에 의하면, 석가모니부처님은 이 사바세계에 오시기 전에 가섭부처님으로부터 正法眼藏 涅槃妙心의 정법을 받았으며, 그 뒤에 도솔천 내원궁에서 교화하고 계시다가 가비라성 정반왕의 아들로 태어나 출가하여 깨달음을 얻었다라고 한 것이다.(釋迦牟尼, 自從迦葉仏所伝正法 往兜率天 化兜率陀天 于今有在)

【 역주 】 8

　8. 참으로 알아야 한다. 인간으로서의 석가모니는 이때에 멸도를 나투어서 교화를 하였지만, 천상의 석가는 지금도 그곳에서 천상을 교화하고 있다. 학인들은 알아야 한다. 인간 석가는 천변만화의 가르침을 베풀고, 행화를 베푸시며, 설법을 하는 것은 인간세계의 한 부분에 광명을 나투시고 상서로움을 나투신 것이다. 어리석게도 천상의 석가가 그곳을 교화함에 千品萬門을 나투심을 알지 못하는가? 佛佛正傳하는 대도가 단절함을 초월하고, 無始無終을 벗어나는 종지는 오로지 불도만을 정전하는 것이다. 그 외에 다른 여러 가지는 우리가 알지도 못하고, 듣지도 못하는 공덕이다. 행불이 교화를 나투는 것은 四生이 아닌 중생도 있으며, 천상·인간·법계에 있지 않는 것도 있다. 행불의 위의를 보면 천상이나 인간계의 안목을 가지고 보아서는 안 된다. 천상 인간계의 마음을 가져서도 안 된다. 이와 같은 것으로 사량하는 마음을 내어서도 안 된다. 十聖·三賢 등도 이것을 알지 못하고 밝히지 못한다. 하물며 인

간계나 천상계로서 측량할 수 있는 것은 아니다. 인간의 마음이 짧고 적다는 것은 인간계의 지식도 짧고 적다는 것이다. 인간계의 수명이 짧다는 것은 생각도 짧다는 것이다. 그런데 어찌하여 행불의 위의를 측량할 수 있겠는가.

그러면 곧 오직 인간만을 위한 佛法이라거나, 人法을 들어서 불법을 측량하는 것이다. 이러한 것은 부처님의 제자로서 허락할 수 있는 것은 아니다. 이런 것은 오직 업보 중생일 뿐이다. 아직까지 몸과 마음(身心)으로 법을 듣지도 못했다. 아직도 도를 행할 몸과 마음도 없다. 법에 의해서 태어나는 것도 아니고, 법에 따라 멸한 것도 아니며, 법에 따라 보는 것도 아니고, 법에 따라 듣는 것도 아니며, 行·住·坐·臥 하는 것도 아니다. 이와 같은 무리들은 결국 법의 이익도 없다. 行佛은 本覺을 애착하지도 않고, 시각을 애착하지도 않으며, 無覺을 애착하지도 않고, 有覺을 애착하지도 않는다. 이것은 이와 같은 도리이다.

지금 범부들이 생각하는 有念·無念·有覺·無覺·始覺·本覺 등은 오로지 범부들의 생각일 뿐이지 불불이 상승하는 것은 아니다. 범부의 有念과 諸佛의 유념은 아득히 다르다. 비유할 수도 없다. 범부의 본각과 생각은 제불의 본각과 증득한 것을 비유하면 천지현격이다. 비유할 수도 없다. 十聖·三賢의 생각과 또는 제불의 말씀은 비교할 수 없다. 쓸데없이 헤아리는 범부들과 어찌 비유할 수 있으랴. 알아야 한다. 간신히 범부나 외도들의 본래의 사견을 가지고 헤아리는 것을 제불의 경계와 비교하는 사람들이 많다.

【 강의 】 8

8. 우리는 분명히 알아야 한다. 사바세계에 오신 석가모니부처님은 구시라성 사라쌍수 아래서 열반에 드심으로써 중생들을 교화를 하였지만, 천상세계에 상주해 계시는 석가는 지금도 열반에 들지 아니하고 그곳에서 천상인을 교화하고 있다. 공부하는 사람들은 알아야 한다. 사바세계에 나투신 석가는 수많은 교화의 방편을 가지고 가르침을 베풀고, 몸소 실천하시면서 모습을 보이셨고, 45년 동안 설법으로 중생을 교화하였지만, 이와 같은 것은 인간세계의 한 부분에 광명을 나투셨고 상서로움을 나툰 것에 불과한 것이다. 삼천대천세계에 나투시는 부처님을 생각할 때 사바세계에 나투시는 것은 한 부분에 지나지 않는다. 그러나 중생들은 어리석게도 인간의 눈으로 보이지 않는 지옥·아귀·축생·천상에서 부처님이 중생을 교화함에 수많은 방편을 나투심에 대하여 알지 못한다. 부처님과 부처님이 서로 정법안장을 정전하는 대도에 집착하지 아니하고, 시작도 없고 끝도 없는 영원한 진리의 가르침조차도 벗어나 오로지 불도만을 정전해야 하는 것이다. 즉 법을 전하는 것에 집착하거나 교화하는 것에 집착해서는 아니 된다. 우리 중생들은 이러한 것을 알지도 못하고 듣지도 못했기 때문에 그 외에 여러 가지는 우리가 알지도 듣지도 못하는 공덕이다. 이외에도 우리가 알지도 못하고 듣지도 못하는 천상의 공덕이 많이 있다. 부처님께서 교화를 나투는 데 있어서 태·난·습·화의 사생이 아닌 중생도 있으며, 천상이나 인간 온 우주법계에 있지 않는 무리들도 많이 있다. 행불의 위의를 보면 천상이나 인간계의 안목을 가지고 보아서는 안 된다. 천상 인간계의 마

음을 가져서도 안 된다. 이와 같은 것으로 사량하는 마음을 내어
서도 안 된다. 십성·삼현 등도 이것을 알지 못하고 밝히지 못한
다. 하물며 인간계나 천상계로서 측량할 수 있는 것은 아니다. 인
간의 마음이 짧고 적다는 것은 인간계의 지식도 짧고 적다는 것
이다. 인간계의 수명이 짧다는 것은 생각도 짧다는 것이다. 그런
데 어찌하여 행불의 위의를 측량할 수 있겠는가.

　그러면 곧 오직 인간만을 위한 佛法이라거나 人法을 들어서 불
법을 측량하는 것이다. 이러한 것은 부처님의 제자로서 허락할
수 있는 것은 아니다. 이런 것은 오직 업보 중생일 뿐이다. 아직
까지 몸과 마음(身心)으로 법을 듣지도 못했다. 아직도 도를 행할
몸과 마음도 없다. 법에 의해서 태어나는 것도 아니고, 법에 따라
멸한 것도 아니며, 법에 따라 보는 것도 아니고, 법에 따라 듣는
것도 아니며, 행·주·좌·와 하는 것도 아니다. 이와 같은 무리
들은 결국 법의 이익도 없다. 行佛은 본각을 애착하지도 않고, 시
각을 애착하지도 않으며, 무각을 애착하지도 않고, 유각을 애착하
지도 않는다. 이것은 이와 같은 도리이다.

　지금 범부들이 생각하는 有念·無念·有覺·無覺·始覺·本覺 등
은 오로지 범부들의 생각일 뿐이지 불불이 상승하는 것은 아니다.
범부의 유념과 제불의 유념은 아득히 다르다. 비유할 수도 없다.
범부의 본각과 생각은 제불의 본각과 증득한 것을 비유하면 천지
현격이다. 비유할 수도 없다. 십성· 삼현의 생각과 또는 제불의
말씀은 비교할 수 없다. 쓸데없이 헤아리는 범부들과 어찌 비유
할 수 있으랴. 알아야 한다. 간신히 범부나 외도들의 본래의 사견
을 가지고 헤아리는 것을 제불의 경계와 비교하는 사람들이 많다.

【 역주 】9

9. 제불께서 말씀하시길, 이 무리는 罪根이 깊고 중하므로 (此輩罪根深重)[31] 가히 불쌍히 여겨야 할 자(可憐憫者)[32]들이다. 깊고 무거운 죄의 뿌리가 끝이 없을지라도 이 무리들은 깊고 무거운 죄의 짐을 짊어지고 있다. 이 깊고 무거운 죄의 짐을 잠시 벗어두고 여기를 주시해 보아라. 把定하여 자기를 장애할지라도 그것은 시작이 아니다.

지금 行佛威儀는 무애하지만, 부처님에게만 한정되어 있다. 타니대수(拕泥滯水)[33]의 활로를 통달했기 때문에 걸림이 없는 것이다. 천상에서는 천인들을 교화하고, 인간에서는 사람을 교화한다. 꽃이 피는 공덕이며, 세계를 일으키는 공덕이다. 잠시도 쉴 틈이 없는 것이다. 그러므로 자타를 다 逈脫하게 하며, 왕래함에 홀로 뛰어나다(獨拔)[34]. 도솔천으로 가는 것[即

---

31) 차배죄근심중(此輩罪根深重): 『妙法蓮華經』卷1 「方便品」 (大正藏9, 7, a) "會中有比丘比丘尼優婆塞優婆夷五千人等. 即從座起體佛而退. 所以者何. 此輩罪根深重及增上慢. 未得謂得. 未證謂證. 有如此失. 是以不住世尊黙然而不制止."

32) 가연민자(可憐憫者): 『首楞嚴經』卷8 (大正藏19, 145, b) "阿難是等皆以宿債畢酬復形人道. 皆無始來業計顚到相生相殺. 不遇如來不聞正法. 於塵勞中 法爾輪轉. 此輩名爲可憐愍者."

33) 타니대수(拕泥滯水): 진흙에 빠져 물 묻히다. 불법을 체득한 승려가 여러 가지 인생고에 번민하고 있는 사람들 가운데 들어가 함께 생활하면서 그 고민을 해결하는 것. 合水和泥 또는 和泥合水라고도 한다. 즉 중생제도를 위해서 第二義的인 방편을 사용하는 것을 말함.
　『從容庵錄』卷5 (大正藏48, 797, b) "長沙朗州山澧州水. 謂之善用險崖之句 … 又朗州山澧州水. 此語乃拕泥帶水邊事"

34) 독발(獨拔): 『聯燈會要』卷22 (卍續藏 136, 797, a) "示衆云. 得者不輕徹. 明者不賤用. 識者不吝嗟. 解者無厭惡. 從天降下則貧寒. 從地涌出則富貴. 門裏出身易. 身裏出門難. 動則埋身千丈. 不動則富處生苗. 一言逈脫獨拔當時. 言語不要多. 多

往兜率天][35)이나 도솔천에서 오기도 하는 것이 있는 그대로의 도솔천이다. 안락세계에 가기도 하고, 안락세계에 오기도 하는 것[卽往安樂][36)이 있는 그대로의 안락세계인 것이다. 도솔천을 형탈하기도 하고 안락을 형탈하기도 하며 즉 안락과 도솔을 산산조각 내기도 하며, 즉 안락과 도솔을 잡기도 하고, 놓기도 하며, 한 입으로 삼키기도 한다.[一口呑盡][37)

　　알아야 한다. 安樂兜率이라는 것은 정토·천당이라고 할지라도 함께 윤회하는 것으로는 같다. 일상적인 모습을 이야기하면, 정토천당은 같은 모습이다. 大悟하면 같이 대오하고, 大迷하면 같이 대미한다. 이것은 행불이 짚신 속의 발가락을 움직이는 것과 같다. 때로는 한 방의 방귀소리이며, 똥냄새와 같다. 콧구멍이 있으면 냄새를 맡고, 귀와 몸과 行履處가 있으면 소리를 듣는다. 또 나의 皮·肉·骨·髓[得吾皮肉骨髓][38)이기

則無用處"

35) 즉왕도솔천(卽往兜率天):『妙法蓮華經』卷7 (大正藏9, 61,c) "若有人受持讀誦解其義趣. 是人命終爲千佛授手. 令不恐怖不墮惡趣. 卽往兜率天上彌勒菩薩所. 彌勒菩薩有三十二相. 大菩薩衆所共圍繞. 有百千萬億天女眷屬. 而語中生."

36) 즉왕안락(卽往安樂):『妙法蓮華經』卷7 (大正藏9, 54,c) "若有人聞是藥王菩薩本事品者. 亦得無量無邊功德. 若有女人聞是藥王菩薩本事品. 能受持者. 盡是女身後不復受. 若如來滅後後五百歲中. 若有女人. 聞是經典如說修行. 於此命終. 卽往安樂世界阿彌陀佛大菩薩衆圍繞住處. 生蓮華中寶座之上. 不復爲貪欲所惱. 亦復不爲瞋恚愚癡所惱. 亦復不爲憍慢嫉妒諸垢所惱."

37) 일구탄진(呑盡): 聯燈會要』卷29 (卍續藏136, 22,b) "衆云. 諸禪德. 呑盡三世佛底人. 爲甚麽. 開口不得. 照破四天下底人. 爲甚麽. 合眼不得. 多病痛. 與儞一時拈却了也. 且作麽生. 得十成通暢去. 還會麽. 擘開華岳連天秀. 放出黃河到海淸."

38) 득오피육골수(皮肉骨髓):『景德傳燈錄』卷3 (大正藏51, 219,b-c) "迄九年已欲西返天竺. 乃命門人曰. 時將之矣. 汝等蓋各言所得乎. 時門人道副對曰. 如我所見. 不執文字不離文字而爲道用. 師曰. 汝得吾皮. 尼總持曰. 我今所解如慶喜見阿閦佛國. 一見更不再見. 師曰. 汝得吾肉. 四大本空五陰非有. 而我見處無一法可得. 師

도 하다. 그러므로 行은 다른 것으로부터 얻지 못하는 것이다.

【 강의 】 9

9. 『법화경』에서는 부처님께서 영축산에서 설법을 하시려 할 때에 제바달다가 선동하여 만 명의 대중 가운데서 오천 명의 대중이 부처님의 설법을 듣지 아니하고 자리를 떠나게 되었다. 이때에 아난존자는 나가는 대중을 나가지 못하게 막았으나 부처님께서는 그 대중을 붙잡지 아니하고 나가도록 그대로 두게 하였다. 그러면서 이 무리들은 죄근이 깊고 중하므로(此輩罪根深重) 가히 불쌍히 여겨야 할 자(可憐憫者)들이다라고 하였다. 중생의 죄가 깊고 무거워 끝이 없을지라도 중생들은 깊고 무거운 죄의 짐을 벗어버릴 생각은 하지 아니하고 세세생생 짊어지고 갈 생각만 하고 있다. 중생들은 이 깊고 무거운 죄의 짐을 잠시 벗어두고 행불위의에 주시해보아야 한다. 그러나 그대들이 무거운 업력의 장애 속에서 하는 행동은 행불위의의 시작이 아니다.

행불위의는 무애자재하지만, 그것은 부처님에게만 한정되어 있는 것이다. 그러나 그 부처님은 열반에만 머물지 아니하고 사바세계의 중생계로 뛰어들어 중생을 교화하기 때문에 그의 행은 무애자재한 것이다. 부처님은 천상에서는 천인들을 교화하고, 사바세계에 와서는 인간들을 교화한다. 때로는 꽃을 피우는 공덕도 있으며, 온 세계를 일으키는 공덕도 있다. 깨달은 자는 잠시도 쉴 틈이 없이 중생교화에 여념이 없는 것이다. 그러므로 깨달은 자

曰. 汝得吾骨. 最後慧可禮拜後依位而立. 師曰. 汝得吾髓."

는 자기와 남을 모두 해탈케 하며, 사바세계나 정토의 세계에 오고 감에 있어서 걸림이 없는 것이다. 행불위의는 때로는 도솔천으로 가기도 하고, 도솔천에서 사바세계로 오기도 하며, 오고 감이 없이 그대로 도솔천이기도 하다. 이와 같은 것은 안락정토에 가기도 하고, 안락정토에서 오기도 하며, 오고 감이 없이 있는 그대로의 안락정토이기도 하다. 도솔천에서 초월하기도 하고, 안락정토를 초월하기도 하며, 거기에 머물거나 집착하지 아니하고, 안락정토와 도솔천을 산산조각 내어버리기도 하며, 안락정토와 도솔천을 자유자재로이 하고, 한 입으로 모든 삼천대천세계를 다 집어삼키기도 한다.

알아야 한다. 도원은 안락도솔천이라는 것은 극락과 천당이라고 말하는데 이 모든 세계는 윤회의 범주에서 벗어나지 못하는 입장에서는 동일하다고 말한다. 그런데 여기에서 도원은 미륵도솔천의 세계와 아미타불의 극락세계에 대한 이해가 부족했던 것 같다. 극락세계는 윤회의 범주를 벗어나는 세계이며, 도솔천은 육도윤회의 세계임에도 불구하고 도원은 이것을 동일하게 보고 있다. 이는 교리상으로 잘못된 견해이다. 그러나 서방정토와 천상은 같은 점이 없는 것은 아니다. 도원은 다시 큰 깨달음을 얻으면 도솔천이나 극락세계도 모두 크게 깨닫게 되고, 크게 어리석게 되면 도솔천이나 정토세계도 크게 어리석다고 하였다. 왕생이라든지 천상에 가는 이러한 것들은 사실 행불이 짚신 속에서 발가락을 움직이는 것과 같이 대수롭지 않는 것이라고 하였다. 때로는 행불위의는 한 방의 방귀소리이기도 하며, 행불의 위의는 똥냄새와 같은 것이기도 하다. 우리가 콧구멍이 있기 때문에 냄새를 맡고, 귀와 몸과 行履處가 있기 때문에 소리를 듣는 것이다. 행불의 위의는 나의 피·육·골·수이기도 하며, 나를 떠나서 멀리 다른 데서 얻을 수 있는 것이 아니라 나의 속에 모두 있는 것이다.

【 역주 】 10

10. 생사를 요달한 대도는 이미 깨달았다고 예부터 말씀하시기를, 大聖人은 생사를 마음에 맡기고, 생사를 몸에 맡기며, 생사를 도에 맡기고, 생사를 생사에 맡긴다라고 하였다. 이 宗旨를 밝히면 古今에 관계없이 행불위의를 홀연히 다한 것이다. 계속 이어지는 도(道環)39)로서의 생사와 身心의 종지는 순간적으로 철저히 이해하여 체득(弁肯)하는 것이다. 행을 다하고 밝음을 다하는 것은 억지로 되는 것은 아니다. 迷頭認影40)과 같은 것이고, 回光返照와 같은 것이다. 밝음 위에 밝음은 행불의 다스림(弥輪)이다. 이 행에 一任하는 것이다. 이는 맡기고 또 맡기는 이치이니 모름지기 마음을 참구해야만 한다. 이 참구의 뛰어남은 거듭 마음을 명백히 함이며, 삼계는 오직 마음으로부터 멀리 떨어져 있다고 알고 이해하는 것이다. 이 알고 이해하는 것은 다시 만법이라고 할지라도 자기의 家鄉으로 돌아가는 것이며, 본인의 활계 바로 그것이다. 그렇다면 말 가운데서 취하기도 하고 말 밖에서 구하기도 하면 그것은 把定41)을

---

39) 도환(道環): 고리처럼 무시무종으로 계속되는 도, 또는 도의 無始不可得.

40) 미두인영(迷頭認影): 제 머리가 본래 있는데도 없어졌다고 미혹하여 그림자를 쫓아감. 『능엄경』에 나오는 고사로써 진리를 잃고 다만 그림자만을 따른 것을 말함. 『首楞嚴經』卷10 (大正藏19, 154,c) "佛告阿難 精眞妙明, 本覺圓淨, 非留死生, 及諸塵垢, 乃至虛空, 皆因妄想之所生起 斯元本覺,妙明眞精, 妄以發生, 諸器世間, 如演若多, 迷頭認影"

넘어선 파정이고, 放行을 넘어선 방행이다.

【 강의 】 10

10. 生死를 요달한 대도를 이미 깨달았다고 말씀하시면서 그 경지에 대하여 '대성인들은 생사에 집착하지 아니하고 생사의 문제를 본인의 마음에 맡기기도 하고, 몸에 맡기기도 하며, 도에 맡기기도 하고, 생사를 생사에 맡긴다.'라고 하였다.

이와 같은 성현의 말씀을 자세히 살펴보면, 생사를 깨달은 사람은 생사에 집착하지 않는다는 것이다. 그러므로 이 가르침을 살펴보면 예나 지금에 관계없이 깨달은 사람은 부처로서의 모든 실천을 바로 행하는 것이다. 끊임없이 계속되는 도로써의 생사와 身心의 문제는 오래토록 연속되는 것이 아니라 순간적으로 깨달음을 얻음으로서 그것을 체득(弁肯)하는 것이다.

행불위의로서의 행을 다하고 밝음을 다하는 것은 자신의 마음에 의해서 억지로 되는 것이 아니라 저절로 되는 것이다. 마치 어리석은 사람이 자신의 머리를 두고 머리 그림자가 비치는 것을 보고 자신의 머리인 줄 알고 찾는 것과 같이 진리는 자신에게 있는 것임에도 불구하고 안에서 찾지 못하고 밖에서 구하는 것과 같다. 스스로 자기 속에 있는 것을 돌이켜보아 回光返照하였을 때 대도를 성취할 수 있는 것이다. 밝음 위에 다시 밝음을 더하는 것은 바로 행불의 위의이며, 다스림(弥輪)이다. 이 행에 모든 것을 맡기는 것이다.

---

41) 파정(把定): 把住라고도 하는데, 거머쥐다, 장악하다, 상대의 기량을 꺾어 꼼짝 못하게 하다는 뜻이다. 放行의 상대어이다.

행불위의는 모든 것을 맡기고 또 맡기는 이치이니, 오로지 자신의 마음을 참구해야만 한다. 회광반조하여 자신을 참구한다는 것은 대단히 뛰어난 수행방법이고, 이는 마음을 거듭하여 밝히는 것이며, 삼계는 오직 마음으로부터 멀리 떨어져 있다고 알고 이해하는 것이다.

그러나 우리 중생들은 삼계와 마음을 둘로 보기 때문에 이러한 현상이 나타난다. 이 알고 이해하는 것을 가지고 우리는 만법이라고 하지만, 그것은 자기를 떠나 있지 아니하며, 자기의 본래 고향으로 돌아가는 것이다. 그것이 바로 본인의 삶이며, 그것이 바로 행불위의인 것이다. 행불위의는 때로는 말 가운데서 취하기도 하고, 말 밖에서 구하기도 하며, 집착을 넘어선 집착이기도 하고, 방하착을 넘어선 방하착이기도 하다.

【 역주 】11

11. 工夫라는 것은 어떤 것이 生이고, 어떤 것이 死이며, 어떤 것이 몸과 마음이고, 어떤 것이 주고 빼앗는 것이며, 어떤 것이 맡기고 어긋난다는 것이고, 어떤 것이 같은 문으로 출입하되 만나지 못하는 것인가? 돌이 하나 떨어져서(一著落在)42) 몸을 숨겼으나 뿔은 드러날 것인가? 크게 근심하면 이해할 수 있는가? 깊이깊이 생각하면 알 수 있는가? 하나의 밝은 구슬(一顆明珠)43)인

---

42) 일착낙재(一著落在): 『聯燈會要』卷23 (卍續藏136, 807, a) "示衆云 擧一 不得 擧二 放過 一著落在 第二 雲門出衆云 昨日有人 從天台來 却往徑山去 師云 來日 不得普請"

43) 일과명주(一顆明珠): 『傳燈錄』卷18 (大正藏51, 346, c) "僧問 承和尙有言 盡十方 世界是一顆明珠 學人如何得會 師曰 盡十方世界是一顆明珠用會 作麼 師來日却問

가? 一大藏敎인가? 한 개의 주장자인가? 하나의 얼굴인가? 30년
후인가? 一念이 그대로 萬年인가? 撿点[44]을 자세히 할지어다. 撿
点을 자세히 하면 온 눈으로 소리를 듣고, 온 귀로 색을 보며, 다
음에 사문의 一隻眼[45]이 밝아지게 된다. 눈앞의 법이 아니고, 눈
앞의 일이 아니다. 그것은 얼굴에 미소지음(雍容破顔)이고, 눈을
깜박임이며, 이것은 行佛威儀의 순간이다. 물건을 당기는 것도 아
니고, 물건을 당기지 않는 것도 아니다. 연기의 無生無作도 아니
고, 本性法性도 아니다. 法位에 주하는(住法位)[46]것도 아니고, 본
래 있는 것도 아니다. 이와 같은 것은 있는 그대로도 아니며, 오
직 威儀行佛일 뿐이다.

【 강의 】 11

11. 선에 있어서 工夫라고 하는 것은 단순히 학문적인 지식을
터득하는 것이 아니며, 육체적인 수련과 정신적인 수행을 통해서
얻어지는 것이다. 불교에 있어서 공부의 방법은 지식을 터득하는
것이 아니라 지혜를 얻는 것이다. 따라서 어떤 것이 삶이고, 어떤
것이 죽음이며, 어떤 것이 진정한 나의 몸과 마음이고, 어떤 것이

其僧 盡十方世界是一顆明珠汝作麼生會 對曰 盡十方世界是一顆明珠用會 作麼 師
日 知汝向山鬼窟裏作活計"

44) 검점(撿点): 수행자의 수행 상태의 진전을 점검하는 것.
   『聯燈會要』卷21 (卍續藏136, 777,b)"歙州藏源和尙 凡一平田來 師起身 田把住云
   開口卽失 閉口卽懷 正恁麼時 請和尙道 師以手掩耳 田放手云 一步易 二步難 師云
   有甚麼死急 田云 若非是師 不免諸方撿點"

45) 일척안(一隻眼): 肉眼 이외의 눈, 明眼. 뛰어난 견식, 탁월한 견해.

46) 주법위(住法位): 『妙法蓮華經』「方便品」(大正藏9, 9,b)"佛種從緣起 是故說一
   乘 是法住法位 世間相常住"

주기도 하고 빼앗기도 하는 것이며, 어떤 것이 맡고, 어떤 것이 어긋나는 것인가. 어떤 것이 같은 문으로 출입하되 영원히 만나지 못하는 것인가? 돌이 하나 떨어졌다고 하여(一著落在) 거기에 몸을 숨겼으나 뿔은 드러나고 말 것인가?

이러한 것을 가지고 참구하고 수행하는 것이 바로 공부이다. 크게 공부하는 방법을 근심하면 이해할 수 있는가? 또는 깊이깊이 생각하면 알 수 있는가? 우리 속에 숨겨진 하나의 밝은 구슬(一顆明珠)인가? 부처님께서 일생동안 설하신 모든 藏經인가? 아니면 한 개의 주장자인가? 또는 하나의 얼굴인가? 30년 후에 이 공부를 이룰 것인가? 一念 사이에 그대로 萬年이 포함되어 있는가? 이러한 문제들을 점검하고 점검해야 한다. 자세히 점검하고 점검하면 눈으로 소리를 듣기도 하고, 귀로 모든 모습을 보기도 하며, 입으로 냄새를 맡기도 하고, 코로 맛을 보기도 한다. 그렇게 되면 출가수행자의 혜안이 열리게 된다. 그러면 행불위의의 공부는 눈앞에 있는 법도 아니고 눈앞에 있는 일도 아니다. 이를 알게 되면 얼굴에는 염화미소가 생기게 되며, 눈을 깜박이면서 정법안장을 전하게 된다. 이것이 바로 행불위의의 순간이다.

그렇다고 하여 물건을 당기는 것도 아니고 물건을 당기지 않는 것도 아니다. 있는 그대로 주는 것이다. 연기는 일어남도 없고, 만드는 것도 아니며, 그렇다고 하여 연기는 本性도 아니고, 法性도 아니다. 法에 항상 머무는 것도 아니고, 본래 갖추어져 있는 것도 아니다. 이러한 것들은 있는 그대로도 아니고, 오직 이를 威儀行佛이라고 할 뿐이다.

【 역주 】 12

12. 그러면 알아야 한다. 爲法・爲身의 消息을 잘 마음에 맡겨라. 脫死・脫生의 威儀는 잠시 부처님께 일임해라. 때문에 말하기를 萬法은 唯心이고 三界도 唯心이다.(萬法唯識 萬法唯心)47) 다시 더 올라가서 말한다면 오직 마음이며, 소위 牆壁瓦礫인 것이다. 유심도 아니고 장벽와력도 아닌 것이다. 이것이 행불의 위의이니, 마음에 맡기고, 법에 맡기며, 법을 위하고, 몸을 위하는 도리이다. 시각과 본각 등에 미치지 않는데, 하물며 외도와 이승・三賢・十聖 등에 이르겠는가. 이 行佛의 위의는 오직 각방면(面面)에서도 알지 못하고, 하나하나로도 알지 못한다. 活鱍鱍地48)하더라도 순간순간 같은 상황이다. 一條鐵인가, 兩頭動인가? 一條鐵은 長短에 있지 아니하며, 각각의 움직임(兩頭動)은 自他에 있지 아니하다. 이 일의 진행과정을 살펴서 그 순간에 몸을 던진(展事投機) 뒤에 功夫를 얻고, 위엄은 만법을 감싸고(威掩萬法), 안목은 一世에 높다(眼高一世). 잡고 놓는 것(收放)을 방해하지 않는 광명이며, 승당・불전・부엌이며 山門이다. 다시 收放에 있지 않는 광명이며, 승당・불전・부엌이며 山門이다. 시방세계에 통하는 눈동자이며, 대지를 전부49) 받아들이는 눈동자(大地全收)이다. 마음 이전이기도 하고, 마음 이후이기도 하다. 이와 같이 안・이・비・설・신・

---

47) 만법유식삼계유심(萬法唯識三界唯心): 『景德傳燈錄』卷12 (大正藏51, 292,a) "云三界唯心萬法唯識"

48) 활발발지(活鱍鱍地): 活潑潑地라고도 씀. 깨달음에 철저한 禪者의 언동을 물고기의 팔팔한 모습에 비유한 것. 鱍은 물고기가 헤엄치는 모습이다.

49) 대지전수(大地全收): 『雲門錄』卷中 (大正藏47, 555,c)

의의 광명공덕이 熾然하기 때문에 이를 알지 못하(不知有)[50]면서 保任하는 삼세제불도 있으며, 이를 알고 몸을 던지는(投機) 삵괭이와 흰 염소(狸奴白牯)도 있다. 이 코뚜레이고, 이 눈동자이며, 법은 행불의 모습을 설하고, 법은 행불의 모습을 인가한다.

【 강의 】 12

12. 공부에 대한 방법을 잘 알아야 한다. 법을 위하고 몸을 위하는 消息에 대하여서는 모두 마음에 맡겨라. 죽음을 해탈하고 삶을 해탈하는 威儀에 대해서는 모두 부처님께 맡겨 버려라. 그러므로 옛 조사는 말씀하기를 만법은 유심이고 욕계·색계·무색계 삼계도 오직 마음에 있다.(萬法唯識 萬法唯心) 이를 다시 더 거슬러 올라가서 말한다면 모든 것은 오직 마음이며, 담장이나 벽이나 기왓장이나 자갈까지도 모두마음이다. 그렇다고 하여 이를 마음에 집착하여서도 아니 되며, 또한 牆·壁·瓦·礫에 집착하여서도 아니 된다. 이것이 바로 부처님이 행하시는 위의이니, 모든 것을 마음에 맡기고, 법에 맡기며, 법을 위하고, 몸을 위하는 도리가 바로 제불의 행이다. 이 제불의 행은 시각에도 비치지 아니하며 본각에도 이르지 않는데, 하물며 邪魔外道나 성문 연각이나 三賢·十聖 등이 어찌 여기에 이를수 있겠는가. 이 行佛의 위의는 오직 시방삼세의 각 방면(面面)에서도 알지 못하고, 하나하나로도

---

50) 부지유(不知有):『景德專燈錄』卷10 長沙章 (大正藏51, 275,a)"狸奴白牯却知有. 三世諸仏不知有"
　　삵괭이와 흰 염소는 있는 줄 알겠으나 삼세의 부처님은 있는 줄 모른다.

알지 못한다. 행불위의가 活鱍自在할지라도 그것은 모두 순간순간 같은 상황이다. 일체 평등의 견고한 一條鐵인가, 아니면 한 몸에 두 머리를 가지고 서로 각각 움직이는 兩頭動인가? 세계를 꿰뚫는 一條鐵이라 할지라도 이는 길고 짧음에 있지 아니하며, 몸은 하나인데 머리가 둘 달려있다 할지라도 그것은 남남이 아니다. 이러한 행불위의의 진행과정을 살펴서 그 순간마다 몸을 던진(展事投機) 뒤에 참된 공부를 얻고, 부처님의 위엄은 만법을 감싸안으며(威掩萬法), 행불의 안목은 한 세계보다도 높다(眼高一世). 행불의 지혜광명은 잡고 놓음에 걸림이 없으며 그것은 때로는 승당·불전·부엌·山門에서 행하는 모든 것이다. 다시 잡고 놓음에 집착하지 않는 지혜 광명이며, 승당의 일이나, 불전의 일이나, 부엌의 일이며, 山門의 모습으로 나투기도 한다. 행불위의는 시방세계에 통하는 눈동자이며, 온 산·하·대지를 전부 받아들이는 눈동자(大地全收)이기도 하다. 그러므로 온 산·하·대지는 행불의 위의이다. 이러한 공부는 마음 이전에도 있었으며, 마음 이후에도 계속되는 것이다. 이와 같이 眼·耳·鼻·舌·身·意 육근에서 광명공덕이 불꽃처럼 타오른다. 그러나 삼세제불이라고 할지라도 이를 알지 못하는 부처도 있으며, 설사 살쾡이 흰염소(貍奴白牯)라 할지라도 이를 깨달은 짐승도 있다. 이는 바로 제불의 코뚜레이고, 눈동자이며, 삼라만상의 제법은 행불위의의 모습을 설하고 있으며, 삼라만상은 부처의 모습을 인가한다. 그러므로 佛佛이 相見하고 祖祖가 印可한다.

【 역주 】 13

13. 雪峰山 眞覺大師가 대중에게 이르기를,

"삼세제불이 火焰 속에 있으면서 大法輪을 굴리신다."고 말하였다. 玄沙院 宗一大師는 말하기를,

"화염이 삼세제불을 위하여 설법할 때에 삼세제불은 그 자리에 서서 듣는다(三世諸佛立地聽)[51]"고 말하였다.

圓悟禪師[52]가 이를 두고 말하기를,

"한 사람은 원숭이가 희다하고, 또 한 사람은 원숭이가 검다고 말하였다. 서로 주고받음에 신출귀몰하다. 폭염이 하늘을 덮으면 부처가 법을 설하고, 하늘이 폭염을 덮으면 법이 부처를 설한다. 바람 앞에 칡넝쿨의 둥지가 끊어지니, 한마디로 維摩詰을 감파했다."라고 했다.

【 강의 】 13

13. 설봉산(雪峰山) 진각대사(眞覺大師)는 대중에게 말하기를,

---

51) 삼세제불립지청(三世諸佛立地聽): 『圓悟錄』卷19 (大正藏47, 802,b) "雪峯示眾云。三世諸佛在火焰裏轉大法輪。玄沙云。火焰為三世諸佛說法。三世諸佛立地聽"

52) 불과극근(佛果克勤: 1063-1135): 圓悟는 그의 스승이 내려준 이름이다. 그는 북송의 임제종 양기파 승려이다. 속성은 駱이고 자는 無著으로 彭州崇寧 사람이다. 어려서 妙寂院에 스스로 출가 수행하였다. 뒤에 그는 五祖法演을 참알하여 그 법을 이었다. 원오극근은 佛鑒慧勤과 佛眼淸遠을 더불어 총림의 삼걸이라 불렸으며, 흔히들 연문의 이근과 일원[演門之二勤一遠] 혹은 演門三佛로 칭하였다. 그의 저작으로는 雪竇重顯이 찬한 송고백칙에 평창을 붙인 『벽암록』이 있다. 大慧宗杲와 虎丘紹隆 등이 그의 제자이다.

'삼세모든 부처가 불구덩이 속에서 대진리를 설한다.'고 했다.

이에 대해 현사원(玄沙院) 종일대사(宗一大師)는 설봉의 말씀과는 정반대로 반문하기를,

'화염이 삼세제불을 위하여 설법할 때에 삼세제불은 그 자리에 서서 듣는다.'고 말하였다. 이는 서로 정반대의 뜻인 것 같지만 사실은 동일한 의미이다. 삼세제불이 화염 속에서 법륜을 굴리는 것이나 화염이 삼세제불을 위하여 설법할 때에 삼세제불은 그 자리에 서서 듣는다는 것은 결국 화염 속에 삼세제불이 있다는 뜻이다.

이러한 두 사람의 법거량에 대하여 원오극근선사는 평하기를,

'한 사람은 원숭이가 희다하고, 또 한 사람은 원숭이가 검다고 말하였다. 그러나 서로 법을 주고받음에 신출귀몰하다.'고 하였다.

다시 말하자면 원오선사가 말한 원숭이가 검다고 한 것이나 원숭이가 희다고 한 것은 정반대의 개념이다. 그렇지만 다시 그것을 검토해 본다면 반대의 개념이 아니라 동일한 이야기를 두고 서로 주고받았을 뿐이다. 그러므로 원오선사는 서로 주고받음에 신출귀몰하다고 하였을 것이다. 다시 원오선사는 폭염이 하늘을 덮으면 부처가 법을 설하고, 하늘이 폭염을 덮으면 법이 부처를 설한다라고 하였다.

이것은 위에서 말한 삼세제불이 화염 속에서 법륜을 굴리는 것이나 화염이 삼세제불을 위하여 설법할 때에 삼세제불은 그 자리에 서서 듣는다는 것과 마찬가지로 화염이 하늘을 덮든, 하늘이 화염을 덮든, 하늘과 화염은 한 덩어리가 되어 있음을 의미한다. 이때에 부처가 법을 설하든, 법이 부처를 설하든 이는 둘이 될 수 없다. 따라서 바람 앞에 칡넝쿨의 둥지가 끊어진다라고 하는

이 한마디로 불이(不二)의 법문을 설하는 유마힐의 지견을 넘어선
것이라고 하였다.

【 역주 】 14

14. 지금 삼세제불이라고 하는 것은 일체제불이며 행불은
곧 삼세제불이다. 동시에 십방제불은 모두 삼세에 나투지 않
음이 없는 것이다. 불도는 삼세를 설하기를 이와 같이 설한다.
지금 행불을 논한다면 그것은 곧 삼세제불이다.　설사 삼세제
불이 행불이라고 하는 존재를 알든 모르든 그것은 반드시 삼
세제불로서의 행불이다.

그럼에도 불구하고　三人의　古佛(雪峯·玄沙·圜悟)이　모두
삼세제불에 대해서 말하고 있으며 이와 같이 설하고 있다. 잠
시 설봉이 '삼세제불은 화염 속에서 대법륜을 굴린다(三世諸佛
在火焰裏轉大法輪)'고 말하는 이 도리를 배워야 한다. 삼세제불
이 법륜을 굴리는 도량은 반드시 화염 속일 것이다.

화염 속은 반드시 불도량일 것이다. 經師·論師는 듣지 못하
고 외도·이승은 알지 못한다. 알아야 한다. 제불의 화염은 諸
類의 화염으로는 될 수가 없다.　또 제류의 화염이 있는지 없
는지도 비춰보아야 한다. 삼세제불이 화염 속에서 교화함을
배워야 한다. 화염 속에 있을 때는 화염과 제불과 가까운가,
먼가. 依와 正이 하나인가, 依報와 正報가 있는가, 依·正이 하
나인가 다른가, 대법륜은 스스로도 굴리고 기회도 굴려야 한
다. 展事投機(때에 맞추어서 자신을 던지는 것)해서 진리의 법
륜을 굴려야 한다.

이를 모두 轉法輪이라고 한다. 이미 법륜을 굴렸다고 하는 것은 예를 들면 온 대지가 바로 온 화염이고, 화륜을 굴리는 법륜이며, 제불이 굴리는 법륜이고, 법륜이 굴리는 법륜이며 삼세를 굴리는 법륜이다.

그렇다면 곧 화염은 제불이 대법륜을 굴리는 대도량이다. 이것을 세계·시간·인간·범성 등을 측량하는 것은 맞지 않는 것이다. 이와 같은 사량으로 헤아리지 않는다면 곧 三世諸佛과 諸火焰裏와 轉大法輪이 된다. 이미 삼세제불이라고 하는 것은 이러한 사량을 초월한 것이다. 삼세제불이 법륜을 굴리는 도량이 있기 때문에 화염이 있으며, 화염이 있기 때문에 삼세제불의 도량이 있는 것이다.

【 강의 】 14

14. 여기에서 삼세제불이라고 하는 것은 모든 일체제불을 이야기 하는 것이며, 行佛은 바로 삼세제불의 행불위의를 말하는 것이다. 그와 동시에 시방제불은 모두 과거·현재·미래의 삼세에 그 모습을 나투지 않음이 없는 것이다. 佛道에서는 三世를 설하기를 시방삼세 제불의 모든 행불위의를 설하고 있다. 지금 여기서 行佛에 대해서 말하고 있는 것은 바로 三世諸佛에 대한 얘기이다. 설사 삼세제불이 행한 행불위의의 존재에 대해서 알든 모르든 간에 그것은 반드시 삼세제불로서의 행불위의이다.

그럼에도 불구하고 설봉과 현사와 원오는 모두 삼세제불의 행불위의를 설하고 있다. 앞에서 설봉이 말한 '삼세제불은 화염 속에 있으면서 대법륜을 굴린다.'라고 하는 이 가르침을 우리는 배워야 한다. 즉 설봉이 말한 삼세제불이 법륜을 굴려 부처님의 법을 널리 펴는 곳은 반드시 중생이 화염에 쌓인 화택 속이지 다른 곳이 아니다. 삼계의 火宅은 바로 부처님의 도량인 것이다.

이러한 도리를 經師나 論師들은 듣지도 못하였고 外道나 二乘은 알지도 못한다. 우리들은 알아야 한다. 제불의 화택은 모든 중생의 화염으로는 될 수가 없다. 모든 중생의 화택이 있는지 없는지도 살펴보아야 한다. 그러므로 우리들은 삼세제불이 중생의 화택 속에서 교화하고 있음을 알아야 한다. 그것은 기세간의 의보인가. 아니면 부처님의 정보인가. 또는 정보와 의보가 하나인가 혹은 다른 것인가.

대법륜은 자기 스스로도 굴려지고 어떤 기회에 의해서도 굴려야 한다. 법륜을 굴림에 있어서 그 때와 시기를 잘 맞추어서 중생의 근기에 따라(展事投機) 진리의 법륜를 굴려야 한다. 이러한 것을 가지고 전법륜이라고 한다. 여기서 이미 법륜을 굴렸다라고 하는 것은 예를 든다면 온 산하대지가 바로 화염 속에 싸인 화택이고, 번뇌의 바퀴를 굴리는 법륜이며, 이것 또한 제불이 굴리는 법륜이고, 더 나아가서는 법륜이 스스로 굴리는 법륜이 되며, 삼세를 굴리는 법륜이 되는 것이다.

그렇다면 삼계의 화택은 제불이 대법륜을 굴릴 수 있는 대도량이기도 하다. 이것을 가지고 공간적인 세계라든지, 시간적인 의미로나, 인간이나 범부나 성인 등을 사량분별로써 헤아리는 것은 맞지 않는 것이다. 만약 이러한 것을 사량분별로써 헤아리지 않는다면 바로 삼세제불과 화염 속에 있는 것과 대법륜을 굴리는 것이 된다.

이미 여기서 삼세제불이라고 말하는 것은 이와 같은 사량분별을 다 초월한 것이다. 삼세제불이 법륜을 굴리는 도량이기 때문에 번뇌 화택의 화염이 있으며, 중생이 사는 화택이기 때문에 삼세제불도 그곳에 법륜을 굴릴 수 있는 도량이 존재하는 것이다. 만약 중생이 없다면 부처도 법륜을 굴릴 수 없는 것이며, 화택이 있기 때문에 부처의 행불위의도 필요한 것이다.

【 역주 】 15

15. 현사가 말하기를,

'화염이 삼세제불을 위하여 설법할 때에 삼세제불은 그 자리에 서서 듣는다.'라고 하는 이 말을 들으면, 현사의 말은 설봉의 말보다도 더 옳은 표현이라고 말할지 모르지만, 반드시 그렇지도 않다. 알아야 한다. 설봉의 말은 현사의 말과는 다르다. 소위 설봉은 삼세제불이 대법륜을 굴리는 곳을 말하고, 현사는 삼세제불이 청법하는 곳을 말한다. 설봉의 말은 반드시 전법을 말한다고 할지라도 전법을 하는 곳은 반드시 법을 듣거나 법을 듣지 않는 것을 논하는 것은 아니다.

알아야 한다. 전법은 반드시 청법을 전제로 하는 것은 아니다. 또한 삼세제불은 화염을 위하여 설법한다고는 하지 않는다. 삼세제불은 삼세제불을 위하여 대법륜을 굴린다라고도 하지 않는다. 화염은 화염을 위하여 대법륜을 굴린다라고 하지 않는 종지이다. 법륜을 굴린다거나 대법륜을 굴린다고 하는 것이 그것이 다른 것인가. 전법륜은 설법이 아니고 설법은 반드시 세상을 위하여 하는 것이다.

그렇다고 한다면 설봉의 말은 그가 표현하고자 했던 그 말을 완전히 표현하지 못한 것은 아니다. 설봉이 화염 속에 있으면서 대법륜을 굴린다라고 하는 것은 반드시 자세히 참학해야한다. 현사의 말에 혼란스럽지 말아라. 설봉이 말한 뜻은 佛威儀를 威儀하는 것이다. 화염이 삼세제불을 그 속에 둔 것은 첫째는 무진법계이며 둘째는 무진법계의 주변만이 아니다. 첫째는 미진이며 둘째는 미진만을 통달할 뿐만 아니다. 대법륜을 굴리므로 대·소·광·협의 사량으로 의심하지 말라. 전대법륜은 자기를 위하고 남을 위한 것이 아니며, 설법을 하는 사람이나 듣는 사람을 위하는 것도 아니다.

【 강의 】 15

15. 현사가 말하기를,
 '화염이 삼세제불을 위하여 설법할 때에 삼세제불은 그 자리에서서 듣는다.'라고 하는 말을 들으면 우리가 생각하기에는 현사의 말은 설봉이 말한 '삼세제불은 화염 속에서 대법륜을 굴린다.'라고 하는 말보다 더 수승한 표현이라고 생각할 지도 모르지만 반드시 그렇지도 않다. 여기서 말한 설봉의 말은 일반적으로 당연한 말이지만 현사의 말은 격외도리와 같이 들린다. 그러므로 현사가 설봉보다도 더 뛰어나다고 말할 수 있다.
 그러나 도원이 볼 때에는 반드시 그렇지도 않다. 분명히 알아야할 것은 설봉의 말과 현사의 말은 다르다. 소위 설봉이 중점을두고 말한 것은 삼세제불이 대법륜을 굴리는 그 곳을 강조하고있다. 그러나 현사는 삼세제불이 청법하는 것을 강조하고 있다. 여기서 설봉의 말은 반드시 대법륜을 굴린다고 하는 것을 말하고 있지만, 전법하는 그곳에서 그 법을 누가 듣느냐고 하는 것은 논하고 있지 않다. 법을 굴리는 것만을 강조하고 있다.

그러므로 알아야 한다. 현사가 말한 대법륜의 전법은 청법을 하는 어떠한 대상을 전제로 하고 있는 것은 아니다. 따라서 삼세제불이 설법하는 대상은 화염이라고 할 수는 없다. 그렇다고 하여 삼세제불이 삼세제불을 위하여 대법륜을 굴린다라고도 하지 않았다. 뿐만 아니라 화택은 화택을 위하여 대법륜을 굴린다라고도 하지 않는 내용이다. 여기서 설봉이 말한 법륜을 굴린다거나 대법륜을 굴린다고 하는 것이 서로 다른 말인지 같은 말인지 다시 생각해 보아야 한다. 전법륜이라고 하여 그것은 반드시 설법만을 의미하는 것은 아니다. 그러나 설법은 반드시 세상을 위하여 설하는 것이다. 이렇게 볼 때 설봉이 말하고자 한 의도대로 모두 표현하였다. 그러므로 설봉이 화염 속에 있으면서 대법륜을 굴린다라고 한 말을 자세히 참학해야 한다.

이 말은 삼세제불이 화택 속에 있으면서 대법륜을 굴린다라고 하는 뜻일 것이다. 그렇다고 한다면 삼세제불이 삼계화택을 떠나서 어디에서 대법륜을 굴린다라고 할 것인가. 그러므로 설봉의 말은 당연한 말이다. 따라서 현사에 말에 혼란되지 말아야 한다. 여기에서 설봉이 말한 뜻은 부처님의 행불위의를 위의하는 것이다. 화염이 삼세제불을 그 속에 두고 있으면서도 태워버리지 않는 것은 첫째는 화염은 바로 무진법계이며, 둘째는 화염은 무진법계에 주변만은 아니다. 그리고 또 그것은 첫째는 미진세계이며, 둘째는 미진세계만을 의미하는 것은 아니라 삼천대천대계의 모든 것을 다 포함하고 있다. 그래서 대법륜을 굴리므로 중생들의 사량분별심인 크다거나 작다거나 넓다거나 좁다거나 등의 분별심으로 의심해서는 아니된다. 여기서 전대법륜은 자기를 위하는 것이지 남을 위하거나 설법하는 사람이나 듣는 사람을 위한 것은 아니다.

【 역주 】 16

16. 현사의 말에서는 화염이 삼세제불을 위하여 설법하고 삼세제불은 서서 그 설법을 듣는다고 한다(火焰爲三世諸佛說法, 三世諸佛立地聽). 이것은 화염이 설사 삼세제불을 위해 설법한다 할지라도, 아직도 법륜을 굴린다라고도 하지 않고, 또 삼세제불이 법륜을 굴린다고 말하지 않는다. 삼세제불은 서서 법문을 듣는다고 할지라도 삼세제불의 법륜을 어떻게 화염이 그것을 굴릴 수 있을 것인가? 삼세제불을 위하여 설법하는 화염, 또한 대법륜을 굴릴 수 있을것인가 없을 것인가.

여기에 대해서는 현사도 아직까지도 법륜을 굴리는 것은 바로 이때다라고 말하지 않았고, 법륜을 굴리지 않았다고도 말하지 않았다. 그렇지만 상상해본다면, 현사는 어리석게도 법륜을 굴린다는 것은 법륜을 설하는 것이라고 이해하고 있는 것이 아닐까? 만일 그렇다면 또한 설봉의 말에 머물러 있는 것이다. 화염이 삼세제불을 위하여 설법할 때 삼세제불은 서서 법을 듣는다라고 이해하면서도 화염이 법륜을 굴릴 때에 화염이 서서 法을 듣는다고 알지 못한다. 화염이 법륜을 굴릴 때에 화염같이 함께 법륜을 굴린다고 말하지 못한다.

삼세제불의 청법은 제불의 법이고, 다른 것으로부터 영향을 받는 것은 아니다. 화염을 법이라고 인식하지 말고, 화염을 불

이라고 인식하지 말고, 화염을 화염이라고 인식하지 말아야
한다. 진실로 師資의 문답을 경시해서는 안된다. 이른바 붉은
수염이 오랑케라고 말할 뿐만 아니라(將謂赤鬚胡53))오랑캐 수
염이 붉다라고도 말할 수 있지 않겠는가.

【 강의 】 16

16. 전 항목에서는 설봉의 말에 대해서 설명하였지만, 이번에는
현사의 말에 관해서 논하고 있다.

현사가 설봉의 말에 답한 것은 화염이 삼세제불을 위하여 설법
하고 삼세제불은 서서 그 설법을 듣는다라고 하였다. 이 현사의
말은 삼계화택인 화염이 삼세제불을 위하여 법을 설한다고는 했
지만, 화염이 법륜을 굴린다라고는 하지 않았다. 뿐만 아니라 삼
세제불도 법륜을 굴린다라고 하지 않았다. 그리고 삼세제불은 서
서 법문을 듣는다라고는 했지만 삼세제불이 법륜을 어떻게 화염
이 굴릴 수 있을 것인가에 대해서는 언급이 없었다. 뿐만 아니라
삼세제불을 위하여 설법하는 화염이 대법륜을 굴릴 수 있을지 없
을지에 대해서도 말하지 않았다. 현사는 전법륜에 대해서는 논한
바가 없다.

여기에 대해서 현사는 법륜을 굴리는 시기와 법륜을 굴리는 방
법에 대해서 전혀 언급이 없었다. 그렇다고 본다면 설봉은 轉法輪
을 중시하였고, 현사는 轉說法을 중시하였다. 그렇지만 상상해본

---

53) 장위적수호(將謂赤鬚胡): 『天聖廣燈錄』卷8 (卍續藏135, 657, a上) "師至晚上堂
擧前因緣次 黃檗便問古人錯對一轉語 墮在野狐身 今人轉轉不錯 又且如何 師云近
前來向汝道 檗近前打師一掌 師云將謂胡鬚赤更有赤鬚胡"

다면, 왜 현사가 전법륜에 대해서 말하지 않았을까? 그것은 아마도 현사는 법륜을 굴린다는 것과 법륜을 설한다는 것을 같은 의미로 이해하지 않았을까? 만일 현사가 이와 같이 이해하고 있었다면 설봉의 말에 매여 있는 것이다. 그렇다면 설봉의 법이 현사보다도 수승하다고 보아야 하지 않을까?

현사는 화염이 삼세제불을 위하여 설법할 때 삼세제불은 서서 법을 듣는다라고 이해하면서도, 화염이 법륜을 굴릴 때에 화염이 서서 그것을 듣는다라는 도리는 알지 못했다. 또한 화염이 법륜을 굴릴 때에 화염도 함께 법륜을 굴린다고 말하지 않고 있다.

삼세제불이 듣고 있는 법은 바로 제불의 법이지 화염의 법은 아니다. 그러므로 다른 것으로부터 영향을 받아서 삼세제불이 법을 듣는 것은 아니다. 화염이 법을 설한다고 하니 화염 그 자체를 법이라고 생각하지 말라, 또한 화염을 제불이라고 생각해서도 안 된다. 그렇다고 하여 화염을 화염이라고도 생각하지 말아야 한다.

이러한 설봉과 현사 사이에 이루어진 스승과 제자의 문답을 경시하여 제자인 현사의 법이 스승인 설봉의 법보다 수승하다고 생각해서는 안 된다. 이와 같은 것은 마치 붉은 수염이 오랑캐라고도 말할 수 있지만(將謂赤鬚胡) 오랑캐의 수염이 붉다라고도 말할 수 있지 않겠는가. 이렇게 말하든 저렇게 말하든 동일한 의미로 받아들여야 할 것이다.

【 역주 】 17

17. 현사의 말이 이와 같다고 할지라도, 참학의 역량이라고

해야 할 것이다.

소위 經師나 論師들이 대승・소승의 국량의 性・相으로는 미치지 못하고, 부처와 조사가 正傳한 性相을 참학해야 한다.

소위 三世諸佛이 법을 듣고, 이것은 大小乘의 性相으로 나타낼 수 없는 것이다. 제불은 기연에 맞추어 法을 설한다고만 알고, 제불은 법을 듣는다고는 하지 않으며, 제불은 수행한다고도 하지 않고, 제불은 성불한다고도 하지 않는다. 지금 현사가 말한 것은, 모두 삼세제불이 서서 법을 듣는다고 하는 것은, 제불이 법을 듣는 성・상이다. 반드시 설하는 자가 뛰어나다고 알고, 능히 법을 듣는 자는 하열하다고 [能聽是法者] 말해서는 안 된다.

설하는 자가 존귀하다면 듣는 자도 존귀하다.

【 강의 】 17

17. 현사의 말이 전법륜에 대해서는 말하지 않았다고 할지라도, 그도 참선수행을 하여 참학의 역량을 얻었다고 해야 할 것이다. 만약 그렇지 않았다고 한다면 설봉의 물음에 대해서 현사의 이와 같은 대답은 나오지 못했을 것이다.

소위 경전을 공부하는 사람이나 논사들이 공부한 대승과 소승의 능력으로는 현사의 이와 같은 대답에 미치지 못하므로 그들은 부처와 부처, 조사와 조사가 서로 정전한 정법안장을 참학해야 할 것이다.

소위 삼세제불이 '화염이 설하는 법을 듣는다'라고 하는 것은 대소승의 경지로서는 감히 상상도 할 수 없는 것이다. 대소승의 학자들은 '모든 부처님은 중생의 근기에 맞추어 대기설법을 한다.'라고만 알고 있지, '부처님이 법문을 듣는다.'라고는 알지도 못하고, '부처님이 수행한다'고하는 것도 알지 못하며, '부처님이 성불한다.'는 것은 더더구나 알지도 못한다.

지금 여기서 현사가 말한 것은, '모든 삼세제불이 서서 법을 듣는다.'라고 하는 이러한 말은, 선에서만 이야기할 수 있으며 제불이 법을 듣는 경지이다. 대소승의 학자들이 이야기하는 '부처님이 법을 설한다고 해서 설법을 하는 사람은 뛰어나고 청중이 법을 듣는다라고 해서 법을 듣는 사람은 하열하다.'고 생각해서는 안된다. 법을 설하는 자나 법을 듣는 자도 모두 다 존귀하며 평등한 것이다. 화엄이 법을 설하고 제불이 법을 듣는다고 해서 화엄이 수승하고 제불이 하열하다고 하는 것은 아니다. 이러한 도리를 알아야 한다.

【 역주 】 18

18. 석가모니불께서 말씀하시기를,

"만약 이 경을 설하는 자는 곧 나를 볼 것이며, 한 사람을 위해서 설하기조차도 어렵다.(若說此經 則爲我見 爲一人說 是則爲難)54)"라고 하셨다. 그렇다면 능히 법을 설하는 것은 석가모니불을 보는 것이며, 즉 나를 본다는 것은 석가모니불이기 때문이다.

또한 말씀하시되,

---

54) 시즉위난(是則爲難):『法華經』「見寶塔品」(大正藏9, 34,b)"若持此經 爲一人說 是則爲難"

"내가 滅한 후에 이 경을 듣고 받들어서 그 뜻을 묻기는 어렵다.(於我滅後 聽受此經 問其義趣 是則爲難)"라고 하셨다.

알아야 한다. 듣고 受持하는 것도 또한 설법하는 것과 마찬가지로 어려움이 되며, 서로 우열이 있는 것은 아니다. 선 자리에서 법을 듣는다고 하는 것(立地聽法)은 최상의 제불이 된다고 함에도 불구하고 서서 법을 들어야 한다. 왜냐하면 서서 법을 듣는 것은 삼세제불이다. 제불은 삼계를 뛰어넘은 깨달음이며 因中(修行中)의 청법을 말하는 것은 아니다. 이는 이미 삼세제불이기 때문이다.

알아야 한다. 삼세제불은 화염의 설법을 立地聽法하여 제불이 된다. 도의 가르침은 찾을 수 없고, 찾을 수 없기 때문에 箭鋒相拄[55]이다. 화염은 삼세제불을 위해서 설법한다. 참된 마음(赤心片片)[56]이 흩날리어 쇠로 된 나무에 꽃이 피어 세계를 향기롭게 한다.(鐵樹華開[57]世界香) 다시 말하면, 화염의 설

---

55) 전봉상주(箭鋒相拄): 『碧巖錄』卷1 (大正藏48, 147,b) "直論箭鋒相拄 是他家風如此"
　　『傳燈錄』卷30 (大正藏51, 459,b) "理應箭鋒拄"
　　이 箭鋒相拄는 『列子』[湯問篇]에 나오는 고사로서 스승과 제자의 의기가 완전히 합치됨을 의미한다.　古賀英彦 編著, 『禪語辭典』(思文閣出版), p.258.

56) 적심편편(赤心片片): 『碧巖錄』卷1 (大正藏48, 141,b) "不妨爲人 赤心片片"
　　片片은 處處의 뜻으로 자비심의 마음을 낱낱이 흩날린다는 의미.

57) 철수화개(鐵樹華開): 『碧巖錄』卷4 (大正藏48, 249) "垂示云 休去歇去 鐵樹華開"
　　이 뜻은 固定不變하다고 생각되어지는 것이 실은 변한다는 이치를 나타내는 말이다. 그래서 鐵樹는 꽃을 피우기는 어렵기 때문에 無心無作의 妙用즉 思慮分別이 끊어진 것을 비유한 것이다. 鐵樹華開世界香은 진법계 일체의 물이 無心無作의 妙用의 活現으로 憎愛도 없고 取捨도 없고 能所도 없는 것을 말한다. 古賀英彦 編著, 『禪學大辭典』 p.884.

법을 그 자리에 서서 듣게 된다면 결국 무엇을 이룰 것인가? 말하자면, 제자의 지혜가 스승보다 뛰어날 것(智勝于師)[58]이며, 혹은 지혜가 스승과 같을 것이다. 다시 스승과 제자의 깊은 뜻을 참구하여 삼세제불이 되어야 할 것이다.

【 강의 】18

18. 『법화경』「견보탑품」에 의하면 석가모니 부처님께서 말씀하시기를,

'만약 이 경을 설하는 자는 곧 나를 볼 것이며 한 사람을 위해서 설하기조차도 어렵다.'라고 하셨다. 이 이야기는 『법화경』에서 만약 이 경을 지니어 한 사람을 위해서 설하기조차도 어렵다라고 하는 게송에 도원은 '則爲我見'을 삽입하고 있다. 따라서 도원은 '법을 설하는 것은 바로 석가모니불을 친견하는 것이며, 부처를 본다는 것은 바로 석가모니불을 보는 것'으로 이해하고 있다. 즉 설법자는 見佛이며, 見我이며, 見釋迦牟尼佛로 이해하고 있다.

또 『법화경』에서 말씀하시기를,

'석가모니불이 滅度 후에 이 경을 듣고 받들어 그 진실한 뜻에 대하여 물어서 알기는 어렵다.'라고 하셨다.

그러므로 우리는 알아야 한다. 설법을 듣고 수지하는 것이나 설법하는 것은 모두가 어려운 일이며, 둘 중에 어느 것이 더 수승하고 하열하다고 할 수는 없는 것이다. 법을 듣는 것이 최상의 제불이 된다고 하지만 부처가 되었다고 해서 법을 설하는 것이

---

58) 지승우사(智勝于師): 『從容錄』卷4 (大正藏48, 262)의 제55則 雪峰飯頭와 『傳燈錄』卷6 (大正藏51, 249,b-250,c)의 百丈章을 참조.

아니라 부처가 되었다고 해도 법을 들어야 한다. 왜냐하면 삼세제불은 모두가 법을 듣는 것을 중시하였다. 그렇다고 하여 제불은 깨달은 자로서 법문을 듣는 것이지, 깨닫지 못한 수행 중에 법을 듣는 것은 아니다. 이미 법을 바르게 들을 수 있다는 것은 삼세제불의 위치에 올라있기 때문에 가능한 것이다.

알아야 한다. 삼세제불은 모두 화염의 설법을 잘 들었기 때문에 부처가 된 것이다. 도의 가르침이라고 하는 것은 헤매고 찾는다고 하여 찾을 수 있는 것이 아니며, 그렇기 때문에 법을 설하는 자나 법을 듣는 자가 하나가 되는 것이다. 따라서 화염은 삼세제불을 위해서 설법하고 있다. 그렇게 되었을 때 자비심이 온 세계에 흩날리어 쇠로 된 나무에 꽃이 피어 삼계화택을 향기롭게 하게 될 것이다. 다시 말하자면, 삼계화택의 화염의 설법을 올바르게 듣게 된다면 결국 무엇이 될 것인가? 그것은 바로 부처가 될 것이다. 그러므로 제자인 현사의 지혜가 스승인 설봉보다도 뛰어날 것이며, 혹은 설봉과 현사의 지혜가 서로 동등하게 될 것이다. 다시 말하자면 '삼세제불이 법을 설하고 있다.'는 설봉의 말씀이나, '화택이 법을 설하니 제불이 법을 듣는다.'고 하는 현사의 가르침을 깊이 참구하면 우리는 삼세제불이 될 것이다.

【 역주 】 19

19. 원오선사가 말하기를,
'한 사람은 원숭이가 희다하고, 또 한 사람은 원숭이가 검다고 말한 것은 서로 방해받지 않고 법을 주고받음에 신출귀몰하다.'라고 하였다. 그것은 현사와 같은 것에서 나왔다 할지라도 현사에게 같은 곳에 들어 갈 수 없는 한 면도 있을 것이다. 화염이 제불인가? 제불이 화염이라고 할 수 있을 것인가? 흑백이 호환하는 마음이 현사가 신출귀몰한 것이라고 말할지라도 설봉의 聲色은 아직 흑백의 경지에 남아 있지 않다. 그렇다고 할지라도 현사의 말은 옳기도 하고, 옳지 않기도 하며, 설봉 또한 갖고 있기도 하고 놓기도 한다는 것을 알아야 한다.

지금 원오선사가 현사에게도 동조하지 않고 설봉에게도 동조하지 않는다고 말했다. 소위 불꽃이 하늘을 덮는다는 것(烈焰亘天)은 부처의 법을 설하는 것이며, 하늘이 불꽃을 덮는 것(亘天烈焰)은 법이 부처를 설하는 것이다. 이 말은 참으로 후학(晚進)들에게 광명이다. 예를 들면 화염에 매여 있다고 하든 하늘에 덮여있다고 하든 그것은 나도 이러한 경지에 있고, 다른 사람도 이러한 경지에 있는 것이다. 하늘에 덮여있는 그곳이 이미 불꽃이다. 이것을 싫어하여 저것만을 취할 수 있을까.

【 강의 】 19

19. 원오선사가 말하기를,
'설봉선사는 원숭이가 희다고 했고, 현사선사는 원숭이가 검다고 말했지만 이것은 서로 방해받지 않고 법을 거량함에 신출귀몰한 행불위의이다.'라고 하였다. 즉 서로의 말이 정반대되는 것 같지만 그것은 조금의 차이도 없는 것이다. 그것은 현사와 같은 것에서 나왔지만 그렇다고 하여 그대로 현사의 가르침에 들어 갈 수 있는 것은 아니다. 현사가 화염이 설법하니 제불이 듣는다라고 말하였는데, 그러면 화염이 바로 제불이라는 말인가 아니면 제불이 바로 화염이라고 말하는 것인가. 여기서 제불과 화염을 하나로 볼 수 있는 것은 맞으나, 설봉과 현사가 의기가 투합하여 마음이 서로 하나가 된 것을 신출귀몰하다고 할 수는 있지만 그렇다고 하여 설봉의 가르침은 흑백에 머물러 있는 것은 아니다. 이렇게 본다면 현사의 말이 옳기도 하고 때로는 옳지 않기도 하며, 설봉도 또한 자유자재하게 가지고 있기도 하고 놓기도 한다는 것을 우리는 알아야 한다.

지금 원오선사는 현사에게도 매이지 않고 설봉에게도 매이지 않는다라고 하였다. 그는 불꽃이 하늘을 덮는 것은 바로 부처님이 제법을 설하는 것이며, 하늘이 불꽃을 덮는 것은 제법이 부처를 설하는 것으로 보고 있다. 다시 말하자면 설봉이 말한 제불이 대법륜을 굴린다는 것이나, 현사가 말한 삼계화택이 법을 설하니 제불이 서서 듣는다라고 하는 것과 다름이 없다.

그러므로 이러한 말은 후학(晚進)들에게 있어서는 참으로 진리의 나침반이며, 대광명을 제시하는 것이다. 예를 들면 화염에 매여 있다고 하든 하늘에 덮여있다고 하든 간에 나도 그러한 경지에 이르러 있고, 다른 사람들도 또한 이와 같은 경지에 있는 것이다. 하늘에 덮여있는 그곳이 바로 불꽃이므로 결국에 가서는 하늘과 불꽃이 둘이 아니며, 법을 설하는 자와 법을 듣는 자도 둘의 경지가 아니다. 그런데 우리들이 이 중에서 한 가지만을 싫어하여 다른 것을 가지려 한다면 취할 수 없을 것이다.

【 역주 】 20

20. 기뻐해야 한다. 이 몸(皮袋子)이 태어난 곳은 聖人이 계

셨던 곳과는 멀고, 살고 있는 지금은 성인이 가신 지 오래되었다고 할지라도 온 천지를 뒤덮는 가르침은 여전히 들을 수 있다. 이른바 부처가 법을 설하는 것은 들을 수 있었다고 하지만, 법이 부처를 설한다는 것은 얼마나 깊은 무지에 빠져 있는가?

그렇다면 곧 삼세제불은 삼세의 법을 설하고, 삼세의 제법은 삼세의 부처를 설한다. 등나무 덩굴에 있는 새의 집이 바람에 떨어져 나가니 하늘뿐이다. 한마디로 숨김없이 勘破한다면 유마힐을 유마힐이 아니라고 한다. 그러면 곧, 법이 부처를 설하는 것이고, 법이 부처를 행하는 것이며, 법이 부처를 증득하는 것이고, 부처가 법을 설하며, 부처가 부처를 행하는 것이고 부처가 부처가 되는 것이다. 이와 같이 모두가 행불의 위의이다. 하늘과 땅, 예와 지금도 得者는 가벼이 하지 않고 明者는 천시하지 않는다(亘天亘地, 亘古亘今, 得者不輕微, 明者不賤用).

【 강의 】 20

20. 우리가 禪法을 만나 역대조사의 가르침을 들을 수 있다는 것을 대단히 기뻐해야 한다. 말법시대에 이 몸(皮袋子)이 태어난 곳은 공간적으로는 인도에서 멀리 떨어진 일본이므로 석가모니부처님 계셨던 곳과는 너무나 거리가 멀뿐만 아니라, 시간적으로는 지금 우리가 살고 있는 현재는 부처님께서 열반하신 지 수천 년이 되었다. 그러나 다행히 온 천하를 뒤덮고 있는 선법의 가르침을 여전히 들을 수 있으니, 어찌 다행한 일이 아니겠는가. 그러나 많은 사람들은 설봉이 얘기한 바와 같이 부처가 법을 설하는 것

은 들을 수 있다고 하지만, 현사가 말한 법이 부처를 설하는 것
은 알지 못하니 얼마나 무지에 빠져 있다고 하지 않겠는가?

그렇다면 원오선사가 말한 바와 같이 삼세제불은 삼세의 법을
설하고, 삼세제법은 삼세의 부처를 설한다고 하면서 등나무 덩굴
에 있던 새의 집이 一陣狂風이 불어 떨어져 나가니 맑은 하늘만
보일 뿐이다. 이 소리는 바로 모든 번뇌의 덩굴이 지혜의 빛에
의해 떨어져 나가니 맑은 자성청정심만 보일 뿐이라고 한 것이다.
마치 캄캄한 어두운 통 밑이 콱 빠지는 경계와 같은 경지인 것이
다. 이 한마디의 깊은 뜻을 분명하게 勘破한다면 유마힐의 경지와
무엇이 다르겠는가.

그렇게 되었을 때 유마힐이라고 집착할 것도 없다. 그러면 곧
제법이 부처를 설하고, 제법이 불행을 행하며, 제법이 부처를 증
득하게 될 것이다. 따라서 부처 또한 법을 설하고, 부처가 부처의
행을 행할 것이며, 더 나아가서는 부처가 바로 부처가 될 것이다.
이와 같은 경지가 되었을 때 부처와 제법이 따로 있는 것이 아니
라 모두가 서로 하나가 되어 두두물물이나 하는 일마다 행불의
위의가 아님이 없다. 도를 깨달은 자는 공간적으로 하늘이든 땅
이든, 시간적으로 예이든 지금이든 한 티끌도 가벼이 여기지 아
니하고, 눈 밝은 자는 시간적으로 오래되었다고 해서 천시하지
아니하며, 색을 싫어하여 귀하게 여기지 않는다.

23.　行佛威儀

1.　諸仏かならず威儀を行足す、これ行仏なり。行仏それ報仏にあらず、化仏にあらず、自性身仏にあらず、他性身仏にあらず。始覚本覚にあらず、性覚無覚にあらず。如是等仏、たえて行仏に斉肩することうべからず。

しるべし、諸仏の仏道にある、覚をまたざるなり。仏向上の道に行履を通達せること、唯行仏のみなり。自性仏等、夢也未見在なるところなり。この行仏は、頭頭に威儀現成するゆゑに、身前に威儀現成す、道前に化機漏泄すること、亘時なり、亘方なり、亘仏なり亘行なり。行仏にあらざれば、仏縛法縛いまだ解脱せず、仏魔法魔に党類せらるるなり。

2.　仏縛といふは、菩提を菩提と知見解会する、即知見、即解会に即縛せられぬるなり。一念を経歴するに、なほいまだ解脱の期を期せず、いたづらに錯解す。菩提をすなはち菩提なりと見解せん、これ菩提相応の知見なるべし。たれかこれを邪見といはんと想憶す、これすなはち無縄自縛なり。縛縛綿綿として樹倒藤枯にあらず。いたづらに仏邊の斗**藪**窟に活計せるのみなり。法身のやまふをしらず、報身の窮をしらず。

教家経師論師等の仏道を遠聞せる、なほしいはく、即於法性、起法性見、即是無明（法性に即して法性の見を起す、即ち是れ無明なり）。この教家のいはくは、法性に法性の見おこるに、法性の縛をいはず、さらに無明の縛をかさぬ、法性の縛あることをしらず。あはれむべしといへども、無明縛のかさなれるをしれるは、発菩提心の種子となりぬべし。いま行仏、かつてかくのごとくの縛に縛せられざるなり。

かるがゆゑに我本行菩薩道、所成寿命、今猶未尽、復倍上数（我れ

本より菩薩道を行じて、成る所の寿命、今なほ未だ尽きず、また上の数に倍せり）なり。

　しるべし、菩薩の寿命いまに連綿とあるにあらず、仏寿命の過去に布遍せるにあらず。いまいふ上数は、全所成なり。いひきたる今猶は、全寿命なり。我本行たとひ万里一条鉄なりとも、百年抛却任縦横なり。

　しかあればすなはち、修証は無にあらず、修証は有にあらず、修証は染汚にあらず。無仏無人の処在に百千万ありといへども、行仏を染汚せず。ゆゑに行仏の修証に染汚せられざるなり。修証の不染汚なるにはあらず、この不染汚、それ不無なり。

　3.　曹谿いはく、祇此不染汚、是諸仏之所護念、汝亦如是、吾亦如是、乃至西天諸祖亦如是（ただ此の不染汚、是れ諸仏の所護念なり、汝もまた是の如し、吾もまた是の如し、乃至西天の諸祖もまた是の如し）。

　しかあればすなはち汝亦如是のゆゑに諸仏なり、吾亦如是のゆゑに諸仏なり。まことにわれにあらず、なんぢにあらず。この不染汚に、如吾是吾、諸仏所護念、これ行仏威儀なり。如汝是汝、諸仏所護念、これ行仏威儀なり。吾亦のゆゑに師勝なり、汝亦のゆゑに資強なり。師勝資強、これ行仏の明行足なり。しるべし、是諸仏之所護念と、吾亦なり、汝亦なり。曹谿古仏の道得、たとひわれにあらずとも、なんぢにあらざらんや。行仏之所護念、行仏之所通達、それかくのごとし。かるがゆゑにしりぬ、修証は性相本末等にあらず。行仏の去就これ果然として仏を行ぜしむるに、仏すなはち行ぜしむ。

　ここに為法捨身あり、為身捨法あり。不惜身命あり、但惜身命あり。法のために法をすつるのみにあらず、心のために法をすつる威儀あり。捨は無量なること、わするべからず。仏量を拈来して大道を測量し度量すべから

ず。仏量は一隅なり、たとへば花開のごとし。心量を挙来して威儀を摸索すべからず、擬議すべからず。心量は一面なり、たとへば世界のごとし。一茎草量、あきらかに仏祖心量なり。これ行仏の蹤跡を認ぜる一片なり。一心量たとひ無量仏量を包含せりと見徹すとも、行仏の容止動静を量せんと擬するには、もとより過量の面目あり。過量の行履なるがゆゑに、即不中なり、使不得なり、量不及なり。

4. しばらく、行仏威儀に一究あり。即仏即自と恁麼来せるに、吾亦汝亦の威儀、それ唯我能にかかはれりといふとも、すなはち十方仏然の脱落、これ同条のみにあらず。かるがゆゑに、

古仏いはく、体取那邊事、却来這裏行履（那邊の事を体取し、這裏に却来して行履せよ）。

すでに恁麼保任するに、諸法、諸身、諸行、諸仏、これ親切なり。この行法身仏、おのおの承当に罣碍あるのみなり。承当に罣碍あるがゆゑに、承当に脱落あるのみなり。眼碍の明明百草頭なる、不見一法、不見一物と動著することなかれ。這法に若至なり、那法に若至なり。拈来拈去、出入同門に行履する、偏界不曾蔵なるがゆゑに、世尊の密語密証密行密付等あるなり。

出門便是草、入門便是草、万里無寸草（門を出づれば是れ草、門を入るも是れ草、万里無寸草無し）なり。入之一字、出之一字、這頭也不用得、那頭也不用得（入の一字、出の一字、這頭も不用得、那頭も不用得）なり。いまの把捉は、放行をまたざれども、これ夢幻空花なり。たれかこれを夢幻空花と将錯就錯せん。進歩也錯、退歩也錯、一歩也錯、両歩也錯なるがゆゑに錯錯なり。天地懸隔するがゆゑに至道無難なり。威儀儀威、大道体寛と究竟すべし。

5. しるべし、出生合道出なり、入死合道入なり。その頭正尾正に、玉転珠回の威儀現前するなり。仏威儀の一隅を遣有するは、尽乾坤大地なり、尽生死去来なり。塵刹なり、蓮花なり。これ塵刹蓮花、おのおの一隅なり。

学人おほくおもはく、尽乾坤といふは、この南瞻部洲をいふならんと擬せられ、又この一四洲をいふならんと擬せられ、ただ又神丹一国おもひにかかり、日本一国おもひにめぐるがごとし。又、尽大地といふも、ただ三千大千世界とおもふがごとし、わづかに一洲一県をおもひにかくるがごとし。尽大地尽乾坤の言句を参学せんこと、三次五次もおもひめぐらすべし、ひろきにこそはとてやみぬることなかれ。この得道は、極大同小、極小同大の超仏越祖なるなり。大の有にあらざる、小の有にあらざる、疑著ににたりといへども威儀行仏なり。仏仏祖祖の道趣する尽乾坤の威儀、尽大地の威儀、ともに不曾蔵を徧界と参学すべし。徧界不曾蔵なるのみにはあらざるなり。これ行仏一中の威儀なり。

6. 仏道を説著するに、胎生化生等は仏道の行履なりといへども、いまだ湿生卵生等を道取せず。いはんやこの胎卵湿化生のほかになほ生あること、夢也未見在なり。いかにいはんや胎卵湿化生のほかに、胎卵湿化生あることを見聞覚知せんや。いま仏仏祖祖の大道には、胎卵湿化生のほかの胎卵湿化生あること、不曾蔵に正伝せり、親密に正伝せり。この道得、きかずならはず、しらずあきらめざらんは、なにの儻類なりとかせん。すでに四生はきくところなり、死はいくばくかある。四生には四死あるべきか、又、三死二死あるべきか、又、五死六死、千死万死あるべきか。この道理わづかに疑著せんも、参学の分なり。

しばらく功夫すべし、この四生衆類のなかに、生はありて死なきものあるべ

しや。又、死のみ単伝にして、生を単伝せざるありや。単生単死の類の有無、かならず参学すべし。わづかに無生の言句をききてあきらむることなく、身心の功夫をさしおくがごとくするものあり。これ愚鈍のはなはだしきなり。信法頓漸の論にもおよばざる畜類といひぬべし。ゆゑいかんとなれば、たとひ無生ときくといふとも、この道得の意旨作麼生なるべし。さらに無仏無道無心無滅なるべしや、無無生なるべしや、無法界、無法性なるべしや、無死なるべしやと功夫せず、いたづらに水草の但念なるがゆゑなり。

7.　しるべし、生死は仏道の行履なり、生死は仏家の調度なり。使也要使なり、明也明得なり。ゆゑに諸仏はこの通塞に明明なり、この要使に得得なり。この生死の際にくらからん、たれかなんぢをなんぢといはん。たれかなんぢを了生達死漢といはん。生死にしづめりときくべからず、生死にありとしるべからず、生死を生死なりと信受すべからず、不会すべからず、不知すべからず。

あるいはいふ、ただ人道のみに諸仏出世す、さらに余方余道には出現せずとおもへり。いふがごとくならば、仏在のところ、みな人道なるべきか。これは人仏の唯我独尊の道得なり。さらに天仏もあるべし、仏仏もあるべきなり。諸仏は唯人間のみに出現すといはんは、仏祖の闊奥にいらざるなり。

祖宗いはく、釈迦牟尼仏、自従迦葉仏所伝正法、往兜率天、化兜率陀天、于今有在（釈迦牟尼仏、迦葉仏の所にして正法を伝へてより、兜率天に往いて、兜率陀天を化して今に有在す）。

8.　まことにしるべし、人間の釈迦は、このとき滅度現の化をしけりといへども、上天の釈迦は于今有在にして化天するものなり。学人しるべし、人間の釈迦の千変万化の道著あり、行取あり、説著あるは、人間一隅の放光現

瑞なり。おろかに上天の釈迦、その化さらに千品万門ならん、しらざるべからず。仏仏正伝する大道の、断絶を超越し、無始無終を脱落せる宗旨、ひとり仏道のみに正伝せり。自余の諸類、しらずきかざる功徳なり。行仏の設化するところには、四生あらざる衆生あり。天上人間法界等にあらざるところあるべし。行仏の威儀を覲見せんとき、天上人間のまなこをもちゐることなかれ、天上人間の情量をもちゐるべからず。これを挙して測量せんと擬することなかれ。十聖三賢なほこれをしらずあきらめず、いはんや人中天上の測量のおよぶことあらんや。人量短小なるには識智も短小なり、寿命短促なるには思慮も短促なり。いかにしてか行仏の威儀を測量せん。

　しかあればすなはち、ただ人間を挙して仏法とし、人法を挙して仏法を局量せる家門、かれこれともに仏子と許可することなかれ、これただ業報の衆生なり。いまだ身心の聞法あるにあらず、いまだ行道せる身心なし。従法生にあらず、従法滅にあらず、従法見にあらず、従法聞にあらず、従法行住坐臥にあらず。かくのごとくの儻類、かつて法の潤益なし。行仏は本覚を愛せず、始覚を愛せず、無覚にあらず、有覚にあらずといふ、すなはちこの道理なり。

　いま凡夫の活計する有念無念、有覚無覚、始覚本覚等、ひとへに凡夫の活計なり、仏仏相承せるところにあらず。凡夫の有念と諸仏の有念と、はるかにことなり、比擬することなかれ。凡夫の本覚と活計すると、諸仏の本覚と証せると、天地懸隔なり、比論の所及にあらず。十聖三賢の活計、なほ諸仏の道におよばず。いたづらなる算沙の凡夫、いかでかはかることあらん。しかあるを、わづかに凡夫外道の本末の邪見を活計して、諸仏の境界とおもへるやからおほし。

　9.　諸仏いはく、此輩罪根深重なり、可憐愍者なり。

　深重の罪根たとひ無端なりとも、此輩の深重担なり。この深重担、しばらく放行して著眼看すべし。把定して自己を碍すといふとも、起首にあらず。いま行仏威儀の無碍なる、ほとけに碍せらるるに、拕泥滞水の活路を通達しきたるゆゑに、無罣碍なり。上天にしては化天す、人間にしては化人す。花開の功徳あり、世界起の功徳あり。かつて間隙なきものなり。このゆゑに自他に迴脱あり、往来に独抜あり。即往兜率天なり、即来兜率天なり、即即兜率天なり。即往安楽なり、即来安楽なり、即即安楽なり。即迴脱兜率なり、即迴脱安楽なり。即打破百雑砕安楽兜率なり、即即把定放行安楽兜率なり、一口呑尽なり。

　しるべし、安楽兜率といふは、浄土天堂ともに輪廻することの同般なるとなり。行履なれば、浄土天堂おなじく行履なり。大悟なれば、おなじく大悟なり。大迷なれば、おなじく大迷なり。これしばらく行仏の鞋裏の動指なり。あるときは一道の放屁声なり、放屎香なり。鼻孔あるは齅得す、耳処身処行履処あるに聴取するなり。又、得吾皮肉骨髄するときあり、さらに行得に他よりえざるものなり。

　10.　了生達死の大道すでに豁達するに、ふるくよりの道取あり、大聖は生死を心にまかす、生死を身にまかす、生死を道にまかす、生死を生死にまかす。

　この宗旨あらはるる、古今のときにあらずといへども行仏の威儀忽爾として行尽するなり。道環として生死身心の宗旨すみやかに弁肯するなり。行尽明尽、これ強為の為にあらず、迷頭認影に大似なり。廻光返照に一如なり。その明上又明の明は、行仏に弥綸なり。これ行取に一任せり。この任任の道理、すべからく心を参究すべきなり。その参究の兀爾は、万回これ心の明白なり。三界ただ心の大隔なりと知及し会取す。この知及会取、さらに万

法なりといへども、自己の家郷を行取せり、当人の活計を便是なり。

　しかあれば、句中取則し、言外求巧する再三撈摝、それ把定にあまれる把定あり、放行にあまれる放行あり。

　11. その功夫は、いかなるかこれ生、いかなるかこれ死、いかなるかこれ身心、いかなるかこれ与奪、いかなるかこれ任違。それ同門出入の不相逢なるか、一著落在に蔵身露角なるか。大慮而解なるか、老思而知なるか、一顆明珠なるか、一大蔵教なるか、一条拄杖なるか、一枚面目なるか。三十年後なるか、一念万年なるか。子細に撿点し、撿点を子細にすべし。撿点の子細にあたりて、満眼聞声、満耳見色、さらに沙門壱隻眼の開明なるに、不是目前法なり、不是目前事なり。雍容の破顔あり、瞬目あり。これ行仏の威儀の暫爾なり。被物牽にあらず不牽物なり。縁起の無生無作にあらず、本性法性にあらず、住法位にあらず、本有然にあらず。如是を是するのみにあらず、ただ威儀行仏なるのみなり。

　12. しかあればすなはち、為法為身の消息、よく心にまかす。脱生脱死の威儀、しばらくほとけに一任せり。ゆゑに道取あり、万法唯心、三界唯心。さらに向上に道得するに、唯心の道得あり、いはゆる牆壁瓦礫なり。唯心にあらざるがゆゑに牆壁瓦礫にあらず。これ行仏の威儀なる、任心任法、為法為身の道理なり。さらに始覚本覚等の所及にあらず。いはんや外道二乗、三賢十聖の所及ならんや。この威儀、ただこれ面面の不会なり、枚枚の不会なり。たとひ活鱍鱍地も条条薺なり。一条鉄か、両頭動か。一条鉄は長短にあらず両頭動は自他にあらず。この展事投機のちから、功夫をうるに、威掩万法（威、万法を掩ふ）なり、眼高一世（眼、一世に高し）なり、収放をさへざる光明あり、僧堂仏殿厨庫三門。さらに収放にあら

ざる光明あり、僧堂仏殿厨庫三門なり。さらに十方通のまなこあり、大地全
収のまなこあり。心のまへあり、心のうしろあり。かくのごとくの眼耳鼻舌身
意、光明功徳の熾然なるゆゑに、不知有を保任せる三世諸仏あり、却知
有を投機せる狸奴白牯あり。この巴鼻あり、この眼睛あるは、法の行仏のと
き、法の行仏をゆるすなり。

13. 雪峰山真覚大師、衆に示して云く、三世諸仏、在火焔裏、転大
法輪（三世諸仏、火焔裏に在つて大法輪を転ず）。
　玄沙院宗一大師云、火焔為三世諸仏説法、三世諸仏立地聴（火
焔ゝ三世諸仏の為に説法するに、三世諸仏地に立ちて聴く）。
　圜悟禅師云、将謂猴白、更有猴黒、互換投機、神出鬼没（将に謂
へり猴白と、更に猴黒有り。互換の投機、神出鬼没なり）。
　烈焔亘天仏説法、
　亘天烈焔法説仏。
　風前剪断葛藤窠、
　一言勘破維摩詰。
　（烈焔亘天は、仏、法を説くなり、亘天烈焔は、法、仏を説くなり。風前
に剪断す葛藤窠、一言に勘破す維摩詰。）

14. いま三世諸仏といふは、一切諸仏なり。行仏すなはち三世諸仏な
り。十方諸仏、ともに三世にあらざるなし。仏道は三世をとくに、かくのごとく
説尽するなり。いま行仏をたづぬるに、すなはち三世諸仏なり。たとひ知有な
りといへども、たとひ不知有なりといへども、かならず三世諸仏なる行仏なり。
　しかあるに、三位の古仏、おなじく三世諸仏を道得するに、かくのごとくの
道あり。しばらく雪峰のいふ三世諸仏、在火焔裏、転大法輪といふ、この

道理ならふべし。三世諸仏の転法輪の道場は、かならず火焔裏なるべし。火焔裏かならず仏道場なるべし。経師論師きくべからず、外道二乗しるべからず。しるべし、諸仏の火焔は諸類の火焔なるべからず。又、諸類は火焔あるかなきかとも照顧すべし。三世諸仏の在火焔裏の化儀、ならふべし。火焔裏に処在する時は、火焔と諸仏と親切なるか、転疎なるか。依正一如なるか、依報正報あるか。依正同条なるか、依正同隔なるか。転大法輪は転自転機あるべし。展事投機なり、転法法転あるべし。すでに転法輪といふ、たとひ尽大地これ尽火焔なりとも、転火輪の法輪あるべし、転諸仏の法輪あるべし、転法輪の法輪あるべし、転三世の法輪あるべし。

　しかあればすなはち、火焔は諸仏の転大法輪の大道場なり。これを界量、時量、人量、凡聖量等をもて測量するは、あたらざるなり。これらの量に量ぜられざれば、すなはち三世諸仏、在火焔裏、転大法輪なり。すでに三世諸仏といふ、これ量を超越せるなり。三世諸仏、転法輪道場なるがゆゑに火焔あるなり。火焔あるがゆゑに諸仏の道場あるなり。

　15.　玄沙いはく、火焔の三世諸仏のために説法するに、三世諸仏は立地聴法す。この道をききて、玄沙の道は雪峰の道よりも道得是なりといふ、かならずしもしかあらざるなり。しるべし、雪峰の道は、玄沙の道と別なり。いはゆる雪峰は、三世諸仏の転大法輪の処在を道取し、玄沙は、三世諸仏の聴法を道取するなり。雪峰の道、まさしく転法を道取すれども、転法の処在かならずしも聴法不聴を論ずるにあらず。しかあれば、転法にかならず聴法あるべしときこえず。又、三世諸仏、為火焔説法といはず、三世諸仏、為三世諸仏、転大法輪といはず、火焔為火焔、転大法輪といはざる宗旨あるべし。転法輪といひ、転大法輪といふ、その別あるか。転法輪は説法にあらず、説法かならずしも為他あらんや。

しかあれば、雪峰の道の、道取すべき道を道取しつくさざる道にあらず。

　雪峰の在火焔裏、転大法輪、かならず委悉に参学すべし。玄沙の道に混乱することなかれ。雪峰の道を通ずるは、仏威儀を威儀するなり。火焔の三世諸仏を在裏せしむる、一無尽法界、二無尽法界の周遍のみにあらず。一微塵二微塵の通達のみにあらず。転大法輪を量として、大小広狭の量に擬することなかれ。転大法輪は、為自為他にあらず、為説為聴にあらず。

　16. 玄沙の道に、火焔為三世諸仏説法、三世諸仏立地聴といふ、これは火焔たとひ為三世諸仏説法すとも、いまだ転法輪すといはず、また三世諸仏の法輪を転ずといはず。三世諸仏は立地聴すとも、三世諸仏の法輪、いかでか火焔これを転ずることあらん。為三世諸仏説法する火焔、又転大法輪すやいなや。玄沙もいまだいはず、転法輪はこのときなりと。転法輪なしといはず。しかあれども、想料すらくは、玄沙おろかに転法輪は説法輪ならんと会取せるか。もししかあらば、なほ雪峰の道にくらし。火焔の三世諸仏のために説法のとき、三世諸仏立地聴法すとはしりりといへども、火焔転法輪のところに、火焔立地聴法すとしらず。火焔転法輪のところに、火焔同転法輪すといはず。三世諸仏の聴法は、諸仏の法なり、他よりかうぶらしむるにあらず。火焔を法と認ずることなかれ、火焔を仏と認ずることなかれ、火焔を火焔と認ずることなかれ。まことに師資の道なほざりなるべからず。将謂赤鬚胡のみならんや、さらにこれ胡鬚赤なり。

　17. 玄沙の道かくのごとくなりといへども、参学の力量とすべきところあり。いはゆる経師論師の大乗小乗の局量の性相にかかはれず、仏仏祖祖正伝

せる性相を参学すべし。いはゆる三世諸仏の聴法なり。これ大小乗の性相
にあらざるところなり。諸仏は機縁に逗する説法ありとのみしりて、諸仏聴法す
といはず、諸仏修行すといはず、諸仏成仏すといはず。いま玄沙の道に
は、すでに三世諸仏立地聴法といふ、諸仏聴法する性相あり。かならずし
も能説をすぐれたりとし、能聴是法者を劣なりといふことなかれ。説者尊なれ
ば、聴者も尊なり。

18.　釈迦牟尼仏のいはく、

　若説此経、則為見我、為一人説、是則為難。

　（若し此の経を説かんは、則ち我を見ると為す、一人の為に説くは、是れ
則ち難しと為す。）

　しかあれば、能説法は見釈迦牟尼仏なり、則為見我は釈迦牟尼なるが
ゆゑに。

　又いはく、

　於我滅後、聴受此経、問其義趣、是則為難。

　（我が滅後に於て、此の経を聴受し、其の義趣を問ふは、是れ則ち難し
と為す。）

　しるべし、聴受者もおなじくこれ為難なり、勝劣あるにあらず。立地聴これ
最尊なる諸仏なりといふとも、立地聴法あるべきなり、立地聴法これ三世諸
仏なるがゆゑに。諸仏は果上なり、因中の聴法をいふにあらず、すでに三
世諸仏とあるがゆゑに。しるべし、三世諸仏は火焔の説法を立地聴法して
諸仏なり。一道の化儀、たどるべきにあらず。たどらんとするに、箭鋒相拄
せり。火焔は決定して三世諸仏のために説法す。赤心片片として鉄樹花開
世界香（鉄樹、花開いて世界香ばし）なるなり。且道すらくは、火焔の説
法を立地聴しもてゆくに、畢竟じて現成箇什麼。いはゆるは智勝于師

（智、師に勝る）なるべし、智等于師（智、師に等し）なるべし。さらに師資の闔奥に参究して三世諸仏なるなり。

19．圜悟いはくの猴白と将謂する、さらに猴黒をさへざる、互換の投機、それ神出鬼没なり。これは玄沙と同条出すれども、玄沙に同条入せざる一路もあるべしといへども、火焔の諸仏なるか、諸仏を火焔とせるか。黒白互換のこころ、玄沙の神鬼に出没すといへども、雪峰の声色、いまだ黒白の際にのこらず。しかもかくのごとくなりといへども、玄沙に道是あり、道不是あり。雪峰に道拈あり、道放あることをしるべし。

　いま圜悟さらに玄沙に同ぜず、雪峰に同ぜざる道あり、いはゆる烈焔亘天はほとけ法をとくなり、亘天烈焔は法ほとけをとくなり。

　この道は、真箇これ晩進の光明なり。たとひ烈焔にくらしといふとも、亘天におほはれば、われその分あり、他この分あり。亘天のおほふところ、すでにこれ烈焔なり。這箇をきらうて用那頭は作麼生なるのみなり。

20．よろこぶべし、この皮袋子、むまれたるところは去聖方遠なり、いけるいまは去聖時遠なりといへども、亘天の化導なほきこゆるにあへり。いはゆるほとけ法をとく事は、きくところなりといへども、法ほとけをとくことは、いくかさなりの不知をかわづらひこし。

　しかあればすなはち、三世の諸仏は三世に法をとかれ、三世の諸法は三世に仏にとかるるなり。葛藤窠の風前に剪断する亘天のみあり。一言は、かくることなく、勘破しきたる、維摩詰をも非維摩詰をも。しかあればすなはち、法説仏なり、法行仏なり、法証仏なり。仏説法なり、仏行仏なり、仏作仏なり。かくのごとくなる、ともに行仏の威儀なり。亘天亘地、亘古亘今にも、得者不軽微、明者不賤用なり。

正法眼藏行仏威儀第二十三

仁治二年辛丑十月中旬記于観音導利興聖宝林寺
沙門道元

24.

佛　教

24. 佛敎

【 해제 】

　『佛敎』권은 쉬운 卷이다. 어려운 표현은 거의 사용되지 않는다. 여기에서는 敎理를 대단히 중시하는 道元의 취지가 잘 나타나 있다. 禪에서는 일반적으로 敎外別傳이라고 말해지고 있다. 道元은 이 견해에 정면으로 반대하고 있다. 敎外別傳에서는 가르침은 경시되고 이심전심의 마음을 중요시하였다. 가르침 외에 마음이 전해져 왔다는 것이 禪이라고 한다. 그러나 道元은 이것을 邪道로서 배척했다. 왜냐하면 석존은 반드시 불법이 아닌 것과 같은 가르침을 시설할 리가 없고, 석존이 시설한 正伝의 가르침을 어떠한 佛祖도 무시할 리가 없기 때문이다.

　도원에 의하면 부처님의 가르침은 곧 가르침이 부처이다. 부처님과 가르침은 하나이다. 또한 以心傳心의 마음 외에 가르침도 없고, 가르침 외에 마음 또한 없다. 가르침과 마음도 하나이다. 도원은 이와 같은 입장으로부터 玄沙의 '三乘十二分敎總不要'의 설법을 받아들이고 있다. '總不要'라고 하는 것은 필요가 없다라고 하는 것이 아니고 三乘十二分敎를 받아들일 때에 그 가르침의 그대로가 '總不要'라고 하는 것이다.

　예를 緣覺乘에서 보자. 그것은 十二因緣에 의해서 涅槃을 얻는다고 하는 가르침이다. 보통은 無明에서 시작하여 老死에서 끝나

* 玉城康四郎 著, 『現代語譯 正法眼藏』卷2, (大藏出版, 1994, 1, 20) pp.315-316 참조

는 계열로 관하지만, 道元은 十二因緣의 하나하나를 문제 삼아 참구한다. 저 無明이 그대로 一心이며, 滅이며, 涅槃이라고 한다면 行·識으로부터 老死에 이르기까지 각각 또한 같은 것이며, 總不要輪이 구른다. 그 자체가 진실의 法輪이라고 할 수 있다. 저 十二因緣이면 그것은 總不要이며, 總不要이면 바로 十二因緣이 성립하는 것이다.

이 권의 문장에는 그다지 어려운 것은 없지만 도원이 말하고자 하는 것은 역시 근본입장이고, 거기에 도달하는 것은 용이한 일이 아니다. 여기에 도달하기 위해서는 이 권의 취지를 말하자면 부처님의 가르침의 의미를 체득하지 않으면 안 될 것이다. 그 중요한 요지는 가르침과 마음을 분리하는 것이 아니고 가르침은 요약한 마음의 세계를 다한 것이고, 귀결점에 도달한 것 이외는 아니기 때문에 가르침으로부터 마음을 보고 마음으로부터 가르침을 이해하라고 말한 것이다. 그것을 계속 하는 동안에 가르침은 마음을 포함하고 마음은 가르침을 내포하고 있을 때 현사가말하는 總不要의 체득이 실현될 수 있을 것이다.

그러나 그것을 그렇다라고 결착하는 것은 자기나름대로 이해하는 것이 아니고 오직 불조에 의해서 만이 그것이 증명되어야 한다라고 도원은 말하고 있다. 그러면 불조란 누구인가. 먼저 석존의 정법을 이어받은 가섭이 그것이라고 하는 것은 말할 필요도 없다. 도원은 가섭 이외에는 정법을 받은 사람이 없다는 것을 역설하고 있다. 그것이 전하고 전하여 如淨에 이르렀고, 도원은 여정에 의해 그 은혜를 입었다라고 확신하고 있다. 우리도 또한 도원이 이와 같이 말한 확신에 공감하면서 그것을 의미하면서 이 권을 접할 필요가 있을 것이다. 여하튼 간에 이 권은 가르침이라고 하는 외형적으로 나타난 불도의 모습과 以心傳心의 마음의 체득과 密接不離한 관계를 언급하고 있는 점에 주목해야 할 것이다.

【 역주 】 1

1. 諸佛이 道를 현성한 것이 바로 불교이다. 이것은 불조가 불조를 위하여 설했기 때문에, 가르침이 가르침을 위하여 正伝된 것이며, 이것이 轉法輪인 것이다. 이 法輪의 눈동자에 제불조가 현성되며, 제불조를 열반1)에 들게 한다. 이 제불조는 반드시 한 티끌에서 출현하고, 한 티끌은 열반이며, 모든 세계로 출현하고, 모든 세계는 열반이며, 한 찰나에 출현하고, 多劫海로 출현한다. 그렇지만 한 티끌이나 한 찰나로 출현하더라도 다시 갖추지 못한 공덕은 없으며, 모든 세계, 다겁해에 출현하더라도 보완할 필요는 없다. 그렇기 때문에 아침에 성불하여 道를 이루고 저녁에 열반에 드는 제불이라고 할지라도 그 공덕이 모자란다고는 할 수 없다. 만약 하루가 공덕을 짓는데 부족하다고 할지라도 人間 八十年 또한 긴 것은 아니다. 인간 팔십 년을 가지고 十劫·二十劫에 비하면 하루와 팔십 년은 같지 않은가. 이 부처님과 저 부처님의 공덕을 분별하기는 어렵다. 長劫壽量을 소유하는 공덕과 팔십 년의 공덕을 들어서 비교할 때 의심할 필요는 없다. 그러므로 불교는 곧 가르치는 부처이며, 불조의 究盡한 공덕이다. 제불은 광대하고, 法의 가르침

1) 반열반(般涅槃): 팔리어-Parinibbāna, 완전한 열반, 圓寂
『長阿含經』2卷, 「遊行經」第二 初 (大正藏1, 13,a) "佛告阿難 伽伽羅等十二人斷五下分結 命終生天於彼卽般涅槃不復還此"
「遊行經」第二 初 (大正藏1, 15,b) "魔波旬來白佛 佛意無欲可般涅槃 今正是時宜 速滅度 佛告波旬 且止且止 我自知時 如來今者未取涅槃"
「遊行經」第二 中 (大正藏1, 16,c) "周那禮已於一而坐而白佛言 我欲般涅槃 我欲般涅槃 佛告之曰"
「遊行經」第二 下 (大正藏1, 27,b) "佛般涅槃已 時諸比丘悲慟殞絶自投於地"

또한 협소한 것이 아니다. 반드시 알아야 한다. 佛이 크면 敎도 크고, 佛이 적으면 敎도 적다. 알아야 한다. 부처님과 가르침은 대소의 양에 있지 아니하고, 善惡·無記 등의 성품에 있지 아니하며, 自敎·敎他에 있지 않다.

【 강의 】 1

1. 모든 부처님이 道를 이루어 나타낸 것이 바로 불교라고 한다. 즉 불교란 부처님께서 성불하여 가르친 것이다. 이것은 부처나 조사가 부처나 조사를 위해서 설하여 졌기 때문에, 그 불조의 가르침 또한 그 가르침을 위하여 불조에게 바르게 전해졌으며, 이것을 가지고 우리는 法輪을 굴린다라고 한다. 법륜의 중심에는 모든 부처와 조사가 나타나 있으며, 모든 불조를 열반에 들게 한 것이 바로 법륜이다. 다시 말하면 부처의 깨달음은 가르침을 통해서 정법안장이 전해져 오는 것이다. 모든 부처는 작은 티끌 속에서도 그 모습을 나투기도 하며, 한 티끌은 바로 불조의 열반의 세계이기도 하다. 뿐만 아니라 한 티끌과 정반대인 모든 세계에 모습을 나투기도 하며, 모든 세계가 바로 열반이기도 하다.

이와 같이 공간적으로는 미진과 온 세계에 두루하고, 시간적으로는 한 찰나에 부처가 출현할 수도 있으며 무량한 세월인 多劫生來에 출현할 수도 있다. 그렇다고 하여 작은 한 티끌이나 한 찰나 간에 출현할지라도 제불이 갖추어야 될 모든 공덕은 다 갖추고 있다. 이와 반대로 모든 세계나 오랜 시간동안 출현한다고 할지라도 찰나 간에 출현한 부처의 공덕과 조금도 다름이 없으며, 그 이상 보완해야 될 필요도 없다. 그러므로 설사 아침에 도를 이루고 저녁에 열반에 든다고 할지라도 그 공덕은 모자람이 없다. 예로부터 제불이 도를 이루자 바로 열반에 든 경우도 많이 있다.

　그러나 그들이 중생교화를 하지 않았다고 할지라도 팔십 년 동안 중생교화를 한 석가모니 부처님의 공덕이나 무량겁 동안 중생을 교화한 아미타불의 공덕이나 조금도 다름이 없다. 만약 사람들이 하루는 너무나 짧아서 공덕을 짓는데 시간이 부족하다고 생각한다면, 이것은 대단히 잘못된 것이다. 하루가 공덕을 짓기에 부족한 사람은 그의 생명이 팔십 년 동안 산다고 할지라도 공덕을 짓기에 긴 시간은 아니다. 하룻동안 공덕을 짓지 못한 사람은 일생동안 아무런 공덕도 짓지 못한다. 인간이 살아가는 팔십 년 동안을 가지고 10겁이나 20겁에 비교한다면 하루와 팔십 년은 거의 같다고 볼 수 있지 않은가.

　그러므로 성불한 이후에 오랫동안 머무른 부처님이나 바로 열반에 든 부처님의 공덕을 비교하여 분별한다는 것은 무의미하다. 아미타불과 같이 長劫壽量 동안의 생명을 가지고 공덕을 짓는 부처님과 석가모니부처님처럼 팔십 년 동안만 머물면서 지은 공덕을 비교할 때 두 부처님의 공덕은 모두 똑같은 것이므로 의심할 필요가 없다. 따라서 불교는 바로 가르치는 부처이고, 부처님의 가르침이며, 그 속에는 불조의 공덕이 다 포함되어 있다. 제불은 대단히 광대하므로 부처님의 가르침 또한 협소한 것이 아니다. 반드시 알아야 한다. 일부 어떤 사람들은 부처가 크면 가르침도 크고, 부처가 적으면 가르침도 적다라고 이야기하는데 부처님과 가르침은 대소의 양에 있지 아니함을 알아야 한다. 또한 善惡·無記 등의 성품에 있지 아니하고, 자기를 가르치고 다른 사람을 가르치는 것이 아님을 알아야 한다.

【 역주 】2

2. 어떤 사람이 말하기를,

'釋迦老漢은 일대의 敎典을 宣說한 뒤에도 다시 上乘·一心의 법을 마하가섭에게 전했다. 이것이 嫡嫡相承하여 왔다. 그렇다면 교는 赴機의 戱論이며 마음은 理性의 진실이다. 이 정전한 일심을 敎外別傳이라고 한다. 三乘·十二分敎에 설해져 있는 것은 모두 같은 것에 지나지 않는다. 一心은 上乘이기 때문에 直指人心 見性成佛이다.'라고 한다.

이렇게 말하는 것은 지금까지 佛法의 家業이 아니고, 出身의 活路도 아니며, 通身의 威儀도 아니다. 이와 같이 말하는 사람은 수백 년 수천 년을 앞섰다고 할지라도 이렇게 말하면 佛法이나 佛道에는 없는 일이다. 깨달음을 얻은 것도 아니다. 왜냐하면 그 사람은 부처님도 모르고, 부처님의 가르침도 모르며, 마음도 모르고, 안도 밖도 모른다. 모르는 도리는 불법을 들은 적도 없고, 지금 제불이라고 말하지만 始終도 모르며, 부처님의 출현을 배운 바가 없다면 불제자라고 말할 수 없다. '오직 일심만을 정전하였지 그 이외에 부처님께서는 다른 가르침을 정전하지 않았다.'라고 하는 것은 불법을 알지 못한 것이다.

그것은 부처님께서 가르친 일심을 알지 못한 것이고, 일심의 가르침을 듣지도 못한 것이다. '일심 이외에 달리 부처님의 가르침이 있다.'라고 말하는 그러한 일심은 아직도 일심이 아니다. '부처님의 가르침 외에 一心이 있다.'라고 하지만 그러한 사람이 말하는 부처님의 가르침은 아직도 부처님의 가르침에는 이르지 못한 것이다. 설사 교외별전의 설로 상전되었다고

할지라도 아직도 내외를 알지 못하여 말과 이치가 부합되지
않는다.

【 강의 】2

2. 흔히들 선종에서는 말하기를,

'석가모니 부처님께서는 一代時敎를 설하신 다음에 다시 최상승
법인 一心法을 摩訶迦葉에게 전했다. 이러한 三處傳心이 마하가섭
으로부터 단절되지 않고 嫡嫡相承하여 왔다. 그러므로 부처님께서
설하신 일대시교는 중생의 근기에 맞추어서 설한 戲論에 지나지
않으며, 오직 마음법 만이 부처님의 진실된 가르침이다. 이와 같
이 끊이지 않고 전해져온 일심법을 가지고 敎外別傳이라고 한다.
교학에서는 三乘과 十二分敎를 나누어서 이야기하고 있지만, 이것
은 모두 같은 것에 지나지 않는다. 그러나 일심법이야 말로 최상
승이기 때문에 사람의 마음을 바로 알아 중생의 성품을 보며 성
불한다 라고 하여 直指人心 見性成佛이다.'라고 한다.

그런데 이와 같이 선종 우위의 교외별전에 대해서 주장하는 설
을 도원은 비판하고 있다. 그는 앞에서 말한 선종의 이러한 설에
대해서 그러한 주장을 하는 사람들은 부처님의 가르침이 아니고
올바른 불법이 살아있는 길도 모르고 있으며, 깨달음도 얻지 못
한 것이다. 설사 이와 같이 말하는 사람들이 수백 년 전에 조사
들이나 수천 년 전의 사람들이라고 할지라도 그러한 사람들은 불
법에서 어긋나는 일이다. 또한 부처님의 경전 어디를 보더라도
그와 같이 주장한 일은 없다. 그러한 사람들은 깨달음을 얻은 것
도 아니다. 왜냐하면 그와 같이 주장하는 사람들은 부처님이 무

엇인지도 모르고, 부처님의 가르침이 무엇인지도 모르며, 또 일심법을 주장하는 마음도 모르고 있고, 교외별전이라고 했는데 內傳도 모르며, 별전도 모르는 사람들이다. 그와 같이 모르는 도리는 바로 그들은 참된 부처님의 가르침을 들은 적도 없는 사람들이다.

그러나 그들이 주장하는 교외별전이야말로 제불의 가르침이다라고 말하지만 그들은 처음과 끝도 모르며, 부처님의 出現에 대해서 배운 바가 없기 때문에 그들을 가지고 불제자라고 말할 수 없다. 설사 그들이 사문의 모습을 하고 있다고 할지라도 그들은 외도에 지나지 않는다. 또 그러한 사람들은 '오직 부처님께서는 一心法만을 마하가섭에게 정전하였지 그 이외에 다른 가르침은 정전하지 않았다.'라고 말하는데, 이와 같이 주장하는 사람들은 참으로 부처님의 가르침을 알지 못하는 소치이다. 그들은 부처님께서 가르친 일심법도 알지 못하고, 일심이 무엇인지, 또 一心의 가르침이 무엇인지 듣지도 못한 것이다. 그들이 주장하는 '일심 이외에 달리 부처님의 가르침이 있다.'라고 말하는 그러한 일심은 아직도 일심이라고 할 수 없다. 왜냐하면 부처님의 가르침은 모두 일심법이기 때문이다. 그런데 어떻게 해서 일심 이외에 달리 부처님의 가르침이 있을 수 있겠는가. 여기서 말하는 것은 교에 대한 가르침을 바르게 알지 못하는 것을 경계하는 것으로 이해해야 할 것이다.

또한 어떤 사람들은 '부처님의 가르침 이외에 일심이 있다.'고 하지만 그러한 사람이 말하는 부처님의 가르침은 아직도 부처님의 가르침에는 이르지 못한 것이다. 이와 같이 말하는 것은 교외별전을 주장하는 禪을 경계하는 것이다. 어찌 부처님의 가르침이 교 이외에 달리 선이 있을 수 있겠는가. 설사 부처님의 가르침이 교외별전의 설로서 상전되었다고 할지라도 그들이 주장하는 교 이외에 달리 일심이 있다라고 하는 것은 내외를 참으로 알지 못 한 것이며, 부처님의 말씀과 부처님의 이치가 서로 부합되지 않 는 것이다. 어찌 부처님께서 설하신 말씀과 마음으로 전한 이치 가 다르겠는가. 우리 중생들은 말과 마음이 다를 수 있지만 부처 님은 말과 마음이 다르지 않기 때문에 말씀으로 설한 교리나 마 음으로 전한 선이 둘일 수 없는 것이 아니겠는가.

【 역주 】 3

3. 부처님의 정법안장을 單傳하는 불조께서 어찌 불교를 단 전하지 않았겠는가. 하물며 석가모니 부처님께서 어찌하여 부 처님의 가르침에도 없는 교법을 시설할 수 있겠는가. 석가모 니 부처님께서 이미 단전한 교법을 어떠한 불조가 부정하겠는 가. 그러하기 때문에 上乘一心이라는 것은 三乘, 十二分敎이며, 大藏・小藏이다.

알아야 한다. 불심이라는 것은 부처의 눈동자이고, 破木杓[2] 이며, 제법이고며, 三가 되기 때문에 山海國土・日月星辰이다. 불교라는 것은 森羅萬象이다. 外라는 것은 여기이며, 여기에서 나온다. 正傳은 자기로부터 자기로 정전하기 때문에 정전 속에 자기가 있는 것이며, 일심으로부터 일심으로 정전하는 것이며, 정전에 일심이 있어야 한다. 上乘一心이라고 하는 것은 土石砂

---

2) 파목표(破木杓): 부서진 나무 손잡이. 아무 쓸모도 없는 무의미한 것.
『從容錄』38則 (大正藏48, 252,b) "示衆云 以賊爲子 認奴作郞 破木杓豈是先祖髑 髏 驢鞍轎亦非阿爺下 頷裂土分茅時 如何辨主"

礫이다. 土石砂礫은 일심이기 때문에 토석사력은 토석사력이다. 만약 상승일심의 정전이라고 한다면 이와 같이 되어야 한다.

그렇다고 할지라도 교외별전을 말하는 사람은 아직까지 이 뜻을 모르고 있다. 그렇기 때문에 교외별전의 잘못된 설(謬説) 을 믿어서 불교를 그르쳐서는 안 된다. 만약 그대가 말한 것과 같다라고 한다면 教란 心外別傳이라고 해야 되지 않는가. 만약 심외별전이라고 한다면 一句 半偈라도 전하지 못한다. 만약 심 외별전이라고 할 수 없다면 교외별전이라고도 할 수 없을 것 이다.

【 강의 】 3

3. 도원은 다시 말하기를, 부처님의 정법안장을 單傳하는 부처 나 조사께서 어찌 부처님의 가르침도 단전하지 않았겠는가. 만약 교외별전의 법만이 단전하고, 불교를 단전하지 않았다면 그것을 어찌하여 불조라고 할 수 있겠는가. 그런데 하물며 석가모니 부 처님께서 어찌하여 부처님의 가르침이 불교에도 없는 교법을 달 리 시설할 수 있단 말인가. 석가모니 부처님께서 이미 역대조사 에게 단전한 교법을 그 어떤 불조가 부정할 수 있겠는가. 그렇다 고 한다면 교외별전과 부처님께서 전한 교법은 둘일 수 없는 것 이다. 그러므로 최상승일심법이라 하는 것은 바로 三乘十二分教 며, 이것을 大藏・小藏이라고 할 수 있을 것이다.

우리는 알아야 한다. 부처님의 마음이라고 하는 것은 부처의 눈 동자가 되기도 하고, 쓸모없는 나무토막이 되기도 하며(破木杓), 제법이기도 하고, 三界도 되기 때문에 이것은 산과 바다와 국토와

해와 달과 별이 되기도 한다. 어느 하나도 부처님의 마음 아닌 것이 없다. 그러므로 불교라는 것은 바로 온 우주법계 삼라만상을 말한다. 교외별전에서 밖(外)이라는 것은 안이 아닌 밖이 아니라 바로 이 속이며, 이 속에서 나오는 것이다. 또 正傳이라고 하는 것은 다른 사람으로부터 다른 사람에게 전해진 것이 아니라 자기로부터 자기로 전해진 것이기 때문에 정전 속에는 다른 사람이 있는 것이 아니라 자기가 그 속에 있는 것이고, 외형적인 것으로 전해지는 것이 아니라 일심으로부터 일심으로 전해지는 것이며, 정전에는 반드시 일심이 있어야 하는 것이다. 또한 上乘一心이라고 하는 것은 최상승은 일심이라는 것을 말하지만 이것은 우리들의 마음속에만 있는 것이 아니라 흙과 돌과 모래와 벽돌이기도 하다. 그러므로 土石砂礫은 바로 일심이기 때문에 흙과 돌과 모래와 벽돌은 또한 토석사력이다. 토석사력도 또한 마음이며, 마음 또한 토석사력이다. 만약 最上乘一心이 정전되었다고 한다면 이와 같이 되어야 할 것이다.

이렇게 간절하게 말했음에도 불구하고 아직도 교외별전을 달리 말하고 있는 사람이 있다고 한다면 그들은 한심한 사람들이며 교외별전의 진정한 뜻을 모르고 있는 사람들이다. 그렇기 때문에 선종에서 말하는 불교 이외에 달리 교외별전이 있다고 하는 잘못된 설(謬說)을 믿어서 부처님의 가르침을 그르쳐서는 안 된다. 만약 그대가 말한 것과 같이 敎 이외에 별전이 따로 있다고 한다면 心 이외에도 별전이 있다라고 봐야 되지 않겠는가.

그러므로 여기서 말하는 교라고 하는 것은 심과 같은 것이다. 교와 심을 따로 두어서 교외별전을 얘기 한다면 심외별전도 따로 있어야 되지 않겠는가. 만약 심외별전이라고 한다면 그것은 부처님의 가르침을 한 구도 반구도 전하지 못하는 것이 된다. 만약 심외별전이라고 하는 말이 잘못된 말이라고 한다면 교외별전이라고 말하는 것도 잘못된 것이다. 그러므로 교외별전이라고 얘기할 수 없을 것이다. 여기서 도원이 주장하는 것은 교외별전이든 심외별전이든 같은 것으로 보고 있으며, 교와 심은 둘이 아닌 것으로 말하고 있다. 그런데 선종의 일부 잘못된 사람들은 교와 심을 분리해서 교외별전을 주장하고 있다. 이것을 도원은 경계하고 있다.

【 역주 】 4

　4. 摩訶迦葉은 이미 석존의 嫡子로서 法藏의 敎主이다, 正法眼藏을 정전하여 불도의 住持가 되었다. 그렇지만 불교는 정전되지 않았다라고 하는 것은 배우는 사람의 편견에 지나지 않는다. 알아야 한다. 一句를 정전하면 一法의 정전을 하게 된다. 일구를 정전하면 산도 전해지고 물도 전해진다. 석존의 정법안장 無上菩提心은 오직 마하가섭에게 정전되었으며, 다른 제자들에게는 정전되지 않았다. 정전은 반드시 마하가섭에게 된 것이다.

　그러므로 예로부터 지금에 이르기까지 진실되게 불법을 배우는 사람들은 모두 함께 종래의 교학을 결택함에 있어서는 반드시 불조를 참구해야 한다. 결코 불조 이외에 다른 사람에게 찾아서는 안 된다. 만약 불조의 정전을 얻지 못한다면 아직까지 바른 결정은 아니다. 敎를 의지하는 것이 옳은가 틀리는가 결정하는 것은 불조가 결정할 일이다. 그렇기 때문에 법륜을 굴리는 주인은 불조이다. 有라고도 하고, 無라고도 하며, 空이라고도 하고, 色이라고도 한다. 오직 불조만이 이것을 밝히고 있고, 정전하여 왔으며, 古佛이 되기도 하고, 今佛이 되기도 한다.

【 강의 】4

4. 마하가섭은 부처님으로부터 정법안장을 받은 嫡子이며, 부처님의 대를 이어 모든 교법을 계승한 敎主이기도 하다. 그는 정법안장을 정전하여 모든 교단을 이끌고 가던 사람으로서 佛道의 중심적인 인물이었다. 그럼에도 불구하고 마하가섭에게 三處傳心인 교외별전만 전해졌지 부처님의 가르침인 교법은 정전되지 않았다라고 하는 것은 아주 잘못된 편견에 지나지 않는 것이다.

우리들은 알아야 한다. 부처님의 가르침 가운데 한 구라도 정전되었다고 한다면 한 법이 정전하게 된 것이며, 이것은 바로 모든 법이 정전하게 된 것이다. 부처님의 가르침을 一句라도 정전하면 이것은 문자나 게송만이 정전된 것이 아니라 산도 전해진 것이고, 물도 전해진 것이며, 모든 삼라만상이 다 전해진 것이다. 석존의 正法眼藏 無上菩提心이라고 하는 것은 바로 그대로 마하가섭에게 모두 전해진 것이지 교외별전만 전해졌고, 교법은 전해지지 않았다는 것은 아니다. 이 법은 마하가섭에게만 전해졌으며 다른 제자들에게는 전해지지 않았다.

그러므로 부처님의 모든 법은 바로 마하가섭에게 전해진 것이다. 예나 지금이나 참되게 불법을 배우고자 하는 사람들은 모두 함께 부처님의 가르침인 교학을 결택해야 하며, 불조를 참구해야 하는 것이다. 교학과 불조의 가르침이 둘일 수 없는 것이다. 결코 불조 이외에 다른 곳에서 법을 구해서는 안 된다. 만약 그가 불조로부터 정전을 얻지 못한다면 그는 바른 법을 정전했다고 볼 수 없다. 부처님의 가르침인 敎를 의지하는 것이 옳은가 틀리는가라고 하는 결정은 불조만이 하는 것이지 다른 사람이 할 수 있는 것은 아니다.

그럼에도 불구하고 교를 공부하는 것은 잘못된 것이고, 교외별전인 禪만을 해야 한다고 하는 주장은 대단히 큰 문제점을 야기시키고 있다. 그렇기 때문에 법륜을 굴리는 주인공은 바로 불조이지 다른 사람이 아니다. 때로는 부처님께서 가르침을 有라고도 하고, 無라고도 하며, 空이라고도 하고, 色이라고도 하는 것이다. 이것은 어찌 보면 정반대의 개념처럼 보이지만 진리의 입장에서는 그렇지 않다. 이러한 불법은 불조만이 깨달아서 밝히고 있으며, 師資相承하여 왔다. 그래서 옛 부처가 되기도 하고, 지금 정법을 받은 사람은 지금의 부처가 되기도 한다.

【 역주 】 5

5. 巴陵顯鑑[3])에게 어떤 스님이 와서 묻기를,

'조사의 뜻과 가르침의 뜻이 같습니까 다릅니까?'라고 하였다.

답하기를, '닭은 추우면 나무 위로 올라가고, 오리는 추우면 물속으로 들어가느니라.'(巴陵, 因僧問, 祖意敎意, 是同是別. 師

---

3) 파릉호감(巴陵顯鑑): 생몰 연대 미상. 파릉은 주석지명. 雲門文偃(864-949)의 法嗣로서 嶽州 巴陵 新開院에 머뭄.

云, 鷄寒上樹, 鴨寒入水)[4]

　　이 말을 參學해라. 佛道의 祖宗을 相見해서 佛道의 教法을 보고 들어야 한다. 祖意와 教義를 묻는 것은 祖意는 祖意와 같습니까 다릅니까라고 하는 물음이다. 지금 닭은 추우면 나무 위로 올라가고 오리는 추우면 물속에 들어간다(鷄寒上樹, 鴨寒入水)라고 하는 말은 같고 다른 것[同別]을 말하는 것처럼 보이지만 같고 다른 것[同別]을 보고자하는 무리들의 見聞에 一任하는 同別이 되어서는 안된다. 동별을 논하는 것이 아니기 때문에 동별이라고 하는 말조차도 버려야 한다. 그러므로 동별이라고 묻지 않는 것과 같은 것이다.

【 강의 】 5

　5. 운문스님의 제자인 파릉호감에게 어떤 스님이 와서 묻기를, '불조의 마음과 불조의 가르침이 같습니까 다릅니까?'
　파릉이 대답하기를,
　'닭은 날씨가 추우면 나무 위로 올라가고, 오리는 날씨가 추우면 물속으로 들어가느니라.'
　우리는 이 말을 가지고 참구해야 한다. 이 말의 뜻을 알기 위해서는 먼저 불도의 진수를 보고 난 뒤에 불도의 교법에 대해서 보고 들어야 한다. 그래야 불조의 마음과 불조의 말씀을 올바르게 이해할 수 있다. 그럼에도 불구하고 불조의 말씀에만 매달려서 있기 때문에 여러 가지 분별심을 내게 된다. 불조의 마음은 하나

---

4) 계한상수(鷄寒上樹):『景德傳燈錄』卷22 (大正藏51, 386, a)"後僧問 祖意教意 是同是別. 師曰 鷄寒上樹, 鴨寒入水"

이지만 불조의 교법은 12분교로 나누어 12가지로 설명하고 있다. 그러다보니 어리석은 중생들은 12가지로 분별심을 내게 된다.

여기서 말하는 祖意와 敎義를 묻는 내용은 바로 옛 불조의 마음과 지금 파릉스님의 마음과 같습니까 다릅니까라고 하는 물음이라고 보아야 한다. 그러자 파릉스님은 닭은 날씨가 추우면 나무 위로 올라가고 오리는 날씨가 추우면 물속에 들어간다라고 하였다. 이 말은 어떻게 보면 같고 다른 것[同別]을 분별하는 것처럼 보이지만 결코 그러한 것은 아니다. 즉 닭은 날씨가 춥게 되면 추위를 피하고자 하는 방법으로 나무 위로 올라가게 되고, 오리는 날씨가 춥게 되면 추위를 피하기 위해 물 속으로 들어가야만 견딜 수 있는 것이다. 만약 날씨가 추운데 닭을 물속에 집어넣으면 죽게 되며, 그 반대로 오리를 나무 위에 올려두면 얼어서 죽게 되는 것이다. 따라서 닭이든 오리든 추위를 피하고자 하는 마음은 모두 같지만 방법에 있어서는 각각 다를 수밖에 없는 것이다.

따라서 부처님께서도 깨달은 마음은 모두 하나이지만 중생의 근기에 따라 교화하기 위해 표현한 방법은 각양각색이다. 이것을 크게 나누어볼 때 12가지의 12분교로 분류할 수 있다. 그러므로 불조의 마음과 불조의 교설은 같고 다른 것[同別]으로 분별해서는 안 된다.

그러나 위에서 말한 파릉스님의 말을 같거나 다른 것으로 분별하고자 하는 무리들에게 맡겨서는 안 된다. 이것은 같거나 다른 것을 논하고자 하기 위해서 말한 것이 아니기 때문이다. 여기서는 겉으로 보기는 같거나 다른 것을 분별하는 것처럼 보이지만, 파릉스님의 말은 같거나 다르다고 하는 말조차도 버려야 한다고 보여진다. 그러므로 같고 다르다라고 하는 것을 묻지 않는 것과 같은 것이다.

【 역주 】 6

6. 현사에게 어떤 스님이 묻기를,

'三乘十二分教는 필요하지 않습니다. 어떤 것이 祖師西來意입니까?'라고 하였다.

玄沙가 말하기를,

'三乘十二分教는 모두 필요하지 않다.[5]'라고 하였다.

(玄沙、因僧問、三乘十二分教卽不要、如何是祖師西來意。師云、三乘十二分教總不要)

이른바 승려가 물은 '삼승십이분교는 필요치 않습니다. 어떤 것이 조사가 서쪽에서 온 뜻인가.'라고 한 것은 일반적으로 세상에서 말하기를 삼승십이분교는 조목조목 나누어져 있으며, 그 밖의 것이 조사서래의라고 묻게 된 것이다.

'三乘十二分教는 곧 祖師西來意'라고 인식하지 못하고 있다. 하물며 '八萬四千法門 모든 것이 祖師西來意[6]'라고 하는 것도 물론 알지 못한다. 잠시 참구해야 한다. 三乘十二分教는 어찌하여 卽不要라고 하는가. 만약 필요하다면, 어떠한 규칙 때문인가. 三乘十二分教를 不要라고 한다면 祖師西來意를 참학해서 現成할 것인가. 쓸데없이 물을 필요는 없다.

---

5) 현사(玄沙):『景德傳燈錄』卷25（大正藏51，416, c）"玄沙曰。三乘十二分教卽不問。如何是祖師西來意。玄沙曰。三乘十二分教不要。"

6) 조사서래의(祖師西來意):『景德傳燈錄』卷25（大正藏51，230, a）"僧問 如何是祖師西來意 師曰 汝問不當 曰如何得當 師曰 待吾滅後卽向汝說"

　　玄沙가 말하기를,'三乘十二分敎는 모두 필요하지 않다.'라고 하였다. 이 말은 법륜이다. 이 법륜을 굴림으로써 불교는 불교에 있게 됨을 참구해야 한다. 이 종지는 三乘十二分敎는 부처님의 법륜이 되고, 부처님이 계실 때에도 굴리며, 부처님이 안 계실 때에도 굴리고, 조사의 전후에도 똑같이 굴리게 된다. 다시 불조를 굴리는 공덕이다. 祖師西來意의 바로 그때 이 법륜은 필요 없게 된다. 總不要라고 하는 것은 쓸모없는 것이 아니며, 부서지지도 않는다.

　　이 법륜은 바로 그 때 '總不要輪'을 굴릴 뿐이다. 삼승십이분교가 없다라고는 말하지 않는다. 總不要의 시절을 엿봐야 한다. 총불요이기 때문에 삼승십이분교이다. 삼승십이분교이기 때문에 삼승십이분교가 아니며, 그렇기 때문에 '三乘十二分敎總不要'라고 말한다. 이 삼승십이분교는 약간을 예를 든 것이 이와 같은 것이다.

【 강의 】 6

　6. 현사사비에게 어떤 스님이 묻기를,
　'三乘十二分敎는 필요하지 않습니다. 어떤 것이 祖師西來意입니까?'라고 하였다.
　여기에 대해 玄沙가 말하기를,
　'삼승십이분교는 모두 필요하지 않다.'라고 하였다.
　즉 질문한 사람보다 현사는 한 걸음 나아가서 모두 필요하지 않다라고 하였다. 여기서 어떤 승려가 현사에게 물은 '삼승십이분교는 필요치 않습니다. 어떤 것이 조사가 서쪽에서 온 뜻입니까.'

라고 한 말에 대하여, 일반적으로 세상에서 평하기를 삼승십이분교는 부처님의 말씀이 조목조목 나누어져 있기 때문에 교외별전으로서 조사서래의라고 하는 것을 묻게 된 다고 보고 있다.

그래서 삼승십이분교는 부처님의 교리이고, 조사서래의이며, 교외별전의 가르침으로 받아들이고 있는 것이다. 여기에 대해 도원은 이 문제를 다른 각도에서 평하고 있다. 세상 사람들은 삼승십이분교가 바로 조사서래의임을 인식하지 못하고 있는데, 어찌하여 그들이 八萬四千法門의 모든 것이 조사서래의와 같다라고 하는 것을 알 수 있겠는가. 이점을 우리는 參究해야 한다.

여기서 삼승십이분교가 어찌하여 필요하지 않다라고 말했을 것인가. 그렇다면 필요한 것은 무엇인가. 조사서래의만이 필요한 것인가. 무엇 때문에 필요한 것인가. 어떠한 규칙이 있는 것인가. 삼승십이분교를 필요하지 않다라고 한다면 조사서래의도 필요하지 않을 것이다. 그런데 조사서래의만 필요하다고 하는 것은 잘못된 것이다. 삼승십이분교는 참학하지 않고 조사서래의만 참학해야 깨달을 것인가. 이러한 쓸데없는 질문을 할 필요가 없을 것이다. 여기서 말하는 요와 불요는 대립된 개념이 아니다.

이러한 질문에 대하여 玄沙가 말하기를,

'三乘十二分敎는 모두 필요하지 않다.'라고 하였다. 이 말은 바로 앞에서 질문한 불요에 대한 총불요의 뜻이 아니라 부처님의 법륜을 굴리는 것이다. 불교는 법륜을 굴림으로써 비로소 부처님의 가르침이 참된 부처님의 가르침으로 남아 있게 됨을 우리는 알아야 하고 이것을 또한 참구해야 한다. 여기서 말씀하신 종지는 삼승십이분교는 바로 부처님의 법륜이 되고, 이 법륜은 부처님이 계실 때에도 굴렸으며, 부처님이 안 계실 때에도 굴렸고, 조사이전에도 조사 이후에도 똑같이 굴리게 되는 것이다. 따라서 삼승십이분교와 조사서래의는 바로 정법안장의 법륜을 굴리게 되는 것이다. 그 공덕은 무량한 것이다.

그런데 삼승십이분교의 법륜을 굴려서 조사서래의의 뜻을 바로 알 때 그때야말로 이 법륜조차도 굴릴 필요가 없게 되는 것이다. 그래서 현사는 總不要라고 하는 것이다. 총불요이기 때문에 이것은 모든 것을 포함하고 있으며, 영원히 부서지지도 않는 것이다. 현사가 굴리는 법륜은 바로 총불요의 법륜을 굴릴 뿐이다. 이미 구르고 있기 때문에 굴릴 필요조차도 없는 것이다. 현사는 삼승십이분교가 없다라고는 말하지 않았다. 총불요의 깨달음에 이르도록 노력해야 한다. 따라서 총불요이기 때문에 삼승십이분교이다. 삼승십이분교이기 때문에 총불요이고 또 삼승십이분교가 아니기 때문에 '삼승십이분교는 총불요'라고 말하는 것이다. 여기서 말한 삼승십이분교는 부처님의 전체 말씀에서 보면 한 부분에서 예를 든 것에 지나지 않는다.

【 역주 】 7

7. 三乘

첫째는 聲聞乘인데 四諦에 의해 득도한 것을 말한다. 사제라고 하는 것은 苦諦·集諦·滅諦·道諦이다. 이것을 듣고 이를 수행하면 生老病死를 해탈케 하고 般涅槃에 들게 한다. 이 사제를 수행함에 苦·集은 俗諦이고, 滅·道를 第一義諦라고 하는 것은 論師들의 견해이다. 만약 불법에 의해 수행한다고 하는 것은 사제 모두 부처님이 부처님에게 주는 것(唯佛與佛)이고, 사제는 모두 법이 법의 지위에 머무는 것(法住法位)이며, 사제 모두가 實相이고, 사제 모두가 불성이다. 그러므로 다시 無生·無作 등을 논할 필요조차도 없으며, 사제는 모두 總不要이기 때문이다.

둘째는 緣覺乘이다. 十二因緣에 의해서 반열반에 드는 것이다. 十二因緣이라고 하는 것은 첫째는 無明, 둘째는 行, 셋째는 識, 넷째는 名色, 다섯째는 六入, 여섯째는 觸, 일곱째는 受, 여덟째는 愛, 아홉째는 取, 열째는 有, 열한 번째는 生, 열두 번째는 老死이다.

이 십이인연을 수행하면 과거·현재·미래로 인연을 나누어서 能觀·所觀을 논한다고 말한다. 이와 같이 하나하나의 인연을 들어서 참구한다면, 곧 이것은 총불요의 輪轉이 되며, 총불요의 인연이 된다. 알아야 한다. 무명이 곧 一心이 된다면 행·식 등도 일심이 되며, 무명이 멸하게 되면 행·식 등도 멸하게 되고, 무명이 열반이 되면 행·식 등도 곧 열반이 된다. 생도 멸이기 때문에 이와 같이 말한다. 무명도 이와 같다고 함이다. 무명이라고 말하는 것도 일구이며, 식·명색이라고 하는 것도 이와 같다. 알아야 한다. 무명·행 등은 '나에게 한 개의 도끼가 있으니, 그대에게 주어 산에 머물게 하리라(吾有箇斧子 與汝住山)'[7]'이다. 무명·행·식 등은 '떠날 때 화상께서 도끼를 준다고 하셨으니, 다시 주시기를 청합니다.'가 된다.

---

7) 부자(斧子): 「景德傳燈錄」卷5 (大正藏51, 240,b) "師令希遷持書與南嶽讓和尙曰 汝達書了速迴 吾有箇斧子 與汝住山 遷至彼未呈書 便問 不慕諸聖不重己靈時如何 讓曰 子問太高生 何不向下問 遷曰 寧可永劫沈淪 不慕諸聖解脫 讓便休 遷迴至靜居 師問曰 子去未久送書達否 遷曰 信亦不通書亦不達 師曰 作麼生 遷擧前話了 卻云 發時蒙和尙許斧子 便請取 師垂一足 遷禮拜"

　　셋째는 菩薩乘이다. 六波羅蜜의 敎·行·證에 의해서 阿耨多
羅三藐三菩提를 성취하는 것이다. 여기에서 성취라고 하는 것
은 造作도 아니고, 無作도 아니며, 처음 일어난 것도 아니고,
새로 이루어진 것도 아니며, 오래 전에 일어난 것도 아니고,
本行도 아니며 無爲도 아니다. 오직 아뇩다라삼막삼보리를 성
취하는 것이다.

【 강의 】 7

　7. 三乘에 대하여 도원은 다음과 같이 설명하고 있다.
　첫째는 聲聞乘인데 이 성문승은 바로 四聖諦에 의해서 도를 성
취한 것을 말한다. 여기서 사제라고 하는 것은 苦·集·滅·道를
말한다. 성문승은 부처님 당시에 부처님께서 설하시는 사성제의
법문을 듣고 수행하여 生·老·病·死를 해탈하고 般涅槃에 든 사
람들을 말한다. 흔히들 이야기하기를 이 사성제를 수행하는데 있
어서는 고성제와 집성제는 俗諦이고, 멸성제와 도성제는 第一義諦
라고 말하는데 이는 교학자들이 이야기하는 견해이다.
　만약 교학자들이 이야기하는 것과 같이 구분해서 말하는 것은
불법을 올바르게 보는 것이 못된다. 불법을 수행한다고 하는 것
은 사성제는 바로 부처님이 부처님에게 서로 주고받는 것이고,
이 사성제는 네 가지가 모두 불법의 지위에 머무는 것(法住法位)
이며, 사성제는 하나하나 모두가 제법의 실상이고, 그대로가 불성
인 것이다. 사성제를 하나하나 떼어서 볼 수 없는 것이다. 그러므
로 사성제는 바로 남이 없으며, 지음이 없음을 말할 필요조차도
없다. 그러기 때문에 사성제는 모두 總不要이다.

즉 다시 말하여 사성제에서 고·집·멸·도 가운데 한 가지만 하면 모두가 다 통하는 것이다. 그러므로 현사는 모두가 필요하지 않다라고 한 것이다. 여기서 총불요라고 하는 것이 모든 것 전체가 필요하지 않다는 것이 아니라 네 가지가 모두 필요하지 않다라는 것이다. 다시 말하면, 네 가지 중 하나만 있으면 전체가 통하는 것이지 네 가지 모두 다 갖추어야 된다라고 보지 않는 것이다.

둘째는 緣覺乘이다. 연각승이라고 하는 것은 십이인연법에 의해서 깨달음을 얻는 것이다. 십이인연이라고 하는 것은 첫째는 無明, 둘째는 行, 셋째는 識, 넷째는 名色, 다섯째는 六入, 여섯째는 觸, 일곱째는 受, 여덟째는 愛, 아홉째는 取, 열째는 有, 열한 번째는 生, 열두 번째는 老死를 말한다.

이 십이인연을 수행할 때 우리는 흔히들 말하기를 과거·현재·미래의 삼세인과로 나누어서 이것을 순관과 역관으로 관찰할 것을 말하고 있다. 그래서 순서대로 관찰해서 무명에서 노사에 이르기까지 12가지를 모두 관찰해야 한다고 말한다.

그러나 도원은 그렇게 보지 아니하고 12인연 중 한 가지를 관하면 모든 것이 통하기 때문에 12가지 모두가 필요한 것은 아니라고 하여 總不要의 輪轉이라고 하며, 총불요의 인연이라고 한다. 여기서도 12인연 가운데 어느 하나만 가지고도 바로 깨달음을 얻을 수 있기 때문에 12가지 모두가 필요한 것은 아니라고 하여 총불요라고 한다. 알아야 한다.

무명이 곧 일심이 된다라고 한다면 행·식 등도 일심이 될 것이고, 무명으로 인해서 멸이 된다고 한다면 행·식 등도 모두 멸하게 되며, 무명에 의해서 열반을 얻게 된다고 한다면 행·식 등도 모두 열반이 된다. 생도 멸이기 때문에 어느 하나만 가지고도 바로 열반을 얻게 된다. 생이 멸이라고 한다면 무명 또한 멸이라고 할 수 있다. 무명이라고 말하는 것도 깨달음에 들어가는 일구이며, 식·명색이라고 하는 것도 바로 깨달음에 들어가는 일구이다.

그러므로 알아야 한다. 여기서 무명·행 등이라고 말하는 것은 청원행사가 석두희천에게 말한 것과 같이 '나에게 한 개의 도끼가 있으니, 그대에게 이를 주어 산에 머물게 하리라(吾有箇斧子 與汝住山)'고 한 것과 같다. 그러자 희천은 심부름을 다녀온 후에 청원에게 말하기를,

'제가 편지를 가지고 심부름을 떠날 때 화상께서 도끼를 준다고 하셨으니, 심부름을 다녀왔으므로 다시 그 도끼를 주시기를 청합니다.'라고 하였다. 그러자 청원은 발을 내밀었고 그러자 희천은 예배를 하였다. 이와 같이 무명·행·식 등도 청원행사가 석두희천에게 도끼를 준다고 한 화두나 마찬가지로 무명·행·식 등도 다름이 없는 것이다.

셋째는 菩薩乘이다. 보살승이라고 하는 것은 육바라밀의 보살행을 행하여 부처님의 가르침과 실천과 증득을 얻게 되며 이로 인해서 阿耨多羅三藐三菩提를 성취하게 되는 것이다. 여기서 아뇩다라삼막삼보리를 성취한다라고 하는 것은 造作하여 되는 것도 아니고, 조작하지 아니하여 되는 것도 아니며, 처음 일어난 것도 아니고, 새로 만들어진 것도 아니다. 그렇다고 하여 오래전에 일어난 것도 아니고, 본래 있는 것도 아니며 없는 것도 아니다. 오직 아뇩다라삼막삼보리를 성취할 뿐이다.

【 역주 】 8

8. 六波羅蜜이라고 하는 것은 檀波羅蜜, 尸羅波羅蜜, 羼提波羅蜜, 毗梨耶波羅蜜, 禪那波羅蜜, 般若波羅蜜이다. 이것은 모두 無上菩提이며, 無生·無作을 논하는 것은 아니다. 반드시 보시바라밀을 처음으로 하고, 반야바라밀을 마지막으로 하는 것은 아니다.

經에 이르기를,

'利根菩薩은 반야를 처음으로 하고, 보시를 끝으로 한다. 鈍根菩薩은 보시를 처음으로 하고, 반야를 끝으로 한다(利根菩薩 般若爲初 檀爲終. 鈍根菩薩 檀爲初 般若爲終)'고 하였다.

그렇지만 忍辱이 처음이 되고, 禪定이 처음이 되기도 한다. 36바라밀의 드러남이기도 하다. 羅籠에서 羅籠을 얻는다.

바라밀이라고 하는 것은 彼岸到이다. 彼岸은 거래의 모습과 흔적이 있는 것은 아니지만(相貌과 蹤跡) 到는 現成이고, 到는 公案이다. 수행이 피안에 이른다고는 생각하지 않지만, 피안에 수행이 있기 때문에 수행한다면 피안에 이르게 된다. 이 수행은 반드시 온 우주 어디서든지 현성시킬 수 있는 역량을 구족해 있기 때문이다.

【 강의 】 8

8. 六波羅蜜이라고 하는 것은 보시바라밀, 지계바라밀, 인욕바라밀, 정진바라밀, 선정바라밀, 지혜바라밀이다. 이러한 육바라밀은 모두 無上菩提를 이루는 것이지, 남이 없는 無生이나 지음이

없는 無作을 말하는 것은 아니다. 육바라밀을 얘기할 때 반드시 그 순서를 지켜야 할 필요는 없다. 즉 보시바라밀을 처음으로 하고, 반야바라밀을 마지막으로 실천할 필요는 없는 것이다.

경전에서 이르기를, '근기가 수승한 보살은 반야를 처음으로 하고, 보시를 마지막으로 한다. 그러나 근기가 하열한 보살은 보시를 처음으로 하고, 반야를 마지막으로 한다.'고 하였다.

그렇다고 하여 인욕이나 선정은 중간에 들어가야 된다고 하는 것은 아니다. 즉 인욕이 처음이 되기도 하고, 선정이 처음이 되기도 한다. 그래서 육바라밀을 행함에 있어서 보살이 자유자재하게 할 수 있으므로 육바라밀에서 육바라밀을 곱하면 36바라밀이 드러나기도 하는 것이다. 이것은 마치 바라밀이라고 하는 방편을 통해서 다시 다른 바라밀을 얻는 것과도 같다. 즉 통발(羅籠)에서 다른 통발을 얻는 것과 같은 것이다. 여기서 바라밀이나 통발이라고 하는 것은 불도에 이르는 한 방편을 말하는 것이다. 방편을 통해서 방편을 얻을 수 있다.

우리가 흔히 말할 때 바라밀이라고 하는 것은 到彼岸이라고 한다. 도피안이란 차안에서 피안으로 건너가는 것을 의미한다. 그런데 사실은 피안이라고 하여 오고 가는 거리상의 차이가 있다거나 모습이나 흔적이 있는 것은 아니다. 여기서 건너간다라고 하는 到는 이쪽에서 저쪽으로 건너가는 것이 아니고 바로 나타나는 것이며, 그것은 公案이 되기도 한다. 수행을 통해서 피안의 세계에 이른다고는 생각하지 않지만, 피안에는 반드시 수행이 있기 때문에 수행을 하게 되면 피안에 이르게 된다. 이 말은 수행을 하게 되면 스스로 피안을 성취하게 된다는 의미이다. 이 수행은 온 우주 어디서든지 반드시 피안을 현성시킬 수 있는 역량을 갖추고 있기 때문에 그러한 것이 가능하다고 말하는 것이다.

【 역주 】 9

9. 十二分敎는 修多羅 또는 線經이라 한다.

일은 素呾纜이니, 여기서는 契經[8]이라 한다.

이는 祇夜이니, 여기서는 重頌[9]이라 한다.

삼은 和伽羅那이니, 여기서는 授記[10]라 한다.

사는 伽陀이니, 여기서는 諷誦[11]이라 한다. (여기서는 重頌이 아니며 이 행간에서는 詩頌과 같음을 말한다)

오는 憂陀那이니, 여기서는 無問自說[12]이라 한다.

---

8) 계경(契經): 산)sūtra, 팔)sutta (경전 중 산문 부분-理에 맞고 機에 계합함을 의미.)
  『瑜伽師地論』卷38 (大正藏30, 500,c) "於契經應頌記別等法 具多勝解"
  『俱舍論』卷8.

9) 중송(重頌): 산)geya, 팔)geyya (應頌이라고도 함, 산문으로 서술한 부분을 다시 운문으로 나타낸 부분)
  『法華經』卷1 (大正藏9, 7,c) "言辭方便力 令一切歡喜 或說修多羅 伽陀及本事 本生未曾有 亦說於因緣 譬喻幷祇夜 優波提舍經"
  『八吉祥神呪經』(大正藏14, 75,c) "爾時世尊說此祇夜"

10) 수기(授記): 산)vyākarana, 팔)veyyākarana -구별, 분석, 발전의 의미(교설을 분석하고 문답체를 사용하여 해설하는 것, 聲聞乘이 일승묘법에 눈떠 기사회생하고 佛이 될 것을 認證하는 것), 受記, 記莂, 記說로도 한역함
  『法華經』卷1 (大正藏9, 3,c) "爲當授記"
  『大乘藏嚴經論』卷12 (大正藏31, 652,a)

11) 풍송(諷誦): 산・팔)gāthā, (節을 붙여 經文을 암송하는 것)
  『無量壽經』卷上 (大正藏12, 268,c), 『八吉祥神呪經』(大正藏14, 72,c), 『出三藏記集』卷13 (大正藏55, 95,c)

12) 무문자설(無問自說): 산・팔)udāna (묻는 이가 없어도 부처님이 스스로 설하는 것)

(無問自說經이라는 것은 성인이 법을 설할 때, 대개 청하거나 묻기를 기다리지만, 그러나 중생을 위하여 스승에게 청하지 아니하여도 설하는 까닭에 무문자설이라 한다. 또한 불법은 알기 어려워 물을 수 없음을 이름이다. 만약 스스로 설하지 아니하면 중생인즉 알지 못한다. 설하여도 또 다시 어떠한 법을 설하는지 알지 못한다. 그러므로 무문자설은 드러내는 까닭이 설하는 바가 심히 깊어서 오직 증명하여 드러내고자 하는 까닭이다. 이것은 무문자설을 의탁함으로써 드러내 보이는 까닭이다)

육은 尼陀那이니, 여기서는 因緣13)이라 한다. (因緣經이라는 것은 戒法을 밝히고자 함이요, 또한 범함으로 인하여 허물이 드러난다. 허물의 모습이 드러내어지면 바야흐로 규제를 세우니, 이 또한 인연에 의탁하여 명백하게 드러내어 지는 것이다)

칠은 波陀那이니, 여기서는 譬喩14)라 한다.(아파타나라고 한다)

팔은 伊帝目多伽이니, 여기서는 本事15)라 한다. (여기서는

─────────────

『阿彌陀經』(大正藏12, 327)

13) 인연(因緣): 산・팔)nidāna-병의 원인, (병의 원인과 같이 인간이 도를 깨닫지 못하고 생존을 성립시키는 원인)

『四分律』卷33 (大正藏22, 798,c)"如來說因緣生法 亦說因緣滅法 若法所因生 如來說是因 若法所因滅 大沙門亦說此義 此是我師說"

14) 비유(譬喩): 산・팔)avadāna-예를 들어 설명하는 것.

『瑜伽師地論』卷25 (大正藏30, 419,a)"當知此中若說契經應頌 記別諷頌 自說譬喩 本事本生 方廣希法 是名素怛纜藏 若說因緣 是名毗奈耶藏 若說論議是名阿毘達磨藏 是故如是十二分教 三藏所攝"

『般泥洹經』譬喩品 (大正藏9, 10)

15) 본사(本事): 산)itivṛttaka, 팔)itivuttaka - 本時와 동일, 옛날이야기와 같은 사건. 如是語・所說經本事라고도 함

如是語라 하고, 혹은 근본이 되는 사실이라고 한다)

구는 闍陀伽이니, 여기서는 本生[16]이라 한다.(本生事라고 하는 것은 전생의 보살도를 행하는 일을 설하기 위함이다. 본사의 사라는 것은 전세에 모든 사에 상응함을 말한다.)

십은 毗佛略이니, 여기서는 方廣[17]이라 한다.

십일은 阿浮陀達磨이니, 여기서는 未曾有[18]라 한다.

십이는 優婆提舍이니, 여기서는 論議[19]라 한다.

【 강의 】 9

9. 十二分敎란 부처님께서 설법하는 방법으로 취한 12가지를 말한다. 불경을 분류할 때 12가지로 나눈다.

일, 素呾纜이라고 하는 것은 修多羅라고도 하며 契經을 말한다. 이것은 천을 짜는데 있어서 날줄과 씨줄이 얽어서 천을 짜듯이

『法華經』卷1 (大正藏9, 7,c)『瑜伽師地論』卷25 (大正藏30, 419,a)
16) 본생(本生): 산·팔)jātaka, (석존의 전생 이야기)
　　『瑜伽師地論』卷25 (大正藏30, 419,a)『攝大乘論本』(大正藏31, 146,c)
17) 방광(方廣): 산)vaipulya, 팔)vedalla,(方은 軌範으로 功을 삼고, 廣은 體가 매우 유용하다는 것).
　　『華嚴經探玄記』(大正藏35, 107,b)
　　『瑜伽論』卷25 (大正藏30, 419,a)
18) 미증유(未曾有): 산)adbhutadharma, 팔)abbhutadhamma – 아직 전혀 있지 않음, (이제까지 없었던 대단히 진귀하고도 신비한 것의 뜻)
　　『法華經』卷1 (大正藏9, 7,c)『千佛因緣經』(大正藏14, 72,a) "未曾有難得之法"
　　『維摩經』(大正藏14, 548,b) "未曾有殊勝之法"
　　『佛所行讚』卷1 (大正藏4, 1,c)
19) 논의(論議): 산·팔)upadeśa-해석, (經論의 要義를 問答議論하는 것, 說義·義經·法義라고도 번역함)
　　『유가사지론』卷25 (大正藏30, 419,a)

진리의 날줄과 씨줄이 얽혀있으므로 천에 비유하여 經이라고 한다.

이, 祇夜인데 重頌이라고도 한다. 즉 경을 설할 때에 산문으로 먼저 설명하고 그 내용을 다시 게송으로 요약하여 설한 것을 중송이라고 한다.

삼, 和伽羅那라고 하는 것은 授記 설법을 말한다. 불보살은 반드시 수기를 통하여 성불하게 된다.

사, 伽陀라고 하는 것은 諷誦이라고도 하는데, 운문이나 산문 없이 게송으로 이루어진 경전을 말한다. 예를 들면 『법구경』이나 『숫타니파타』 같은 경전이다.

오, 憂陀那라고 하는 것은 無問自說의 경전으로 모인 대중이 묻지 않았는데도 불구하고 부처님께서 대중들이 알 수 없는 부사의한 경지를 일방적으로 설법하는 경우이다. 대표적인 경전이 『아미타경』이다.

육, 尼陀那라고 하는 것은 因緣 설법을 말한다. 경을 설하면서 설하게 된 연기에 대해서 자세히 밝힌다. 특히 계율은 계가 제정되게 된 배경과 연기가 설해져 있다.

칠, 波陀那라고 하는 것은 譬喩 설법이다. 부처님께서 설법할 때 중생들이 잘 알아들을 수 없을 것을 염려하여 비유를 들어서 설하는 경우이다. 많은 경전에는 거의가 비유품이 있다.

팔, 伊帝目多伽라고 하는 것은 本事 설법이다. 본사경은 석가모니 부처님 이외의 다른 부처님이나 다른 보살들의 전생에 대한 이야기를 설하는 경우에 本事經이라고 한다.

구, 闍陀伽는 本生 설법이다. 본사경이 다른 부처님의 이야기인데 반해서 본생경은 석가모니 부처님의 전생에 대한 이야기이다. 이것은 약 500가지로 이루어져 있는데 本生譚이라고도 한다.

십, 毗佛略이라고 하는 것은 方廣 설법이라고 하여 온 우주 법계에 대한 설법을 널리 설하고 있다. 예를 들면 『대방광불화엄경』, 『대방광원각수다라요의경』이다.

십일, 阿浮陀達磨라는 것은 未曾有이다. 지금까지 부처님께서 설하신 바가 없는 새로운 것에 대한 설법을 말한다.

십이, 優婆提舍라고 하는 것은 論議라고 한다. 주로 제자들에 의해서 이루어진 것인데 논장이 중심인 경우가 많다. 또는 제자들과 토론하면서 이루어진 경전이다. 『무량수경우바제사왕생게』 같은 것을 말한다.

【 역주 】 10

10. 여래께서 중생을 위하여 오온과 18계와 12입(陰界入)20)에 대하여 가상과 실상에 대한 법을 설하셨다. 이것을 수다라(修多羅, sūtra)라고 이름한다.

혹은 사언, 오언, 육언, 칠언, 팔언, 구언(言)의 게(偈)를 가지고 게송으로 거듭 세계의 오온과 12입 등의 일을 頌(송)하였는데, 이것을 게야(祇夜, geya)라고 한다.

또는 중생의 미래사에 대하여 수기(授記)하거나 내지 비둘기와 참새 등의 성불에 대해서 설했는데 이것을 화가라나(和伽羅那, vyākarana)라고 한다.

혹은 독립된 게(偈)를 가지고 세계의 5음, 12입 등의 일을 수기한 것, 이것을 가타(伽陀, gāthā)라고 한다.

---

20) 음계입(陰界入): 有情에 속하는 諸法을 五陰(五蘊)·十二入·十八界로 나눈 것.

혹은 사람이 묻지 않았는데 세계에 대해 설한것을 우타나(優陀那, udāna)라고 한다.

혹은 세상의 선(善)하지 않은 일에 간략하게 금계(禁戒)를 지어 제정한 것을 니타나(尼陀那, nidāna)라고 한다.

혹은 비유를 가지고 세계사를 설한 것을 아파타나(阿波陀那, avadāna)라고 한다.

혹은 본래 과거의 세계사를 설한 것을 이제목다가(伊帝目多伽, itivṛttaka)라고 한다.

혹은 과거 수생(受生)의 일을 설한 것, 이것을 자타카(闍陀伽, jātaka)라고 한다.

혹은 세계의 광대(廣大)한 일을 설한 것을 비불략(毗佛略, vaipulya)이라고 한다.

혹은 세계의 미증유(未曾有)한 일을 설한 것을 아부달마(阿浮達磨, abbhutadharma)라고 한다.

혹은 어려운 세계사에 대해서 묻는 것을 설하였는데, 이것을 우바제사(優婆提舍, upadeśa)라고 한다.

이것이 바로 세계실단(世界悉檀)[21]으로 세간중생들에게 맞추어서 중생을 기쁘게 하기 위하여 12가지 방법으로 경을 설하셨다.

---

21) 세계실단(世界悉檀): 四悉檀의 하나. 悉檀은 범어 siddhānta의 음역이며, 成就・宗・理 등이라 번역된다. 따라서 世界悉檀은 세간에 맞추어 세간 일반의 사고방식에 적응한 敎說이란 뜻.

【 강의 】 10

10. 부처님께서 중생을 위하여 오온과 십팔계와 십이입에 대해서 현상계와 실상계에 대해 법을 설하셨다. 이것을 경전이라고 이름한다. 경전은 사언절구나 오언절구, 육언, 칠언, 팔언, 구언 등의 게송을 지어서 거듭 세계의 오온과 십이처 등의 일을 게송으로 설하였다. 여기에서 유교에서는 사언, 오언, 칠언이 일반적이지만, 불교의 게송은 그러한 형식에 따르지 않고 있다. 이것을 가타라고 한다.

또는 중생들의 미래생에 대하여 수기를 주거나 내지는 비둘기나 참새 등의 동물에 대해서도 성불할 수 있다고 설했는데 이것을 가지고 화갈라나라고 한다.

때로는 독립된 게송을 가지고 이 세계의 오음이나 십이처 등의 일을 수기하기도 하였다. 이러한 것을 가타라고 한다.

때로는 대중들이 묻지도 않았는데 대중들이 알 수 없는 세계에 대해서 설한 것을 우다나라고 한다. 이러한 것은 천상계나 정토의 세계에 및 초역사적인 부처님에 대해서 설하고 있다. 이것이 대승불교의 기본이 된다.

때로는 세상에서 올바르지 않은 일에 대해 간략하게 금계를 지어 계율을 제정하기도 하였다. 이를 니타나라고 한다.

때로는 어려운 부처님의 진리의 세계를 쉽게 비유를 들어서 우주법계를 설하는 것을 아파타나라고 한다. 만약 부처님의 경전에서 비유법이 없다면 어리석은 우리들은 이해하기가 대단히 어려웠을 것이다.

혹은 석가모니 부처님 이외의 여러 불보살들이 성불하여 각각의 불국토를 이룩하게 된 인연을 설한 것을 이제목다가라고 한다. 이를 본사라고 하는데, 대승불교의 초역사적인 불보살들 및 경전들은 대부분 여기에 속한다.

석가모니 부처님의 과거 전생의 오백 가지 이야기를 설한 것을 자타가라고 하며, 본생담이라고 한다.

혹은 온 우주법계의 광대무변한 부처님의 세계를 설한 것을 비불략이라고 하는데, 『법화경』이나 『화엄경』이 이에 속한다.

그리고 세계에서 세상 사람들이 아직도 일어나지 않은 알 수 없는 미증유의 세계를 설한 것을 아비달마라고 한다. 아비달마는 대단히 분석적이고 과학적으로도 논증이 되고 있다.

부처님이 설하신 말씀에 대해서 세상 사람들이 잘 이해하지 못하기 때문에 그 제자들이 주석을 달아 설한 것을 우바제사라고 하며, 이것을 논장이라고 한다.

이것이 바로 중생에게 맞추어서 대기설법한 것이기 때문에 세계실단이라고 하며, 중생들이 알기 쉽고 환희심을 가질 수 있도록 12가지 방법으로 경전을 설한 것이다.

【 역주 】 11

11. 12部經의 이름을 듣기는 희유하다. 불법이 세상에 널리 홍포될 때 이 이름을 들을 수 있다. 불법이 소멸될 때는 들을 수 없다. 지금까지 불법이 널리 홍포되지 않을 때는 또한 들을 수 없다. 오랫동안 善根을 쌓아야 부처님을 친견할 수 있고 불법을 들을 수 있다. 이미 들은 사람은 오래지 않아 阿耨多羅三藐三菩提를 얻을 것이다.

이 12라고 하는 것은 각각의 經을 말한다. 12分敎 또는 12部 經이라고도 한다. 12분교를 각각 12분교로 구족하면 144분교가 되고, 12분교를 각각 12분교로 합하면 오직 1분교가 된다. 그렇지만 억에 미치지 못하거나 억에 넘는(億前億後) 敎量으로는 말할 수 없다. 이것은 모두 佛祖의 眼睛이고, 불조의 骨髓이며, 불조의 光明이고, 불조의 莊嚴이며, 불조의 國土이다. 12분교를 보는 것은 불조를 보는 것이며, 불조를 말하는 것은 12분교를 말하는 것이다.

그러므로 靑原이 한쪽 발을 놓았을 때(垂一足) 곧 三乘 12分敎이다. 南嶽이 '一物이라고 말해도 맞지 않습니다'(說似一物卽不中) 하는 것도 三乘 12分敎이다. 지금 玄沙가 말하는 總不要의 뜻도 이와 같은 것이다. 이 종지를 드러낸다면 오직 불조뿐인다. 다시 半人도 없고 한 물건도 없으며, 한 가지도 들 수 없다. 정히 이러한 때를 당하여 어떠한가(正當恁麼時如何). 일러보아라. 總不要인 것이다.

【 강의 】 11

11. 이 사바세계에 태어나서 부처님의 12부경에 대한 이름을 듣는 다는 것은 매우 희유한 일이다. 이와 같은 이름을 들을 수 있는 것은 부처님 법이 세상에 널리 퍼져 있을 때만이 가능한 것이다. 만약 불법이 사바세계에 소멸되고 없을 때는 부처님이나 12부경에 대한 이름조차도 들을 수 없다. 지금까지 미루어 볼 때 사바세계에 불법이 널리 홍포되지 않았을 때는 12부경이 있는지조차도 알지 못하였고, 그 이름조차도 들을 수 없었다. 불법을 들

고 12부경을 만날 수 있다는 것은 다겁생래 동안 善根을 쌓고 복
덕을 지어야 만이 가능한 것이며, 그러한 사람은 부처님을 친견
할 수 있고 부처님의 가르침을 들을 수 있다. 이미 12부경을 듣
고 불법을 믿는 사람은 머지않아서 阿耨多羅三藐三菩提를 얻을 수
있다.

 여기서 12라고 하는 수자는 바로 부처님께서 경을 설하실 때의
방법을 말한다. 이것을 12분교라고도 하며, 혹은 12부경이라고도
말한다. 그런데 12부경이라고 하여 꼭 한 가지씩만 가지고 설한
것이 아니라 각 경전에는 열두 가지 방법이 서로 섞여서 있으므
로 12분교를 각각 12분교로 곱하게 되면 144분교가 되고, 이것을
다시 하나로 합하게 되면 1분교가 된다. 즉 부처님의 말씀은 수많
은 방편을 써서 하시지만 그 보내심은 한가지 인 것이다. 그렇다
고 하여 이것을 시간적인 개념으로 이해해서는 안 된다. 이것은
억겁에 미치거나 억겁을 넘는(億前億後) 숫자적인 개념으로 말할
수 없다. 12분교는 바로 불조의 밝은 눈동자이며, 불조의 골수이
고, 불조의 대광명이며, 불조의 무량장엄이고, 불조의 정토이기도
하다. 12분교를 본다는 것은 바로 부처님을 본다는 것이며, 불조
의 말씀을 담은 것은 12분교이므로 12분교는 그대로 불교이다.
이러한 것은 교리상으로만 얘기할 수 있는 것이 아니라 12분교가
하나로 1분교가 되듯이 선적인 의미로도 말할 수 있다.

 즉 청원행사가 한쪽 발을 땅에 놓았을 때(垂一足) 그 의미도 바
로 3乘 12分敎이다. 또한 남악회양이 육조혜능을 만났을 때 '일물
이라고 말해도 맞지 않습니다.'라고 하는 것도 또한 3승 12분교
이다. 지금 여기서 말하는 玄沙의 總不要도 12분교를 말하는 것이
다. 이러한 12분교의 종지를 바르게 드러낸 사람은 오직 불조뿐

이다. 여기에는 한 사람도 없고 반 사람도 없으며 한 물건도 없고 두 물건도 없다. 한 가지라고 말할 수도 없는 것이다. 이러한 때를 당하여 어떻게 할 것인가. 한번 일러보아라. 이것을 현사는 總不要라고 한 것이다.

【 역주 】 12

12. 혹은 九部라고도 하며 九分敎라고도 한다.

九部[22])는

1. 修多羅 2. 伽陀 3. 本事 4. 本生 5. 未曾有 6. 因緣 7. 譬喩
8. 祇夜 9. 優婆提舍이다.

이 9부는 각각 9부를 具足하게 되면 81부가 된다. 9부가 각각 1부에 구족하게 되면 9부가 된다. 1부에 돌아가는 공덕이 없으면 9부가 되지 않는다. 1부로 돌아가는 공덕이 있으므로 1

---

22) 『法華經』 「方便品」 (大正藏9, 8,a) "我此九部法 隨順衆生說 入大乘僑本 以故說 是經"

九部는 초기불교에서 전승된 가르침의 형태를 그 내용과 형식에 따라 아홉 가지로 분류한 것으로 구부의 내용을 간략하게 서술하면 다음과 같다. 1. 經: 사상적으로 그 뜻을 완전히 갖춘 산문체의 경전이다. 2. 諷誦: 본문과는 관계없이 산문체로된 경전의 1절이나 끝에 아름다운 귀계로써 묘한 뜻을 읊어놓은 운문부분이다. 3. 本事: 다른 부처님들의 이야기를 말한다. 4. 本生: 부처님의 전생의 수행의 부분을 말한 부분이다. 5. 未曾有: 보통 사람들은 경험하지 못하는 마음상태나 정신적 기적을 말하는 부분이다. 6 인연(因緣): 어떤 경전을 말하게 된 사정이나 동기들을 서술한 부분이다. 7 譬喩: 경전 가운데 비유나 우화로써 교리를 설명한 부분이다. 8. 重頌: 운을 붙이지 않은 詩體의 형식을 취하면서 그 앞의 산문으로 된 본문의 뜻을 거듭 설명하는 부분이다. 9 논의(論議): 부처님께서 논의하고 문답하며 법의 내용을 명백히 말한 연구논문 형식의 경문을 말한다.

부는 1부로 돌아가게 된다. 그러므로 81부가 된다. 이 部이고, 나의 部이며, 拂子의 部이고, 拄杖子의 部이며, 正法眼藏의 部이다.

【 강의 】 12

12. 12분교를 때로는 9가지로 나누어서 9부라고 하며 9분교라고도 말한다.

이 9부에 대해서는 『법화경』 방편품에 자세히 나와 있다.

1. 修多羅라고 하는 것은 산문체로 된 경전을 말하며,
2. 伽陀는 풍송으로 산문과 관계없이 게송으로만 된 경전이다.
3. 本事는 다른 불보살의 본생에 대한 이야기이다.
4. 本生은 석가모니부처님의 전생에 대한 이야기이다.
5. 未曾有는 부사의한 법을 말한다.
6. 因緣은 연기설법을 말한다.
7. 譬喩는 비유나 우화를 들어서 알기 쉽게 설명하고 있다.
8. 祇夜는 산문을 설하고 그 내용을 게송으로 읊은 중송이다.
9. 優婆提舍는 부처님과 제자들의 토론이나 논의를 기록한 것이다.

이 9부 경전을 다시 9부로 곱하게 되면 모두 81부가 된다. 9부가 각각 1부에만 구족하게 갖추어 있으면 9부가 된다. 만약 9부가 1부라도 완전하게 갖추어져 있지 않으면 9부가 되지 못한다. 한부 한부마다 그 공덕이 분명하게 갖추어져 있으므로 1부는 1부로 돌아가게 된다. 그러므로 서로 곱하면 81부가 된다. 이렇게 하여 部가 되는 것이고, 이것은 바로 불조의 가르침만이 아니라 나의 가르침이기도 하여 나의 部가 되는 것이며, 拂子를 드는 것이

9부의 설법 가운데 하나가 되고, 拄杖子를 드는 것도 또한 9부의
설법 가운데 하나이며, 正法眼藏 또한 9부 가운데 하나이다.

【 역주 】 13

13. 석가모니불께서 말씀하시기를,
'내가 설한 九部의 法은 중생을 隨順하기 위해서 설하는 것
이며, 대승에 들어가는 근본이 되므로 이 경을 설하는 것이
다.(釋迦牟尼佛言 我此九部法 隨順衆生說. 入大乘爲本 以故說是
經)'라고 하였다.
알아야 한다. 나라고 하는 것은 여래이며, 여래의 本來面目
이니 身心을 나타내고 있다. 이 나라고 하는 것은 이미 九部法
이며, 九部法은 곧 나인 것이다. 지금 一句一偈는 九部法이며,
나는 나이기 때문에 중생에 수순해서 설한다. 그러므로 곧 일
체 중생의 삶이 여기에서 나온다(生從這裏生)는 것은 곧 이 경
에 설해져 있으며, 죽는다는 것도 여기에서 죽는다(死從這裏
死)는 것은 곧 이 경에 설해져 있다. 내지 일상생활(造次動用)
도 이 경에서 나오며, 일체중생을 교화하여 모두 불도에 들게
하는 것(化一切衆生, 皆令入佛道)도 이 경에서 나온다.
여기서 중생이라고 하는 것은 나의 九部法에 수순하는 것이
다. 여기서 수순이라고 하는 것은 다른 사람을 따르는 것(隨他
去)이고, 자기를 따르는 것(隨自去)이며, 중생을 따르는 것(隨
衆去)이고, 생을 따르는 것(隨生去)이며, 나를 따르는 것(隨我
去)이고, 이것을 따르는 것(隨此去)이다. 그 중생은 반드시 나
이기 때문에 九部法 하나하나가 되는 것이다.

【 강의 】 13

13. 『法華經』「方便品」에 의하면 석가모니부처님께서 말씀하시기를,

'내가 설한 九部의 法은 중생들을 隨順하기 위해서 설한 것이며, 이 법은 대승에 들어가는 근본이 되므로 내가 이 경을 설한다.'라고 하셨다.

우리는 알아야 한다. 여기서 나라고 하는 것은 바로 부처님을 말하며, 이는 부처님께서 중생들에게 일러주시기 위한 本來의 모습이고, 부처님의 몸과 부처님의 마음을 모두 나타내고 있다. 이미 『법화경』에서 我此라고 했을 때 구부법은 모두 설해진 것이고, 구부법이 바로 我此이며, 곧 부처님인 것이다. 여기서 이야기하는 부처님의 말씀 一句와 一偈頌은 바로 구부법이며, 부처님께서는 부처님이기 때문에 중생의 근기에 맞추어서 진리를 설하신 것이다. 그러므로 구부경 가운데 일체중생의 삶이 여기에 있고, 중생의 바른 길이 여기에 설해져 있으며, 중생이 생사윤회를 하여 죽는 것도 여기에 설해져 있다. 그리고 중생들의 일상생활의 올바른 방법에 대해서도 이 경에 설해져 있으며, 부처님께서 중생을 교화하여 모두 불도에 들게 하는 것(化一切衆生, 皆令入佛道)도 이 경에 설해져 있다.

여기서 중생이라고 하는 것은 바로 부처님의 구부법을 수순하는 자들이다. 다음으로 수순이라고 하는 것은 다른 사람의 근기에 따르는 것(隨他去)이고, 자기 자신의 근기에 따르는 것(隨自去)이며, 모든 중생의 근기를 따르는 것(隨衆去)이고, 삶의 방식을 따르는 것(隨生去)이며, 부처님을 따르는 것(隨我去)이고, 위에서

말한 모든 것을 따르는 것(隨此去)이다. 그 중생은 부처와 다름이 없기 때문에 나이기도 하고 나의 모든 것은 구부법의 하나하나가 되는 것이다.

【 역주 】 14

14. 「大乘에 들어가는 근본이 되는 것(入大乘爲本)」이라고 하는 것은, 대승을 체득하는 것이고, 大乘을 행하는 것이며, 大乘을 듣는 것이고, 大乘을 설하는 것이다. 그러므로 중생은 자연히 저절로 불도를 얻는 것은 아니고 그 일부이다. 入이라고 하는 것은 근본이고, 근본이라고 하는 것은 처음과 끝이 바른 것이며, 부처님께서 法을 설하시고, 法이 부처님을 설하며, 法이 부처님에 의해서 설해지고, 부처님이 法에 의해 설해진다. 火焰이 부처를 설하고, 法을 설하며, 부처가 火焰을 설하고, 法이 火焰[23]을 설한다.

이 경은 이미 설하는 이유가 있으며, 이 경을 설하고자 하지 않았다고 한다면 불가하다. 그러기 때문에 以故說是經라고 한다. 故說이라고 하는 것은 하늘에 걸쳐져(亘天)[24] 있으며, 긍천은 바로 故說이다. 此佛과 彼佛 모두 이 경이라고 말하며, 自界 他界 모두 이 경이라고 말한다. 그렇기 때문에 說是經이 되며, 是經은 佛敎이다. 恒沙의 佛敎는 竹篦이고, 拂子이며, 불교의 항사는 拄杖이고, 拳頭이다.

---

23) 화염설법(火焰說法): 『圓悟佛果禪師語錄』卷19 (大正藏47, 802,b) "雪峰示衆云. 三世諸佛在火焰裏轉大法輪. 玄沙云. 火焰爲三世諸佛說法. 三世諸佛立地聽."

24) 긍천(亘天): (大正藏47, 810,b) "看取亘天紅焰裏 華發優曇大地春"

【 강의 】 14

14. 『법화경』에서 말한 「대승에 들어가는 근본이 되는 것(入大乘爲本)」이라고 하는 것은, 바로 대승의 가르침을 체득하는 것이고, 대승의 가르침을 행하는 것이며, 대승의 법문을 듣는 것이고, 대승의 가르침을 남에게 설하는 것이 된다. 그러므로 중생은 대승에 들어가지 아니하고는 불도를 얻을 수 없으며, 대승에 든다고 하는 것은 9부경전 중 하나에 들어간다는 뜻이다. 여기서 入이라고 하는 것은 바로 근본을 말하고, 또 근본이라고 하는 것은 정법이며, 처음도 바르며 끝도 바른 것이다. 그것은 바로 부처님께서 法을 설하시는 것이며, 그 法이 또한 부처에 대해서 설하고 있는 것이다. 부처님의 진리는 부처님에 의해서 설해지고, 부처에 대한 것은 法에 의해 설해져 있다. 때로는 火焰이 부처를 설하기도 하고, 法을 설하기도 하며, 부처가 화염을 설하기도 하고, 法이 화염을 설하기도 한다.

다음으로 이 경(是經)을 이미 설할 이유가 있기 때문에 만약 그 이유가 없었다고 한다면 이 경을 설하지 않았을 것이다. 그렇기 때문에 『법화경』에서는 以故說是經이라고 하였다. 여기서 故說이라고 하는 것은 하늘과 땅에 가득해 있기 때문에 바로 故說이라고 하였다. 부처님의 불법은 온 우주에 충만해 있고 온 법계에 가득해 있기 때문이다. 경전에서는 이 부처님이 설했든 저 부처님이 설했든 간에 부처님이 설하신 것을 모두 경이라고 말하며, 사바세계에 대한 설법이나 타방세계에 대한 설법 모두 경이라고 말한다. 그렇기 때문에 이 경을 설한다고 한다. 이 경은 바로 부처님의 가르침이다. 무량무수한 항하사와 같은 부처님의 가르침은 때로는 竹篦로 나투기도 하고, 때로는 拂子의 모습으로 나투기도 하며, 때로는 拄杖子로 나투기도 하고, 불끈 쥔 주먹으로 나투기도 한다. 이러한 말은 불법을 설함에 있어서 여러 가지 방편으로 나툴 수 있는 것이다. 즉 9분교로만 설하는 것이 아니라 죽비를 들어 중생을 경책하기도 하고, 주장자를 들어 중생을 치기도 하며, 주먹을 내밀면서 불법의 대의를 나타내기도 한다.

【 역주 】 15

15. 무릇 알아야 한다. 삼승십이분교 등은 불조의 눈동자이다. 開眼하지 못하면 어찌 불조의 후손이라고 할 수 있는가. 잡지 못한다면 어찌 佛祖의 眼藏을 단전했다고 할 것인가. 정법안장을 체득하지 못하면 칠불의 법을 잇지 못한다.
　때는 인치 2년(1241) 11월 14일 경도 흥성정사에서 僧衆에게 설하다.

【 강의 】 15

15. 무릇 알아야 한다. 삼승십이분교 등은 불조의 푸른 눈동자이다. 이 불조의 눈동자를 開眼하지 못한 사람을 어찌 불조의 후손이라고 할 수 있으며, 불자라고 할 수 있겠는가. 이것을 얻지 못하는 자가 어찌 佛祖,의 정법안장을 받았다고 할 것인가. 정법 정법안장을 체득하지 못했다고 한다면 과거칠불의 법을 잇지 못할 것이다.

24. 佛教

1. 諸仏の道現成、これ仏教なり。これ仏祖の仏祖のためにするゆゑに、教の教のために正伝するなり。これ転法輪なり。この法輪の眼睛裏に、諸仏祖を現成せしめ、諸仏祖を般涅槃せしむ。その諸仏祖、かならず一塵の出現あり、一塵の涅槃あり。尽界の出現あり、尽界の涅槃あり。一須臾の出現あり、多劫海の出現あり。しかあれども、一塵一須臾の出現、さらに不具足の功徳なし。尽界多劫海の出現、さらに補麤闕の経営にあらず。このゆゑに朝に成道して夕に涅槃する諸仏、いまだ功徳かけたりといはず。もし一日は功徳すくなしといはば、人間の八十年ひさしきにあらず。人間の八十年をもて十劫二十劫に比せんとき、一日と八十年とのごとくならん。此仏彼仏の功徳、わきまへがたからん。長劫寿量の所有の功徳と、八十年の功徳とを挙して比量せんとき、疑著するにもおよばざらん。このゆゑに、仏教はすなはち教仏なり、仏祖究尽の功徳なり。諸仏は高広にして、法教は狭少なるにあらず。まさにしるべし、仏大なるは教大なり、仏小なるは教小なり。このゆゑにしるべし、仏および教は、大小の量にあらず、善悪無記等の性にあらず、自教教他のためにあらず。

2. ある漢いはく、釈迦老漢、かつて一代の教典を宣説するほかに、さらに上乗一心の法を摩訶迦葉に正伝す、嫡嫡相承しきたれり。しかあれば、教は赴機の戯論なり、心は理性の真実なり。この正伝せる一心を、教外別伝といふ。三乗十二分教の所談にひとしかるべきにあらず。一心上乗なるゆゑに、直指人心、見性成仏なりといふ。

　この道取、いまだ仏法の家業にあらず。出身の活路なし、通身の威儀あ

らず。かくのごとくの漢、たとひ数百千年のさきに先達と称ずとも、恁麼の説話あらば、仏法仏道はあきらめず、通ぜざりけるとしるべし。ゆゑはいかん、仏をしらず、教をしらず、心をしらず、内をしらず、外をしらざるがゆゑに。そのしらざる道理は、かつて仏法をきかざるによりてなり。いま諸仏といふ本末、いかなるとしらず。去来の邊際すべて学せざるは、仏弟子と称ずるにたらず。ただ一心を正伝して、仏教を正伝せずといふは、仏法をしらざるなり。仏教の一心をしらず、一心の仏教をきかず。一心のほかに仏教ありといふ、なんぢが一心、いまだ一心ならず。仏教のほかに一心ありといふ、なんぢが仏教いまだ仏教ならざらん。たとひ教外別伝の謬説を相伝すといふとも、なんぢいまだ内外をしらざれば、言理の符合あらざるなり。

3. 仏正法眼蔵を単伝する仏祖、いかでか仏教を単伝せざらん。いはんや釈迦老漢、なにとしてか仏家の家業にあるべからざらん教法を施設することあらん。釈迦老漢すでに単伝の教法をあらしめん、いづれの仏祖かなからしめん。このゆゑに、上乗一心といふは、三乗十二分教これなり、大蔵小蔵これなり。

しるべし、仏心といふは、仏の眼睛なり、破木杓なり、諸法なり、三界なるがゆゑに、山海国土、日月星辰なり。仏教といふは、万像森羅なり。外といふは、這裏なり、這裏来なり。正伝は、自己より自己に正伝するがゆゑに、正伝のなかに自己あるなり。一心より一心に正伝するなり、正伝に一心あるべし。上乗一心は、土石砂礫なり、土石砂礫は一心なるがゆゑに、土石砂礫は土石砂礫なり。もし上乗一心の正伝といはば、かくのごとくあるべし。

しかあれども、教外別伝を道取する漢、いまだこの意旨をしらず。かるがゆゑに、教外別伝の謬説を信じて、仏教をあやまることなかれ。もしなんぢが

いふがごとくならば、教をば心外別伝といふべきか。もし心外別伝といはば、一句半偈つたはるべからざるなり。もし心外別伝といはずは、教外別伝といふべからざるなり。

　4. 摩訶迦葉すでに釈尊の嫡子として法蔵の教主たり。正法眼藏を正伝して仏道の住持なり。しかありとも、仏教は正伝すべからずといふは、学道の偏局なるべし。しるべし、一句を正伝すれば、一法の正伝せらるるなり。一句を正伝すれば、山伝水伝あり。不能離却這裡（這裏を離却すること能はず）なり。

　釈尊の正法眼藏無上菩提は、ただ摩訶迦葉に正伝せしなり。余子に正伝せず、正伝はかならず摩訶迦葉なり。このゆゑに、古今に仏法の真実を学する箇箇、ともにみな従来の教学を決択するには、かならず仏祖に参究するなり。決を余輩にとぶらはず。もし仏祖の正決をえざるは、いまだ正決にあらず。依教の正不を決せんとおもはんは、仏祖に決すべきなり。そのゆゑは、尽法輪の本主は仏祖なるがゆゑに。道有道無、道空道色（有と道ひ無と道ひ、空と道ひ色と道ふ）、ただ仏祖のみこれをあきらめ、正伝しきたりて、古仏今仏なり。

　5. 巴陵因僧問、祖意教意、是同是別（是れ同か是れ別か）。
　師云、鶏寒上樹、鴨寒入水（鶏寒うして樹に上り、鴨寒うして水に入る）。
　この道取を参学して、仏道の祖宗を相見し、仏道の教法を見聞すべきなり。いま祖意教意と問取するは、祖意は祖意と是同是別と問取するなり。いま鶏寒上樹、鴨寒入水といふは、同別を道取すといへども、同別を見取するともがらの見聞に一任する同別にあらざるべし。しかあればすなはち、同別

の論にあらざるがゆゑに、同別と道取しつべきなり。このゆゑに、同別と問取
すべからずといふがごとし。

6. 玄沙因僧問、三乗十二分教即不要、如何是祖師西来意（三乗十
二分教は即ち不要なり、如何ならんか是れ祖師西来意）。

師云、三乗十二分教総不要（三乗十二分教総に不要なり）。

いはゆる僧問の三乗十二分教即不要、如何是祖師西来意といふ、よの
つねにおもふがごとく、三乗十二分教は条条の岐路なり。そのほか祖師西
来意あるべしと問するなり。三乗十二分教これ祖師西来意なりと認ずるにあら
ず。いはんや八万四千法門蘊すなはち祖師西来意としらんや。しばらく参究
すべし、三乗十二分教、なにとしてか即不要なる。もし要せんときは、いか
なる規矩かある。三乗十二分教を不要なるところに、祖師西来意の参学を
現成するか。いたづらにこの問の出現するにあらざらん。

玄沙いはく、三乗十二分教総不要。

この道取は、法輪なり。この法輪の転ずるところ、仏教の仏教に処在する
ことを参究すべきなり。その宗旨は、三乗十二分教は仏祖の法輪なり、有
仏祖の時処にも転ず、無仏祖の時処にも転ず。祖前祖後、おなじく転ずる
なり。さらに仏祖を転ずる功徳あり。祖師西来意の正当恁麼時は、この法
輪を総不要なり。総不要といふは、もちゐざるにあらず、やぶるるにあらず。
この法輪、このとき、総不要輪の転ずるのみなり。三乗十二分教なしといは
ず、総不要の時節を覿見すべきなり。総不要なるがゆゑに三乗十二分教な
り。三乗十二分教なるがゆゑに三乗十二分教にあらず。このゆゑに、三乗
十二分教、総不要と道取するなり。その三乗十二分教、そこばくあるなかの
一隅をあぐるには、すなはちこれあり。

7. 三乘

一者声聞乗

四諦によりて得道す。四諦といふは、苦諦、集諦、滅諦、道諦なり。これをきき、これを修行するに、生老病死を度脱し、般涅槃を究竟す。この四諦を修行するに、苦集は俗なり、滅道は第一義なりといふは、論師の見解なり。もし仏法によりて修行するがごときは、四諦ともに唯仏与仏なり。四諦ともに法住法位なり。四諦ともに実相なり、四諦ともに仏性なり。このゆゑに、さらに無性無作等の論におよばず、四諦ともに総不要なるゆゑに。

二者縁覚乗

十二因縁によりて般涅槃す。十二因縁といふは、一者無明、二者行、三者識、四者名色、五者六入、六者触、七者受、八者愛、九者取、十者有、十一者生、十二者老死。

この十二因縁を修行するに、過去現在未来に因縁せしめて、能観所観を論ずといへども、一一の因縁を挙して参究するに、すなはち総不要輪転なり、総不要因縁なり。しるべし、無明これ一心なれば、行識等も一心なり。無明これ滅なれば、行識等も滅なり。無明これ涅槃なれば、行識等も涅槃なり。生も滅なるがゆゑに、恁麼いふなり。無明も道著の一句なり、識名色等もまたかくのごとし。しるべし、無明行等は、吾有箇斧子、与汝住山（吾れに箇の斧子有り、汝と与に住山せん）なり。無明行識等は、発時蒙和尚許斧子、便請取（発時和尚に斧子を許すことを蒙れり、便ち請取せん）なり。

三者菩薩乗

8. 六波羅蜜の教行証によりて、阿耨多羅三藐三菩提を成就す。その成就といふは、造作にあらず、無作にあらず、始起にあらず、新成にあら

ず、久成にあらず、本行にあらず、無為にあらず。ただ成就阿耨多羅三
藐三菩提なり。

　六波羅蜜といふは、檀波羅蜜、尸羅波羅蜜、羼提波羅蜜、毘梨耶波
羅蜜、禅那波羅蜜、般若波羅蜜なり。これはともに無上菩提なり。無生無
作の論にあらず。かならずしも檀をはじめとし般若ををはりとせず。

　経云、利根菩薩、般若為初、檀為終。鈍根菩薩、檀為初、般若為
終（利根の菩薩は、般若を初めとし、檀を終りとす。鈍根の菩薩は、檀を
初めとし、般若を終りとす）。

　しかあれども、羼提もはじめなるべし、禅那もはじめなるべし。三十六波羅
蜜の現成あるべし。蘿籠より蘿籠をうるなり。

　波羅蜜といふは、彼岸到なり。彼岸は古来の相貌蹤跡にあらざれども、
到は現成するなり、到は公案なり。修行の彼岸へいたるべしともおふことなか
れ。彼岸に修行あるがゆゑに、修行すれば彼岸到なり。この修行、かなら
ず徧界現成の力量を具足せるがゆゑに。

9. 十二分教

一者素呾纜　此云契経

二者祇夜　此云重頌

三者和伽羅那　此云授記

四者伽陀　此云諷誦

五者憂陀那　此云無問自説

六者尼陀那　此云因縁

七者波陀那　此云譬喩

八者伊帝目多伽　此云本事

九者闍陀伽　此云本生

　　十者毘仏略　此云方広

　　十一者阿浮陀達磨　此云未曾有

　　十二者優婆提舎　此云論議

　　如来則為直説陰界入等仮実之法、是名修多羅。

　　或四五六七八九言偈、重頌世界陰入等事、是名祇夜。

　　或直記衆生未来事、乃至記鴿雀成仏等、是名和伽羅那。

　　或孤起偈、記世界陰入等事、是名伽陀。

　　或無人問、自説世界事、是名優陀那。

　　或約世界不善事、而結禁戒、是名尼陀那。

　　或以譬喩説世界事、是名阿波陀那。

　　或説本昔世界事、是名伊帝目多伽。

　　或説本昔受生事、是名闍陀伽。

　　或説世界広大事、是名毘仏略。

　　或説世界未曾有事、是名阿浮達摩。

　　或問難世界事、是名優婆提舎。

　　此是世界悉檀、為結衆生故、起十二部経。

　10．如来即ち為に直に陰界入等の仮実の法を説きたまふ、是れを修多
羅と名づく。

　或いは四、五、六、七、八、九言の偈をもて、重ねて世界陰入等の事
を頌す、是れを祇夜と名づく。

　或いは直に衆生未来の事を記し、乃至鴿雀の成仏等を記す、是れを和
伽羅那と名づく。

　或いは孤起偈をもて、世界陰入等の事を記す、是れを伽陀と名づく。

　或いは人問ふこと無く、自ら世界の事を説く、是れを優陀那と名づく。

　或いは世界不善の事に約して、禁戒を結す、是れを尼陀那と名づく。

　或いは譬喩を以て、世界の事を説く、是れを阿波陀那と名づく。

　或いは本昔世界の事を説く、是れを伊帝目多伽と名づく。

　或いは本昔受生の事を説く、是れを闍陀伽と名づく。

　或いは世界広大の事を説く、是れを毘仏略と名づく。

　或いは世界の未曾有の事を説く、是れを阿浮陀達磨と名づく。

　或いは世界の事を問難す、是れを優婆提舎と名づく。

　此れは是れ世界悉檀なり、衆生を絓ばしめんが為の故に、十二部経を
起す。）

　11. 十二部経の名、きくことまれなり。仏法のよのなかにひろまれるときこれ
をきく、仏法すでに滅するときはきかず。仏法いまだひろまらざるとき、またきか
ず。ひさしく善根をうゑて仏をみたてまつるべきもの、これをきく。すでにきくもの
は、ひさしからずして阿耨多羅三藐三菩提をうべきなり。

　この十二、おのおの経と称ず。十二分教ともいひ、十二部経ともいふな
り。十二分教おのおの十二分教を具足せるゆゑに、一百四十四分教なり。
十二分教おのおの十二分教を兼含せるゆゑに、ただ一分教なり。しかあれ
ども、億前億後の数量にあらず。これみな仏祖の眼睛なり、仏祖の骨髄な
り、仏祖の家業なり、仏祖の光明なり、仏祖の荘厳なり、仏祖の国土な
り。十二分教をみるは仏祖をみるなり、仏祖を道取するは十二分教を道取す
るなり。

　しかあればすなはち、青原の垂一足、すなはち三乗十二分教なり。南嶽
の説似一物即不中、すなはち三乗十二分教なり。いま玄沙の道取する総
不要の意趣、それかくのごとし。この宗旨挙拈するときは、ただ仏祖のみな
り。さらに半人なし、一物なし、一事未起なり。正当恁麼時、如何。いふ

べし総不要。

12. あるいは九部といふあり。九分教といふべきなり。

九部

一者修多羅

二者伽陀

三者本事

四者本生

五者未曾有

六者因縁

七者譬喩

八者祇夜

九者優婆提舎

　この九部、おのおの九部を具足するがゆゑに、八十一部なり。九部おの
おの一部を具足するゆゑに九部なり。帰一部の功徳あらずは、九部なるべ
からず。帰一部の功徳あるがゆゑに、一部帰なり。このゆゑに八十一部な
り。此部なり、我部なり、払子部なり、拄杖部なり、正法眼藏部なり。

　13. 釈迦牟尼仏言、我此九部法、随順衆生説。入大乗為本、以故
説是経（我が此の九部の法、衆生に随順して説く。大乗に入らんにこれ為
本なり、故を以て是経を説く）。

　しるべし、我此は如来なり、面目身心あらはれきたる。この我此すでに九
部法なり、九部法すなはち我此なるべし。いまの一句一偈は九部法なり。
我此なるがゆゑに随順衆生説なり。しかあればすなはち、一切衆生の生従
這裏生、すなはち説是経なり。死従這裏死は、すなはち説是経なり。乃至

造次動容、すなはち説是経なり。化一切衆生、皆令入仏道、すなはち説是経なり。この衆生は、我此九部法の随順なり。この随順は、随他去なり、随自去なり、随衆去なり、随生去なり、随我去なり、随此去なり。その衆生、かならず我此なるがゆゑに、九部法の条条なり。

14.　入大乗為本といふは、証大乗といひ、行大乗といひ、聞大乗といひ、説大乗といふ。しかあれば、衆生は天然として得道せりといふにあらず、その一端なり。入は本なり、本は頭正尾正なり。ほとけ法をとく、法ほとけをとく。法ほとけにとかる、ほとけ法にとかる。火焔ほとけをとき、法をとく。ほとけ火焔をとき、法火焔をとく。

是経すでに説故の良以あり、故説の良以あり。是経とかざらんと擬するに不可なり。このゆゑに以故説是経といふ。故説は亘天なり、亘天は故説なり。此仏彼仏ともに是経と一称じ、自界他界ともに是経と故説す。このゆゑに説是経なり、是経これ仏教なり。しるべし、恆沙の仏教は竹箆払子なり。仏教の恆沙は拄杖拳頭なり。

15.　おほよそしるべし、三乗十二分教等は、仏祖の眼睛なり。これを開眼せざらんもの、いかでか仏祖の児孫ならん。これを拈来せざらんもの、いかでか仏祖の正眼を単伝せん。正法眼蔵を体達せざるは、七仏の法嗣にあらざるなり。

正法眼蔵仏教第二十四
于時仁治三年壬寅十一月七日在雍州興聖精舎示衆

· 索 引 ·

▶ 著者 / 韓普光(泰植)

경북 경주시 牟梁里에서 출생
경주 분황사에서 득도
동국대학교 불교학과 및 대학원 졸업
日本 佛敎大學 대학원 박사과정 수료
日本 佛敎大學에서 文學博士 취득
日本 京都大學 인문과학연구소 연구원
동국대학교 정각원장
동국대학교 대외협력처장
동국대학교 불교대학 학장, 대학원장
EBTI(국제전자불전협회) 회장
국가인권위원회 비상임인권위원
문화재청 문화재위원
청계산 淨土寺 주지
동국대학교 불교대학 선학과 교수
동국대학교 전자불전문화콘텐츠연구소장
제5대 동국대학교 동국역경원장
제18대 동국대학교 총장

現 청계산 정토사 회주
    대각사상연구원장
    한국정토학회 명예회장
    일본 인도학불교학회 이사
    대한불교조계종 장학위원장
    대한불교조계종 재심호계위원

▶ 著書

『龍城禪師硏究』
『新羅淨土思想の硏究』(일본판)
『信仰結社硏究』
『日本禪의 歷史』
『연꽃이 피었습니다』
『한국문헌집 소재 불교관련시문 자료집』
5권(공저)
『佛緣錄』(공저)
『중국역대불교인명사전』(공저)
『譯註正法眼藏講義』1, 2권

▶ 譯書

『淨土敎槪論』(坪井俊映 著)
『禪과 日本文化』(柳田聖山 著)
『禪淨雙修의 展開』(藤吉慈海 著)
『淨土三部經』
『般舟三昧經』
『백용성대종사 총서』 20권 간행

▶ 論文

「延壽門下の高麗修學僧について」
「來迎院本の遊心安樂道について」
「新羅惠宿の彌陀信仰について」
「念佛의 實踐方法에 관한 硏究」 외에
170여 편

▶ 受賞

日本印度學佛敎學會賞
Best Teaching Award(동국대학교)
동국우수교원상(산학협력부분)
대한불교조계종 종정상
청조근정훈장

『역주 정법안장 강의』편찬위원회

- 저　자　한 보 광
- 위원장　김 호 귀
- 총　무　안 승 철
- 색　인　김 륜 선
- 교　정　서 정 원
　　　　　문 혜 진
- 윤　문　최 종 선
- 편　집　최 덕 임
- 출　판　한 제 인

譯註 正法眼藏 講義 (3)　　　定價 30,000원

佛紀 2564(2020)年 6月 1日 印刷
佛紀 2564(2020)年 6月 6日 初版

저　자：韓普光
발행인：韓普光(泰植)
인쇄처：대명피엔피컴 02)752-4140
발행처：如來藏

주　소：경기도 성남시 수정구 옛골로 42번길 3(상적동) 정토사
전　화：031)723-9797　팩 스：031)723-9798
　　　　http://www.jeongtosa.com
보급처：서울시 서초구 서초3동 1589-7 현대전원오피스텔 201호
전　화：02)581-3137, 3138
　　　　E-mail：taegak@naver.com

ISBN 979-11-970563-0-7 (94220)
ISBN 978-89-950861-1-7 (세트)
登錄日：1999. 4. 26.　登錄番號：제1-20호